Hal Herzog

Los amamos, los odiamos y... los comemos

Esa relación tan especial
con los animales

Título original: SOME WE LOVE, SOME WE HATE, SOME WE EAT
Why It is So Hard to Think Straight About Animals, by Hal Herzog

© 2010 by Hal Herzog. All rights reserved.
Published by arrangement with HarperCollins Publishers.
© Cover design by Jarrod Taylor
© Author photograph: Ashley Evans

© de la edición en castellano:
2012 by Editorial Kairós, S.A.
Numancia 117-121, 08029 Barcelona, España
www.editorialkairos.com

© de la traducción del inglés: Fina Marfà
Revisión: Alicia Conde

Primera edición: Septiembre 2012
ISBN: 978-84-9988-181-2
Depósito legal: B 24.100-2012

Fotocomposición: Beluga & Mleka, Córcega, 267. 08008 Barcelona
Tipografía: Times, cuerpo 11, interlineado 12,8
Impresión y encuadernación: Romanyà-Valls. Verdaguer, 1. 08786 Capellades

Este libro ha sido impreso con papel certificado FSC, proviene de fuentes respetuosas con la sociedad y el medio ambiente y cuenta con los requisitos necesarios para ser considerado un "libro amigo de los bosques".

Todos los derechos reservados.
Cualquier forma de reproducción, distribución, comunicación pública
o transformación de esta obra solo puede ser realizada con la autorización de sus titulares, salvo excepción prevista por la ley.
Diríjase a CEDRO (Centro Español de Derechos Reprográficos, www.cedro.org)
si necesita algún fragmento de esta obra.

Para Adam, Betsy, Katie, y, sobre todo
para Mary Jean, a quien se lo debo todo

SUMARIO

Introducción: ¿Por qué es tan difícil
  pensar con claridad sobre los animales? 9

1. Antrozoología
  Una nueva ciencia sobre la interacción
  entre las personas y los animales 27
2. La importancia de ser una monada
  Por qué pensamos lo que pensamos
  sobre los seres que no piensan como nosotros 57
3. Mascotafilia
  ¿Por qué los seres humanos
  (y solo los humanos) quieren a sus mascotas? 99
4. Amigos, enemigos e imagen personal
  La relación entre seres humanos y perros 142
**5. «La reina de la promoción mata su primer
  ciervo al cumplir dieciséis años»**
  El género y la relación
  entre personas y animales 189
6. Según el color del cristal con que se mire
  La crueldad comparable de las peleas de gallos
  y los *happy meals* 215
7. Exquisita, peligrosa, repugnante y cadavérica
  La relación entre las personas y la carne 250
8. El estatus moral de los ratones
  El uso de animales en experimentación científica 293

9. El gato en casa, la ternera en el plato
¿Somos todos unos hipócritas? 338
10. El *yahoo* carnívoro que llevamos dentro
El conflicto de las contradicciones morales 373

Agradecimientos 397
Lecturas recomendadas 401
Notas 405

INTRODUCCIÓN

¿Por qué es tan difícil pensar con claridad sobre los animales?

Me gusta reflexionar sobre nuestra relación con los animales porque dice mucho de quiénes somos.

Marc Bekoff[1]

Nuestra forma de pensar sobre las demás especies a menudo desafía la lógica. Fijémonos en el caso de Judith Black. A los doce años Judith decidió que matar animales solo porque tenían buen sabor no estaba bien. Pero ¿qué es un animal exactamente? Está claro que los perros, los gatos, las vacas y los cerdos son animales, pero para Judith también estaba claro que los peces no lo eran. La joven no los *percibía* como animales. Por eso, durante los quince años siguientes, su intuitivo sistema de clasificación biológica permitió que Judith, doctora en antropología, se considerase a sí misma vegetariana, pero, aun así, disfrutara del placer de comer salmón de Alaska y pez espada asado con limón.

Esta enrevesada taxonomía moral le funcionó bien hasta que Joseph Weldon, estudiante de biología, se cruzó en su camino. Cuando se conocieron, Joseph, que comía carne, intentó convencer a Judith de que no había la más mínima diferencia entre comerse un pollo de Cornualles y una lubina chilena. Al fin y al cabo, razonó Joseph, tanto las aves como los peces son vertebrados, poseen cerebro y tienen vida social. A pesar de todos sus esfuerzos, no consiguió convencerla de que, desde una perspectiva ética culinaria, un bacalao es lo mismo que un pollo, que a su vez es lo mismo que una vaca.

Por suerte, el desacuerdo de la pareja en cuanto al estatus moral de las lampugas no impidió que se enamoraran. Se casaron y el marido de la joven siguió insistiendo en discutir sobre peces y pollos todos los días a la hora de cenar. Al cabo de tres años de debates filosóficos, una noche Judith suspiró y se rindió: «De acuerdo, ya te entiendo. Los peces son animales».

Sin embargo, ahora Judith se enfrentaba a una difícil decisión: o bien dejaba de comer pescado, o bien dejaba de considerarse vegetariana. Una de dos. Una semana después, unos amigos invitaron a Joseph a cazar urogallos. Aunque el joven no tenía ninguna experiencia con la escopeta, se las arregló para darle a una de las aves en pleno vuelo y, en la mejor tradición troglodita, apareció en casa cadáver en mano. Joseph, tras desplumar y guisar el urogallo, se lo sirvió orgullosamente a su esposa para la cena, acompañado de arroz salvaje y de una deliciosa salsa de frambuesa.

Quince años de sólidos principios morales se desmoronaron en un segundo. («Tengo debilidad por las frambuesas», me dijo Judith.) El sabor del urogallo asado abrió todas las compuertas y ya no hubo marcha atrás. Al cabo de una semana, la joven no hacía más que comer hamburguesas con queso. Judith pasó a engrosar las filas de ex vegetarianos, un club cuyo número de miembros, en Estados Unidos, supera con creces al de vegetarianos en una proporción de tres a uno.

Otro caso es el de Jim Thompson, estudiante de doctorado en matemáticas, al que conocí mientras trabajaba en su tesis doctoral. Antes de empezar sus estudios universitarios, Jim trabajó en un laboratorio de investigación de aves en Lexington, Kentucky, donde una de sus tareas consistía en matar a los polluelos una vez acabados los experimentos. Durante un tiempo, llevar a cabo este trabajo no supuso ningún problema para Jim. Pero las cosas cambiaron cuando un día, mientras buscaba una revista para tener algo que leer durante un viaje en avión, su madre le dio un ejemplar de *The Animals' Agenda*, una revista que defendía los derechos de los animales. Jim nunca más volvió a comer carne.

Esto fue solo el principio. Durante los dos meses siguientes, Jim dejó de usar zapatos de piel y presionó a su novia para que se convirtiera al vegetarianismo. Incluso empezó a plantearse si era ético tener mascotas, incluida su adorada cacatúa ninfa. Una tarde, observó al pájaro revoloteando dentro de la jaula colgada en la sala de estar, y oyó una voz en su interior que le susurraba: «Esto está mal». Con toda la delicadeza de la que fue capaz, se llevó la cacatúa al patio trasero. Allí se despidió de ella y el ave desapareció en el cielo gris de Raleigh, Carolina del Norte. Jim me dijo que tuvo una sensación maravillosa. «¡Sorprendente!» Pero a continuación añadió con vergüenza: «Era consciente de que mi cacatúa no sobreviviría, que probablemente se moriría de hambre. Creo que lo hice por mí mismo más que por ella».

Las relaciones que las personas establecemos con los animales también pueden ser complicadas desde un punto de vista emocional. Hace veinte años, Carolyn perdió la cabeza por un manatí que pesaba casi quinientos kilos. La joven había solicitado un trabajo –no importaba cuál– en un pequeño museo de historia natural en el centro de Florida. En el museo había una vacante; buscaban a un cuidador para una vaca marina de treinta años llamada *Snooty*. Carolyn no había trabajado nunca con mamíferos marinos, pero aun así le ofrecieron aquel puesto. La joven ignoraba que su vida estaba a punto de cambiar.

Desde un punto de vista filogenético, *Snooty* estaba a medio camino entre la criatura de *La mujer y el monstruo* y Yoda. Cuando Carolyn me la presentó, *Snooty* se agarró con sus aletas al borde de la piscina, sacó la cabeza medio metro por encima del agua y clavó en mí su mirada escrutadora. Aunque su cerebro era solo algo más grande que una pelota de tenis, parecía muy inteligente. Aquella experiencia me puso nervioso. A Carolyn no. Estaba enamorada.

La vida de Carolyn giró en torno a *Snooty* durante más de dos décadas. Pasaba casi todos los días con el animal, e incluso iba a verlo en sus días libres. La comida tenía un papel crucial en la relación que mantenían. Los manatíes son vegetarianos y Carolyn lo alimentaba dándole la comida en propia mano: más de cincuenta kilos de verduras de hoja verde –fundamentalmente lechuga– todos los días.

Pero la vida junto a una vaca marina que envejece tiene sus desventajas. *Snooty* adoraba a Carolyn en la medida en que esta la alimentaba. Cuando la joven y su marido se ausentaban una o dos semanas durante las vacaciones, *Snooty* caía en una depresión y dejaba de comer. Muy a menudo, demasiado, Carolyn recibía una llamada en que le decían que *Snooty* se negaba a comer, y entonces la muchacha volvía a toda prisa para darle un par de fanegas de lechuga iceberg.

La situación llegó a tal extremo que Carolyn dejó de hacer vacaciones. Y entonces su marido la acusó de haberse equivocado en sus prioridades, de querer más a un montón de grasa y músculos que a él.

¿Está mal alimentar a las boas constrictoras con gatitos?

Hace más de veinte años que como investigador en el campo de la psicología estudio las relaciones entre las personas y los animales, y he descubierto que la peculiar forma de pensar en los animales, tal como hemos visto en los casos de Judith, Jim y Carolyn, no constituye ninguna excepción sino la regla. Empecé a pensar seriamente en las contradicciones de nuestro comportamiento con las demás especies una soleada mañana de setiembre cuando mi amiga Sandy me llamó por teléfono. En aquella época me dedicaba al conductismo animal y Sandy era una activista a favor de los derechos de los animales que daba clases en mi universidad.

–Hal, he oído que fuiste a recoger gatitos al Centro de Acogida de Animales del condado de Jackson para alimentar a una serpiente. ¿Es verdad?

La pregunta me desconcertó.

–Mmm. ¿De qué me hablas? Sí, tenemos una serpiente en casa, pero es todavía una cría. No podría engullir un gatito. Además, a mí me gustan los gatos. Aunque fuera más grande, NUNCA permitiría que se comiera un gato.

Sandy se disculpó muy sinceramente. Dijo que se imaginaba que la acusación no era cierta, pero que tenía que comprobarlo. Le dije que lo entendía, pero que le agradecería que asegurara a sus compañeros protectores de animales que yo no recurriría al contingente de gatos abandonados de nuestra comunidad para alimentar a la serpiente de mi hijo.

Sin embargo, fue entonces cuando empecé a pensar en las implicaciones morales de tener una serpiente como mascota. Compramos la boa por accidente. Aquel verano lo pasé en la Universidad de Tennessee como científico visitante estudiando el desarrollo de los comportamientos defensivos en los reptiles. Un día, mientras me encontraba en el laboratorio haciendo pruebas a los animales, sonó el teléfono. Era un hombre muy preocupado que al despertarse aquella mañana había descubierto que durante la noche su mascota, una boa constrictora de más de dos metros, había dado a luz cuarenta y dos crías. Naturalmente, él y su mujer estaban nerviosos; la flamante mamá nunca había demostrado interés alguno por la serpiente macho con la que durante los últimos ocho años compartió la jaula situada en la sala de la casa.

El hombre había oído que yo me dedicaba a estudiar el comportamiento de las serpientes y quería saber qué tenía que hacer para cuidar a los recién nacidos y dónde podía encontrar un buen centro que los acogiera. Le recomendé que para obtener aquella información se pusiera en contacto con uno de mis colegas de la universidad, un experto en reptiles de la Facultad de Veterinaria, y accedí a adoptar una de aquellas serpientes recién nacidas. Aquella tarde, Adam, mi hijo de doce años, y yo nos dirigimos a la casa del matrimonio, y Adam pudo escoger una entre las numerosas crías. Escogió la que le pareció más mona y le puso el nombre de *Sam*.

Sam resultó ser una mascota de bajo mantenimiento. No estropeaba los muebles, no despertaba a los vecinos ni había que sacarla a pasear todos los días. Era dócil. Salvo cuando intentó tragarse el dedo gordo de Adam. Fue culpa de mi hijo. Cometió el error de sacar a *Sam* de su jaula justo después de haber manoseado el hámster de un amigo suyo. El cerebro de *Sam* era del tamaño de una aspirina y era incapaz de distinguir entre un roedor y una mano humana. Solo olía a carne.

La acusación de que la familia Herzog alimentaba con gatitos a las serpientes llegó al cabo de unas semanas, cuando volvimos a nuestra casa en las montañas al oeste de Carolina del Norte. No tengo ni idea de qué fue lo que dio origen al rumor, pero desde luego la acusación era ridícula. Aunque las boas constrictoras no muestran ningún tipo de preferencias cuando se trata de ingerir pequeños mamíferos, *Sam* no medía ni cincuenta centímetros de largo y no se hubiera podido tragar ni un ratón.

Sin embargo, durante los dos días siguientes me acosaron con persistencia varias preguntas. Mi acusadora, sin darse cuenta, me obligó a plantearme por primera vez una serie de cuestiones de orden moral relacionadas con el hecho de introducir animales en nuestra vida. Las serpientes no comen zanahorias ni espárragos. Dada la necesidad de *Sam* de comer carne, ¿era ético que mi hijo tuviera como mascota una boa constrictora? Y ¿existen unas circunstancias en las cuales sea moralmente aceptable alimentar con cachorros de gato a las boas constrictoras?

La mujer que dio origen al rumor sobre mi supuesta actividad vivía con varios gatos a los que dejaba corretear por el bosque que rodeaba su casa. Como a tantos amantes de los gatos, le resultaba muy cómodo ignorar que todos los miembros de la familia de los *Felidae*, desde los leones hasta los gatos atigrados, se alimentan de carne.[2] Todos los días, los gatos de América ingieren una amplia gama de carnes. Las estanterías de alimentos para animales del supermercado donde suelo comprar están repletas de latas de ternera, cordero, pollo, caballo, pavo y pescado. Incluso la comida seca para gatos anuncia que contiene "carne fresca". Teniendo en cuenta los noventa y cuatro millones de gatos que viven en América, las cifras ascienden. Solo con que cada gato consuma unos cincuenta gramos de carne al día, el conjunto global de gatos viene a consumir casi seis mil kilos de carne –lo que equivale a tres millones de pollos– todos los días.

Por otro lado, a diferencia de las serpientes, los gatos matan para jugar.[3] Se calcula que cada año mil millones de pequeños animales son víctimas de los instintos cazadores de los gatos domésticos. Curiosamente, a muchos propietarios de gatos no parece importarles la devastación que sus amigos felinos causan entre la fauna. Los resultados de un estudio sobre los catastróficos efectos de los gatos en la población local de pájaros cantores se comunicaron a un grupo de propietarios de gatos de Kansas,[4] a los que luego se pidió que mantuvieran a sus gatos encerrados en casa. Tres cuartas partes del grupo se negaron a ello. Una cruel ironía es que a muchos propietarios de gatos también les encanta alimentar a los pajarillos en sus jardines y no se dan cuenta de que eso es una trampa mortal para legiones de desafortunados pipilos y cardenales que terminarán en las zarpas de sus mascotas. Es probable que el número de animales de pelo y plumas que muere al año a consecuencia de nuestro amor por los gatos sea diez veces mayor a la cantidad de gatos que se utiliza en los experimentos biomédicos.

Así pues, los gatos domésticos causan estragos. ¿Y las serpientes? Bien, en primer lugar, hay muchas menos. Además, una serpiente consume solo una pequeña parte de la carne que consume un gato. Según Harry Greene, herpetólogo de la Universidad de Cornell que estudia la ecología alimentaria de las serpientes tropicales, una boa adulta de la selva de Costa Rica consume quizá media docena de ratas al año, lo cual significa que una boa de tamaño mediano, para mantener un buen estado de salud, necesita algo más de dos kilos de carne al año. Un gato doméstico necesita mucho más que eso. A razón de unos cincuenta gramos al día, un gato doméstico normal consume unos veinte kilos de carne en un año. Objetivamente, el peso moral de disfrutar de la compañía de un gato es diez veces mayor que el de convivir con una serpiente.

Además, en los centros de "acogida" para animales de Estados Unidos se sacrifican todos los años unos dos millones de gatos abandonados. ¿No sería más lógico que los aficionados a las serpientes pudieran disponer de esos cadáveres? A fin de cuentas, todos esos gatos van a morir de todos modos, y se sacrificarían menos ratones y ratas para satisfacer las necesidades dietéticas de todas las pitones y serpientes reales que viven en los hogares americanos. Todos saldríamos ganando, ¿no?

¡Ay!... Sin darme cuenta me he acorralado a mí mismo en un rincón de la lógica donde alimentar a las boas constrictoras con cuerpos de gatitos no es solo permisible sino también moralmente preferible a alimentarlos con roedores. Pero aunque la parte lógica de mi mente quizá haya llegado a la conclusión de que no hay mucha diferencia entre criar serpientes a base de una dieta de ratas o de gatitos, la parte emocional no se ha dejado engañar en absoluto. La idea de alimentar a las serpientes con gatitos me repugnaba y no tenía ninguna intención de visitar un centro de acogida para animales para llevarme cadáveres de gatos.

LAS PARADOJAS DE TENER UNA MASCOTA

El incidente con la boa constrictora me llevó a pensar en otros casos de interacción moralmente conflictiva entre personas y animales con los que me había encontrado. Por ejemplo, Ron Neibor, amigo y compañero de facultad, estudiaba la reorganización del cerebro después de haber sufrido una lesión. Por desgracia para los gatos, estos eran el mejor modelo de los mecanismos neurales objeto de su estudio, en el que utilizaba una técnica neurocientífica estándar consistente en dañar, mediante cirugía, partes concretas del cerebro de los animales para observar cómo estas recuperaban su capacidad durante las semanas y los meses siguientes. El problema era que a Ron le gustaban aquellos gatos. Su estudio duró un año, y durante ese período se encariñó con las dos docenas de gatos que vivían en su laboratorio. Los fines de semana los iba a ver, les abría las jaulas y jugaba con ellos en el suelo de la colonia de animales. Los gatos se habían convertido en sus mascotas.

Para seguir el protocolo de los experimentos, Ron tenía que confirmar la localización de las lesiones neurológicas en el grupo experimental de gatos examinándoles su tejido cerebral. Una parte de este experimento, al que técnicamente se denomina perfusión, es absolutamente impresionante. A cada animal se le inyecta una dosis letal de anestesia. Luego se le introduce formol en las venas para endurecerle el cerebro y a continuación se le corta la cabeza. Para romper el cráneo se utilizan alicates y así se puede extraer el cerebro intacto y cortarlo en finas láminas para someterlas a un análisis microscópico.

Ron tardó varias semanas en realizar la perfusión a todos los gatos. Su personalidad sufrió un cambio. Alguien que era de natural alegre y cálido se convirtió en una persona tensa, introvertida y temblorosa. Varios estudiantes que trabajaban en su laboratorio se preocuparon y se ofrecieron para llevar a cabo la perfusión a los gatos. Ron se negó, poco dispuesto a no asumir las consecuencias morales de su investigación. Durante las semanas en las que "sacrificó" a sus gatos no habló mucho. Ron pagó un precio por matarlos. A veces tenía los ojos enrojecidos, y cuando nos cruzábamos por los pasillos, bajaba la cabeza.

Este tipo de complejidades morales también afectan al mejor amigo de los animales, el perro. Un ejemplo de ello es mi vecino Sammy Hensley, un granjero que vivía un poco más abajo en nuestra misma calle en Sugar Creek, Carolina del Norte. Sammy tenía dos pasiones: sus perros e ir a cazar mapaches. La verdad es que para Sammy la caza de mapaches no era un deporte, sino una forma de vida. No se comía a los mapaches que cazaba. Los despellejaba y colgaba las pieles y las patas junto a su granero para que los vecinos pudieran estar al corriente de sus éxitos durante la temporada de caza. (Fue mientras le ayudaba a desollar un mapache cuando supe que estos animales –y la mayoría de mamíferos– tienen un hueso en el pene;[5] los humanos son una de las excepciones a esta característica.) En cierta ocasión le acusé de colgar las pieles solo para hacer enfadar a mi esposa, Mary Jean, quien una vez tuvo un mapache como mascota y está loca por estos animales. Pero la verdadera razón no era esta. Lo hacía simplemente porque es la costumbre en las montañas de Carolina del Norte.

En la vida de Sammy había dos clases de perros, los perros de casa y los cazadores de mapaches, y llevaban vidas muy diferentes. Solía tener cuatro o cinco perros a la vez, un par de perros cazadores expertos y una o dos crías a las que entrenaba. Me encantaban los nombres de las diferentes razas: treeing walkers, plott hounds, blueticks, redbones. Por lo general, aquellos larguiruchos animales de ladrido ronco, ojos lánguidos, pelaje aceitoso que despedían un acre olor , tenían una actitud letárgica, puesto que se pasaban la mayor parte del tiempo echados en el suelo, atados a sus casetas con cadenas de dos metros y medio de largo. Pero durante la temporada de caza revivían, y por las noches destrozaban los matorrales de rododendros entre aullidos y husmeando con el hocico pegado al suelo. Sus aullidos se oían por todo el valle.

Sammy adoraba a sus perros. Era capaz de distinguir sus voces; por el tono de sus gruñidos y sus ladridos sabía cuándo habían cazado un mapache subido a un árbol (bueno) o cuando seguían la pista de una zarigüeya (malo). Se preocupaba cuando sus perros se perdían y por la mañana todavía no habían vuelto a casa. Pero aquellos animales eran perros cazadores y no mascotas. Si uno de ellos no cumplía con sus obligaciones, Sammy lo vendía o lo cambiaba por otro.

Sin embargo, él y su mujer, Betty Sue, tenían también perros domésticos. Mientras que los perros cazadores jamás pisaban el interior de la casa, los perros domésticos –animales pequeñajos del tipo boston terrier– correteaban por todas las habitaciones. A diferencia de los cazadores, aquellos animales formaban parte de la familia. Sammy y Betty les hacían mimos, jugaban con ellos y les permitían pedir comida durante la cena. Una tarde, cuando Sammy estaba segando heno en una de las laderas de los pastos, su tractor volcó y se mató. Tras la muerte de su marido, Betty Sue no tardó en deshacerse de los perros cazadores, pero su pequeño terrier fue el que más la ayudó a superar aquel momento tan difícil. En casa de los Hensley, los perros cazadores y los domésticos podían haber sido especies diferentes.

La mayoría de los perros que viven en los hogares americanos son simples compañeros, pero nuestra actitud hacia a ellos puede ser tan compleja como la de Sammy con las dos categorías de perros que existían en su vida. Más de la mitad de los propietarios de perros consideran a sus animales como miembros de su familia. Según un informe de la American Animal Hospital Association, un 40% de las mujeres estudiadas dijeron recibir más afecto de su perro que de su propio marido o de sus hijos. Sin embargo, nuestra relación con los perros tiene una cara oscura. Uno de cada diez americanos les tiene miedo, y los perros son la segunda causa de polución acústica nocturna origen de conflictos entre vecinos. (Mi amigo Ross tuvo que vender su casa y trasladarse a otra porque los perros de sus vecinos ladraban tanto que su vida se convirtió en una pesadilla.) En un año normal, cuatro millones y medio de americanos sufren una mordedura de perro,[6] y un par de docenas, mayoritariamente niños, mueren a causa de estas.

Desde el punto de vista de los perros, la relación entre humanos y mascota no siempre es un camino de rosas. Todos los años se sacrifican entre dos y tres millones de perros sin propietario en los centros de acogida de animales. Además, no debemos olvidar los tremendos problemas que hemos causado a los perros con nuestro afán por criar la mascota perfecta. Fijémonos por ejemplo en el bulldog inglés, una raza a la que James Serpell, experto en comportamiento canino, se refiere como un naufragio del adiestramiento canino.[7] Los bulldogs tienen una cabeza tan enorme que el 90 % de las crías nace mediante cesárea. Sus hocicos y sus deformadas fosas nasales convierten su respiración en una tarea penosa, incluso mientras duermen, y sufren dolores articulatorios, problemas dentales crónicos, sordera y una serie de dolencias dermatológicas debidas a su piel rugosa. Para colmo, el bulldog inglés es víctima fácil de los golpes de calor y tiene tendencia a babear, roncar, pedorrearse y morir repentinamente a causa de un paro cardíaco.

El panorama pinta todavía peor para los perros de Corea, donde un cachorro puede ser una mascota o formar parte de cualquier menú. Los perros criados para obtener carne, generalmente animales de pelo corto y más bien grandes, cuyo parecido con el perro de la película *Fiel amigo* es sorprendente, se crían en unas condiciones terribles antes de que les llegue la hora de ser sacrificados, normalmente electrocutados.

Solemos ignorar estas contradicciones, pero como psicólogo empezaron a fascinarme.

DEL ESTUDIO DEL COMPORTAMIENTO
DE LOS ANIMALES
AL ESTUDIO DEL COMPORTAMIENTO
DE LOS AMIGOS DE LOS ANIMALES

Durante las semanas posteriores a la acusación de alimentar boas con cachorros de gato, me pillé a mí mismo pensando bastante más en las paradojas de nuestra relación con los animales que en mis estudios sobre comportamiento animal. Para los estándares convencionales, el programa de investigación que estaba llevando a cabo era todo un éxito. Publicaba artículos en revistas prestigiosas, recibía las subvenciones correspondientes y presentaba mis investigaciones en reuniones científicas. Sin embargo, me daba cuenta de que había muchos científicos jóvenes que investigaban temas como las vocalizaciones en las ratas algodoneras, el empleo de herramientas por los cuervos y los insólitos hábitos reproductivos de la hiena manchada (las hienas hembras dan a luz a través del pene.) Por otra parte, había muy pocos investigadores que trataran de entender las formas, a menudo extrañas, en que las personas se relacionan con las demás especies. Era un campo nuevo, en el que podía introducirme desde la base y al que seguramente podía aportar mi contribución. Al cabo de un año, mi laboratorio de animales estaba cerrado y yo me dedicaba exclusivamente a la psicología de la interacción entre las personas y los animales.

Desde que abandoné el estudio del comportamiento de los animales para dedicarme a estudiar a las personas a quienes les gustan los animales, mis investigaciones se han centrado en los individuos que aman a los animales, pero que se enfrentan a conflictos morales en su relación con ellos: el estudiante de veterinaria que intenta no llorar cuando sacrifica a un cachorro de perro, el activista a favor de los derechos de los animales incapaz de salir con nadie porque "ir a cenar se convierte en un calvario", el corpulento entrenador de animales de circo cuya vida gira completamente en torno a los osos gigantes que transporta por todo el país en los deprimentes confines de un tráiler, el aburrido propietario de gallos de pelea que sonríe encantado cuando le propongo hacer una fotografía de su querido y dañado gallo vencedor siete veces seguidas.

He participado en protestas a favor de los derechos de los animales, en rituales con serpientes y en peleas de gallos clandestinas. He entrevistado a especialistas que trabajan en laboratorios animales, a prestigiosos entrenadores de perros profesionales, a domadores de animales de circos de poca monta. He observado cómo jóvenes alumnos de instituto practicaban su primera disección a un feto de cerdo y he ayudado a un equipo de granjeros a sacrificar ganado. He analizado varios miles de mensajes en internet cruzados entre investigadores biomédicos y activistas por los derechos de los animales en su intento –finalmente frustrado– por encontrar un territorio común. Mis alumnos han estudiado las mujeres cazadoras, rescatadores de perros, ex vegetarianos e individuos cuya mascota es una rata. Hemos encuestado a miles de personas preguntándoles sobre su actitud ante los rodeos, la ganadería intensiva y la investigación con animales. Hasta hemos consultado cientos de números atrasados de prensa amarilla de esa que reparten en los supermercados[8] para llegar a comprender los mitos culturales modernos en torno a los animales. (El título original de nuestro artículo sobre las historias encontradas en este tipo de prensa era "Una mujer da a luz a una camada de nueve conejos". Por desgracia, al editor de la revista a la que enviamos el manuscrito le pareció un título poco científico e insistió en que lo cambiásemos.)

Como muchas personas, tengo mis contradicciones en lo

que se refiere a las obligaciones éticas para con los animales. «zona media conflictiva»,[9] así denomina el filósofo Strachan Donnelley ese oscuro territorio. Todos los que estamos en esa zona media conflictiva vivimos en un universo moral complejo. Como carne, pero no tanta como solía, y nunca ternera. Me opongo a hacer pruebas de toxicidad de los productos limpiahornos y de la sombra para ojos con animales, pero estaría dispuesto a sacrificar una gran cantidad de ratones para encontrar una solución al cáncer. Y aunque considero que, en parte, la lógica de los filósofos partidarios de la liberación de los animales es convincente, también creo que nuestra gran y mayor capacidad para el lenguaje simbólico, para la cultura y para el juicio moral sitúa a los seres humanos en un plano moral diferente que el de los demás animales. Los de la zona media vemos el mundo en una escala de grises, no en blanco y negro, que es como lo ven los activistas comprometidos en la defensa de los animales y sus adversarios, tan ruidosos como ellos. Algunos esgrimen que miramos los toros desde la barrera, que somos unos gallinas desde el punto de vista moral. Sin embargo, creo que la zona media conflictiva tiene pleno sentido, puesto que las encrucijadas morales son inevitables en una especie dotada de un cerebro enorme y de un gran corazón. Forman parte del territorio.

He escrito este libro para todos los que están interesados en las relaciones que se establecen entre las personas y los animales. Como investigador, suelo dirigirme a especialistas cuyo trabajo es transitar por una prosa cargada de jerga capaz de dejar a cualquiera fuera de combate en un santiamén. Pero estoy convencido de que los científicos tienen la obligación de comunicarse con el público, con las personas que tal vez no sepan la diferencia que existe entre un análisis de varianza y un análisis factorial, pero que tienen ganas de estar informadas sobre los hallazgos de las investigaciones más recientes y sobre los debates más candentes en nuestro campo. El truco es informar a los lectores de los últimos resultados de una forma interesante, respetando a la vez la complejidad de los temas y siendo sinceros sobre lo que sabemos a ciencia cierta y lo que no.

Muchos de los temas que abordo en este libro son controvertidos. Por ejemplo, los investigadores discrepan sobre si los perros se sienten o no culpables cuando se hacen caca en la alfombra del salón; sobre si los niños que insultan a los animales se van a convertir de mayores en personas violentas; y sobre el papel que el comer carne ha tenido en la evolución de la humanidad. Las pasiones del público se desatan cuando abordamos ciertos temas relativos a los animales, por ejemplo si tener un pitbull debería estar prohibido o si intentar descubrir un remedio para el cáncer vale la muerte de millones de ratones todos los años. Algunos de estos debates han provocado terribles divisiones, en las que los partidarios de ambos bandos tratan los temas con una pasión que raya en el celo religioso. (Por esto, como es costumbre en la investigación etnográfica, he cambiado los nombres de algunos de los participantes.)

En la mayoría de los casos, he intentado aproximarme a los temas mencionados con la máxima objetividad posible, lo cual significa que personas bien intencionadas e inteligentes de ambos bandos de algunas de estas polémicas no siempre estarán de acuerdo conmigo. Esto es positivo. Con esta finalidad he incluido, al final del libro, una extensa lista de citas extraídas de investigaciones y lecturas recomendadas. Para profundizar más en los efectos de las mascotas sobre la salud de las personas o en la psicología del activismo en defensa de los animales, consigno algunos de los estudios más destacados. Mi objetivo no es cambiar la mentalidad del lector en cuanto a cómo deben tratarse los animales, sino animarle a pensar más profundamente sobre la psicología y las implicaciones morales de algunas de nuestras relaciones más importantes: las que establecemos con los seres no humanos con los que compartimos nuestra vida.

Una tarde de 1986, me encontraba en el vestíbulo de un elegante hotel de Boston concentrado en la conversación que mantenía con Andrew Rown, director del Centro para Animales y Política Pública de la Universidad Tufts. Se celebraba uno de los primeros congresos internacionales sobre relaciones entre personas y animales, y debatíamos las paradojas que tan a menudo surgen en nuestra actitud hacia el uso de los animales. ¿Cómo es posible que el 60% de los americanos crea simultáneamente que los animales tienen derecho a vivir y que las personas tienen derecho a comérselos?

Andrew me miró y me dijo: «Lo único coherente en la forma en que los seres humanos piensan sobre los animales es la incoherencia».

Con este libro intento explicar esta paradoja.

1. ANTROZOOLOGÍA

Una nueva ciencia sobre la interacción entre las personas y los animales

Nuestro fracaso al estudiar las relaciones que mantenemos con otros animales tiene múltiples causas... En su mayor parte pueden reducirse a un par de características humanas poco encomiables: la arrogancia y la ignorancia.
CLIFTON FLYNN[10]

Los treinta minutos del trayecto entre el aeropuerto de Kansas City y el hotel en el que se celebraba el congreso fueron mucho más interesantes que las tres horas de vuelo desde Carolina del Norte. Me había desplazado a esa ciudad para asistir al congreso anual de la Sociedad Internacional de Antrozoología. Por casualidad compartí el trayecto en coche con Layla Esposito, psicóloga especializada en ciencias sociales, quien me explicó que acababa de terminar su tesis doctoral sobre el acoso escolar, o *bullying,* entre los alumnos de once, doce y trece años. Sorprendido, le pregunté cómo era que asistía a un congreso sobre la relación entre las personas y los animales. Me dijo que era directora de un programa en el Instituto Nacional de Salud Infantil y Desarrollo Humano. Que participaba en el congreso para informar a los investigadores sobre un nuevo programa de subvenciones del

Gobierno federal cuyo objetivo era financiar la investigación sobre los efectos de los animales sobre la salud y el bienestar humanos. El dinero procedía de los institutos nacionales de salud y de la empresa Mars, el gigante que fabrica Snickers para mí y Tempting Tuna Treat para *Tilly*, mi gata. Los institutos nacionales de salud tienen un especial interés en el impacto de los animales domésticos sobre la población infantil: ¿la terapia con mascotas es un tratamiento efectivo para el autismo? ¿Qué papel desempeña la oxitocina (la supuesta hormona del amor) en nuestro amor por las mascotas? ¿Los niños que conviven con mascotas son menos proclives a padecer de asma?

–¿Cuánto dinero van a dedicar ustedes? –le pregunto.

–Dos millones y medio de dólares –responde.

–¡Fantástico! Es ni más ni menos lo que se necesita en este campo –le digo.

Creo que durante los próximos dos días frente a la puerta de Layla se van a formar largas colas de pretendientes.

Por qué es importante
la relación con los animales

Aunque la cifra de dos millones y medio de dólares es insignificante en comparación con los seis mil millones que el Instituto Nacional de Salud dedica todos los años a la investigación sobre el cáncer, esa cantidad será una inyección en el brazo de la antrozoología, un ámbito del que seguramente usted no habrá oído hablar. La antrozoología es como unos grandes almacenes. Aborda el estudio de casi todos los aspectos de nuestra interacción con las demás especies. Por ejemplo, en el congreso de Kansas City hubo ponencias sobre temas como los siguientes: el efecto que tiene atender a las mascotas que sufren enfermedades crónicas sobre la vida de sus propietarios; los beneficios de tener una mascota para superar un ataque de corazón; cómo saben los niños si un perro muestra una actitud amistosa o si es peligroso; el comportamiento de los gatos según las diferencias sexuales (los gatos castrados son más cariñosos con las personas que las gatas esterilizadas); y la existencia de moralidad en las especies no humanas.

Pese a la importancia de los animales en muchos aspectos de la vida humana, la comunidad científica ha ignorado, hasta hace poco, el estudio de nuestra interacción con las demás especies. Fijémonos por ejemplo en mi campo, la psicología. Durante cien años, los psicólogos han centrado su labor en desvelar procesos de comportamiento como la motivación, la percepción y la memoria, y han desatendido importantes facetas cotidianas como la alimentación, la religión y el modo de utilizar el tiempo libre. La relación con los animales, especialmente con nuestros animales domésticos, pertenece a la categoría de temas que interesan a las personas corrientes, pero que, en general, no interesan a los psicólogos.

Una de las razones por las que la ciencia behaviorista ha dado la espalda al estudio de las interacciones entre personas y animales es que para muchos de los científicos de este campo es un tema trivial. Es una actitud equivocada. Comprender la psicología subyacente a nuestras actitudes hacia las demás especies animales es importante por varias razones. Dos de cada tres personas americanas convive con algún animal, y muchas mantienen una intensa relación personal con sus mascotas. Además, nuestro modo de ver el trato que debemos dar a los animales está cambiando, y para muchos de nosotros no está claro si los animales tienen que ser sometidos a experimentos de investigación biomédica, o si tenemos que matarlos solo porque su carne es sabrosa. El debate sobre el estatus moral de los animales ha provocado tal división social que el FBI considera que el movimiento radical en defensa de los animales es la peor amenaza terrorista en Estados Unidos. Para terminar, la investigación antrozoológica es un campo fascinante para muchas personas. Cuando comento que me dedico a estudiar la interacción entre personas y animales, casi indefectiblemente mis interlocutores empiezan a contarme anécdotas de las chifladuras de su perro, o a hablarme de su objeción a comer carne, o de cómo a alguna de sus tías le apasiona ir a cazar osos con sus perros de raza plott.

Pensar como antrozoólogo

La antrozoología trasciende las fronteras académicas normales. Entre los antrozoólogos hay psicólogos, veterinarios, especialistas en comportamiento animal, historiadores, sociólogos y antropólogos. Como en todas las ciencias, no todos los antrozoólogos comparten las mismas opiniones. Diferimos en nuestra actitud respecto a algunos de los espinosos aspectos morales de las relaciones entre personas y animales. Ni siquiera estamos de acuerdo en cómo denominar nuestra disciplina. (Algunos prefieren llamarla estudios humano-animales.) Pero, a pesar de estas diferencias, todos los que nos dedicamos a la investigación de nuestra relación con los animales tenemos mucho en común. Todos pensamos que nuestra interacción con las demás especies es un importante componente de la vida humana, y esperamos que nuestra investigación sirva para mejorar la vida de los animales.

En comparación con las diferentes disciplinas académicas, la antrozoología es un pequeño estanque, pero en los últimos veinte años hemos avanzado un buen trecho. Existen varias revistas[11] dedicadas a publicar las investigaciones recientes sobre la interacción entre personas y animales, y todos los años la Sociedad Internacional de Antrozoología[12] celebra un congreso en el que los investigadores comunican sus últimos descubrimientos y debaten sobre si salir a pasear con nuestro perro nos adelgaza y a partir de cuándo se domesticaron los gatos. En más de ciento cincuenta facultades y universidades de Estados Unidos se imparten cursos sobre la interacción entre personas y animales, y en instituciones como las universidades de Pensilvania y de Missouri y también la Purdue se han creado centros de investigación antrozoológica.

Para que usted se haga una idea de lo que es la investigación antrozoológica, doy a continuación algunos ejemplos de los temas más candentes en la nueva ciencia que estudia la interacción entre personas y animales: la efectividad terapéutica de los delfines, cómo elegimos a nuestras mascotas y la relación que existe entre la crueldad de los niños con los animales y la violencia en la edad adulta.

¿Son los delfines unos buenos terapeutas?

Uno de los temas más importantes que aborda la antrozoología es si la interacción con animales puede disminuir el sufrimiento humano. Hace años que se investiga en la terapia asistida por animales o zooterapia.[13] En 1964, el psiquiatra infantil Boris Levinson acuñó el término de terapia con mascotas. Levinson descubrió que algunos niños con los que era difícil trabajar adoptaban una actitud más abierta cuando jugaban con su perro, *Jingles*. Las personas mayores que viven en la residencia de mi madre, que tiene noventa y dos años, mejoran su estado de ánimo cuando los perros terapeutas las visitan un par de veces a la semana. En mi caso, confesarme con mi gata *Tilly* me ayuda a resolver pequeños problemas. (*Tilly* adopta una actitud severa cuando me da consejos. Si empiezo a quejarme, husmea un poco y se larga. Probablemente me prestaría un mejor servicio un cobrador dorado tranquilo y de ojos llorones..., una versión canina de la doctora Melfi, la psiquiatra de Tony Soprano.)*

Pero ¿es cierto que montar a caballo, jugar con un perro o acariciar a un gato puede curar una depresión o mejorar la comunicación de los niños que padecen autismo? Janell Miner y Brad Lundahal de la Universidad de Utah analizaron los resultados de cuarenta y nueve estudios publicados[14] sobre la efectividad de la terapia con animales en niños, adolescentes, adultos y ancianos en diferentes entornos, desde consultorios médicos hasta instituciones de atención de larga duración. Descubrieron que los perros son los animales más utilizados con fines terapéuticos y que la terapia con animales se aplicaba más a menudo en individuos con problemas mentales que con enfermedades físicas. En la mayoría de los estudios (no en todos), los sujetos obtenían notables efectos beneficiosos de la interacción con sus terapeutas no humanos. Y, como término medio, el grado de mejora era más o menos el mismo que obtienen las personas con depresión cuando se someten a un tratamiento farmacológico con medicamentos como, por ejemplo, Prozac.

Sin embargo, la terapia con delfines es más discutible que la terapia con perros o caballos. Los delfines utilizados con fines terapéuticos no dejan de ser animales cautivos en contra de su voluntad. Además, muchas de las cualidades curativas que se atribuyen a los delfines se exageran:[15] la interacción con delfines, presuntamente, puede aliviar el síndrome

---

* Toni Soprano y la doctora Melfi son dos personajes de una serie de ficción televisiva que tuvo gran éxito en Estados Unidos durante su emisión entre 1999 y 2007. (*N. de la T.*)

de Down, el sida, el dolor de espalda crónico, la epilepsia, la parálisis cerebral, el autismo, los trastornos del aprendizaje y la sordera, e incluso puede llegar a reducir los tumores. Entre los supuestos mecanismos curativos se mencionan los campos de fuerza bioenergéticos, los chasquidos y gruñidos que utilizan los delfines para comunicarse entre ellos, y hasta la capacidad de alterar directamente las ondas cerebrales humanas.

La terapia con delfines suena a idea genial. Si nadas con delfines, te encontrarás mejor. Pero antes de contratar una piscina con delfines para un par de semanas, se debería comprobar la ciencia que hay tras todos esos efectos beneficiosos. La mayoría están basados en anécdotas, en informes personales o en experimentos mal planteados dirigidos por personas con intereses creados en los resultados. La terapia con delfines resulta especialmente atractiva a los padres desesperados dispuestos a pagar cualquier precio para ayudar a sus hijos con trastornos como síndrome de Down o autismo, que se apuntan en masa a los más de cien programas terapéuticos con delfines que se ofrecen en Florida Keys, Bali, Gran Bretaña, Rusia, las Bahamas, Australia, Israel y Dubái, y todos esperan que, gracias a una fuerza desconocida, esas criaturas con una perpetua sonrisa de Mona Lisa obrarán su magia. Dos semanas en el Centro de Terapia e Investigación del Delfín en Curaçao, en las Antillas neerlandesas, cuesta aproximadamente setecientos dólares por hora en el agua. ¿Se ha empleado bien ese dinero? ¿Se van a cumplir las expectativas?

La naturaleza no revela fácilmente sus secretos. Los científicos tienen que trabajar mucho para descubrir lo que se esconde tras su velo. A los investigadores, como a cualquier otra persona, se les puede engañar, sobre todo si tienen algo que ganar. Precisamente por esta razón los estudiantes universitarios realizan cursos sobre métodos de investigación y estadística: aprenden los trucos del negocio que les ayudarán a mantener una actitud recta y honesta. Soltamos frases como «validez interna y externa», «control mediante placebo», «asignación aleatoria», «experimentos a simple y a doble ciego», «la correlación no es casual». No me haré pesado con más detalles, solo diré que esos instrumentos conceptuales ayudan a reducir las posibilidades de que inclinemos a nuestro favor el terreno de juego.

Los buenos científicos buscan continuamente explicaciones alternativas, aunque estas derrumben nuestras ideas favoritas. En 1924, la dirección de Hawthorne Works,[16] una fábrica en las afueras de Chicago, contrató a un equipo de psicólogos para que determinara qué tipo de cambios en el entorno de trabajo darían lugar a las mayores diferencias en la productividad de sus trabajadores. Los psicólogos introdujeron sistemáticamente una serie de pequeñas modificaciones. Primero intensificaron la iluminación de la planta de fabricación, después introdujeron una mínima modificación en el sistema de pagos. Jugaron un poco con el calendario laboral y con la duración de los períodos vacacionales. Los investigadores vieron que casi todos los cambios que se introducían iban seguidos de un ligero aumento en el rendimiento, incluso cuando el cambio consistía simplemente en anular alguno de los cambios. Llegaron a la conclusión de que el aumento en la productividad de los trabajadores no era debido a la mejor iluminación ni a una paga superior ni a vacaciones más largas. Eran mejoras temporales debidas a un cambio en la rutina.

¿Es posible que el efecto Hawthorne –el simple hecho de tener una nueva experiencia– explique las mejoras comprobadas en pacientes que se someten a una terapia con delfines? Piense usted en ello. Además de compartir un rato con uno de los seres más atractivos de la Tierra, se viaja a lugares preciosos, uno se baña en mares tropicales y, durante unos días, se vive en un entorno en el que las expectativas de éxito son altas.

¿Cómo podemos distinguir entre los verdaderos efectos derivados de la interacción con los delfines y el resto de cosas que suceden durante dos semanas en un centro de delfines? Por suerte, existen métodos que nos ayudan a determinar los efectos reales de los tratamientos y a distinguirlos de los que provocan los sesgos inconscientes que pueden colarse en nuestros experimentos.

Para obtener una visión fría y objetiva sobre si los beneficios de la interactuación con delfines se deben a algo más que a una mejora temporal, tenemos que echar mano de una aproximación parecida a los informes de los consumidores. Por ejemplo, ¿qué es lo que realmente nos demuestran las investigaciones en cuanto al efecto que ejercen los sonidos de frecuencias ultraaltas emitidos por los delfines en los niños con deficiencias mentales? Un grupo de investigadores alemanes[17] observó atentamente las sesiones en las que interaccionaban delfines y grupos de niños con deficiencias mentales y físicas dentro de un programa terapéutico en Florida Keys. Los investigadores descubrieron que la mayoría de delfines ignoraba a los niños y que los delfines no emitían demasiados ultrasonidos. En realidad, los niños estaban expuestos a solo a diez segundos de ultrasonidos procedentes de los delfines en cada sesión, una cantidad prácticamente insuficiente para que sea beneficiosa. Los investigadores llegaron a la conclusión de que los niños hubieran salido más beneficiados jugando con perros.

Pero ¿qué hay de las supuestas habilidades de los delfines para curar mediante sus buenas vibraciones, su sonrisa sanadora y sus misteriosos campos eléctricos? Varios investigadores han realizado análisis pormenorizados de tales suposiciones. Entre ellos están Lori Marino y Scott Lilienfield, que trabajan en la Universidad de Emory. A Lori le gustan los animales. Dedica los sábados a buscar un hogar para gatos rescatados. Pero a quien quiere de verdad es a los delfines. Al principio, cuando Lori estudiaba neurociencia, se interesó por la curiosa anatomía del cerebro de estos animales. Ahora lleva ya veinte años estudiándolos y fue la primera científica que demostró que los delfines son capaces de reconocerse a sí mismos frente a un espejo (una característica que comparten con las personas, los monos, los elefantes y las urracas). Scott es un psicólogo clínico que ha centrado su carrera en el estudio de algunas de las nociones consagradas de la psicología, como por ejemplo si las manchas de tinta de Rorschach revelan tanto como dicen rasgos de la personalidad (no es así).

Lori, con su experiencia con delfines, y Scott, con su habilidad para trascender la jerga de los psicólogos, formaban un equipo perfecto para asesorar sobre los efectos demostrables de la terapia con delfines en los cuerpos y las mentes que sufren algún tipo de trastorno. Lori y Scott evaluaron cuidadosamente los métodos utilizados en estudios publicados en los que se pretendía que la terapia mediante delfines es efectiva en trastornos como depresión, dermatitis, retraso mental, autismo y ansiedad. Demostraron que todos y cada uno de estos estudios contenían errores metodológicos:[18] número de muestras insuficiente, falta de indicadores de la mejora objetivos, grupos de control inadecuados, incapacidad para separar los efectos de los delfines de un incremento de la sensación de bienestar debida al hecho de hacer algo nuevo en un entorno agradable, y conflictos de intereses de los propios investigadores.

Lori y Scott sostienen que no hay pruebas científicas evidentes que demuestren que la terapia con delfines constituya un tratamiento efectivo para ninguno de los trastornos que sus defensores le suponen. En su opinión, se trata de pseudociencia. No contentándose con desmontar la terapia con delfines en tanto que jerigonza científica, Lori y Scott quieren que esta industria deje de ser un negocio. La consideran una moda peligrosa. Por mi parte, veo este aspecto, pero ¿por qué es peligrosa? Si uno se lo puede permitir, ¿por qué no dejar que esos niños que disfrutan poco de la vida gocen con *Flipper* durante un par de semanas? Parece inofensivo.

Lori no comparte esta opinión. Según ella, esta «terapia» pone en peligro tanto a humanos como a animales. Los delfines pueden ser agresivos, incluso con los niños a los que se supone que curan. Un estudio reciente descubrió que la mitad de las más de cuatrocientas personas que trabajaban profesionalmente con mamíferos marinos sufrieron heridas traumáticas,[19] y que los participantes en programas terapéuticos con delfines fueron víctimas de golpes, mordiscos y envestidas (en este último caso con un resultado de fractura de costilla y perforación de pulmón). Estos terapeutas animales también pueden llegar a contagiar enfermedades de la piel.

La terapia con delfines también plantea cuestiones de orden ético. Los psicólogos clínicos eligen ser terapeutas. Los delfines no. Aunque en Estados Unidos la mayoría de los animales utilizados en los programas terapéuticos con delfines han nacido en cautividad, en otros países emplean a animales libres a los que se ha capturado, a menudo en cazas masivas. Lori dice que mueren siete delfines por cada uno que llega a un Guantánamo de cetáceos, donde pasará el resto de su vida nadando en círculos en la misma piscina.

¿Tenemos derecho a capturar animales inteligentes con una vida social compleja y con sofisticados sistemas de comunicación y a convertirlos en terapeutas para nuestros niños autistas? Supongo que tal práctica podría estar justificada si esos animales tuvieran de verdad poderes curativos especiales. Pero necesitaría contar con pruebas sólidas que demostrasen que los delfines tienen la capacidad de romper el aislamiento de los niños autistas, o de que un par de horas con delfines puede añadir quince puntos al cociente intelectual de una niña con síndrome de Down, o de que los campos eléctricos de los delfines pueden liberar a las personas de mediana edad de la depresión que las afecta y las debilita. Pero dichas pruebas no existen.

La delfinoterapia es una industria sin reglamentar que carece de la certificación o de la aprobación de organizaciones psicológicas o médicas profesionales reconocidas. En 2007, las organizaciones británicas Sociedad de Conservación de Ballenas y Defines y la de Investigación del Autismo pidieron que se prohibieran todos los programas de delfinoterapia. Hasta una de las pioneras del movimiento de la terapia con delfines se ha adherido a dicha causa. En los años setenta, Betsy Smith, antropóloga de la Universidad Internacional de Florida, empezó a reunir delfines con niños con deficiencias mentales. Al principio, la terapia pareció dar buenos resultados, y Betsy no tardó en convertirse en defensora de la delfinoterapia. Pero ya no es así. En una carta publicada por la Fundación de Mamíferos Marinos de Aruba,[20] la doctora Smith escribió que «el principal motivo de todos los programas con animales en cautividad es el dinero». ¡Ay!

Dicen mis amigos que lo han probado que nadar con delfines es muy divertido. Pero los mamíferos marinos no son la panacea. Una semana con delfines no va a poner derecha la columna vertebral, ni va a curar una mente trastornada, ni va a evitar ataques epilépticos. Ahórrese el dinero y de paso salve a un delfín.[21]

¿SE PARECEN LAS PERSONAS A SUS PERROS?

Cuando la gente se entera de que me dedico a estudiar las relaciones entre las personas y los animales, a menudo me dicen: «Oh, tendrías que hablar con mi amiga XXX. Esta loca por su XXX». Cuando mi hermana me dijo que debía hablar con Paulette Jacobson, le tomé la palabra. Paulette vive con una shih tzu llamada *Miss Bette Davis* (*Missy* para abreviar) en Bainbridge Island, cerca de Seattle. *Missy* es una perra recogida en la protectora de animales que fue maltratada por su anterior propietario. Ahora vive una vida de lujo con comida hecha en casa, paseos en barca por Puget Sound y un armario lleno de ropa elegante. Paulette se divierte vistiendo a *Missy*, que tiene un impermeable y rebecas, gafas de sol y gafas de esquí. A veces Paulette y *Missy* se visten igual y se pasean por Bainbridge en moto. Forman una graciosa pareja. La gente se detiene para saludarlas y tomarles fotos. Cuando se abre una nueva tienda de ropa para mascotas, Paulette se muere de impaciencia por ver las novedades en moda canina que ofrece. Adora a *Missy*. Paulette me dijo: «Tiene todo lo que quiero de un perro». Pero *Missy* es más que una compañera para Paulette. «*Missy* es mi álter ego. Para mí es como un complemento de moda.»

Nicole Richie puso en práctica literalmente la idea de que su mascota fuera una extensión de sí misma al hacerse extensiones en el pelo del mismo color que el pelaje de su perro, *Honey Child*. Que las personas se parezcan a su perro es un clásico de la psicología popular –es decir, lo que vulgarmente llamamos sabiduría popular–. Son bien conocidos los estereotipos: los ciclistas musculosos y con tatuajes carcelarios optan por los pitbulls; las modelos de piernas largas vestidas a la moda se pasean por la Quinta Avenida con un par de afganos de largo pelaje. Pero ¿las personas nos parecemos de verdad a nuestros perros?[22]

Stanley Coren, psicólogo y experto en perros de la Universidad de la Columbia Británica, pensaba que esta idea no tenía nada de exagerada. Al fin y al cabo, los psicólogos sociales han descubierto que, cuando se trata de encontrar pareja, nos atraen personas con un grado de atractivo parecido al nuestro. ¿Por qué no debería regir el mismo principio al escoger al animal con el que queremos convivir? Según el razonamiento de Coren, si las personas nos sentimos atraídas por animales que se parecen a nosotros, las mujeres con pelo corto y orejas a la vista seguramente preferirán razas caninas de orejas puntiagudas y afiladas (por ejemplo, huskies y basenjis), mientras que las que lucen melena preferirán las razas de orejas largas y caídas como los beagles y los springer spaniels.

Para demostrar esta hipótesis, Coren pidió a mujeres con diferentes estilos de pelo que puntuaran cuatro razas caninas que se diferenciaban entre sí por la forma de las orejas. Cada una de las mujeres puntuó el aspecto de los perros, si el perro les parecía amistoso y su grado de fidelidad y de inteligencia. Tal como había supuesto, Coren vio que a las mujeres de pelo largo les gustaban los springer spaniel y los beagles y que las mujeres con pelo corto preferían los basenjis y los huskies. Además, las mujeres de pelo corto puntuaron más alto a los perros de orejas puntiagudas por considerarlos más amistosos, más fieles y más inteligentes. Coren sostenía que a todos nos gusta una imagen determinada. Esta imagen nos gusta para nosotros mismos y para los perros que nos resultan atractivos.

Interesante. Sin embargo, el hecho es que Coren no fue quien demostró que las personas tiendan a parecerse a *sus* perros. Este trabajo lo llevaron a cabo dos psicólogos, Michael Roy y Nicholas Christenfield. Una noche, Christenfield, mientras leía cuentos a sus hijos, se fijó en que los perros de los dibujos solían parecerse a sus amos. Se preguntó si eso también ocurría en la vida real. Y, si efectivamente era así, por qué.

Los investigadores dieron con dos posibles razones que podían explicar por qué puede ser que las personas se parezcan a su perro: la convergencia y la selección. Según la teoría de la convergencia, amo y mascota van creciendo juntos y pareciéndose más con el paso del tiempo. A primera vista, parece una idea algo absurda. Sin embargo, existen pruebas que demuestran que las parejas que han estado casadas durante mucho tiempo llegan a convergir en las facciones del rostro. Más aún, las personas obesas tienden a tener perros gordos. Si la idea de la convergencia es cierta, los investigadores suponen que habría una relación entre los años que vive una persona con su perro y el grado de parecido entre ambos. Contrariamente, según la teoría de la selección, al escoger una mascota buscamos inconscientemente animales que se nos parezcan. Roy y Christenfield predijeron que si esta idea era cierta, debería haber más parecido entre perros y amos en los casos de perros de pura raza que en los de perros callejeros, puesto que es más difícil prever cómo será de adulto un perro de razas mezcladas.

Para someter a prueba estas ideas, Roy y Christenfield se pasearon por diferentes parques y tomaron fotografías de diferentes personas con sus mascotas. A partir de aquí los investigadores formaron grupos con esas fotografías. Cada uno de estos grupos de fotografías contenía una foto del propietario, una de su perro y otra de un perro distinto. A continuación pidieron a sus alumnos que intentaran acertar cuál era el verdadero perro de cada propietario. Si solamente hubiera operado el azar, los estudiantes hubieran acertado aproximadamente un 50% de las veces. Pero si los perros efectivamente se parecían a sus propietarios los jueces debían mejorar el porcentaje. Para los investigadores, la teoría de la selección explicaba mejor el parecido entre dueños y perros que la teoría de la convergencia. Así, predijeron que la coincidencia se daría solo en los de razas puras y que no habría ninguna relación entre los años de convivencia de una persona con su perro y el parecido entre ambos.

Los investigadores estaban en lo cierto. Los estudiantes acertaron a qué dueño correspondía cada perro en dos terceras partes de los casos. El resultado de aciertos era bastante mejor de lo que hubiera cabido esperar de haber operado solo el azar. Y tal como predecía la teoría de la selección, los estudiantes no obtuvieron buenos resultados al buscar la pareja de los perros que no eran de pura raza. Finalmente, tal como suponía la teoría de la selección, no encontraron ninguna prueba que demostrase que cuanto más tiempo convive una persona con su perro más se parecen ambos entre sí.

Como la mayoría de los científicos, tengo una vena escéptica y no estaba del todo convencido cuando empecé a leer el artículo de Roy y Christenfield. Pero me he convertido a su fe. Posteriormente, investigadores de Venezuela, Japón e Inglaterra han demostrado que la gente es capaz de formar parejas de fotos de propietarios y de sus perros con mejores resultados que los que daría solo el azar. Aunque no todo el mundo se parezca a su mascota, la idea de que muchas personas tienden a parecerse a su perro cuenta con un aval sorprendentemente sólido. Quién sabe.

¿Tienen diferentes personalidades los que prefieren los perros y los que prefieren los gatos?

Mis amigos Phyllis y Bill son un matrimonio mixto. A ella le gustan los gatos; a él no. Phyllis tiene gatos desde que era estudiante en la universidad, normalmente convive con dos a tres. Una vez, durante una ausencia de Phyllis, me instalé en su casa durante un mes para cuidársela, y me encargó que todos los días le administrara a uno de sus gatos, al malhumorado *Chris*, un par de pastillas, una para la epilepsia y la otra para la depresión. Fue una batalla diaria que gané solo en ocasiones. En los últimos años, Phyllis ha pagado cantidades astronómicas a los veterinarios para que zurzan a *Chipper*, su gato atigrado, que tiene tendencia a presentar batalla a gatos machos y a mapaches.

¿Qué es lo que a Phyllis le gusta de los gatos? Según ella, es el equilibrio entre su necesidad de afecto, por un lado, y su independencia, por el otro, una mezcla que también aprecia en su marido. Para ella los perros son unos pelotilleros.

Por su parte, a Bill no le gustan especialmente los animales y nunca los tuvo. Sus padres nunca tuvieron un animal doméstico cuando él era un niño, y él nunca ha sentido el más mínimo interés por convivir con uno. Pero cuando se casó con Phyllis se encontró rodeado de gatos. Con el tiempo, su actitud respecto a los felinos ha variado ligeramente y ha pasado de la indiferencia a la tolerancia. Confiesa que le gusta dejar que alguno de los gatos se acurruque sobre su barriga cuando ve las noticias por la noche. Pero Bill nunca se encarga de darles la comida ni le pregunta a Phyllis cómo están cuando está de viaje y llama por teléfono. Dice que si viviera solo no tendría ningún animal en casa.

Phyllis es psicoterapeuta, una buena profesional. Teniendo en cuenta su experiencia, le pregunté si en su opinión había alguna diferencia entre las personas que prefieren los gatos y las que prefieren los perros. Me sorprendió cuando me contestó que no, que lo que determina el tipo de animal que nos enamora no es nuestra personalidad, sino la casualidad. Simplemente aparece un gatito en nuestro patio, o da la casualidad de que creces en una familia con perros, o que te apetece tener un animal en casa para que se haga cargo de los ratones que habitan en el sótano.

Por mi parte, estoy casi seguro de que cada persona se considera a sí misma o partidaria de perros o partidaria de gatos, más probablemente de perros. Y si lo estoy es porque, si preguntas a la gente, la mayoría se clasifica en una de las dos categorías. Además, según una reciente encuesta Gallup, el 70 % de los americanos dice que prefiere a los perros. Este aspecto de la demografía de las mascotas es curioso porque el número de gatos es superior al de perros en los hogares americanos. (Mary Jean y yo, por cierto, somos de los que preferimos los perros, aunque vivamos con un gato.)

Pero ¿es cierto que partidarios de unos y de otros tienen personalidades distintas, o no es más que otro de los tópicos que en realidad no es cierto?

Sam Gosling, psicólogo de la Universidad de Texas dedicado al estudio de las diferencias individuales entre personas y animales, se encargó de dilucidar esta cuestión. Su investigación de la personalidad humana (descrita en un libro fascinante titulado *Snoop: What Your Stuff Says About You*) demuestra que mientras que algunas de nuestras preferencias personales revelan aspectos de la personalidad, hay otras que no nos dicen nada.[23] Por ejemplo, Sam puede llegar a saber mucho de una persona conociendo el tipo de música que lleva cargada en su iPod, o viendo el grado de desorden que reina en su habitación, o qué tipo de pósteres tiene colgados en la pared de la oficina. En cambio, dice que el contenido de la nevera no revela nada sobre nuestro modo de ser.

Pero antes de poder responder a la pregunta sobre la supuesta distinta personalidad de partidarios de perros y de gatos, conviene una breve lección sobre psicología de la personalidad. Hace cien años que los psicólogos debaten sobre la naturaleza de la personalidad humana. Uno de los aspectos que les ha llevado de cabeza es cuántos rasgos integran la personalidad. Aunque hay algunas excepciones, la mayoría de psicólogos coincide en que podemos realizar una buena descripción de la personalidad midiendo cinco rasgos básicos. (Técnicamente se denomina el modelo de los cinco factores; los psicólogos suelen referirse a ellos como los Cinco Grandes.)

Los Cinco Grandes son los siguientes:

- Actitud abierta frente a actitud cerrada ante la experiencia.
- Reflexión frente a impulsividad.
- Extroversión frente a introversión.
- Conformidad frente a antagonismo.
- Neurosis frente a estabilidad emocional.

Sam y un antrozoólogo de la Universidad de Cambridge llamado Anthony Podbersceck[24] se preguntaron si la personalidad de las personas que tienen mascota era distinta de la personalidad de las que no conviven con ningún animal doméstico. Revisaron la literatura científica sobre el tema, localizaron numerosos estudios en los que se comparaban ambos grupos y encontraron un batiburrillo de resultados. Por cada estudio en el que se demostraba que los propietarios de mascotas son más extrovertidos o emocionalmente más estables o menos independientes que los que no conviven con un animal en casa, encontraban otro cuyos resultados demostraban que no había ninguna diferencia entre ambos grupos. Los estudiosos llegaron a la conclusión de que las personas que tenían una mascota no eran diferentes de las que no tenían en cuanto a sus características básicas de personalidad.

¿Lo anterior vale también para la dicotomía entre los que prefieren los perros y los que prefieren los gatos? Sam ofrece una versión en línea del test de personalidad de los Cinco Grandes, que en los últimos años han contestado miles de personas. (Usted también puede contestarla visitando la página www.outofservice.com/bigfive.) En 2009, Sam añadió una pregunta más para saber si los participantes se consideraban a sí mismos partidarios de los perros, de los gatos, de ninguno de los dos, o de ambos. En poco más de una semana, 2.088 personas partidarias de los perros y 527 que preferían a los gatos contestaron el test de personalidad.[25]

A continuación presentamos los resultados:

- Los partidarios de los perros son más *extrovertidos*.
- Los partidarios de los perros son más *conformistas*.
- Los partidarios de los perros son más *reflexivos*.
- Los partidarios de los gatos son más *neuróticos*.
- Los partidarios de los gatos son más abiertos ante las experiencias nuevas.

En este caso, pues, la psicología popular está en lo cierto: existe una diferencia entre las personas que prefieren los perros y las que prefieren los gatos, y la mayoría de las diferencias coincide con lo que probablemente habríamos previsto. Pero en ciencia a menudo hay trampa. En este caso, la trampa es que las diferencias en la puntuación de sus personalidades eran relativamente pequeñas. (La excepción era la extroversión, que se encontraba en la franja moderada.) El resultado es que, tanto si nos consideramos partidarios de los perros como de los gatos, eso nos dice algo sobre nuestra personalidad (no tanto como el contenido del iPod, pero más que el contenido de la nevera).

¿LOS NIÑOS QUE MALTRATAN A LOS ANIMALES SE CONVERTIRÁN DE MAYORES EN PERSONAS VIOLENTAS?

Recientemente visité Manhattan y dediqué una tarde a pasear por el Museo de Arte Metropolitano para contemplar obras en las que se representase alguna relación entre personas y animales. Había numerosas pinturas, pero una de las más impresionantes era un óleo del siglo XVI de un artista italiano llamado Annibale Caracci titulado con acierto *Dos niños fastidiando a un gato*. En la pintura se representa a un niño y a una niña de mirada inocente, y a un gato. El niño sostiene el gato en su mano izquierda y en la derecha un cangrejo al que ha forzado a pellizcar con una de sus enormes pinzas la oreja del gato. La sonrisa angelical que muestran los dos niños junto con el gozo que parece proporcionarles su «juego» hace que el cuadro sea escalofriante. ¿Cómo debemos considerar esta crueldad gratuita? ¿Se trata solo de una travesura infantil, o es un indicador de una psicopatología profundamente enraizada que en el futuro degenerará en una violencia peor?

La abyecta crueldad que se inflige a miembros de otras especies ilustra cómo nuestra interacción con los animales refleja aspectos de mayor envergadura psicológica. Por ejemplo, ¿el maltrato a los animales es algo inherente o adquirido? Algunos científicos creen que las raíces de la crueldad se hallan en la historia evolutiva[26] de la humanidad, especialmente en el hecho de que nuestros antepasados eran probablemente primates carnívoros que disfrutaban al desmenuzar a sus presas. Sin embargo, para otros científicos los niños son bondadosos por naturaleza, y la animadversión hacia los animales les es inculcada por una cultura que fomenta actividades como cazar y comer carne. A menudo la crueldad proporciona buen material a los que buscan contradicciones morales en el trato que damos a los animales. ¿Cuál es, por ejemplo, la diferencia moral entre el placer que un cazador obtiene al cazar un ciervo y el que consigue un niño travieso cuando ata una lata a la cola de un perro?

La antropóloga Margaret Mead escribió[27] que «una de las cosas más peligrosas que pueden pasarle a un niño es

que mate o que torture a un animal y salga impune de ello».
Margaret se hacía eco de un tema al que se le da vueltas desde hace siglos. John Locke e Emmanuel Kant relacionaron la crueldad con los animales y la violencia hacia los seres humanos. En realidad, Kant pensaba que la única razón para tratar bien a los animales es que tratarlos con crueldad conduce a la brutalidad hacia los seres humanos. Algunos antrozoólogos están convencidos de que cuando un niño maltrata a un animal a menudo está dando el primer paso en un camino que lleva a la delincuencia en la edad adulta. Sin embargo, hay otros que no están tan seguros de ello.[28]

El psiquiatra Alan Felthous y Stephen Kellert,[29] este último pionero en el estudio de las interacciones entre personas y animales, son los autores de uno de los primeros estudios sistemáticos en los que se relaciona crueldad con los animales y delincuencia. Estos estudiosos realizaron entrevistas a grupos de delincuentes agresivos, de delincuentes no agresivos y de personas que no eran delincuentes. Los delincuentes que presentaban un grado de agresividad más elevado tenían muchas más posibilidades de maltratar repetidamente a los animales que los individuos de los demás grupos. Y su nivel de violencia era diferente. Asaban gatos en el horno microondas, ahogaban perros y torturaban ranas.

A raíz de estos estudios y de otros parecidos, me dediqué a preguntar a mis amigos si alguna vez, de pequeños, habían maltratado a algún animal. Esta indagación me abrió los ojos. Por ejemplo, mi buen amigo Fred, constructor, me confesó que él y sus amigos de infancia hacían explotar ranas introduciéndoles petardos en el cuerpo. A los cinco años, la madre de Henry le compró un perrito marrón de orejas caídas. Un día, Henry y sus amigos decidieron jugar a pelota con el cachorro lanzándolo a un lado y a otro de una valla de pinchos. El perrito, tras repetidos golpes contra los pinchos, murió al cabo de dos días. Henry me dijo que ahora le entraban ganas de llorar con solo pensarlo. Al preguntarle a Linda si en alguna ocasión había maltratado a animales en su infancia se quedó callada y de repente se puso muy seria. Me dijo que sí, pero que le era imposible hablar de ello. Ian fue el último de los malhechores. Todo lo que hizo fue freír hormigas usando una lupa.

Me sorprendió ver que tantos de mis conocidos confesaban haber maltratado animales en su infancia. Pero ninguno de ellos va por el mal camino: no son delincuentes, ni maltratadores de esposas, ni asesinos. Como tampoco lo fue Charles Darwin, quien en su autobiografía escribió que, cuando era niño, «pegué a un cachorro, creo que solo por gozar del poder».[30] (Sin embargo, Darwin escribió más adelante: «Este acto es un gran peso sobre mi conciencia y lo demuestra el hecho de que recuerdo exactamente el lugar en que lo cometí».)

Yo también me declaro culpable. Durante mi infancia en Florida, mis amigos y yo utilizábamos cangrejos terrestres y sapos como diana para practicar con nuestros rifles Daisy Red Ryder BB. Una mañana, rifle en mano, vi a un ruiseñor posado en una rama. Y pensé: «¿Por qué no le disparo? Seguro que no le daré.» Y, a fin de cuentas, un rifle BB no podía hacer mucho daño. Estaba equivocado. Un disparo de aire, y el pajarillo se desplomó en el suelo muerto. Me quedé horrorizado. Un precioso pajarito posado en un árbol no tenía nada que ver un feúcho cangrejo terrestre. Fue el último animal contra el que disparé.

La existencia de un fuerte vínculo entre la crueldad infantil hacia los animales y la violencia dirigida contra las personas es una noción tan sólida que el término «The Link» ha llegado a convertirse en una marca registrada propiedad de la Asociación Estadounidense Protectora de Animales. Cuando los abogados de Link exponen en público algún caso, a menudo empiezan con historias trágicas.[31] Primero, los asesinos en serie: Alberto DeSalvo (el estrangulador de Boston), Jeffrey Dahmer, Lee Boyd Malvo (el cómplice francotirador del distrito de Columbia), todos ellos acusados de crueldad con los animales durante su infancia. Después los tiroteos en las escuelas: Columbine, Colorado; Springfield, Oregón; Jonesboro, Arkansas; Pearl, Misisipi; Paducah, Kentucky, todos cometidos por chicos con antecedentes conocidos de maltrato a animales.

Nunca me he dejado impresionar mucho por este tipo de pruebas anecdóticas. Algunos de los abogados de Link quieren hacernos creer que la mayoría o incluso que todos los asesinos en serie o los que disparan en las escuelas tienen antecedentes infantiles de maltrato a los animales. No es verdad. Un análisis realizado sobre 354 asesinos en serie[32] demostró que casi en el 80 % de los casos no había ningún antecedente de crueldad con los animales. La relación entre los tiroteos escolares[33] y la crueldad con los animales es incluso más tenue. En 2004, un equipo formado por personal del Servicio Secreto de Estados Unidos y del Departamento de Educación llevó a cabo una minuciosa investigación de las características psicológicas de los autores de treinta y siete tiroteos en escuelas. Los investigadores descubrieron que solo cinco de ellos tenían antecedentes de maltrato a animales. Esta fue la conclusión: «Muy pocos de los atacantes tenían antecedentes de haber causado daño o matado a algún animal en un momento anterior a los hechos». Está claro que algunos de los defensores de Link exageran la relación que pueda existir entre los niños que maltratan animales y la violencia en la edad adulta. Sin embargo, existen algunas pruebas de que ambos aspectos están relacionados hasta cierto punto. El problema es determinar la proximidad en la relación y por qué existe.

Hay varias razones para pensar que la crueldad de los niños hacia los animales y la posterior violencia podrían estar relacionadas. Llamo a la primera de las razones la hipótesis de la mala semilla. En la etapa de educación primaria hay niños mentirosos, tramposos, ladrones y amigos de las peleas. Los psiquiatras consideran que este modelo de comportamiento es un trastorno de la conducta. En los años sesenta, se creía que había tres rasgos que caracterizaban especialmente a este tipo de niños: provocaban incendios, se hacían pipí en la cama y eran crueles con los animales. Aunque estas tres características no están tan relacionadas como se creía al principio, la Asociación Americana de Psiquiatría todavía utiliza la crueldad con los animales como un factor para diagnosticar trastornos de la conducta. Según la hipótesis de la mala semilla, el maltrato a los animales no es una causa de delincuencia, sino un signo de niños con problemas serios, muchos de los cuales se convertirán en psicópatas de mayores.

Una versión más sólida del modo de pensar de Link es la denominada hipótesis de la gradación[34] en la violencia. Consiste en creer que tirar de las alas de las mariposas o pegar a un perro es el primer paso de un recorrido que finalmente puede terminar en la cárcel. Esta idea queda plasmada en el título de un libro de gran influencia cuyas autoras son Linda Merz-Perez y Kathleen Heide: *Animal Cruelty: Pathway to Violence against People*. Una de las implicaciones de esta teoría es que el maltrato a los animales durante la infancia puede utilizarse para dibujar perfiles, lo cual es un modo de identificar a los asesinos en serie en potencia y a los que disparan en las escuelas antes de que la escalada de violencia sea irreversible.

Así pues, ¿hemos introducido todos los datos? ¿Podemos llegar a la conclusión de que la crueldad en los animales es causa de violencia posterior? No necesariamente. Un grupo de investigadores dirigido por Arnold Arluke,[35] sociólogo de la Universidad de Northeastern, descubrió una manera muy innovadora de demostrar la hipótesis de la gradación. Este equipo comparó los antecedentes penales de individuos que habían sido condenados por maltratar a animales con un grupo de ciudadanos respetuosos de la ley del mismo barrio. Según el razonamiento de los investigadores, si la hipótesis de la gradación fuera cierta, los maltratadores de animales mostrarían tendencia a cometer delitos violentos y no delitos comunes como vender droga o robar coches.

Los resultados obtenidos no avalaron la hipótesis de la gradación. Es cierto, los maltratadores de animales eran personas que siempre creaban muchos conflictos. A nadie le gustaría tenerlos por vecinos; habían cometido más delitos violentos que cualquiera de las personas no delincuentes con las que se comparaban. Pero no demostraron tener más posibilidades de ser detenidos por delitos violentos que de serlo por delitos comunes como robos o venta de droga.

Hay otras razones por las que debemos ser cautelosos al establecer una relación de causalidad entre crueldad infantil y violencia en la edad adulta. En filosofía de primer curso (lógica) se enseña lo siguiente: «Que toda A sea B no implica que toda B sea A». Así, el hecho de que la mayoría de adictos a la heroína primero fumaran marihuana no implica que todos los que fuman marihuana una vez vayan a ser yonquis. Igualmente, aunque todos los que disparan en escuelas y todos los asesinos en serie hayan maltratado a animales en su niñez (una afirmación dudosa), por lógica no podemos concluir que los niños que arrancan las alas a las polillas vayan a convertirse en asesinos.

Y algo todavía más importante, las cifras no avalan la idea[36] según la cual la mayoría de las personas que en su niñez maltrataron a animales de mayores se conviertan en personas agresivas. Emily Patterson-Kane y Heather Piper analizaron los resultados de veinticuatro trabajos de investigación sobre la crueldad infantil entre hombres extremadamente agresivos (con antecedentes de asesinatos en serie, abusos sexuales, tiroteos en escuelas, violaciones y homicidios) y hombres cuyos historiales carecían de cualquier signo de violencia (universitarios, adolescentes y adultos). Según su análisis, el 35% de los delincuentes violentos había maltratado a animales durante su infancia –pero también lo había hecho un 37% de los hombres pertenecientes al grupo de control «normal»–. La socióloga Suzanne Goodney Lea obtuvo resultados parecidos. Estudió el historial de 570 adultos jóvenes, un 15% de los cuales presentaba episodios de maltrato a animales. A través de su estudio descubrió que los niños que se peleaban a menudo, que mentían habitualmente, que utilizaban armas o que prendían fuego tendían a convertirse en personas adulta violentas. Sin embargo, la crueldad con los animales no precedía un comportamiento agresivo posterior.

Arnold Arluke tiene un don: sabe escuchar a las personas. Las hace sentir cómodas y ellas le cuentan cosas que normalmente no dirían a nadie. Hubiera sido un buen detective de homicidios. Arluke utilizó su don para ahondar en la mente de estudiantes universitarios que habían torturado animales. No le fue difícil dar con ellos. No tuvo más que preguntar a sus propios alumnos.[37] Los estudiantes a los que entrevistó habían envenenado peces con lejía, arrancado patas a moscas, quemado saltamontes con gas líquido de encendedores y jugado a *frisbee* con ranas vivas. Es típico el siguiente comentario de una de las muchachas a las que entrevistó: «Bueno, la verdad es que no teníamos nada más que hacer y nos aburríamos, y entonces decíamos, "Venga, ¡vamos a torturar a unos cuantos gatos!"».

Los alumnos de Arnold no pueden considerarse anómalos. Según un reciente estudio[38] realizado con estudiantes universitarios, el 66% de los hombres y el 40% de las mujeres admitieron que habían maltratado a animales. Arluke sugiere algo radical. Cree que para muchos niños la crueldad con los animales es una fase normal del crecimiento. Lo llama juegos prohibidos. Es como decir palabrotas o fumar, algo así como una fruta prohibida. En su opinión, cuando los niños maltratan animales lo que están haciendo es jugar, en secreto, a un juego de poder de adultos. Este juego también permite fortalecer los vínculos entre los conspiradores, entre los compañeros de delito. Sin duda alguna, el tipo de crueldad infantil que Arluke descubrió entre sus estudiantes de sociología, presuntamente normales, no era la de meter gatos en el microondas o lanzar cachorros de perro desde el tejado. Y, a diferencia de los criminales sin paliativos entrevistados por Felthous y Kellert, la mayoría de los alumnos de Arluke sentían remordimientos por sus errores de juventud. Pero eso no cambia el hecho de que el maltrato a animales por parte de niños sea mucho más común de lo que solemos creer.

Pero lo más inesperado de todo es que los autores de la mayor parte de esa injustificable crueldad con los animales no son niños de una maldad inherente, sino niños normales que de mayores son buenos ciudadanos. En mi opinión, el maltrato a los animales plantea una gran pregunta, pero esta pregunta no es por qué las personas con un trastorno psicopático son crueles. La respuesta a dicha pregunta es obvia: son personas mentalmente enfermas, amorales o malas. No, hay otra pregunta de mayor interés e importancia que trasciende nuestras relaciones con los animales: ¿Por qué las personas que son esencialmente buenas cometen actos que son esencialmente malos?

Para algunos investigadores[39] y organizaciones protectoras de animales, la relación entre la crueldad animal y la violencia humana se ha convertido en una cruzada moral a la que se persigue con celo misionero. Sin embargo, algunos investigadores han cuestionado la simplista forma de pensar de Link. Les preocupa que los abogados de Link y los medios de comunicación estén perpetuando un pánico moral irracional entre la gente. Los que se muestran escépticos respecto a Link no defienden que debamos ignorar el maltrato a los animales, sino que lo que creen es que deberíamos considerar dichos maltratos como un problema serio en sí mismo, no porque convierta a los niños en adultos psicópatas.

Los antrozoólogos están divididos respecto a la intensidad de la conexión que pueda existir entre el maltrato a animales y la violencia humana. Este debate no es distinto de otros igualmente polémicos planteados en diferentes terrenos de la conducta humana. Durante años, los psicólogos han discutido si la violencia en la televisión es causa de agresividad infantil, si la pornografía propicia los delitos sexuales y si las guarderías infantiles son beneficiosas o nocivas para los niños. Lo mismo que los aspectos que acabamos de mencionar, la polémica sobre las causas y los efectos de la crueldad con los animales no desaparecerá. Es demasiado importante.

Como hemos podido ver a partir de todos los ejemplos mencionados, la zooantropología abarca muchos temas. Investigamos aspectos como las diferencias de personalidad entre las personas que prefieren los perros y las que prefieren los gatos simplemente porque son cuestiones interesantes. Por otro lado, los estudios sobre la efectividad de la terapia con animales y la relación entre la crueldad con los animales y la agresividad en la edad adulta tienen importantes implicaciones en la vida real. Pero existe otra razón por la que el estudio de nuestra interacción con otros seres es a la vez fascinante y trascendente, y es que nuestra interacción con los animales nos ofrece un punto de vista poco habitual sobre la naturaleza humana. El antropólogo francés Claude Lévi-Strauss tenía toda la razón cuando escribió que «los animales son buenos para pensar»,[40] y a ello me referiré en el capítulo siguiente.

2. LA IMPORTANCIA DE SER UNA MONADA:

POR QUÉ PENSAMOS LO QUE PENSAMOS SOBRE LOS SERES QUE NO PIENSAN COMO NOSOTROS

> *Es más fácil sentir empatía hacia los perros que hacia las pulgas.*
>
> ERIC GREENE[41]

Judy Barrett, de Greensboro, Carolina del Norte, tenía un problema. Ella y su marido estaban locos por los azulillos. Se habían gastado mucho dinero intentando que una pareja de estos pájaros anidara en el jardín de su casa, incluso compraron un nido artificial a prueba de serpientes y una bañera especial para pájaros. Judy guardaba en la nevera una caja llena de gusanos porque había oído que a los azulillos les encantaban. Todos las comodidades ofrecidas por los Barrett sirvieron para atraer a un par de pájaros, pero no los que ellos querían. Aprovechando que no estaban atentos, un jilguero vulgar se apropió del nido y dejó cinco huevos en la casita destinada a los azulillos.

Sin saber qué hacer, Judy le mandó una carta a Randy Cohen, autor de una columna de consejos titulada «The Ethicist», al estilo Dear Abby, sobre cuestiones morales cotidianas que se publica en el *New York Times Magazine*.

¿Sería ético, preguntaba Judy, que destruyera los huevos del humilde jilguero para así dejar libre el espacio a una pareja de adorables azulillos?

Cohen le dijo que no: «En ética, ser una monada no cuenta».[42]

Está claro, Cohen tiene razón. Pero aunque ser una monada no cuente en el enrevesado mundo de la filosofía moral, sí importa y mucho en cómo la mayoría de personas tratamos a las demás especies. Por ejemplo, uno de los principales factores que determinan la cantidad de dinero que la gente dice que donaría para ayudar a especies en peligro de extinción es el tamaño de los ojos de los animales. No son buenas noticias para la peculiar salamandra gigante china. Se trata del anfibio más grande y seguramente más repulsivo de la Tierra: una masa viscosa de casi dos metros de largo y ojos pequeños y vidriosos. Este animal no aparece fotografiado en los folletos que distribuyen las organizaciones a favor de la protección del medio ambiente para recaudar fondos. Pero comparemos la salamandra gigante con otro animal de China, el panda gigante, igualmente peculiar, pero infinitamente más atractivo, cuyos ojos parecen todavía mayores debido a los enormes círculos negros que los rodean. Es un animal tan simpático que el World Wildlife Fund usa su imagen como logotipo.

De las 65.000 especies de mamíferos, pájaros, peces, reptiles y anfibios que habitan el planeta, solo unos pocos son objeto de preocupación por parte de los seres humanos. ¿Por qué nos preocupamos por el panda gigante y no por la salamandra gigante, sí por el águila y no por el buitre, sí por el azulillo y no por el gorrión, sí por el jaguar y no por el murciélago de la fruta de Dayak (una de las dos únicas especies de mamíferos cuyos machos producen leche)? Nuestro modo de pensar en los animales a menudo está determinado por ciertos rasgos de la especie a la que pertenecen: su atractivo, su tamaño, la forma de su cabeza, si tienen pelo (eso es positivo), o bien una textura viscosa (eso es negativo), y hasta qué punto guardan algún parecido con los seres humanos. Demasiadas patas o demasiado pocas son rasgos negativos. Como también lo son algunos hábitos que nos repugnan, como comer heces o chupar sangre. También cuenta el sabor de su carne, aunque no tanto como podría creerse.

Las incoherencias de nuestra relación con los animales también son el resultado de las peculiaridades de la cognición humana. Nos gusta pensar que somos una especie racional. Pero las investigaciones en psicología cognitiva y en economía del comportamiento demuestran que tanto nuestro pensamiento como nuestro comportamiento a menudo son completamente ilógicos. Por ejemplo, en un estudio se preguntó a grupos de personas independientes entre sí cuánto estarían dispuestas a donar para que las aves acuáticas no perecieran en los lagos contaminados por petróleo. La media de los sujetos entrevistados dijo que pagaría 80 dólares por salvar a 2.000 pájaros, 78 dólares por salvar a 20.000, y 88 dólares por salvar a 200.000. A veces los animales actúan con más lógica que las personas; en un estudio reciente se demostró que cuando una colonia de hormigas[43] escoge un nuevo hormiguero toma esa decisión con más lógica que la que utilizan los humanos cuando buscan piso.

¿Qué hay en la psicología humana que dificulta tanto una reflexión coherente sobre los animales? Las paradojas que invaden nuestra interacción con las demás especies se deben al hecho de que gran parte de nuestro pensamiento es un cenagal donde se dan cita los instintos, la lengua, la cultura, la intuición y la confianza en los atajos mentales.

La biofilia:[44]
¿Es instintivo el amor por los animales?

En un elegante librito escrito en 1984, el biólogo de Harvard E.O. Wilson planteaba la hipótesis de que nuestra especie tiene una asociación instintiva con el mundo natural. Biofilia era el término que usaba para denominar esta característica y argumentaba que se trata de una parte intrínseca de la naturaleza humana. Aunque al principio me mostré escéptico ante tal idea, las pruebas de que tiene razón son concluyentes. Judy Deloache y Mean Picard, especialistas en psicología del desarrollo, han descubierto que incluso los niños pequeños prestan más atención a las películas de animales reales que a las de objetos inanimados. Un equipo de psicólogos evolucionistas de la Universidad de California, Santa Barbara, han demostrado que el sistema visual humano está especialmente desarrollado para distinguir animales en el entorno, una capacidad que debió de ser útil a nuestros antepasados cuando tenían que estar al acecho de predadores y presas. Para expresar esta idea utilizan el término de hipótesis de control de objetivo animado, y en sus experimentos demuestran, por ejemplo, que las personas son más rápidas identificando los movimientos de un elefante que los de un camión.

Nuestra atracción por algunos animales parece ser instintiva. En mis conferencias sobre la relación entre personas y animales suelo presentar un par de diapositivas que invariablemente provocan un coro de ¡oh! y ¡ah! entre el público. Se trata de las imágenes de cachorros de gatos y perros. La respuesta del público al ver las fotografías refleja un componente de la naturaleza humana que provoca la vergüenza de la mayoría de científicos behavioristas: el instinto. La noción de que los humanos se sienten atraídos de forma innata por todo lo que tenga apariencia de cría –niños, cachorros, patitos o lo que sea– se llama "respuesta a las monadas". Fue el etólogo austríaco Konrad Lorenz el primero en proponer esta idea. Los animales jóvenes comparten características con los seres humanos de tierna edad: frente y cráneo de grandes proporciones, ojos grandes, mejillas regordetas y contornos suaves. Lorenz se refirió a estas características como "liberadoras de instintos maternales" porque automáticamente hacen aflorar nuestros impulsos parentales.

Bambi es el típico ejemplo de lo fácilmente manipulables que somos por los liberadores de instintos maternales.[45] Al principio Walt Disney pidió a los dibujantes que trabajaban en la película que dibujaran al cervatillo lo más detalladamente posible. Mandó traer un par de cervatillos de Maine y pidió a sus artistas que observaran cómo un anatomista diseccionaba el cadáver en proceso de descomposición de un ciervo recién nacido. El problema fue que los dibujos de Bambi que realizaron los animadores, a pesar de ser realistas, no eran lo bastante monos para conquistar los corazones del público. La solución fue darle características de cría; Disney pidió a los artistas que redujeran la largada del hocico de Bambi y que le agrandaran la cabeza. Después le dibujaron unos ojos enormes en los que predominaba el blanco. Bambi adquirió forma de sucedáneo de bebé humano.

Mickey Mouse es otro testimonio parecido de la habilidad de Disney para diseñar personajes que estimulan nuestros instintos parentales. Mickey nació en 1928 como un personaje embustero y no muy simpático llamado Steamboat Willie. Durante los cincuenta años siguientes, Disney fue modificando su imagen. Para conseguir un personaje más benévolo y simpático, lo que hizo fue darle rasgos de niño pequeño. La cabeza de Mickey creció hasta casi doblar el volumen de su cuerpo, y el tamaño de sus ojos y de su caja craneal crecieron casi el doble. ¿Nuestra tendencia natural a dejarnos cautivar por un par de ojos exageradamente grandes afecta a nuestro modo de tratar a las otras especies? Así es sin duda. Lo expresó mejor Stephen Jay Gould,[46] el último biólogo de Harvard que se encargó del estudio de la evolución de Mickey: «En pocas palabras, nos dejamos cautivar por una respuesta evolucionada a nuestros propios bebés y transferimos esta reacción cuando se nos presenta ese mismo conjunto de características en otros animales».

El papel que ser una monada desempeña en nuestra actitud hacia los animales se refleja en el escándalo público provocado por la «cosecha» de crías de foca sobre los témpanos de hielo de Groenlandia, en la costa atlántica de Canadá. Las focas recién nacidas son unos seres irresistibles. Durante las dos primeras semanas de vida su pelo es de un blanco extraordinariamente puro y sus ojos son negros y profundos como lagos. En los años setenta y ochenta, los folletos y carteles de los manifestantes en contra de la caza de focas mostraban a fotógrafos manchados de sangre, así como las heridas abiertas en los cuerpos de las crías de foca molidas a palos hasta causarles la muerte. En 1987, el Gobierno canadiense cedió ante la presión pública, bueno, cedió en cierto modo. Se prohibió matar focas de menos de catorce días, que resulta que es precisamente el período en el que la piel se les oscurece y empiezan a perder sus rasgos infantiles. Tras este período se abre la temporada de caza. Los canadienses no detienen la caza de focas; detienen la caza de focas *que son una monada*.

El ser humano ve un talismán en los animales con aspecto de bebé, y eso tiene un precio. El amor que sienten los humanos por esas monadas ha dado lugar a razas caninas cuyos ejemplares adultos siguen teniendo aspecto de cachorros. Los hocicos infantilizados de razas como los carlinos chinos y los bulldogs franceses provocan problemas respiratorios, y sus protuberantes ojos apenas caben en sus pequeñas cavidades oculares. Al criar perros neoténicos (el término biológico que se refiere a la conservación del estado juvenil en los adultos), también hemos creado mascotas emocionalmente inmaduras y propensas a una versión canina de nuestras propias neurosis. Este fenómeno ha representado un gran éxito para la empresa Big Pharma, que ha desarrollado versiones adaptadas de Valium y Prozac para nuestras mascotas con trastornos de ansiedad, depresión y obsesivo-compulsivos.

¿Por qué no nos gustan las serpientes?

Los humanos son biofílicos respecto a seres como los cachorros de perro y las crías de foca, pero son biofóbicos respecto a otros seres, por ejemplo las serpientes. En una encuesta realizada por Gallup en 2001, se preguntó a los americanos sobre cosas que les daban miedo. Entre los diez temores principales, cuatro eran animales, y las serpientes encabezaban la lista. (Los otros animales que provocaban miedo eran las arañas, los ratones y los perros.) Incluso el venerado médico y teólogo Albert Schweitzer, según cuya filosofía todas las vidas merecían ser respetadas, tenía siempre una pistola a mano para disparar contra las serpientes.

Cuando yo era un joven investigador, pude observar en directo el conflicto entre la fascinación y el miedo que provocan las serpientes durante el verano que pasé en un parque temático de reptiles en Florida, donde grababa los gritos de apareamiento de los caimanes. Al principio de la temporada turística, el parque contrataba a universitarios con experiencia en reptiles como guías acompañantes de las instalaciones. Al final de cada visita, el guía se calzaba un par de botas especiales para protegerse de las serpientes y se metía en una cavidad donde había docenas de serpientes de cascabel y mocasines de agua, todas ellas serpientes mortales.

El truco del globo era el momento culminante del espectáculo. El guía hinchaba un globo y escogía una de las serpientes de cascabel, a la que provocaba mediante un gancho para serpientes hasta que el reptil se enrollaba, listo para el ataque. Para concluir el truco, el guía sujetaba un extremo del globo con una mano y acercaba el otro extremo a la enfurecida serpiente. Entonces, cuando el globo estaba a un palmo del hocico del reptil, el guía lo empujaba bruscamente hacia la cara de la serpiente. Si el movimiento era correcto, el animal arremetía contra el globo con todas sus fuerzas y lo pinchaba con sus colmillos. ¡*Bang*! El globo explotaba. Los sorprendidos turistas daban un salto y aplaudían e incluso a veces le daban una propina al guía.

Pero uno de los estudiantes no tenía valor para esa última provocación dirigida a los colmillos de la serpiente, de casi tres centímetros de largo. El personal que ya llevaba tiempo en el parque no prestaba mucha atención a los jóvenes empleados temporales, especialmente a este. Por las mañanas, antes de que se abrieran las puertas al público, yo me acercaba a la cavidad de las serpientes para ver cómo aquel joven universitario se ejercitaba para aprender el truco del globo. Con una actitud segura y engreída y su planchada y pulcra camisa de color caqui, se metía en el hoyo, agarraba una serpiente por la cabeza y la «ordeñaba» metiéndole los colmillos en un frasco de cristal y a la vez masajeándole las glándulas venenosas. Hasta aquí ningún problema. Pero cuando se acercaba el momento final, el truco del globo, sus manos empezaban a temblar al hinchar el globo y el temblor se intensificaba cuando se disponía a escoger a su presa, una serpiente mocasín acuática oriental.

Y entonces era cuando los otros guías más experimentados empezaban a meterse con él. Algunos se carcajeaban y unos pocos le animaban diciéndole en voz baja: «Venga, ánimo, chico, que tú puedes». El joven se situaba detrás del globo y empezaba a acercárselo lentamente a la serpiente. Pero la lentitud no funciona con las serpientes de cascabel. Hay que ser veloz en el gesto para provocar el ataque. Hay que asustarlas.

El muchacho iba acercando con mucha precaución el globo a la cara de la serpiente hasta que le rozaba el hocico y la obligaba a alejar la cabeza de la espiral enroscada de su cuerpo, con lo cual un animal que acumula en sus colmillos veneno suficiente para matar a cinco hombres robustos adoptaba una actitud tan amenazadora como la de un gatito. Vaya, que no era un buen sistema para impresionar a turistas sedientos de sangre.

El chico, humillado, abandonaba el hoyo cabizbajo mientras los veteranos, muriéndose de risa, no daban ninguna muestra de solidaridad. El curso de formación para poder realizar la visita de las serpientes duraba siete días, y el séptimo el muchacho no se presentó al trabajo, y no volví a verle más. El incidente me hizo pensar en la advertencia bíblica de que, aunque el espíritu tenga una buena disposición, la carne es débil. En aquellas sesiones matinales en el parque de reptiles, los miedos ancestrales del hombre prevalecían.

Desde un punto de vista objetivo, el miedo de la población americana a las serpientes es absurdo. En Estados Unidos se producen únicamente doce muertes por picadas de serpiente al año, y las víctimas son en su mayoría varones con un exceso de combustible testosterónico y con más huevos que cerebro.

En un artículo publicado en *Annals of Emergency Medicine*, se describía un caso que es un magnífico ejemplo de lo anterior. En una ocasión, un hombre de cuarenta y un años se presentó en el servicio de urgencias de un hospital con una mordedura de serpiente de cascabel en la punta de la lengua.[47] El informe médico es de lo más elocuente: «Un amigo sujetaba la serpiente cerca de la cara del paciente mientras este sacaba la lengua imitando los movimientos del reptil. Aprovechando la oportunidad, la serpiente mordió la superficie dorsal de la lengua del paciente. Cuando todavía tenía los colmillos clavados en ella, el amigo tiró de la serpiente para retirarla de la lengua del paciente». ¡Ay! La lengua de aquel hombre se hinchó hasta adquirir el tamaño de una naranja, lo que casi le impedía respirar, y estuvo a punto de morir.

¿Por qué tantos americanos tienen miedo de las serpientes? A fin de cuentas, existen muchas más posibilidades de morir por mordedura de perro que de serpiente. ¿Acaso la ofidofobia sea un vestigio de los mitos de la edad de bronce en los que se representan serpientes, mujeres desnudas y manzanas? ¿O es que a las personas nos parece extraño que carezcan de patas, o su forma fálica? ¿O tal vez la fobia a las serpientes se desarrolló porque nuestros antepasados se mantenían alejados de unos animales que podían matarlos?

Durante más de doscientos años los científicos han debatido sobre si el miedo a las serpientes[48] es algo con lo que se nace o bien se adquiere. Según Susan Mineka, psicóloga de la Universidad Northwestern, el miedo a las serpientes en los monos es adquirido. Susan descubrió que los monos Rhesus capturados en estado salvaje mostraban terror ante las serpientes, pero que los monos nacidos en cautividad no mostraban ningún signo de temor ante ellas. Sin embargo, si los monos criados en laboratorios que nunca han visto a una serpiente observan cómo sus hermanos capturados en estado salvaje reaccionan ante ellas, inmediatamente se despierta en ellos una fobia contra las serpientes.

Pero también hay investigadores que no creen que los primates sean una pizarra en blanco en lo referente a serpientes. Gordon Burghardt, etólogo de la Universidad de Tennessee, y sus colegas del Instituto de Primates de Kyoto hicieron pruebas con monos adultos japoneses en cautividad. Los monos tenían que alcanzar una jaula con serpientes para conseguir comida. La mayor parte de los monos estaban aterrorizados ante los reptiles, aunque nunca habían visto ninguno. En su libro *The Fruit, the Tree, and the Serpent: Why We See So Well*, Lynne Isbell, de la Universidad de California en Davis, aporta argumentos convincentes sobre el hecho de que la evolución modeló el cerebro de los primates especializándolos en detectar serpientes visualmente. Vanessay LoBue y Judy DeLoache (que sufre fobia a las serpientes), ambas psicólogas de la Universidad de Virginia, han comprobado que los humanos llevamos un detector de serpientes incorporado. Pidieron a varios niños, que nunca habían visto una serpiente, que localizaran las imágenes de serpientes intercaladas en una serie de pinturas de otros objetos naturales. Efectivamente, los niños fueron más rápidos localizando la imagen de una serpiente entre imágenes de otros animales que localizando la imagen de una flor o de un ciempiés.

Así pues, la naturaleza efectivamente desempeña un papel en el miedo a las serpientes. Pero no se termina ahí la historia. Aproximadamente la mitad de la población americana dice no tener miedo de las serpientes, y cuatro cientos mil estadounidenses tienen serpientes como mascotas. Más aún, la forma de tratar a las serpientes difiere según las diferentes culturas. Mi amigo Bill se pasó cinco años en Tanzania como guarda de coto. Los habitantes del pueblo en el que vivía no distinguían entre serpientes venenosas y serpientes inofensivas. Cuando alguien veía una serpiente, gritaban «*Nyoka!*», y todo el mundo salía disparado para molerla a palos hasta terminar con ella. Pero nada parecido ocurre en Nueva Guinea.

Según el biólogo Jared Diamond, los habitantes de esta isla no tienen miedo de las serpientes a pesar de que un tercio de las serpientes que viven allí son muy venenosas. A diferencia de los tanzanos, los hombres de las tribus de Nueva Guinea son expertos en diferenciar las especies no venenosas de las especies que lo son, y se comen a las inofensivas.

La idea de que tanto los genes como el entorno influyen en nuestra actitud hacia los animales encaja perfectamente con la actual visión de E.O. Wilson sobre la biofilia. Al principio, Wilson consideraba que la biofilia era un impulso humano instintivo de asociarse con todo lo brillante y bonito. Pero unos años más tarde, revisó este concepto e introdujo en él los profundos efectos que el aprendizaje tiene en nuestra relación con la naturaleza. «La biofilia –escribió– no es un instinto único, sino un conjunto de reglas de aprendizaje que pueden aislarse y analizarse individualmente».[49] Y precisamente la tarea de aislar estas reglas de aprendizaje que gobiernan nuestra relación con la naturaleza corresponde al campo de la antrozoología.

¿Qué hay en un nombre?
Lengua y distanciamiento moral

Nuestra forma de pensar en los animales también se ve afectada por los nombres que les damos y las palabras que utilizamos para describirlos. Las palabras relacionadas con los animales permean el lenguaje humano.[50] Algunas de ellas dignifican ("trabajador como una abeja", "astuto como un zorro"), otras son degradantes ("zorra") y otras aun reflejan el poder sexual (cigala, almeja). Calificar a alguien de "animal" refleja nuestra ambivalencia en cuanto al lugar que ocupamos en la naturaleza. En algunos contextos, son un cumplido; en otros, un insulto. Los psicolingüistas debaten sobre si el lenguaje refleja nuestra percepción de la realidad, o bien ayuda a crearla. Yo soy partidario de lo último. Fijémonos en las palabras con las que nos referimos a los animales que nos comemos. La merluza negra es una criatura de aspecto prehistórico con dientes como agujas y ojos protuberantes y amarillentos que vive en aguas profundas de Sudamérica. Este pez no era nada popular entre los *gourmets* sofisticados hasta el día en que una emprendedora empresa de importación de Los Ángeles lo rebautizó con un nombre mucho más apetitoso: "lubina chilena".

Las palabras que usamos para referirnos a la carne nos ayudan a evitar que pensemos en las implicaciones éticas de nuestra dieta. Resulta más fácil pedir al carnicero cuatrocientos gramos de carne que cuatrocientos gramos de vaca. El distanciamiento moral semántico es al parecer menos necesario a medida que descendemos en la escala filogenética; no nos molestamos en usar tapaderas lingüísticas para referirnos al pollo, al pato o al pescado. Sin embargo, en otras partes del mundo se prescinde totalmente de eufemismos para referirse a la carne. Las palabras alemanas para cerdo, buey y ternera son, respectivamente, *schweinefleisch* (carne de cerdo), *rindfleisch* (carne de vaca) y *kalbfleisch* (carne de ternera). En mandarín, el buey se llama *niurou*, que significa carne (*rou*) de vaca (*niu*); el cerdo es *zhurou* (carne de cerdo) y el cordero es *yangrou* (carne de cordero).

Uno y otro bando en el debate sobre los derechos de los animales son conscientes del poder de las palabras. La agencia gubernamental encargada de la supervisión de la caza de focas en Canadá utiliza, para referirse a esta práctica, términos neutrales: *harvest* (cosecha), *cull* (matanza selectiva), *management plan* (plan de gestión). El lenguaje que utilizan los que están en contra de la caza de focas está repleto de palabras más duras: *slaughter* (matanza), *massacre* (masacre), *atrocity* (atrocidad). Los gestores de la fauna hablan del "reflejo de natación en animales muertos", mientras que los activistas lo llaman "ser despellejado vivo".

Gracias a la organización Personas por el Trato Ético de los Animales (PETA), grupo que defiende los derechos de los animales, millones de americanos han tomado conciencia del sufrimiento asociado a la ganadería intensiva, a la caza, a las investigaciones con animales, a los zoológicos y a los circos. Sin embargo, no han conseguido que el público se irritase ante el sufrimiento que causa nuestro insaciable deseo de atún para el *sushi* o ante el dolor que experimenta una trucha común cuando confunde una mosca seca del catorce con un insecto real. Mi amiga Cathy dice no comer nunca nada que posea rostro, pero no incluye a los peces. La nueva estrategia de PETA para cambiar nuestra forma de pensar en las criaturas con aletas en lugar de pelo es rebautizarlas. El eslogan para su nueva campaña contra la pesca es «Salvemos a los gatitos marinos».

Joan Dunayer estaría de acuerdo con ello. La autora de *Animal Equality: Language and Liberation* cree que algunas palabras hacen más fácil la explotación de otras especies. Esta autora propone sustituciones lingüísticas como "cárceles de agua" para denominar a los acuarios, "prisioneros" para los animales de los zoológicos, y "maltratadores de vacas" para los *cowboys*. Propone que nos refiramos a nuestras mascotas como "mi amigo perro" o "mi amigo gato". A mí me encanta llamar a *Tilly* "mi amigo gato", pero sospecho que mi dentista, que tiene un acuario en la sala de espera, pondrá objeciones a cambiar la palabra "agua" de sus "amigos peces" por "cárcel acuática".

¿Mascotas u objetos de investigación? Las categorías cuentan

El lenguaje que utilizamos para hablar de los animales está íntimamente relacionado con otro factor que afecta a nuestra forma de pensar en los animales: las categorías en las que los clasificamos. Por ejemplo, solemos dar nombre a los animales que clasificamos en la categoría de "mascotas"; a los que situamos en la categoría de "objetos de investigación" normalmente no los bautizamos. Cuando no hace mucho le pregunté a un biólogo si alguno de los ratones que tenía en su laboratorio tenía nombre, me miró como si estuviera loco. No me sorprendió. Al fin y al cabo los ratones blancos a los que el biólogo clava agujas, sonda e inyecta son esencialmente idénticos. ¿Por qué habría que darles un nombre?

Pero a veces las categorías en las que clasificamos a nuestros animales no están tan claras. En mi época de universitario poníamos nombre a algunos de los animales con los que experimentábamos: a los que estaban sentenciados a ser prisioneros de por vida, que acababan siendo mascota más que objetos de uso en el laboratorio. Nuestro animal preferido era una espectacular víbora ratonera de más de un metro y medio a la que llamábamos *IM* (pronunciado *em*). Entró en el laboratorio cuando era una cría. *IM* era un animal fuera de lo común ya que tenía dos cabezas y un pene (la mayoría de las serpientes tienen una cabeza y dos penes). Una de las cabezas se llamaba *Instinto* y la otra *Mente*. Ello explica por qué le dimos un apodo.

Pero la trasformación que experimenta un objeto de investigación que se convierte en mascota tiene un coste. Una veterinaria que trabajaba en un laboratorio me contó cómo se "enamoró instantáneamente" de un cachorro de beagle[51] destinado a participar en un experimento que iba a acabar con la muerte del animal. Con mucha discreción se llevó aparte a uno de los técnicos y le dijo que cambiaran a los animales, y en lugar del beagle mataron a otro perro. La joven se dio cuenta de que si el beagle había conservado la vida era solo porque le había caído en gracia a alguien con autoridad (ella), y años más tarde todavía se sentía culpable de haber sentenciado a muerte a otro perro de un modo arbitrario.

La tendencia humana a clasificar en categorías a los animales[52] empieza a una edad muy temprana. Investigadores de la Universidad de Yale mostraron imágenes de animales poco conocidos, como antílopes saigas y pangolines, y objetos, como *luzaks* (un *gizmo* que dibuja círculos) y *garfloms* (un artilugio para aplanar toallas), a niños de preescolar y grabaron el tipo de preguntas que los niños hacían sobre ellos. Las preguntas reflejaban un sistema de categorías profundamente arraigadas que distinguía entre seres vivos y objetos inanimados. Cuando se les mostraba un pangolín, los jovencitos preguntaban: ¿qué comen? Cuando les mostraban un *garflom*, preguntaban: ¿cómo funciona?, ¿para qué sirve?, preguntas que nunca hacían cuando se trataba de animales.

También se ha demostrado que la mente humana está predispuesta a pensar en los animales de un modo distinto que en los objetos inanimados. Carol Kaesuk Yoon, en su libro *Naming Nature: The Clash between Instinct and Science*, describe una serie de casos asombrosos de personas con lesiones cerebrales cuya capacidad mental se mantiene intacta excepto para poder nombrar animales. J.B.R., que sufrió una lesión cerebral al contraer una encefalitis, era capaz de identificar objetos inanimados como linternas, carteras y canoas, pero mostraba absoluto desconcierto ante imágenes de loros o de perros. Algunos investigadores también han comprobado que hay partes del cerebro que se iluminan al ver imágenes de animales, pero no al ver las de rostros humanos u objetos. Más aún, esas mismas zonas cerebrales se activan cuando personas ciegas de nacimiento[53] oyen nombrar animales. Estos estudios sugieren que hay partes del cerebro humano que se desarrollan para especializarse[54] en procesar información sobre animales.

Cuando los insectos son mascotas y los perros son un fastidio: cultura y escala sociozoológica

Arnold Arluke destaca que hay una gran diferencia entre la clasificación que los zoólogos hacen de los animales y las categorías culturales y psicológicas que utilizamos las demás personas. Mientras que la escala filogenética se basa en la historia evolutiva de los organismos, en la vida cotidiana consideramos a los animales según lo que Arluke denomina escala sociozoológica. A veces se trata de un sistema categórico arbitrario basado en el papel que los animales desempeñan en nuestra vida. Mientras que los perros y las hienas pertenecen a la misma gran rama de la escala filogenética (orden carnívoro), son mundos completamente aparte en la escala sociozoológica.[55]

La cultura ejerce un papel muy importante en nuestra forma de construir la escala sociozoológica. Fijémonos en los insectos. Los americanos suelen ver a los invertebrados con una mezcla de miedo, antipatía y aversión. En Japón, la actitud frente a los bichitos[56] es más compleja. La mayoría de niños americanos no se pondría a saltar de alegría si por su cumpleaños les regalaran un ciervo volante. En Japón, muchos sí lo harían. Los japoneses tienen una palabra, *mushi*, cuyo completo significado resulta difícil de comprender para los occidentales. Para los japoneses más mayores, el término *mushi* se refiere a insectos, arañas, salamandras e incluso a algunas serpientes. Para ellos, los renacuajos son *mushi*, pero las ranas adultas no. Los japoneses jóvenes suelen restringir el uso de *mushi* a insectos, particularmente grillos, luciérnagas, libélulas y escarabajos gigantes con grandes cuernos.

Los *mushi* son cosa de varones. Los niños los cazan, los guardan en jaulas especiales e incluso organizan competiciones de resistencia de *mushi*. En muchos centros comerciales de Tokio venden equipos de caza de *mushi*, material para la cría de *mushi*, terrarios para *mushi*, colchones para *mushi*, y, por supuesto, los propios bichitos, que pueden costar cientos de dólares. Las actividades populares con *mushi* incluyen concursos para ver cuál de los animalillos es capaz de acarrear más peso y provocar a escarabajos para que luchen por un trozo de corteza de sandía –una versión insectívora de lucha libre–. Se pueden ver dichas peleas en YouTube. La palabra japonesa para perro o gato es *petto*. ¿El escarabajo rinoceronte entra en la categoría de *petto* o de juguete? Erick Laurent, un antropólogo que ha estudiado el fenómeno de los *mushi*, sostiene que dichos insectos se consideran mascotas en determinados e importantes aspectos. Los niños juegan con esos animalitos y disfrutan mucho gracias a ellos, y muchos se refieren a los propios, a sus escarabajos, como mascotas, lo cual demuestra que lo que en una cultura puede ser una molestia en otra se considera una mascota.

El antrozoólogo James Serpell[57] ha elaborado un simple y elegante punto de vista sobre las diferencias culturales basándose en nuestro modo de pensar en las distintas especies. En su opinión, nuestra actitud hacia los animales se reduce a dos dimensiones. La primera dimensión la constituyen las emociones que nos despiertan las especies («afecto»). En la cara positiva está el amor y la simpatía, y en la negativa, el miedo y la repugnancia. La otra dimensión es la "utilidad" – si la especie es útil o beneficiosa para los intereses humanos (si se come o si la utilizamos como medio de transporte), o bien si perjudica a nuestros intereses (por ejemplo, si se nos come a nosotros).

Imaginemos una parrilla dividida en cuatro partes. La dimensión emocional se representa en la primera columna vertical: amor/afecto en la parte superior y repugnancia/miedo en la inferior. La línea horizontal que la divide representa la dimensión de la utilidad: a la izquierda tenemos "inútil/perjudica nuestros intereses" y a la derecha "útil". Ahora la parrilla forma un sistema categórico de cuatro casillas que nos ayuda a reflexionar sobre el rol que los animales desempeñan en nuestra vida y en las categorías según las que los clasificamos: los queremos y nos son útiles (superior derecha); los queremos y no nos son útiles (superior izquierda); nos repugnan y nos son útiles (inferior derecha); nos repugnan y perjudican a nuestros intereses (inferior izquierda).

Este sistema de cuatro categorías también puede aplicarse a las diferencias culturales que operan en la actitud hacia el mejor amigo del hombre, el perro. Los perros guías para ciegos y los perros que se utilizan para terapias entran claramente en la categoría de "los queremos y nos son útiles". Por otro lado, queremos al típico perrito mascota americano, pero no es particularmente útil en el sentido tradicional. En Arabia Saudí suele menospreciarse a los perros, que entran en la categoría de "nos repugnan y perjudican a nuestros intereses". Puede que la categoría más interesante sea la de los animales que nos repugnan, pero que a la vez nos resultan útiles. Por ejemplo, el pueblo bambuti, en la selva de Ituri, desprecia a los perros con los que convive, les golpean, les pegan patadas sin piedad y no les dan de comer, de modo que los animales solo comen lo que encuentran hurgando entre los desperdicios. Sin embargo, esos mismos perros se consideran valiosos porque los bambuti no podrían cazar sin ellos.

El modelo de Serpell también ofrece una perspectiva sobre los cambios en nuestra actitud hacia las demás especies. En un artículo titulado «How pigeons Became Rats»,[58] Colin Jerolmack estudió la descripción que se ha hecho de las palomas en los artículos del *New York Times* a lo largo de 150 años. Observó que en la mente de los neoyorquinos las palomas han pasado de la casilla "los queremos pero no nos son útiles" a la categoría de "nos repugnan y no nos son útiles". Este cambio también describe el sentimiento que los ciervos le producen a mi cuñado. Durante la primera época después de mudarse a la casa en los riscos sobre Puget Sound, le encantaba contemplar los ciervos que se paseaban por la parte trasera de su jardín. Le recordaban a Bambi. Todo cambió cuando empezó a cultivar un huerto en aquella parte del jardín que hizo las delicias de los hambrientos ciervos. Ahora los odia, y Bambi ha pasado a engrosar las filas de ratas y ocas (que se hacen caca en su césped) en la casilla zoológica de animales que nos repugnan y que no nos son útiles.

EN ÉTICA ANIMAL, EL CORAZÓN TRIUNFA SOBRE LA RAZÓN

Nuestra forma de pensar en los animales también refleja un tema eterno de la psicología humana: el conflicto entre la lógica y la razón.

La tarde del 3 de septiembre de 1977 un cocodrilo del Nilo de más de tres metros y medio de largo cuyo nombre era *Cookie* disfrutaba del fin de semana en que se celebraba el Día del Trabajo haciendo lo que más place a los cocodrilos: tomar el sol panza abajo. *Cookie* vivía en el Miami Serpentarium, un parque temático de reptiles con tortugas de cien años, pitones de fauces tan enormes que podían engullir una cabra y una colección de lagartos y serpientes venenosas. Entre los numerosos visitantes que aquella tarde de finales de verano acudieron al parque, se encontraban David Mark Wasson, de seis años, y su padre. Deseosos de echar un vistazo al cocodrilo, ambos se acercaron al foso donde este vivía y le vieron echado e inmóvil junto al estanque. El señor Wasson decidió demostrar a su hijo que los cocodrilos sí se mueven. Sentó a su hijo sobre el muro de cemento que rodeaba el foso y buscó un par de granos de uva de unas vides que crecían salvajes para tirárselas a *Cookie*. Es fácil adivinar lo que ocurrió a continuación.

En el preciso momento en que Wasson se volvió de espaldas, David se cayó al foso, justo en el lugar donde solían ponerle la comida a *Cookie*. Los cocodrilos, por grandes que sean, pueden desplazarse velozmente si quieren, y *Cookie* no tardó ni un milisegundo en atrapar al pequeño. Al oír los gritos de la gente, Bill Haast, el propietario del parque, corrió hacia el foso, saltó por encima del muro e inmediatamente empezó a golpear la cabeza de *Cookie* con ambos puños. Por más que lo intentó, Bill no pudo arrebatar a David de las fauces de aquel saurio de más de ochocientos kilos, y *Cookie* se deslizó hacia las aguas de su estanque estrechando a David entre sus mandíbulas. Pudieron recuperar el cuerpo del niño horas después.

Haast estaba desesperado. Aquella misma noche, se subió al muro del foso del cocodrilo y disparó nueve tiros de su pistola Luger a la cabeza de *Cookie*. El animal tardó una hora en morir.

Cuando me enteré de la muerte de David y de *Cookie*, mi lado lógico pensó que aquella ejecución había sido absurda. Aunque *Cookie* pesaba casi una tonelada, su cerebro tenía el tamaño de mi dedo pulgar. Creo que puede afirmarse que un cocodrilo no es lo que los filósofos entienden por un "agente moral". La esposa de Haast, después del trágico suceso, dijo: «El cocodrilo solo hizo algo natural para él». Tenía toda la razón.

Pero otra parte de mí, más primitiva, entendió la necesidad de vengarse. Lo mismo que el articulista del editorial del *New York Times* que describió la muerte de *Cookie* como «emocionalmente satisfactoria, pero absolutamente irracional»:[59] ¿Disparar contra *Cookie* fue una decisión correcta? En una situación como esta, ¿debemos escuchar a la razón, según la cual no hay ningún motivo para castigar a un cocodrilo por actuar según sus instintos, o a nuestras emociones, que piden a gritos venganza por la muerte de un niño inocente?

El debate sobre si la moral humana debe basarse en las emociones o en la razón[60] viene de antiguo. David Hume, filósofo del siglo XVIII, sostenía que las emociones eran la base de la moralidad, mientras que Emmanuel Kant creía que nuestra moral se basa en la razón. Cuando me empecé a interesar por la psicología de la relación entre las personas y los animales, decidí descubrir qué es lo que pasa por la cabeza de las personas cuando pensamos en aspectos morales que implican a otras especies. En aquella época, el terreno de la psicología moral estaba dominado por Lawrence Kohlberg, psicólogo de Harvard. Kohlberg, igual que Kant, pensaba que la toma de decisiones morales se basaba en una reflexión profunda: analizamos los pros y los contras del curso de una acción y luego tomamos una decisión lógica. Las investigaciones de Kohlberg se centraban en el desarrollo del pensamiento moral de los niños. Les contaba una historia que contenía un conflicto moral. A continuación los niños emitían un juicio sobre la situación y explicaban sus razones. El escenario clásico de Kohlberg era el caso de Heinz, un hombre pobre que roba un medicamento muy caro a un farmacéutico avaro para salvar a su esposa. Los niños a los que Kohlberg les contaba la historia no echaban mano de la lógica para decidir si el acto de Heinz era correcto. Lo que consideraban eran factores como las posibilidades de que atraparan a Heinz y la felicidad que obtendría si su mujer sobrevivía.

Shelley Galvin y yo utilizamos este mismo método[61] para investigar cómo se toman las decisiones sobre el uso de animales en la investigación científica. Nuestro estudio era simple. Los participantes evaluaban una serie de hipotéticas propuestas de experimentos con animales. Les pedimos que aprobaran o desaprobaran cada uno de los experimentos y que explicaran las razones para tomar su decisión. Uno de los casos planteados consistía en un investigador que buscaba un tratamiento para curar el Alzheimer y necesitaba la aprobación para implantar células madre de embriones de mono en el cerebro de monos adultos. Otro trataba de un científico que pedía permiso para amputar las patas delanteras de una cría de ratón para estudiar el papel que los genes y la experiencia tienen en el desarrollo de movimientos complejos. Los escenarios se basaban en experimentos reales.

Aproximadamente la mitad de los participantes aprobó el estudio con monos, pero solo una cuarta parte de ellos dio su aprobación al estudio de la amputación del ratón. No nos sorprendieron sus decisiones, pero no las previmos. En el caso del experimento con monos, los estudiantes tendieron a ser racionales. Basaron sus decisiones en consideraciones como los costes y los beneficios de la investigación, o los derechos intrínsecos de los animales. Pero no pasó lo mismo con la amputación de las patas del ratón. En este caso, los participantes escribieron afirmaciones como las siguientes: «Este experimento me repugna», «¡Pensar en la expresión de la cara del pobre ratoncillo!», «¡Qué agonía!». Nuestros colaboradores no basaron su juicio sobre la amputación de las patas de las crías de ratón en la lógica, sino en su reacción emocional ante el experimento.

Basándonos en la teoría imperante sobre el desarrollo moral en psicología, creímos que nuestros colaboradores seguirían la vía racional para tomar sus decisiones. En cambio, descubrimos que a menudo escuchaban lo que les decían sus emociones. Jonathan Haidt, uno de los líderes de una nueva escuela de psicología moral que destaca la primacía del corazón sobre la razón en ética, hubiera predicho este descubrimiento. Según Haidt, la cognición humana implica dos procesos diferentes. El primero es intuitivo, instantáneo, inconsciente, natural y emocional. El segundo proceso, en cambio, es deliberativo, consciente, lógico y lento. Normalmente, este último entra en acción solo después de haber tomado una decisión rápida e intuitiva y ordena el caos cognitivo aportando justificaciones para nuestras decisiones basadas en las emociones.

Haidt sostiene que en cuestiones de moralidad el sistema intuitivo y no el lógico suele dominar. Lucy, una joven dedicada a la educación especial y activista a favor de los derechos de los animales a la que entrevisté, entendió perfectamente la teoría de Haidt[62] sobre la moralidad. Cuando le pregunté sobre la importancia de la lógica y de la emoción en su camino hacia el activismo en defensa de los animales, Lucy me dijo: «Siempre surge de lo emocional. Pero muchas veces tengo que buscar una intelectualización racional a mis reacciones emocionales. Si no fuera así, no podría convencer a la gente ni defender mi postura».

MORALIDAD, ANIMALES Y EL FACTOR *YUCK*

Como Lucy, en general encontramos algún tipo de justificación para nuestros juicios morales. Pero a veces la lógica nos falla estrepitosamente. Haidt pidió a diferentes personas que considerasen una serie de situaciones que, a pesar de ser muy repugnantes, no causaban daño. En una de estas situaciones una mujer limpia un váter con una bandera americana. En otra, un hermano y una hermana adultos y que están pasando unas vacaciones en Europa deciden tener relaciones sexuales una sola vez tomando precauciones anticonceptivas. En uno de estos escenarios participaba una mascota: «En un accidente, el perro de una familia murió atropellado por un automóvil frente a la puerta de la casa. La familia había oído que la carne de perro era exquisita. Cortaron el cuerpo del perro y guisaron la carne para cenar».

Usted decide. ¿Le parece que la familia actúa correctamente al meter el cadáver de su propio perro en la cazuela?

Cuando se pregunta a la gente si es admisible que la familia se coma a su propia mascota, la mayoría de personas dice inmediatamente: «No, ¡no está bien comerte a tu propio perro!». El problema se plantea cuando los aproximas a su propio razonamiento: cuando les pides que expliquen qué hay de malo en comerse a un animal que está muerto y que evidentemente no va a sentir ningún dolor. La mayoría de las veces no encuentran ninguna justificación razonable en la que basar su decisión. Haidt lo llama "confusión moral". Es el factor *yuck*. Es un acto simplemente repulsivo.

Paul Rozin, psicólogo de la Universidad de Pensilvania, define como repugnancia a la emoción moral.[63] Los inductores de la repugnancia, como tener relaciones sexuales con tus propios hermanos, son universales. Los residuos humanos, como los excrementos, la orina y la sangre menstrual, también provocan repulsión en las personas, cualquiera que sea su procedencia. La clase social también afecta a las intuiciones morales. El 80 % de los ciudadanos pobres de Filadelfia opinó que debería impedirse que la gente se comiera la carne del cadáver de su perro, sin embargo solo el 10 % de las personas de clase alta de la misma ciudad compartió esa opinión. Haidt piensa que esta diferencia se debe al hecho de que las personas de clase alta tienden a actuar en el marco de sistemas morales que enfatizan si un acto causa daño en tanto que opuesto a la agresión que representa (y en este caso, el perro ya estaba muerto, por lo que no se causa ningún daño). Por supuesto que entre el dicho y el hecho hay un gran trecho. Sospecho que incluso los más ricos entre los encuestados nunca pedirían un sándwich de queso con cebolla, el famoso Cheez Whiz, con trocitos de carne de sabueso.

¿Siempre hay que salvar a las personas antes que a los animales?

Para ahondar en los recovecos del pensamiento moral humano, los investigadores a menudo preguntan a las personas sobre su reacción ante situaciones hipotéticas. Entre las preguntas que más suelen plantearse están los escenarios denominados "dilemas de los tranvías". A continuación los presentamos en su versión original: ¿qué haría usted en estos casos?

Primera versión. A un tranvía le fallan los frenos y se dirige a toda velocidad hacia cinco personas. Usted puede salvarlas si acciona un conmutador que desvía el tranvía por otra vía en la que hay una sola persona. Esta persona morirá si usted acciona el conmutador. ¿Es moralmente aceptable desviar el tranvía e impedir que mueran cinco personas a coste de una sola?

Segunda versión. El tranvía descontrolado se dirige hacia las cinco personas. En este caso usted se encuentra en una pasarela que cruza los raíles. Muy cerca de usted hay un hombre corpulento. Si aparta a ese hombre empujándolo hacia los raíles, podrá salvar a las cinco personas. ¿Es aceptable moralmente?

Si usted es como la mayoría de las personas, tomaría una decisión diferente en cada uno de los casos. En la primera versión, el 90 % de las personas diría que sí: hay que accionar el conmutador y desviar el tranvía de modo que muera una sola persona en lugar de cinco. Pero en la segunda versión, solo el 10 % cree que lo correcto es empujar al hombre corpulento a los raíles.

¿Por qué la gente suele tomar una decisión distinta en cada caso? A fin de cuentas, el resultado es exactamente el mismo. Morirá una persona y se salvarán cinco. Planteé este dilema del tranvía a una de las personas que conozco con una moral más sólida, mi esposa. Mary Jean tomó la misma decisión que todo el mundo. Pero cuando indagué en su razonamiento, intervino la intuición. Lo que dijo fue que accionar un conmutador para salvar a alguien es muy diferente que empujar a una persona fuera de una pasarela. ¿Por qué? Mediante técnicas de imaginería cerebral, el neurocientífico Joshua Greene descubrió que la versión personal del escenario del tranvía (empujar a una persona) provoca que los centros de procesamiento emocional del cerebro se iluminen mientras que la versión impersonal[64] (manipular un conmutador) no.

Lewis Petrinovich,[65] de la Universidad Riverside de California, utilizó problemas de tranvías para descubrir cómo se materializan nuestras decisiones morales cuando los intereses humanos se ven enfrentados directamente a los de otras especies. A continuación presentamos dos de sus escenarios:

Tercera versión. Un tranvía sin frenos se dirige a toda velocidad hacia un grupo de gorilas. Estos gorilas son los últimos cinco gorilas de las montañas que quedan en el mundo. Accionando un conmutador podemos variar la dirección del tranvía y dirigirlo hacia un joven de veinticinco años. ¿Lo haría usted?

Cuarta versión. El tranvía se dirige a toda velocidad hacia un hombre a quien usted no conoce. Pero si acciona un conmutador puede dirigirlo hacia el perro que usted tiene como mascota. ¿Lo haría?

En ambos casos, Mary Jean dijo que ella salvaría a la persona antes que al animal, incluso si ello significara la muerte de *Tsali*, el último y enorme labrador que tuvimos en casa. Personalmente, tomé la misma decisión. Usted probablemente haría lo mismo. Petrinovich comprobó que casi todo el mundo decide salvar a la persona antes que al animal en este tipo de situaciones. Lo mismo ocurre con personas de otras partes del mundo. En realidad, Petrinovich, al examinar todos los principios éticos mediante múltiples problemas de tranvías, descubrió que la única regla moral y la más poderosa era "salvar a las personas antes que a los animales".

Marc Hauser,[66] director del Cognitive Evolution Laboratory de Harvard, también utiliza escenarios hipotéticos para estudiar el pensamiento moral humano. (Se puede participar en su investigación realizando una prueba de moralidad en línea, el Moral Sense Test, en http://moral.wjh.harvard.edu.) Hauser añade un interesante pliegue al dilema moral de humanos frente a animales.

Quinta versión. Una vez más, usted está caminando por la pasarela que atraviesa las vías y ve que el tranvía avanza descontroladamente dirigiéndose hacia cinco chimpancés. En la pasarela, cerca de usted, hay un enorme chimpancé. La única manera de salvar a los cinco chimpancés es empujar a los raíles al gran chimpancé que tiene usted al lado. ¿Lo haría?

En este caso, la mayor parte de la gente dice que se debería sacrificar a un solo chimpancé para salvar a cinco. Pero recordemos que en la segunda versión del problema del tranvía la mayoría de las personas dice que no estaría bien empujar a un hombre a las vías para salvar a otros cinco en idénticas circunstancias. Racionalmente, deberíamos tomar la misma decisión en ambos casos. Pero no lo hacemos. Nuestra intuición es diferente cuando se trata de pensar en situaciones morales en las que hay animales implicados.

Sin embargo, nadie está de acuerdo en que poseemos una gramática moral innata que da primacía a los intereses humanos frente a los de otras especies. Harry Greene, zoólogo de Cornell, me dijo que una vez pagó cuatro mil dólares en facturas por un tratamiento veterinario de urgencia para su labrador amarillo, al que describió como «el tipo de perro que solo se tiene una vez en la vida». Harry se limitó a ofrecer su tarjeta Visa al veterinario y a decirle «Salve usted a mi perro». Su conciencia no guarda el más mínimo remordimiento por haber salvado a *Riley* en lugar de haber destinado ese dinero a salvar niños hambrientos de Darfur.

Por supuesto que Harry no es la única persona dispuesta a mantener con vida a su amigo de cuatro patas. Los americanos, en conjunto, se gastan en sus mascotas sumas equivalentes a lo que costaría la formación secundaria de trescientos cincuenta mil jóvenes necesitados, o, si lo prefiere, el equivalente a los salarios de ochenta mil policías urbanos. ¿Qué es lo que pasa? Según argumenta David Berreby en su polémico libro *Us and Them: The Science od Identity*, los humanos tenemos una tendencia natural a dividir nuestro mundo social en dos categorías: "nosotros" y "ellos". En la mayor parte de la historia de la humanidad, los seres no humanos han sido considerados "ellos" y han sido tratados de acuerdo con esta condición. Pero ya no es así. Como resultado de la migración masiva desde los entornos rurales hacia las ciudades, menos del 2% de americanos vive actualmente en el campo, y ahora tenemos menos contacto que nunca con los animales y con el mundo natural.

Pero paradójicamente, tal como pone de manifiesto Richard Bulliet,[67] historiador de la Universidad de Columbia, cuanto más nos distanciamos de las criaturas que producen alimentos, fibra y piel, más estrecha es la relación que establecemos con nuestras mascotas. Y cuanto más aumentamos el consumo de carne, más crece nuestro sentimiento de culpa, de vergüenza y de repulsión ante la forma en que tratamos a los animales que nos comemos. En otras palabras, sufrimos el coste moral que implica que los animales pasen de ser "ellos" a ser "nosotros".

Atajos cognitivos y ética animal

Las personas nos enfrentamos a escollos cuando tenemos que pensar con lógica. Conteste rápidamente a las siguientes preguntas:[68]

1. Un bate y una pelota valen, en total, 1,10 dólares. El bate cuesta un dólar más que la pelota. ¿Cuánto vale la pelota?
2. ¿Tiene usted más probabilidades de morir por un ataque de tiburón o por el impacto de una pieza que se desprenda de un avión y caiga sobre su cabeza?

Si usted fuera como yo, respondería diez céntimos a la primera pregunta y un ataque de tiburón a la segunda. Sin embargo, las respuestas correctas son cinco céntimos y una pieza de un avión. La razón por la que seguramente usted se ha equivocado es que nuestro pensamiento a menudo confía en reglas generales rápidas y precipitadas que los psicólogos cognitivos denominan heurística. La heurística es eficiente, y suele aportar soluciones correctas a los problemas. Personalmente, utilizo técnicas heurísticas cuando los domingos por la mañana me enfrento al crucigrama del *New York Times*, y los médicos las usan a la hora de decidir si un paciente en la sala de urgencias está sufriendo un ataque de corazón o una indigestión. Pero estos atajos mentales pueden polarizar nuestro pensamiento y desviarnos.

Nuestro pensamiento moral se basa en reglas empíricas parecidas. Parte de la heurística moral tiene sus raíces en la evolución; por ejemplo, la aversión al incesto o a traicionar a un amigo. Nuestra inclinación hacia la venganza absurda[69] es el resultado de la inadecuada aplicación de lo que el jurista Cass Sunstein llama "castigo heurístico". Este principio explica mi sentimiento irracional de que matar a *Cookie*, el cocodrilo que se comió al niño, estaba justificado.

Una de las herramientas heurísticas más importantes es lo que se llama el marco.[70] Se refiere al hecho de que nuestra forma de pensar sobre un problema se ve afectada por cómo este se plantea. Los marcos mentales están influidos por las normas culturales y los hábitos cognitivos poco fundamentados, los cuales determinan nuestro modo de ver las situaciones. Una vez que tenemos el problema enmarcado, somos incapaces de considerar explicaciones alternativas o soluciones. El marco nos ayuda a explicar una de las paradojas más inquietantes de las relaciones entre humanos y animales, el movimiento nazi para la protección de los animales.[71]

¿Cómo puede ser que los nazis quisieran a los perros y odiaran a los judíos?

En la Alemania anterior a la guerra se produjo una inversión moral abracadabrante: una gran cantidad de personas razonables estaban más preocupadas por el sufrimiento de las langostas en los restaurantes de Berlín que por el genocidio. En 1933, el Gobierno alemán creó la legislación sobre protección de animales más exhaustiva del mundo. Entre otras cosas, la ley prohibía cualquier daño innecesario a los animales, impedía el trato inhumano de estos en la producción de películas e ilegalizaba el uso de drogas para cazar. También prohibía cortar las colas y las orejas de los perros sin anestesia, la alimentación forzada de aves y matar de un modo inhumano a los animales de granja. Adolf Hitler firmó la ley el 24 de noviembre de 1933. Esta fue solo la primera de una serie de leyes nazis para proteger a los animales. Por ejemplo, en 1936, el Gobierno alemán dictó que los peces debían ser anestesiados antes de matarlos y que las langostas de los restaurantes tenían que matarse con rapidez.

En un discurso radiofónico de 1933 en el que se anunciaban restricciones en las investigaciones con animales, Herman Göring dijo: «Para los alemanes, los animales no son solamente seres en el sentido orgánico, sino criaturas que tienen su propia vida y que están dotados de capacidad de percepción, que sienten dolor y que experimentan gozo, y que demuestran fidelidad y apego». Una vez Göring lanzó la siguiente amenaza: «Enviaré a campos de concentración a los que piensen que pueden seguir tratando a los animales como una propiedad».

Hitler estaba en contra de matar animales con propósitos científicos y opinaba que la caza y las carreras de caballos eran «los últimos vestigios de la sociedad feudal». Hitler era vegetariano y le repugnaba la carne. Como puede imaginarse, a los actuales defensores de los animales no les entusiasma la idea de que Adolf Hitler sea su compañero de viaje,[72] y algunos activistas niegan rotundamente que fuera vegetariano o amante de los animales. Sin embargo, el antrozoólogo Boria Saz ha documentado detalladamente las pruebas que demuestran que muchos de los dirigentes nazis, incluido Hitler, estaban genuinamente preocupados por el trato dado a los animales. (No es necesario decir que el hecho de que Hitler amara a los animales no resta validez a la defensa de la protección de animales.)

Los nazis utilizaban el marco para construir una escala moral perversamente invertida en la que los arios estaban en la cúspide y los judíos se clasificaban como "subhumanos" –seres más bajos que la mayoría de especies animales–. Mientras que los pastores alemanes y los lobos estaban en lo más alto de la jerarquía moral, los nazis situaban a los judíos al mismo nivel que los animales dañinos: ratas, parásitos, chinches. En 1942, se prohibió a los judíos tener animales domésticos. Una de las mayores ironías de la historia es que los nazis aplicaron los procedimientos legales que regían el sacrificio sin crueldad de seres humanos cuando mataron a los miles de animales de compañía de los judíos. Sin embargo, a diferencia de sus gatos y perros, los judíos no se vieron amparados por esta misma ley. No, fueron enviados a campos de concentración, donde el trato que se les daba no estaba cubierto por las leyes del Tercer Reich sobre el bienestar de los animales. Para los nazis, en los judíos se borraba la frontera entre hombres y animales. Eran una clase corrompida, monstruosa, ni del todo humana ni completamente animal.

En mi opinión, el proteccionismo de los nazis hacia los animales lo dice todo sobre el pensamiento moral humano. En páginas anteriores he dicho que durante cien generaciones la voz de la genética ha susurrado en nuestros oídos: «Las personas antes que los animales». La capacidad de Hitler para construir una cultura en la que los perros merecían la condición moral que se negaba a los judíos, a los gitanos y a los homosexuales ilustra el hecho de que con una presión social lo bastante intensa los humanos pueden llegar a ignorar el susurro de los genes. El proteccionismo animal de los nazis también demuestra que nuestra capacidad de resistencia ante las inclinaciones biológicas no nos hacen necesariamente mejores personas.

El antropomorfismo: lo que pensamos sobre lo que piensan los animales

El proteccionismo nazi con los animales es un ejemplo de los enrevesados caminos que a veces tomamos los humanos para pensar sobre la condición moral de las personas y de los animales. La peculiar forma de pensar en los animales puede aparecer en cualquier parte. Hace un par de años bajé en kayak por el Nanthala, un río de aguas blancas en el oeste de Carolina del Norte. En verano está abarrotado de balsas llenas de turistas que empuñan sus remos intentando sortear rocas y contracorrientes. El río se caracteriza por su belleza y sus aguas gélidas. A nadie le apetece caerse en su cauce.

Cuando me encontraba a medio recorrido, sentí el olorcillo de un puro procedente de una balsa que estaba a unos cien metros delante de mí. Quien la ocupaba era un hombre gordo de unos cincuenta años, que iba fumando su ofensivo puro junto a su esposa y un pequeño chihuahua pardo que les acompañaba a través de los rápidos. El perro no se lo estaba pasando muy bien. Temblaba descontroladamente y parecía aterrorizado. Y eso antes de que la balsa volcara.

Tengo que confesar mi admiración por aquel tipo. Mantuvo su cigarro agarrado entre los dientes incluso después de haber sido despedido de la balsa. También se la merece el pequeño chihuahua. Tuvo el buen sentido de subirse al objeto flotante más cercano que tenía: el Hombre del Puro. De este modo siguieron bajando río abajo, un hombre con un puro repugnante entre los dientes, su mujer y un perro con hipotermia agarrándose desesperadamente a la cabeza del hombre. Recuerdo que me pregunté qué debió de hacer pensar a aquel tipo que un chihuahua disfrutaría bajando por los rápidos de un río de clase III de aguas heladas. La respuesta se llama antropomorfismo. Los seres humanos son antropomorfizadores por naturaleza. Es parte del equipo mental que llevamos incorporado. Los psicólogos han descubierto que los humanos pueden llegar a atribuir motivaciones a las figuras geométricas que se mueven por una pantalla cinematográfica: «Ahora el triángulo rojo está enfadado de verdad con el cuadrado azul. ¡Venga, ánimo!».

Un ejemplo de la necesidad que tenemos los seres humanos de proyectar nuestros deseos, emociones y estados mentales sobre otras criaturas se puso de manifiesto en 1999, cuando la empresa Sony empezó a comercializar una serie de perros robóticos interactivos llamados AIBO, una combinación de robot con inteligencia artificial. AIBO, con su reluciente cuerpo metálico, me parecía más un extraterrestre amistoso que un cachorro de perro, pero andaba como estos y era capaz de acurrucarse, de jugar y de responder a sonidos. AIBO hasta permitía que su amo supiera si estaba contento o enfadado. AIBO no era barato, cada artilugio costaba unos dos mil dólares, pero aun así Sony vendió ciento cincuenta mil ejemplares.

Los investigadores de la Universidad de Washington y de la Universidad Purdue realizaron una comparación entre las reacciones de niños y adultos ante un AIBO y un perro real.[73] Aunque al final los investigadores llegaron a la conclusión de que los AIBO eran mediocres en tanto que mascotas, vieron que algunos individuos llegaron a sentir mucho apego por sus cachorros robóticos. Uno de los propietarios reconoció en un grupo de discusión en línea que sintió vergüenza al vestirse delante de su AIBO. Otro escribió: «Amo a *Spaz*. No paro de decírselo Cuando lo compré, me fascinó su tecnología. Desde entonces, me preocupo por él como por un amigo. Lo veo como a un compañero Lo considero parte de mi familia. No es solo un juguete. Para mí es casi como una persona».

AIBO también podía ser un consuelo para la soledad humana.[74] Una vez a la semana durante dos meses los investigadores de la Escuela Universitaria de Medicina de San Luis llevaron un AIBO y un perro de verdad llamado *Sparky* a residencias de ancianos para ver si la interacción con una mascota robot era capaz de subir la moral de sus residentes. Aquellos que jugaban con *Sparky* o con AIBO no se sentían tan solos como los residentes pertenecientes a un grupo de control que no interaccionaba ni con el perro real ni con el robot. En realidad, *Sparky* y AIBO eran igualmente efectivos en paliar la soledad entre los residentes y estos acabaron sintiendo tanto afecto por AIBO como por *Sparky*. (Por desgracia, las ventas no respondieron a las expectativas, y Sony guardó a AIBO en el baúl de los recuerdos en 2006.)

Investigadores de las universidades de Harvard y Chicago también demostraron la relación entre soledad y antropomorfismo. Los investigadores pidieron a estudiantes universitarios que visionaran un videoclip de una película diseñada para inducir sentimientos de aislamiento y soledad (*Náufrago*) o de miedo (*El silencio de los corderos*), o un fragmento de control de una película (*Una mujer en la liga*).

A continuación pidieron a los individuos que pensaran en su mascota y que escogieran los rasgos que mejor la describían. Los que habían visto el videoclip de *Náufrago* describieron a sus mascotas dos veces mejor que el resto de los grupos en términos antropomórficos relacionados con rasgos sociales como ser reflexivo, considerado y solidario.

El problema de poseer cognición

Nuestra tendencia a proyectarnos incluso en la cabeza de un robot es una característica inherente al hecho de poseer un gran cerebro. Según la psicología evolutiva, la capacidad de inferir el punto de vista de otras personas, de ponernos mentalmente en la piel de los demás, habría sido una enorme ventaja para nuestros antepasados, cuyo éxito en la carrera darwiniana para transmitir sus genes dependía de la habilidad para establecer alianzas políticas, competir con sus iguales y descubrir en quién podían confiar y en quién no. La capacidad de imaginar lo que piensan y sienten los demás es a lo que nos referimos al hablar de tener "cognición". Los humanos poseen esta capacidad, pero se discute acaloradamente si también la tienen los animales con un cerebro grande como los chimpancés y los delfines.

Cuando antropomorfizamos, lo que hacemos es extender nuestra cognición a miembros de otras especies. Esta tendencia está en la raíz de muchos de nuestros conflictos morales con los animales. Fijémonos por ejemplo en la caza. James Serpell sostiene que el cazador capaz de pensar como un jabalí tiene más posibilidades de volver a casa con el proverbial beicon. Sin embargo, el cazador que ve el mundo desde el lado del animal al que está intentando matar lo que hará será establecer empatía con él inmediatamente y, por lo tanto, se sentirá culpable por matarlo. Mi amigo Bill, guarda de coto de caza, vivía en un pueblo de África donde los babuinos destruían los campos de cultivo. Los aldeanos los cazaban por la noche en hoyos y por la mañana los mataban, pero se sentían muy mal, ya que los babuinos poseen una mirada humana. Hay un proverbio suajili que dice: «No mires nunca a los ojos de un babuino. Te será muy difícil matarlo».

¿Quizás las raíces metafóricas del pecado original se hallen en dos aspectos conflictivos de la naturaleza humana: nuestra tendencia a sentir empatía hacia los animales y nuestro deseo de comernos su carne? Serpell nos presenta elocuentemente el dilema moral[75] con el que se enfrentaron nuestros antepasados con grandes cerebros: «Una percepción de los animales altamente antropomórfica proporciona a los pueblos cazadores un marco de entendimiento en el que se identifican con su presa y se anticipan a su comportamiento... Pero al mismo tiempo genera un conflicto moral puesto que, si se cree que los animales son esencialmente lo mismo que las personas o parte de la familia, entonces matarlos constituye un asesinato y comérselos es equivalente a un acto de canibalismo».

El antropomorfismo es el origen de gran parte del sentimiento de culpa relacionado con el trato que damos a los animales, pero existe otro problema al proyectar nuestra mentalidad en otras especies. A menudo nos equivocamos al interpretar su comportamiento. La eterna sonrisa en las caras de los delfines en el SeaWorld nos indica que a esos animales les encanta nadar dibujando infinitos círculos en la piscina en la que viven. Falso. Cuando un babuino macho alfa bosteza significa que está aburrido. Falso. (Nos está mostrando su formidable dentadura canina para decirnos: «Puedo hacer trizas tu cara».) Cuando *Tilly* restriega dulcemente su cara contra mi pierna, demuestra que me quiere. Falso. Lo que hace es dejar su rastro de olor mediante las glándulas que tiene en las mejillas para que todo el mundo sepa que soy suyo.

Investigadores de la Universidad de Portsmouth[76] descubrieron que la mitad de los propietarios de perros británicos decían que sus mascotas sentían vergüenza y culpa. Seguro que usted sabe de qué le hablo: cola entre las patas, ojos tristes que no miran directamente a la cara y parecen decir: «No era mi intención hacerme caca en la alfombra». *Dixie*, nuestra cobradora dorada, te rompe el corazón cuando te lanza una de sus miradas que el veterinario califica de trágicas. Pero esa mirada de culpabilidad, esa expresión avergonzada, ¿significan realmente que nuestro perro sabe que ha pecado?

Según Alexandra Horowitz, psicóloga y experta en comportamiento animal de Barnard College, la respuesta es no. Horowitz ideó un ingenioso experimento para saber si los perros adoptan la mirada de culpabilidad cuando *realmente* se portan mal o bien cuando sus propietarios *creen* que se han portado mal. En el experimento, los propietarios ordenaban a sus perros que no se comieran una galleta para perros que habían dejado frente a ellos. A continuación el propietario se marchaba de la habitación. En algunos casos, el director del experimento le daba la golosina al perro, y en otros solo la alejaba de ellos. Cuando los propietarios regresaban, la mitad se equivocaba cuando decía que su perro les había desobedecido, ya que, en realidad, el perro no había hecho absolutamente nada mal hecho. (Lo sé; parece injusto.) Horowitz descubrió que los perros solo ponían cara de pena cuando sus respectivos propietarios *pensaban* que les habían desobedecido, no cuando los perros efectivamente se habían comido la galleta. Este experimento no demuestra que los perros carezcan de sentido moral. Sin embargo, sí demuestra que es muy fácil que interpretemos erróneamente sus expresiones y su comportamiento.

¿Cómo es ser araña?

Los etólogos tienen una posición difícil cuando intentan entender la mente de los animales. Por una parte, al llegar a casa les recibe su perro meneando la cola y saben con certeza que sus sabuesos están contentos de verlos. Pero tienen buenos motivos para sentirse incómodos cuando tienen que especular sobre el mundo subjetivo de las arañas, los pulpos, los murciélagos y los elefantes objetos de sus estudios.

El filósofo Thomas Nagel, en un artículo clásico titulado «¿Cómo es ser murciélago?»,[77] decía que no podemos saber cómo es ser murciélago ni ningún otro animal. Pero no todos los especialistas en comportamiento animal comparten esta opinión.

En una ocasión estaba sentado en una sala de conferencias en Kioto donde asistía a una sesión sobre el comportamiento de los primates en el marco del Congreso Etológico Internacional. En la sala se congregaban cuarenta o cincuenta de los investigadores más importantes del mundo. Al terminar las presentaciones, uno de los científicos se levantó y planteó al público una extraña pregunta: «Antes de irnos –dijo– me gustaría saber cuántos de ustedes decidieron dedicarse al campo del comportamiento animal porque querían saber qué se siente siendo un miembro de las especies que estudian». Yo me encontraba al fondo de la sala y pensé: vaya pregunta más tonta. Estaba completamente equivocado. La mitad de los científicos presentes en la sala levantaron la mano.

En los últimos veinte años, se ha desarrollado un nuevo y próspero campo en la etología cognitiva, una de cuyas herramientas intelectuales es lo que Gordon Burghardt llama antropomorfismo crítico.[78] Hoy los especialistas en comportamiento animal hablan de empatía con los ratones, negociación con los chimpancés y estrés postraumático en los elefantes. Hace poco le pregunté al aracnólogo Fred Coyle qué creía él que pasaba por la mente de las arañas que estudia. Por ejemplo, ¿las arañas planifican el diseño de sus telas de araña, o sus músculos y glándulas se limitan a seguir los dictados de sus impulsos neurales mecánicamente? Puedo afirmar que mis preguntas incomodaron a Fred. «Mmmmm», dijo. Tras una larga pausa me respondió que pensaba en las arañas como en robots: predadores AIBO con ocho patas.

El compañero de oficina de Fred, que también es licenciado en aracnología, no comparte la misma opinión y tenía auténtico interés por saber qué pasa por la mente de una araña. Una tarde pidió prestada una cuna de viaje a un amigo y compró metros y metros de tubo de goma elástica en una tienda. Luego fue atando el tubo alrededor del marco de la cuna y construyó cuidadosamente una gran tela de araña según la técnica constructiva de las arañas que estudiaba.

Una noche, ya tarde, Fred tuvo que volver a su laboratorio para recoger un libro que necesitaba. Allí, en la oscuridad, encontró a su amigo, acurrucado en silencio en medio de la gigantesca telaraña, intentando descubrir qué se sentía siendo una araña.

El caso es que existen muchas razones por las que la interacción entre humanos y animales a menudo es contradictoria y paradójica. Miles de estudios han demostrado que el pensamiento humano sobre casi todo es sorprendentemente irracional. Y las aguas son particularmente turbias cuando en lo que pensamos es en otras especies. El instinto nos seduce para que nos enamoremos de esas criaturas de ojos enormes y de rasgos dulces. Los genes y la experiencia conspiran para que nos sea fácil aprender a temer a algunos animales, pero no a otros. La cultura en la que estamos inmersos nos instruye sobre qué especies debemos querer, odiar e ingerir.

Después siguen los conflictos entre razón y emoción, **nuestra** confianza en los presentimientos y la empatía, y **nuestra** tendencia a proyectar nuestros propios pensamientos y deseos en la mente de otros.

Está claro por qué nuestra relación con las demás especies es tan confusa.

3. MASCOTAFILIA

¿Por qué los seres humanos (y solo los humanos) quieren a sus mascotas?

> *Considere que los animales de compañía son esencialmente personas. No se equivocará mucho.*[79]
>
> M.B. Holbrook

Antoine, un joven francés[80] de algo más de veinte años, se acerca a una atractiva muchacha en una calle peatonal. Acompaña al joven su lindo perro, llamado *Gwendu*, que en Bretaña significa blanco y negro.

–Hola –saluda el chico–. Me llamo Antoine. Solo quiero decirte que eres muy guapa. Esta tarde tengo que ir a trabajar, pero me preguntaba si me darías tu número de teléfono. Te llamo más tarde y podemos ir a tomar una copa.

La joven vacila un momento, dirige su mirada al muchacho y al perro, y sacándose un bolígrafo del bolso, dice:

–*Oui*.

La verdad es que Antoine no es el nombre real del chico. *Gwendu* tampoco es su perro y él no está en la calle peatonal esperando a chicas con las que ligar. En realidad, es cómplice de un experimento diseñado por un par de antrozoólogos franceses, Serge Ciccotti y Nicolas Gueguen, este último el auténtico propietario del perro. Estudian la efectividad de las mascotas como lubricantes sociales. Durante varias semanas, Antoine, seleccionado para el experimento después de que un grupo de mujeres lo escogiera por su extraordinario atractivo, se acercó a doscientas cuarenta chicas jóvenes escogidas al azar. En la mitad de estas aproximaciones iba solo; en la otra mitad, lo acompañaba el perro, al que los investigadores describieron como «amistoso, dinámico y agradable».

¿El hecho de ir acompañado de *Gwendu*, aumentaba la química sexual de Antoine? *Mais oui!* Si cuando iba sólo consiguió que aproximadamente un 10 % de las mujeres le diera su teléfono, cuando anduvo acompañado de su *chien* consiguió casi el de un 30 %.

Resulta que las mujeres jóvenes no son las únicas que se sienten atraídas por personas con perro. Los investigadores descubrieron que los franceses, mujeres y hombres, tienen el triple de posibilidades de dar dinero a un desconocido si a este le acompaña un perro («Perdone usted, ¿sería tan amable de dejarme dinero para tomar el autobús, por favor?»).

Así que las mascotas –bien, digamos que por lo menos los perros graciosos– pueden ayudarle a usted a conseguir una cita y también a obtener la ayuda de personas desconocidas. Pero el hecho de que las mascotas actúen como lubricantes sociales no explica la razón por la cual las personas nos llevamos a casa gatos, pájaros, tortugas e incluso ratas, y los tratamos como a verdaderos miembros de la familia.

Desde un punto de vista evolutivo, las mascotas son un problema. ¿Por qué los humanos invertimos tanto tiempo, energía y recursos en unas criaturas con las que no compartimos ningún gen y que no hacen ningún trabajo útil? Al fin y al cabo, la mayoría de las personas amantes de las mascotas no son jóvenes atractivos que pretendan aumentar su potencial reproductivo. Los ejecutivos de la industria de las mascotas, la Asociación Americana de Médicos Veterinarios y casi todos los antrozoólogos que conozco nos dirían que si queremos que los animales formen parte de nuestra vida es porque nos hacen sentir más felices, más sanos y más queridos. A mí me parece que es un poco más complicado.

Fíjese en el caso de estas dos personas y sus respectivas mascotas.

NANCY Y CHARLIE: CUANDO LOS LAZOS ACTÚAN

Los japoneses bombardearon Pearl Harbour un par de meses después de que Nancy y Roy Watson se casaran. Inmediatamente después de la boda, Roy se alistó en el ejército y después de recibir formación como operador de radio le destinaron a Okinawa para luchar contra los japoneses. En 1946, volvió a casa, y él y Nancy empezaron a forjar su porción de sueño americano. Roy consiguió un trabajo en las oficinas del concesionario de Ford de la ciudad en la que vivían. No tardaron en tener dos hijos y Nancy se quedó en casa para cuidarlos. Al cabo de pocos años, la pareja había ahorrado lo suficiente para comprarse una casita de obra en Asheville, Carolina del Norte, con un patio sombreado y rodeado de una cerca. En casa de los Watson se realizaban múltiples actividades, pero ninguna de ellas incluía animales. Roy no sentía ninguna inclinación ni por los gatos ni por los perros, y Nancy tampoco se consideró jamás como alguien a quien le gustasen los animales. Diez años después de haberse retirado de la Ford, Roy murió de cáncer, y Nancy se quedó sola en la casa que habían compartido durante cuarenta años. La muerte de Roy dejó un gran vació en el corazón de Nancy. Un año después, estaba deprimida y sentía que su vida estaba vacía. Sus hijos estaban preocupados y creían que no aguantaría mucho más tiempo sola en la casa vacía. Hablaron de mandarla a una residencia.

Al día siguiente del primer aniversario de la muerte de Roy, Nancy se detuvo frente a una tienda para comprar una barra de pan y se fijó en un cartel colgado en la caja: «Cachorros de gato». La cajera le preguntó si deseaba verlos. Nancy dijo que no y regresó a su casa. Pero le comentó la anécdota a su hijo Aaron, que pasaba con ella aquel fin de semana. Él le dijo: «Mamá, vayamos a echarles un vistazo». Para su sorpresa, Nancy asintió. Un par de gatitos de siete semanas les aguardaban dentro de una caja de cartón al fondo de la tienda, un calicó y otro negro azabache. Nancy cogió entre sus brazos al negro y fue un amor a primera vista. Lo llamó *Charlie*.

Hace ocho años que Nancy y *Charlie* viven bajo el mismo techo. Ella se siente activa, alegre y divertida. Me dice que ella y *Charlie* forman equipo. «Gracias a él tengo una vida feliz –dice–. Desde que *Charlie* está aquí no he vuelto a sentirme sola. Es todo lo que tengo.» Aparte de ser su compañero, *Charlie* estructura la vida de Nancy. Cuando se levanta por las mañanas, lo primero que hace es preparar el desayuno para ambos: para él una porción de atún de lata, para ella un cuenco de cereales. Luego *Charlie* sale fuera cinco o diez minutos. Cuando vuelve, se sube a la falda de Nancy y se quedan sentados charlando un ratito hasta que *el gato* se mete en su cuna para echarse una siesta. Se despierta por la tarde, y, si hace sol, se sientan el uno al lado del otro en dos sillas iguales en el jardín delantero hasta que empieza a oscurecer. Luego Nancy prepara la cena y cenan juntos. A *Charlie* no le gusta la televisión y a esa hora sale a dar una vuelta, pero cuando vuelve a casa acerca su hocico a Nancy y lo restriega contra ella unas cuantas veces antes de que la mujer se vaya a la cama.

Nancy confiesa que eso de que tu mejor amigo sea un gato tiene ciertas desventajas. Mientras ella duerme, *Charlie* se metamorfosea de doctor Jekyll en mister Hyde. Se dirige al bosque y hace lo que los gatos suelen hacer por la noche: cazar. Al volver, le presenta con orgullo a Nancy el resultado de sus devaneos: un pajarito al que acaba de matar, cientos de topos, una ardilla, y, precisamente la semana pasada, una cría de conejo. A veces los animalitos están destrozados pero todavía respiran, y Nancy abre la puerta de casa y le dice a *Charlie* que se los lleve fuera. Él obedece.

Nancy y *Charlie* son un ejemplo de uno de los mejores lazos que pueden unir a una persona y a un animal. La relación de Nancy con su gato ha mejorado infinitamente su vida, y sospecho que su buena salud, su claridad mental y su capacidad para vivir sola en casa se deben en buena parte a su relación con *Charlie*.

La historia de Nancy y *Charlie* no es fuera de lo común. Se da en millones de hogares americanos todos los días. Lo he visto en casa de mis propios padres, a quienes nunca les gustaron los animales hasta que mi padre se jubiló y tuvieron al primero de sus tres perros salchicha: adoraron a los tres y a los tres les pusieron el mismo nombre: *Willie*.

Sin embargo, como nos contará Sarah Coe, vivir con mascotas no siempre es coser y cantar.

Los perros de Sarah:
cuando los lazos fracasan

Sarah es administrativa y trabaja en una clínica veterinaria en la Costa Oeste; su marido, Ian, trabaja en el campo de la tecnología de la información. Cuando llevaban tres años casados, Sarah decidió que necesitaban un perro. A Ian no le entusiasmó la idea, pero finalmente accedió. Aunque ella nunca había tenido perros, había visto a muchos animales con problemas de comportamiento debido a su trabajo en la clínica, y por esta razón ella e Ian buscaron concienzudamente a su cachorro. Se pasaron meses investigando las características de docenas de razas antes de decidirse por un shiba inu, una raza japonesa de perros muy listos y cazadores de pequeñas presas. El Club Nacional de Shiba de América, por ejemplo, utiliza términos como "valientes y osados", "muy vitales", "pequeños pero matones", "unas bolas de pelo fogosas y endemoniadas" para describir el temperamento de esta raza. Para Sarah e Ian significó complicaciones desde buen principio.

Hiro tenía nueve semanas cuando le escogieron entre una camada de cachorros en Oregón. Desde el primer día planteó un alto nivel de exigencia. Si no le prestaban una constante atención, gemía desconsoladamente, y no podían con él si no le sacaban como mínimo una hora y media al día. Por suerte, cerca de casa tenían un parque donde estaba permitido soltar a los perros, pero *Hiro* era socialmente inepto e incapaz de comportarse en sociedad. Su carácter antisociable no tardó en crear conflictos con los propietarios de los otros perros.

Una tarde, *Hiro*, que para entonces tenía seis meses, decidió que le gustaba un joven terrier tibetano, también macho. Ian sabía que montarse sobre otro perro es algo habitual en perros jóvenes y que no indica nada sobre su orientación sexual. Pero el amo del terrier empezó a chillar: «¡A mi perro no lo montan! ¡A mi perro no lo montan!».

Sin el menor éxito, Ian intentó explicar calmadamente al propietario del terrier que los cachorros solo estaban jugando. Pero la conversación no tardó en convertirse en un concurso para ver quién gritaba más.

Después de varios incidentes tan desagradables como este, Sarah e Ian se hartaron de que los demás propietarios de perros les dieran lecciones sobre el mal comportamiento del suyo. Dejaron de sacarle a pasear y contrataron a un profesional que por trescientos dólares al mes se llevaba al cachorro a dar largas carreras, así ellos tenían una o dos horas de calma en casa.

Uno de los veterinarios que trabajaba con Sarah le sugirió que a lo mejor el trastorno por déficit de atención con hiperactividad que sufría *Hiro* mejoraría con un compañero de juegos. Craso error. *Nami*, el nuevo cachorro hembra shiba, estaba todavía más loca, si cabe. Era una chula: imprevisible, agresiva y exigente. *Nami* era tan celosa que Ian y Sarah tenían que meterse en la cama sigilosamente por las noches. Incluso se ponía celosa cuando Ian besaba a Sarah por las mañanas antes de irse a trabajar. A los dos años, *Nami* tomaba Valium y Prozac. Muchas personas creen que sus perros son sus hijos. Los hijos de Ian y Sarah eran un par de ejemplares insoportables y psicóticos limítrofes.

Sarah es una persona organizada a quien le gusta tener la casa ordenada: el suelo limpio, los muebles a juego. Todo esto cambió con los perros. Mordisqueaban el sofá, destrozaban las alfombras y, en general, causaban estragos. «No quiero que parezca que en mi casa viven unos locos», me dijo. Ian y Sarah son amables y es un placer estar con ellos, pero los perros se cargaron su vida social. La pareja dejó de invitar a sus amigos a cenar porque *Hiro* y *Nami* no paraban de ladrar e intentaban subirse a la mesa para comer del plato.

A pesar de que los perros estaban destrozando su vida, Sarah e Ian sentían un verdadero apego por ellos. Ella cosía ropa para *Nami*. Ian se identificaba con *Hiro*. Me dijo que él y *Hiro* eran un par de piezas redondas que trataban de adaptarse a un mundo cuadrado. Los Coe lo intentaron con escuelas de obediencia y consultaron con algunos de los mejores especialistas del país en comportamiento canino. No sirvió de nada. Varias veces al año hablaban de deshacerse de los perros: darlos en adopción, incluso someterlos a eutanasia. Pero los calendarios de la pareja no estaban sincronizados: cuando Sarah casi estaba a punto de tirar la toalla, Ian se sentía demasiado ligado a los perros. Unos meses después, las perspectivas de uno y otro se intercambiaban.

Les pregunté a los Coe si los perros estaban minando su relación de pareja y se hizo un profundo y largo silencio. Se miraron el uno a la otra y dijeron que sí, que habían empezado a visitar a un consejero matrimonial. Una semana después de haberlos entrevistado, Sarah me mandó un correo electrónico. Habían decidido separarse. Ella se mudaba temporalmente a un apartamento. Me decía que el estrés de vivir con los malditos perros era un factor determinante en su separación. No está claro lo que pasará con *Nami* e *Hiro*.

¿QUÉ ES EXACTAMENTE UNA MASCOTA?

Nancy y Sarah demuestran que la relación entre personas y mascotas a veces funciona y a veces no. Pero ¿qué es exactamente una mascota? El historiador Keith Thomas[81] sostiene que las mascotas son animales a los que se permite vivir en casa, a los que se da un nombre y a los que no nos comemos nunca. Es un buen punto de partida, pero hay excepciones. Mis vecinos nunca dejan entrar a su perro en casa, y mi dentista no ha puesto nombre a su pez tropical. Incluso en lo que concierne a comérnoslos hay excepciones de vez en cuando. Una noche, en mis tiempos de universidad y mientras estudiaba el comportamiento de los caimanes en Florida, Mary Jean y yo fuimos a visitar a nuestro amigo Jim, un profesor de agronomía retirado cuya propiedad lindaba con el lago donde yo tenía mi base de operaciones. Jim tenía un parque de animales en su pequeña granja: cabras, bantams, pollos, patos Muscovy, un par de pavos reales y algunos conejillos de indias que eran las mascotas de sus hijos. Aquel fin de semana su mujer y sus hijos no estaban en casa y Jim estaba preparándose la cena. Mientras charlábamos, Jim escogió tranquilamente un conejillo de Indias de su jaula, le dio un golpe en la cabeza con un palo, lo despellejó y lo puso en la plancha. Tengo la impresión de que para él no era una mascota.

Prefiero la definición de mascota[82] de James Serpell, antrozoólogo de la Universidad de Pensilvania. Según Serpell, las mascotas son animales con los que vivimos y que no tienen ninguna función evidente. Pero incluso con tan laxa definición las cosas no acaban de encajar. Hasta no hace mucho la mayoría de animales de los hogares americanos[83] tenían atribuida alguna tarea. Por ejemplo, los perros guardaban los rebaños, cazaban, cuidaban las casas, tiraban de los carros e incluso ayudaban a batir la mantequilla. Los gatos, más que como objetos sobre los que proyectar nuestro afecto, se utilizaban sobre todo como trampas biológicas para cazar ratones. En Estados Unidos los animales cuya única función era distraer a sus amos fueron raros hasta el siglo XIX, momento en el que hubo una explosión de popularidad de los pájaros enjaulados, sobre todo canarios cantores.

La variedad de animales que los humanos han tenido como mascotas es extraordinaria: grillos, tigres, cerdos, vacas, ratas, cobras, caimanes, anguilas gigantes; la lista es interminable. Pero cuando le preguntas a la gente qué animales consideran mascotas, la mayoría no menciona ni las anguilas ni los grillos. ¿En qué animales piensan? Por supuesto la respuesta es en gatos y perros.

Los psicólogos cognitivos se refieren a un animal que identifica una categoría como prototipo. Ahora mismo piense usted en un pájaro.

Adivino que ha evocado la imagen de un gorrión, de un petirrojo o de un águila y no la de un emú o la de un pingüino. La razón es que los petirrojos son más «aves» que los avestruces. ¿Qué animales son el prototipo de mascota? Hace poco, Samantha Strazanac y yo pedimos a los alumnos de la universidad que puntuaran a dieciséis tipos de animales –todos ellos se utilizan a veces como mascotas– atendiendo a su "mascoticidad". Por supuesto todos dijeron que los perros y los gatos ejemplificaban el concepto de "mascota". Los peces rojos aparecían en tercer lugar; el 75 % de los estudiantes consideraba que tenían un alto grado de "mascoticidad". Solo la mitad de los estudiantes pensó en hámsteres, gerbillos, conejos, loros y periquitos como mascotas. Los ratones y las iguanas obtuvieron una puntuación baja en nuestra escala, y las ratas coliblancas y las tarántulas ocuparon un lugar todavía más bajo en la lista. El último puesto lo ocuparon las boas constrictoras; solo un 5 % de los encuestados las consideró mascotas.

A algunos defensores de los animales no les gusta el término "mascota". Lo encuentran degradante para los animales que conviven con nosotros. Quieren que llamemos "animales de compañía" a nuestros amigos peludos, o dotados de aletas o de alas, y "custodios" a sus propietarios. En Defensa de los Animales, una organización a favor de los derechos de los animales, presiona a los municipios para dar un nuevo apelativo a la condición de «"propietario" o "propietaria" de una mascota. Casi veinte ciudades (la mayoría en California) y todo el estado de Rhode Island se han acogido a la nueva nomenclatura y ahora utilizan el término "custodio", en lugar de "propietario", en sus reglamentaciones para el control de animales.

A mí no me gusta mucho el término "animal de compañía". Muchas mascotas no son verdaderos compañeros.

Cuando mi amigo Joe Bill era pequeño, su mascota favorita era un cangrejo de río que vivía en un cuenco lleno de agua junto a su cama. ¿Mascota? Sí. ¿Compañero? No.

También es problemática la sustitución del término "propietario de mascota" por el de "custodio". A diferencia de quien ejerce la custodia sobre un niño, quien ejerce la "custodia" sobre una mascota está autorizado a deshacerse de ella, a venderla o esterilizarla en contra de la voluntad de aquella. Hasta pueden llegar a sacrificarla si se cansan. Los términos "animal de compañía" y "custodios" son ilusiones lingüísticas que nos permiten hacer ver que no poseemos a los animales con los que vivimos.

La propiedad de las mascotas plantea un dilema moral a los amantes de los animales como pueda ser la socióloga Leslie Irvine de la Universidad de Colorado, autora del libro *If you Tame Me: Understanding Our Connection with Animals*, que escribe lo siguiente: «Si reconocemos el valor intrínseco de la vida de los animales, entonces no es ético tenerlos para nuestro placer, ya sea llamándolos compañeros o mascotas». Desde una perspectiva intelectual, Irvine cree que es inmoral criar y encarcelar animales para nuestro placer personal, y argumenta que la relación entre humanos y mascotas se parece más a una relación de esclavitud[84] que de verdadera amistad. El problema es que Leslie siente verdadera estimación por sus propios perros y gatos. Así, sigue Irvine, «Me da pavor la sola idea de una casa vacía, sin colas que se meneen de alegría al verme llegar. Pero mi propio placer cuando me dan la bienvenida y me hacen compañía no justifica tener una provisión de animales con esta finalidad». Leslie se enfrenta al clásico conflicto entre la razón y el corazón, y, como suele ocurrir, gana el corazón.

Convertir a las mascotas en personas

Igual que Leslie, muchos americanos aman a sus animales. Según la Asociación Americana de Productos Manufacturados para Mascotas, en el 63 % de hogares americanos hay una mascota. En el año 2009, compartimos nuestra vida con 78 millones de perros, 94 millones de gatos, 15 millones de pájaros, 14 millones de reptiles, 16 millones de pequeños mamíferos (ratones, hurones, ratas, conejos, conejillos de indias, hámsteres, gerbillos) y 180 millones de peces. Kasey Grier ha descubierto que la actitud hacia los animales domésticos en Estados Unidos experimenta oleadas periódicas. Una de estas oleadas se produjo a finales del siglo XIX, cuando las mascotas se convirtieron en símbolo de la tranquilidad hogareña, y sobre todo las madres las vieron como una forma de inculcar el sentido de la bondad y responsabilidad en los hijos. En los años posteriores a la Segunda Guerra Mundial, se experimentó otra oleada de interés por introducir animales en los hogares americanos, esta vez impulsada por el crecimiento de los barrios residenciales y por la idea de que tener una mascota en casa era un elemento necesario en una infancia normal.

Pero aunque hace mucho tiempo que los americanos conviven con animales domésticos, la relación entre humanos y mascotas (y sobre todo nuestra relación con los perros y los gatos) está entrando en una fase nueva. En los últimos años, las mascotas se vienen considerando como miembros de pleno derecho de las familias, una tendencia a la que la industria de productos para mascotas se refiere como humanización de las mascotas. Actualmente, el 70 % de los propietarios de mascotas dice que a veces permite que sus animales duerman con ellos en su cama, dos terceras partes compran regalos a sus animales para Navidad, el 23 % le prepara comidas especiales y el 18 % las viste en ocasiones especiales.

Aunque la proporción de hogares americanos donde vive una mascota ha aumentado poco en los últimos diez años, la cantidad de dinero[85] que hemos gastado en los animales que conviven con nosotros se ha disparado. Hoy gastamos más dinero en mascotas que en cines, videojuegos y música juntos. Concretamente: 17.000 millones de dólares en alimentación y suplementos dietéticos, 12.000 millones de dólares en atención veterinaria, 10.000 millones de dólares en artículos para animales como arena para gatos, prendas de vestir para perros, collares y correas, cuencos para comida, juguetes y tarjetas de felicitación de cumpleaños. Además, nos gastamos 3.000 millones de dólares en canguros para mascotas, residencias caninas, servicios de lavado y peluquería, adiestramiento, terapia de masajes, paseantes de perros, urnas funerarias, pólizas de seguro y comunicadores de animales New Age.

Según Michael Shaffer, autor de un libro magnífico titulado *One Nation under Dog*, la actividad actual en el negocio de mascotas ha llegado a su punto álgido. Hoy en día las marcas de lujo representan el 20% de las ventas de comida para mascotas, pero generan más de la mitad de los beneficios de esta industria. Entre estos productos tenemos los menús del estilo del Fromm Nutritionals' Shredded Duck Entree (generosa porción de pato de corral desmenuzada a mano en caldo de pato natural con patatas, guisantes y zanahorias), calificado como alimento apto para las personas. Si usted tiene mascota, puede acompañar su cena de *gourmet* con una cerveza Bowser para perros u ofrecerle agua de la marca PetRefresh Bottled Water. La última moda son los alimentos naturales y orgánicos. Por ejemplo, Dr. Harvey's Homemade Biscotti for Dogs es una golosina completamente orgánica hecha con harina, cebada, miel, polen de abeja, manzanas, diente de león, brócoli, menta e hinojo.

Muchos propietarios de mascotas creen que a sus animales

les gusta vestirse. Tea Cups Puppies and Boutique, una tienda de ropa para animales en línea, ofrece un elegante «Vestido para fiesta al aire libre Swarovski» a un precio de 3.000 dólares, así como una línea más económica de camisetas, *tops*, chaquetas y vaqueros con peto. Si tiene usted que acarrear a su mascota todo el día, Tea Cups le presenta una provocadora bolsa de piel de pitón por 1.995 dólares. Barron's House of Treasures le ofrece bragas y también diademas, bañadores, esmóquines y vestidos de boda. Para los ciclistas que se llevan a su animalito al *rally* anual en Sturgis, Dakota del Sur, Harley-Davidson tiene actualmente una línea de equipo de motorista para perros. Y los que se toman más en serio la moda para sus mascotas no pueden perderse la Pet Fashion Week, un acontecimiento anual que tiene lugar en Nueva York y en el que se presentan supermodelos de yorkies y chihuahuas vestidos a la última moda perruna de *haute couture*.

Si su cachorro necesita relajarse, puede regalarle una tarde en Dogworks de Los Ángeles, un *resort* de cinco estrellas para perros que brinda a su mascota una "experiencia de total bienestar". Incluye una hora en el Zen Den, que se publicita como «retiro oriental para su perro para que se relaje y le mimen». Hoy en día muchos hoteles de lujo ofrecen servicios para mascotas. Su perro será bienvenido en el Sarasota Ritz-Carlton –en el caso de que, sea macho o hembra, pese menos de veinte libras y usted esté dispuesto a pagar por adelantado la suma de 125 dólares por el servicio de limpieza de la habitación–. Por otros 130 dólares el Sarasota Ritz ofrece a los privilegiados perros su surtido de masajes caninos, el masaje de relajación corporal total, el masaje deportivo estimulante y un masaje más suave para mascotas que ya tengan una edad.

La desaparición de las fronteras entre mascotas y personas no es un fenómeno nuevo. Ya se conoció en la Francia del siglo XIX.[86] A medida que la clase media francesa fue aumentando y ganando poder, creció también su fascinación por los animales domésticos y al cabo de cincuenta años los perros y los gatos pasaron de ser animales de trabajo a ser un miembro más de las familias. Hacia 1890, lujo y ser propietario de animales domésticos iban de la mano. El armario de un perro que vistiera de punta en blanco en París podía contener botas, bata, bañador, ropa interior y un impermeable. Los salones de belleza para perros proliferaron en París, lo mismo que los cementerios caninos. A principios del siglo XIX los perros que morían se echaban al Sena, pero hacia mediados de la centuria, en París, los amantes de los animales enterraban a sus perros y a sus gatos en cementerios para animales domésticos, o bien ponían sus cabezas disecadas sobre la repisa de la chimenea a modo de decoración. La actual locura por las prendas de vestir para mascotas, balnearios de vacaciones y agua embotellada es emblemático, de una tendencia que Michael Silverstein y Neil Fiske llaman subir de nivel.[87] Según ellos, las fuerzas culturales que impulsan los alimentos para mascotas *gourmets* y los balnearios para perros están controladas por las mismas que estimulan la demanda de café a 6 dólares la taza y las cocinas Viking de 6.000 dólares. Pero ¿qué ocurre cuando se toca fondo? ¿Seguiremos gastando dinero en nuestras mascotas cuando las cosas se pongan feas?

Según David Lummis, una autoridad en tendencias de mercado de la industria para mascotas, la respuesta es que sí.[88] Cuando la economía estaba por los suelos en 2008, las ventas totales de PetSmart, la cadena minorista especializada en mascotas más grande del país, se incrementaron en un 8,4%, y ascendieron a más de 5.000 millones de dólares. Asimismo, la farmacia para mascotas en línea PetMed Express anunció un aumento del 16% en las ventas del cuarto trimestre de 2008. Lummis cree que el mercado minorista para mascotas pronto alcanzará los 56.000 millones de dólares.

Le pregunté a Kasey Grier, autora de *Pets in America*, por la historia definitiva sobre el vínculo que une a animales y humanos en Estados Unidos, cómo se explica el extraordinario aumento en las sumas que gastamos en nuestros animales. Grier opina que la industria para mascotas está convirtiendo a los propios animales domésticos, sobre todo a los perros, en consumidores. Muchas personas creen que sus mascotas desean y se merecen lo mismo que ellas quieren: tostadas, caramelos de menta, impermeables, hoteles de vacaciones, tratamientos de balneario, hasta bodas de sumas altísimas.

La pregunta es quién se beneficia de todos estos excesos –aparte de los miembros de la Asociación Americana de Productos Manufacturados para Mascotas. Steve Zawistowski, de ASPCA, autor de *Companion Animal in Society*, dice: «Si usted le compra a su perra un abrigo de 20 dólares para protegerla del frío, se lo compra a ella. Si usted le compra un abrigo de 200 dólares, se lo está comprando para usted». Morris Holbrook, profesor de *marketing* en la Universidad de Columbia, aconseja lo que sigue a las empresas que intentan buscar su nicho en el lucrativo mercado de productos para mascotas:[89] «Recuerden a la gente que en realidad no son propietarios de mascotas, que las mascotas no son posesiones, sino animales de compañía con necesidades, voluntad y derechos comparables a los de cualquier miembro de la familia».

Antes las mascotas salían bastante baratas. Hasta los años que siguieron a la Segunda Guerra Mundial, muchos animales de los hogares de Estados Unidos vivían de las sobras de la mesa y nunca vieron el interior de una clínica veterinaria. Ya no es así. El coste estimado de un perro en el curso de su vida representa para su propietario aproximadamente 8.000 dólares si se trata de un perro de tamaño mediano y 10.000 si se trata de un gato (porque los gatos viven más tiempo). Pero ¿qué es lo que en definitiva obtenemos de nuestros animales domésticos?

¿Es verdad que las mascotas nos profesan un amor incondicional?

Hace un par de años entrevisté a propietarios de mascotas en clínicas veterinarias del oeste de Carolina del Norte y les pregunté qué obtenían de la relación con sus mascotas. Tres fueron los aspectos que se pusieron de manifiesto con rotundidad: «Mis mascotas son como miembros de mi familia», «Mis mascotas son como mis hijos», «Mis mascotas son como mis amigos». En un estudio posterior, Robin Kowalski, psicólogo social de la Universidad de Clemson, y yo mismo pedimos a propietarios de perros y gatos que evaluaran una serie de frases en las que se comparaba el provecho que obtenían de su relación[90] con su mejor amigo humano y el derivado de la relación que mantenían con su mascota. Las personas entrevistadas contestaron que sus amigos humanos y sus mascotas les proporcionaban el mismo provecho en cuanto a compañía, alivio de la soledad y sentir que alguien los necesitaba. Los amigos humanos eran mejores que los compañeros animales[91] si lo que buscaban era alguien en quien confiar o con quien hablar. Sin embargo, en un aspecto las mascotas superaban con creces a los amigos humanos: brindaban amor incondicional.

Aunque abundan los libros para vivir mejor en que se fomenta la idea de que las mascotas proporcionan a los humanos amor incondicional, personalmente creo que la teoría del amor está sobrevalorada en tanto que explicación del porqué los humanos vivimos con animales. Si el amor incondicional que nos brindan las mascotas fuera algo tan fantástico, quizás todos mantendríamos un fuerte vínculo con los animales que tenemos en casa. No es así. En un estudio realizado en 1992, el 15 % de los adultos dijo que no se sentía particularmente apegado a sus mascotas.[92] En encuestas informales que he realizado entre mis alumnos, aproximadamente un tercio de ellos comenta que algún miembro de su familia manifiesta abiertamente que no le gusta la mascota familiar o incluso que la odia.

La demografía de la posesión de mascotas también plantea un problema a la hipótesis del amor incondicional. Según este punto de vista, las personas que viven solas serían las que tendrían una mayor necesidad de amor incondicional y, por lo tanto, a ellas corresponderían los niveles más altos de tenencia de mascotas. No es así. En realidad, las personas adultas que viven solas presentan los índices más bajos de posesión de mascotas, mientras que la población adulta con niños en edad escolar muestra los más altos. Es interesante saber que mientras que los adultos con niños tienen los índices más altos de tenencia de mascotas, como grupo está menos apegado a sus animales que las personas que viven solas con animales domésticos. En realidad, el amor por las mascotas baja un nivel[93] con cada nuevo miembro familiar. Las mascotas que viven en hogares con niños pequeños se llevan la peor parte. Por ejemplo, en familias con niños solo se cepilla a un 25 % de las mascotas todos los días, en comparación con un casi 80 % de mascotas que conviven con personas adultas sin niños, las cuales reciben un buen cepillado a diario. Los perros y los gatos que viven en hogares sin niños son los que tienen más posibilidades de conseguir regalos para Navidad y de disfrutar de vacaciones familiares. Es una lástima, pero el perro que fue "el bebé" durante los primeros años de matrimonio de una pareja a menudo pierde esa categoría cuando llega a casa el primer hijo de la pareja.

Anthony Podberseck, editor de la revista *Anthrozoös* de la Universidad de Cambridge, no se anda con rodeos al calificar esa teoría del amor incondicional de "chorrada". Anthony piensa que es una teoría inequívocamente americana. Dice que los británicos y los australianos raramente utilizan esa expresión cuando describen su relación con las mascotas. Para Anthony, la idea del amor incondicional es degradante para los animales. Según él, si creemos que nuestras mascotas están programadas para querernos mecánicamente, les demos el trato que les demos, lo que son esencialmente es robots cartesianos que aceptan lo que les servimos y luego vuelven a por más.

Tengo que reconocer que la idea del amor incondicional me parecía más plausible cuando teníamos perros. Hoy, que somos una familia con gato, he tenido que someter esta teoría a nueva consideración. He llegado a la conclusión de que, mientras que el amor que siento por mi gata sí es incondicional, el suyo por mí está totalmente condicionado. *Tilly* tiene la sartén por el mango. Me quiere cuando le pongo la cena o cuando desea que le rasque la barriga o cuando tiene ganas de jugar a tropezarse-con-los-pies-de-Hal. Pero la mayor parte del tiempo, yo solo soy el tipo que le abre la ventana cuando ella tiene ganas de salir a dar un paseo.

¿Las mascotas pueden hacernos más felices y más sanos? La buena noticia primero

La teoría del amor incondicional no explica del todo por qué los humanos tenemos mascotas. Existen otras razones para vivir con animales aparte del hecho de que mimen a nuestro ego. Quizás las mascotas mejoran nuestra salud y hacen que nos sintamos más felices porque son un apoyo social o simplemente alguien con quien podemos hablar. Ciertamente, la industria de mascotas pregona los beneficios desde el punto de vista médico y psicológico de convivir con gatos y perros. La Asociación Americana de Productos Manufacturados para Mascotas reivindica que el hecho de poseer un animal en casa baja la presión arterial, reduce el estrés, previene las enfermedades coronarias, disminuye el número de visitas al médico y mejora la depresión. A día de hoy, casi todo el mundo ha oído que tener mascotas es beneficioso. En algunos libros de autoayuda como *Paws & Effect: The healing Power of Dogs*, de Sharon Sakon, y *The healing Power of Pets: Harnessing the Amazing Ability of Pets to Make and Keep People Happy and Healthy*, de Marty Becker, una celebridad en el mundo de la veterinaria, se afirma con contundencia el mágico poder de curación de los animales. Pero corresponde a los antrozoólogos distinguir lo que es exageración de lo que es realidad. ¿Están justificadas tales reivindicaciones? Y si lo están, ¿por qué las mascotas son beneficiosas para las personas?

El texto más importante publicado en la breve historia de la antrozoología es el artículo de seis páginas que apareció en el número de julio de 1980 de la revista *Public Health Reports*. Su autora es Erika Friedmann, que entonces acababa de doctorarse en biología conductista en la Universidad de Pensilvania. Para llevar a cabo su investigación, Erika estudió el rol del apoyo social en la supervivencia a los ataques cardíacos. Pidió a noventa y dos pacientes internados en una unidad de atención coronaria que contestaran una encuesta sobre su situación socioeconómica, sus condiciones de vida y sus relaciones con amigos y parientes. También les preguntó si vivían con una mascota.

Al cabo de doce meses, volvió a visitar a los pacientes para ver cómo seguían. La gran sorpresa fue que el poseer una mascota marcaba una gran diferencia en los índices de supervivencia.[94] Mientras que entre las personas que no tenían mascota, el 28% había muerto al final del año, entre los que sí tenían mascota solo había muerto el 6%. Animada por tales resultados, Erika los presentó a la Asociación Americana del Corazón. Sin embargo, los cardiólogos se limitaron a bostezar (si bien hubo uno que calificó su estudio de "inteligente"). Fue superior el interés que el estudio despertó en los medios de comunicación. El teléfono de Erika empezó a sonar, y pronto se vio leyendo sus propios artículos en *Reader's Digest* y *Time*. Un buen comienzo para su carrera profesional. Fue la primera presidenta de la Sociedad Internacional de Antrozoología y actualmente es miembro de la Escuela de Enfermería de la Universidad de Maryland, donde continúa investigando los efectos de las mascotas sobre la salud de las personas.

El estudio de Erika sobre los ataques al corazón provocó una oleada de interés por los vínculos que unen a las personas y a los animales. Sólidas investigaciones apoyan hoy en día la idea de que los animales domésticos pueden tener efectos beneficiosos sobre la salud y el bienestar humanos.[95] Acariciar a un animal puede hacer que disminuya la presión arterial, incluso si el animal es una boa constrictora. En realidad, el mero hecho de mirar un vídeo de peces tropicales nadando en un acuario puede reducir la presión sanguínea. Karen Allen, bióloga de la Universidad de Buffalo,[96] descubrió que los niveles de presión arterial de personas adultas se elevaban drásticamente cuando tenían que resolver complejos problemas de cálculo mental en presencia de sus esposas, pero prácticamente no subían si lo hacían delante de su mascota.

Existen otros estudios que también refuerzan la noción de que tener mascotas es beneficioso para las personas. Por ejemplo, los niños que crecen en hogares donde hay mascotas tienen menos probabilidades de sufrir asma y de perderse días de clase por estar enfermos. Las personas ancianas que viven con animales tienen niveles más bajos de colesterol y un mejor bienestar psicológico. Un estudio realizado con más de diez mil alemanes y australianos demostró que aquellos que convivían con algún animal visitaban menos al médico que los que no tenían mascota. Investigadores de la Universidad de Melbourne y de la Universidad Normal de Beijing descubrieron que las mujeres chinas que tenían perro[97] dormían más profundamente, se sentían mejor y pasaban menos días enfermas que un grupo de control de mujeres que no tenían mascota. Un estudio realizado en la Universidad de Missouri demostró que un programa de paseos con perro aumentaba el nivel de actividad física de los participantes, incluso al margen del programa. Algunos estudios demuestran que las personas adultas que sienten apego por sus animales no se sienten tan solas, y en círculos médicos se habla de prescribir perros salchicha y yorkies a las personas mayores.

Sin embargo...,
las mascotas no son la panacea

Estaría bien poder pensar que tener un perro o un gato cura todos los males, pero no tire todavía sus píldoras de Prozac o Lipitor a la basura. Los medios de comunicación informan de que los milagrosos poderes de curación de las mascotas pueden conducir a error. Por ejemplo, según decía un artículo publicado en el periódico[98] de mi localidad, no hace mucho que investigadores de la Universidad de Missouri han descubierto que treinta pacientes de cáncer sometidos a radioterapia "consideraban que su salud había mejorado" tras cuatro visitas semanales al hospital para someterse a una terapia con perros. El periódico lo entendió mal. En primer lugar, eran solo diez los pacientes que asistían a la terapia con perro; los demás participantes pertenecían a grupos de control que durante las sesiones se limitaban a leer en silencio o charlaban con alguien. Y más importante todavía, lo que en realidad dijeron los investigadores fue que, para los pacientes que sufrían cáncer, doce sesiones de terapia con perro no eran más beneficiosas que leer un libro. Concluían que no había relación alguna entre las visitas a los perros y el estado de ánimo de los pacientes o la salud percibida por estos.

Este no es el único estudio en el que se demuestra que los animales de compañía no tienen ningún efecto sobre la salud humana. Deborah Wells, psicóloga de la Universidad de Queens en Belfast, sin ir más lejos, examinó los beneficios de tener una mascota sobre un grupo de personas que sufría el síndrome de fatiga crónica.[99] Las personas que tenían mascota creían que vivir con un animal les proporcionaba una amplia gama de beneficios psicológicos y físicos. Pero las mediciones objetivas de su salud y de su bienestar psicológico mostraron que los que tenían mascota estaban tan cansados, deprimidos, estresados, preocupados e infelices como los que sufrían fatiga crónica y no convivían con ninguna mascota.

El estudio que he mencionado realizado con diez mil alemanes y australianos demostró que el hecho de poseer una mascota no tenía ningún efecto en la satisfacción vital de las personas. Y un intento de réplica del estudio sobre la presión arterial mediante boas constrictoras fracasó en la reproducción de los hallazgos del experimento original. Los efectos que pueda tener el pasear con perro sobre el estado físico[100] tampoco están tan claros. El estudio sobre el paseo con perro que se llevó a cabo en la Universidad de Missouri mostró que, aunque los participantes se lo pasaban bien con el programa de ejercicio físico, su presión arterial no disminuía ni tampoco se adelgazaban. Y según los resultados de un gran experimento realizado en Nueva Zelanda, si bien los nuevos propietarios de perro andaban más, la actividad física semanal total en realidad disminuía cuando hacía un tiempo que lo tenían. De hecho, un estudio realizado en Finlandia con 21.000 personas,[101] demostró que las personas con mascota tenían los niveles de presión arterial y de colesterol más altos que las personas que no tenían mascota. Asimismo, en el estudio finlandés aquellos que tenían mascota eran más susceptibles de sufrir enfermedades del riñón, artritis, ciática, migraña, depresión y ataques de pánico. Y, aunque los finlandeses que tenían mascota bebían y fumaban menos que los que no tenían mascota, hacían menos ejercicio y tenían más probabilidades de sufrir un exceso de peso.

Investigadores de la Universidad Nacional Australiana[102] demostraron que las personas adultas entre sesenta y sesenta y cuatro años que convivían con un animal doméstico estaban más deprimidas, tomaban más medicación para el dolor y estaban peor mentalmente y físicamente que las personas que vivían sin animales. En otro estudio se comparaba a personas mayores que jugaban regularmente con mascotas con un grupo de control que casi nunca o nunca jugaba con animales. Los índices de mortalidad de ambos grupos eran iguales, y el hecho de jugar con animales no creaba ninguna diferencia en la salud y en la sensación de bienestar de los participantes. (Sin embargo, las personas que jugaban con animales bebían más alcohol.)

Bien, aunque el hecho de tener una mascota no nos va a curar necesariamente de todos los males, hará que nos sintamos más felices y menos solos, ¿de acuerdo en esto? No necesariamente. Un estudio realizado con tres mil americanos adultos escogidos al azar dirigido en 2006 por el Centro de Investigación Pew descubrió que los propietarios de perros y gatos, y las personas que no poseían ningún animal presentaban las mismas probabilidades de decir que eran "muy felices" en la vida. Investigadores de la Universidad de Warwick en Gran Bretaña examinaron los efectos que tenía la adquisición de una mascota sobre la soledad en las personas adultas.[103] Las personas entrevistadas contestaron un test psicológico que medía la soledad justo después de empezar a convivir con una mascota y seis meses más tarde. Los resultados fueron bien claros: la convivencia con un animal no disminuía para nada la soledad de los participantes.

¿Cómo tenemos que enfrentarnos a descubrimientos tan dispares? ¿Son beneficiosas las mascotas o no? Hace poco Erika Friedmann intentó dar una respuesta evaluando rigurosamente los resultados de treinta estudios[104] realizados entre 1990 y 2007 sobre los efectos de vivir con una mascota. Descubrió que diecinueve de los treinta estudios respaldaban la teoría de que las mascotas son beneficiosas para las personas, pero que diez demostraban que las mascotas no tenían ningún efecto o tenían efectos negativos sobre la salud y el bienestar humanos. Cuando comenté estos resultados con Erika, me dijo: «Sí, las mascotas pueden ser beneficiosas para las personas». Después añadió: «Pero no son la panacea».

¿POR QUÉ LAS MASCOTAS SON BENEFICIOSAS PARA (ALGUNAS) PERSONAS?

Así pues, al parecer tener una mascota hace que algunas personas, no todas, se sientan más felices y más sanas,[105] pero quizás no hasta el punto que le gustaría que creyéramos a la industria de las mascotas. Se plantea entonces la siguiente pregunta científica: ¿por qué las mascotas marcan una diferencia? Existen tres posibilidades.[106] La primera es que en realidad las mascotas no hacen que las personas se sientan mejor; la flecha causal puede que apunte en la dirección opuesta. Es decir, podría ser que las personas más felices y con mejor salud tuvieran más tendencia a tener animales en casa. Quizás porque tienen más dinero y pueden permitirse un animal o tal vez porque estén en mejor forma y por esta razón tengan la energía de sacar a pasear a su perro. Una segunda posibilidad es que las mascotas mejoren la salud y el bienestar de sus propietarios porque les animan a socializarse con otros seres humanos. Por ejemplo, Deborah Wells demostró que sacar a pasear al perro facilita la conversación con personas desconocidas. Sin embargo, el efecto depende del tipo de perro. Los cachorros labradores que utilizó para su estudio eran grandes lubricantes sociales; los rotweilers adultos no.

La tercera posibilidad es que los lazos que unen a humanos y animales efectivamente mejoren la salud al proporcionar un apoyo social. Para demostrar esta idea, los investigadores tendrían que llevar a cabo un ensayo clínico al azar. Ello implica introducir a una serie de individuos que no poseen mascota o bien en un grupo experimental de personas que tienen mascota, o bien en un grupo de control de personas que carecen de animales. Es difícil realizar un ensayo clínico al azar en el mundo real, pero Karen Allen[107] lo hizo, ni más ni menos que con agentes de bolsa.

Sus sujetos eran agentes estresados de Wall Street con la tensión arterial alta. Al empezar el estudio, todos los sujetos se sometieron a un tratamiento médico para bajar la presión. Los miembros del grupo experimental además adoptaron a un perro o un gato procedente de centros de acogida de animales, mientras que el grupo de control solo se sometió al tratamiento médico. Seis meses después, Allen y sus colegas sometieron a los individuos a situaciones de estrés; una de estas consistía en pasar una difícil prueba matemática, otra en pronunciar un discurso. Los resultados fueron impresionantes. Tal como esperaban, durante las pruebas de estrés aumentó la presión arterial de todos los individuos. Pero a los que tenían un animal les subió la mitad de lo que les subió a los participantes que solo se habían medicado. Y no se termina aquí, los efectos beneficiosos de las mascotas fueron superiores en los agentes de bolsa que tenían menos amigos humanos. Este experimento constituye la prueba más contundente de que la presencia de un animal en la vida de una persona realmente mejora sus funciones cardiovasculares en períodos de tiempo largos.

¿LAS MASCOTAS PUEDEN SER PELIGROSAS PARA LA SALUD?

Dicen que Harry S. Truman, tras haber oído a sus innumerables asesores económicos decirle: «Por un lado *X* es verdad, pero por el otro *Y* es verdad», murmuró frustrado: «Tráiganme a un economista que solo tenga un brazo». La antrozoología tiene el mismo problema.

Mi vecina Anne hace poco se rompió el hombro al tropezar con su perro y caerse por las escaleras. Este tipo de accidente causado por una mascota es mucho más corriente de lo que imaginamos. Durante un año y medio, en un servicio de urgencias[108] de Sidney se tuvo que prestar asistencia médica a dieciséis adultos que acudieron para recibir tratamiento por fracturas causadas por su mascota. Entre las fracturas ocasionadas se contaron cuatro pelvis, dos caderas, tres brazos, dos muñecas, un tobillo, dos costillas, una nariz y un cuello. El

Centro de Control de Enfermedades[109] calcula que todos los años 85.000 americanos sufren accidentes causados al tropezar con su mascota, generalmente perros.

Las mascotas también pueden significar otros peligros para la salud.[110] Un estudio realizado en 1999 por la Opinion Research Corporation demostró que aproximadamente uno de cada seis propietarios de perro informaba de haber sufrido un accidente de coche o de haber estado muy cerca de sufrirlo debido a que su perro saltaba dentro del automóvil. Y el 60 % de los agentes patógenos que los humanos pueden contraer es de origen zoonótico,[111] lo cual significa que puede proceder de animales. Los seres humanos estamos expuestos a que nuestras mascotas nos transmitan una infinidad de enfermedades, por ejemplo lombrices, garrapatas, enfermedad de Lyme, brucelosis, tiña, guardia, leptospirosis, *E. coli*, ankilostoma y la justamente llamada enfermedad por arañazo de gato. A los doce años yo tenía una mascota tortuguita; todos mis compañeros tenían una. ¿Quién sabía que el 98 % de estas tortuguitas podía transmitir *Salmonella*? En 1975 la FDA (Agencia de Alimentos y Medicamentos) prohibió la venta de crías de tortuga, pero hoy son populares las mascotas como serpientes, lagartos y otros reptiles. Es de esperar que la *Salmonella* relacionada con las mascotas[112] vaya en aumento, y cada año se dan 75.000 casos de infección por *Salmonella*[113] transmitida por los reptiles y anfibios que viven en los hogares americanos. Incluso la terapia con animales puede ser un peligro para la salud. Varios equipos de investigación han informado de que la terapia con perros puede originar y propagar la SARM,[114] una bacteria resistente a los antibióticos, entre los pacientes de hospitales o residencias.

¿LLEVAMOS EN LOS GENES NUESTRO AMOR POR LAS MASCOTAS?

Veinte años de investigaciones antrozoológicas han demostrado que vivir con mascotas proporciona beneficios sustanciales –pero también tiene algunas desventajas–. Sin embargo, tales hallazgos no se ocupan del misterio del porqué los humanos sienten tanto apego por los animales. El darwinismo implica que, directa o indirectamente, los organismos deben actuar para incrementar su capacidad reproductiva, es decir, su capacidad de transmitir genes a la siguiente generación. Pero si ello es cierto, ¿por qué Joe y su esposa pagan mil dólares al mes por un tratamiento de quimioterapia para mantener vivo a su ya anciano cobrador dorado? ¿No sería mejor para sus genes utilizar ese dinero para pagar las facturas escolares de sus hijos (o de sus nietos)?

En cuanto a la pregunta sobre "¿Por qué mascotas?" los antrozoólogos han previsto una amplia gama de explicaciones sobre los lazos que unen[115] a seres humanos y animales:

- Las mascotas enseñan a los niños a ser buenos y responsables.
- Las mascotas proporcionan "seguridad ontológica" en la época postmoderna en que los valores tradicionales y las redes sociales se han debilitado.
- Lo mismo que los jardines ornamentales, las mascotas son una expresión de la necesidad humana de dominar la naturaleza.
- Las mascotas permiten que la clase media se sienta rica.
- Las mascotas sustituyen a los amigos del género humano.
- Las mascotas y las personas son seres autónomos que obtienen consuelo mutuo y gozo a partir de su interacción.

Todas las explicaciones anteriores son ciertas en parte. Pero a mí me intriga mucho más un nivel de explicación distinto, el nivel evolutivo. Según Dan Gilbert, de la Universidad de Harvard,[116] todos los psicólogos que deciden poner por escrito sus ideas hacen un voto para escribir algún día una frase que empiece: «El ser humano es el único animal que...».

Aquí está la mía: «El ser humano es el único animal que convive con miembros de otras especies durante largos períodos de tiempo por puro placer». La pregunta sobre por qué tenemos mascotas es un misterio de la evolución, junto a por qué los seres humanos son los únicos mamíferos con un lenguaje simbólico complejo, códigos morales, creencias religiosas y la capacidad de aprender a disfrutar de Red Hot Chili Peppers* (la especia, no el grupo musical).[117]

Pero igual que hay excepciones para la mayoría de frases que empiezan «Los seres humanos son los únicos...», también las hay para la mía. Existen múltiples ejemplos de animales no humanos que han establecido vínculos con un miembro de otra especie. Tras el *tsunami* del océano Índico de 2004, una cría de hipopótamo de 272 kilos llamado *Owen* estableció lazos con *Mzee*, una tortuga gigante de 160 años, en una reserva de fauna en Kenia. Más recientemente, *Tarra*, un elefante de 4.000 kilos de peso del santuario de elefantes de Hohenwald, Tennessee, se hizo íntimo amigo de una perra de salvamento llamada *Bella*. La pareja era prácticamente inseparable,[118] y cuando *Bella* se puso enferma, *Tarra* permaneció varias semanas frente a la puerta del edificio donde su amiga canina se recuperaba. Bill Mason, psicólogo comparativo de la Universidad de California en Davis, estudió sistemáticamente los vínculos entre miembros de distintas especies mediante la cría de monos Rhesus junto a perros

---

* Grupo musical cuyo nombre significa pimientos rojos picantes. (*N. de la T.*)

adultos.[119] Tras algunas horas después de haber sido presentadas, las parejas formadas por un mono y un perro se hacían inseparables. Un par de meses más tarde, se le ofrecía a cada uno de los monos la posibilidad de jugar con su pareja canina, con un perro desconocido o con otro mono. Escogían a su pareja canina. Se habían hecho amigos.

Pero los lazos entre animales de diferentes especies casi siempre se dan en circunstancias no naturales. Por ejemplo, no hay pruebas de que, en estado salvaje, nuestro pariente más cercano, el chimpancé,[120] juegue con miembros de otras especies. Sigo fiel a mi afirmación de que los seres humanos son los únicos animales que tienen mascotas.

¿Cuándo y cómo se produjo este fenómeno? Respecto a cuándo, carecemos de pistas. Las pruebas arqueológicas que demuestran la posesión de mascotas se remontan a 12.000-14.000 años atrás en lo que atañe a perros y tal vez a 9.000 en lo concerniente a gatos. Pero es posible que algunos de nuestros antepasados paleolíticos, igual que algunos miembros de sociedades tribales actuales, capturaran de vez en cuando un loro o un jabalí y se lo llevaran a casa como mascota. El problema es que los lazos establecidos en épocas tan lejanas entre animales y seres humanos no han dejado rastros arqueológicos. Digamos que si por casualidad descubriéramos un fósil de 25.000 años de antigüedad que representara a un hombre meciendo a una cría de mono, no podríamos decir si se trata de la mascota del difunto o si pusieron al mono en su tumba como compañero de viaje a la otra vida.

Ante la ausencia de pruebas sólidas sobre cuándo se forjaron los primeros lazos entre seres humanos y animales, lo máximo que podemos hacer son conjeturas.[121] Hace 100.000 años vivían en África individuos parecidos a nosotros. Sin embargo, muchos antropólogos creen que el verdadero cambio en el pensamiento humano se produjo hace aproximadamente 50.000 años, tal como lo demuestra la explosión de formas culturales: arte, música, armamento y herramientas cuya sofisticación se manifestó tanto en la forma como en la función. Mike Tomasello, del Instituto Max Planck de Antropología Evolutiva, sostiene que este salto en la creatividad humana se dio gracias a la aparición de una capacidad mental nueva y sofisticada: la habilidad para inferir estados mentales de otras personas. Las imágenes grabadas en las paredes de las cuevas que describen seres que eran medio personas medio animales sugieren que nuestros antepasados empezaron a pensar en los animales antropomórficamente hace 35.000-40.000 años. James Serpell cree que la capacidad de pensar en animales como si pensáramos en personas abrió la puerta a la doma de animales salvajes y al establecimiento de lazos con estos. Serpell aporta un buen argumento, pero sin una máquina del tiempo nunca sabremos quién fue el primero que decidió que una masa de carne peluda podía ser nuestro amigo y no nuestra comida.

¿Tener mascotas es una adaptación evolucionada?

Tal como se encargan de poner de relieve los creacionistas, nosotros los darwinistas discutimos mucho. No debatimos sobre si los humanos han evolucionado a partir de los monos o sobre cuántos millones de años tiene la Tierra. Eso son hechos. No, discutimos por detalles. El tema del porqué las personas queremos a las mascotas está relacionado con uno de los debates más polémicos de la teoría de la evolución: la adaptación. Los defensores de la corriente de pensamiento adaptacionista están convencidos de que la mente humana evolucionó para echar una mano a nuestros antepasados de la edad de piedra en el juego Gotcha darwiniano de A Ver Quién Pasa Más Genes. Según ellos, el proceso de selección natural equipó el cerebro humano con módulos especializados para habilidades como aprender el lenguaje, evitar la práctica de sexo con parientes próximos, detectar serpientes y trampas e impresionar a machos potencialmente competidores.

Los críticos del paradigma adaptacionista argumentan que ciertos aspectos de la naturaleza humana podrían haber evolucionado igualmente aunque no hubieran tenido nada que ver con el éxito reproductivo de las personas. Según ellos, ciertos rasgos son simplemente efectos colaterales no funcionales. Por ejemplo, los huesos son blancos porque están formados por calcio, no porque las mujeres se sientan atraídas por los hombres que tienen esqueletos paliduchos. Stephen Jay Gould, de la Universidad de Harvard, comparó rasgos biológicos no funcionales con las enjutas, los espacios entre el dintel y las arquivoltas que los arquitectos integraban en sus diseños con propósitos fundamentalmente estéticos más que funcionales.

Consideremos como ejemplo de este debate el modo en que los adaptacionistas y los no adptacionistas explican la evolución del orgasmo en las hembras humanas.[122] Los adaptacionistas (yo me conté entre sus filas en otros tiempos) han ideado un par de docenas de teorías para explicar por qué los orgasmos se dan a menudo en las hembras humanas y raramente, por no decir nunca, en las hembras de las demás especies. Entre sus sugerencias más innovadoras están las siguientes: las contracciones orgásmicas absorben el esperma en el útero; los orgasmos evolucionaron como un signo para ayudar a las mujeres a distinguir entre los hombres que tenían buenos genes y los que eran un fracaso desde el punto de vista evolutivo; y –mi favorita– los espasmos orgásmicos hacen que las mujeres permanezcan echadas tras la relación sexual de manera que el esperma no tiene que nadar a contracorriente para alcanzar el óvulo. Los que mantienen una postura escéptica ante el pensamiento adaptacionista se burlan de tales ideas. Ellos explican el orgasmo en las mujeres como un efecto lateral del hecho de que el orgasmo tiene ventajas reproductivas para el hombre (lo mismo que la presencia de pezones en los hombres es el resultado no funcional del hecho de que los pezones evolucionaron para que los mamíferos hembras pudieran amamantar a sus crías).

El argumento sobre la adaptación evolutiva también vale para las explicaciones sobre los lazos entre humanos y animales. Me parece que la mayoría de la gente –incluidos muchos antrozoólogos– quieren creer que el amor por las mascotas es un atributo de la naturaleza humana que evolucionó[123] porque ayudaba a nuestros antepasados a sobrevivir y a reproducirse. Los psicólogos evolutivos sostienen que si una característica es una adaptación evolutiva debería ser común, estar extendida y tal vez, como el lenguaje, ser universal. No es este el caso de las mascotas. El antropólogo Donald Brown de la Universidad de California en Santa Bárbara recopiló una lista de casi cuatrocientos rasgos universales[124] humanos que iban desde chuparse el dedo hasta creencias sobre la muerte. El "interés por las bioformas" forma parte de la lista, pero tener mascotas brilla por su ausencia. En muchas partes del mundo, la mayoría de las personas no establece lazos íntimos con los animales. Ello es particularmente cierto en África. Mi amiga Nyaga Mwaniki, antropóloga, procede de la Kenia rural. Los habitantes del pueblo en el que nació nunca sienten apego por los animales individuales. Efectivamente, en kiambu, la lengua nativa de mi amiga Nyaga, no existe ninguna palabra equivalente a mascota. La gente del pueblo tiene perros para protegerse de los intrusos y para echar a los elefantes de sus huertos, pero jamás permiten que un perro entre en casa, no piensan en ellos como compañeros y se horrorizarían ante la idea de que alguno comparta su cama.

El argumento a favor de que tener mascotas es una característica evolutiva se vería reforzado si tuviéramos pruebas de que el amor por los animales tiene una base genética. Pero no las tenemos. Los genetistas behavioristas utilizan hermanos gemelos para determinar la influencia relativa de los genes y del entorno sobre un rasgo. Las parejas de geme los idénticos se parecerán más que las parejas de mellizos en el caso de que un rasgo tenga una fuerte influencia genética. Comparando los dos tipos de gemelos,[125] los científicos han descubierto que los genes son responsables del 90% de las diferencias entre las personas en su altura, del 50% de las diferencias en su grado de felicidad y del 35% de las diferencias en la frecuencia con la que las mujeres tienen orgasmos. Pero sin embargo nadie ha investigado si los verdaderos gemelos se parecen más que los mellizos en su amor por las mascotas. En realidad, el rol de los genes en cualquier aspecto de nuestra relación con los animales sigue siendo una pregunta abierta. (La excepción es nuestro deseo de comernos su carne.)

Por último, si tener animales es una adaptación evolutiva, en algún punto de la historia aquellas personas con lazos con los animales individuales debieron superar a sus iguales no tan mascotofílicos en la transmisión de sus genes. La puntuación final en el juego del darwinismo se mide en términos de éxito reproductivo. El hecho de que nuestro gato nos haga ser más felices, o más sanos, o incluso que nos ayude a vivir más tiempo es irrelevante. Vivir con una mascota ¿puede aumentar nuestra capacidad reproductiva? Quizá las niñas que crecen con animales en casa tienen más éxito al tener crías en su edad adulta porque han aprendido destrezas parentales cuidando a su perro. O quizá los hombres primitivos eran más aptos para sobrevivir en tiempos difíciles porque podían comerse a sus animales de compañía. Supongo que existe la remota posibilidad de que algunas mujeres se sientan atraídas por machos con enromes perros y otras, en cambio, por hombres más buenos y agradables que demuestran su sinceridad acariciando cachorrillos. (Recordemos que Antoine, el atractivo muchacho francés, conseguía más números de teléfono cuando iba acompañado de un perro.) Pero soy escéptico en cuanto a que las posibles ventajas reproductivas que obtuvieran nuestros antepasados al enamorarse de un animal superaran los costes en tiempo y recursos.

¿Las mascotas son unos parásitos?

Si tener animales no tiene una función evolutiva, ¿por qué establecemos lazos tan estrechos con los animales e invertimos tanto dinero y energía emocional en ellos? Una posibilidad es que el amor por las mascotas sea, como el color de nuestros huesos, un efecto secundario evolutivo. Fijémonos en la teoría de la música[126] desarrollada por Steven Pinker, psicólogo evolutivo de la Universidad de Harvard. Pinker se manifiesta adaptacionista cuando se trata del lenguaje y del miedo a las serpientes, pero cree que nuestro amor por la música es una consecuencia biológicamente inútil de las conexiones de nuestro cerebro. ¿Es posible que la visión de Pinker en cuanto a que la música no tiene valor adaptativo también valga para nuestro amor por las mascotas?

Consideremos la frase más común de los americanos cuando se refieren a sus mascotas: «Son como mis hijos». Los seres humanos se sienten atraídos instintivamente por los animales que les recuerdan a los niños: criaturas de ojos y cabezas grandes y rasgos delicados. Tales rasgos convocan nuestros instintos parentales y sirven para ayudarnos a transmitir nuestros genes provocando un sentimiento de atención y cuidado hacia las criaturas con las que compartimos nuestros genes: nuestros descendientes. Pero al operar de un modo automático, nuestros instintos pueden ser abducidos. Por ejemplo, veamos el parasitismo de puesta,[127] una estrategia reproductiva que utilizan numerosas especies de pájaros. Un tordo de cabeza parda deja un huevo en el nido de un mosquero negro hembra. El pobre mosquero empollará con toda naturalidad el huevo de tordo y luego alimentará la parasitaria cría hasta que madure lo suficiente comopara echar a volar. Será que el mosquero obtiene una gran satisfacción emocional criando a su falso descendiente, sin caer en la cuenta de que ha sido víctima de una operación darwiniana fraudulenta.

En 2005, Mary Jean y yo fuimos víctimas de esta estafa. El parásito no era otro que nuestra gata, *Tilly*, y el autor material del fraude fue la sabia madre gata que depositó a su bebé frente a la puerta de casa y se dio a la fuga. Nuestro labrador amarillo, *Tsali*, hacía un año que había muerto, pero nosotros no andábamos buscando otra mascota. Una tarde, al llegar a casa después del trabajo, Mary Jean me saludó con una sonrisa de oreja a oreja. En aquel momento oí un maullido plañidero procedente de nuestra sala de estar. Mary Jean había encontrado a un gatito bajo nuestro porche. La pobre gatita abandonada tenía todos los componentes de los liberadores de instintos maternales. Con aquellos enormes ojos y su suave pelaje, era irresistible. El trato estaba cerrado.

La idea de que los lazos que se establecen entre seres humanos y animales tienen su causa en un fallo de nuestros instintos paternales me parece atractiva. El problema es que no explica las enormes diferencias culturales que existen en la frecuencia y en las distintas formas que adopta el tener mascotas. Quizá otro tipo de evolución –la evolución cultural– nos ofrece una mejor perspectiva que la teoría darwiniana sobre el porqué tenemos animales.

TENER ANIMALES COMO VIRUS MENTAL

Tal vez el punto culminante de mi carrera fue en 1979, cuando iba sentado al lado de Richard Dawkins en un autocar lleno de etólogos que nos dirigíamos al acuario de Vancouver. Yo acababa de leer su libro *El gen egoísta* y su lectura me había impresionado. La importancia del libro se debía a un montón de razones, pero en concreto el capítulo once fue el que me dio mucho que pensar. Dawkins sostiene en este capítulo que el cambio evolutivo no necesita ni genes ni organismos. Lo único que necesita son replicantes, *gizmos* que pueden copiarse a sí mismos y poseer los atributos de longevidad, fecundidad y fidelidad de copia. En la evolución biológica, los *gizmos* son las escaleras espirales moleculares que denominamos genes y que nuestros cuerpos utilizan para reproducirse a sí mismos. El punto de vista de Dawkins es que la evolución cultural opera del mismo modo. Solo con la cultura, los *gizmos* son fragmentos de información que se transmiten por imitación y que utilizan nuestras mentes para reproducirse. El término *gizmo* no es que sea muy serio en términos científicos, de modo que Dawkins llamó a sus hipotéticas unidades de transmisión cultural *memes*, un término que acuñó porque rima con genes y recordaba la palabra griega para memoria.

Los memes están en todas partes.[128] Los hay triviales (llevar las gorras de béisbol con la parte delantera hacia atrás), los hay trágicos (una efímera moda en Japón en que personas desconocidas entre sí se suicidan en grupo encendiendo un brasero de carbón en una camioneta cerrada), los hay trascendentes (el arte). Los fragmentos de canciones de los que nuestra mente no puede librarse son memes. Lo son también las zapatillas deportivas de moda y las ideologías políticas. Nuestros antepasados propagaban los memes al imitar las acciones de los demás. Pero con el desarrollo del lenguaje simbólico los memes se convirtieron en un factor de mucha más envergadura en la evolución humana. Ahora, los memes se extienden por todo el globo a velocidad supersónica a través de la radio y la televisión y, por supuesto, de internet. La moda más nueva de la transmisión mimética son los mensajes de texto, un lenguaje que para mí es impenetrable, ¡qué horror!

El término "meme" es en sí mismo un meme de un éxito extraordinario. Acabo de escribir "meme" en Google y han aparecido 350 millones de entradas. La palabra se ha hecho un espacio en el *Diccionario Oxford*. Ayer por la noche, un comentarista de televisión describió una horrorosa campaña política como un meme. Pero mientras que los técnicos simplistas, los *hispsters* atrevidos y unos pocos filósofos han abrazado la idea de Dawkins, los antropólogos, que son los verdaderos expertos en evolución cultural, muestran una posición muy tibia. Para ellos, la definición de los memes es demasiado laxa y a diferencia de los genes, los memes no son unidades discretas. Argumentan que las culturas humanas continúan evolucionando sin necesidad del apoyo de replicantes imaginarios.

Personalmente, soy agnóstico en cuanto a la existencia de memes como entidades reales. Pero es indudable que las ideas y los comportamientos se contagian, y en mi opinión, los memes son una metáfora útil para reflexionar sobre el rol de la cultura en nuestra relación con las otras especies. Desde el punto de vista de los memes, tener mascotas es un virus mental que se propaga por imitación. La idea suena a exageración, pero las pruebas en las que se basa esta perversa hipótesis son sorprendentemente sólidas.

Primero, al transmitirse mediante el aprendizaje, los memes tienden a formar familias. Los padres católicos suelen tener hijos católicos y los padres circuncidados suelen tener hijos circuncidados. De igual modo las mascotas se agrupan en familias, los niños que crecen conviviendo con mascotas suelen tener mascotas en la edad adulta.[129] Es más, los niños que de pequeños han tenido gatos, suelen tener gatos de mayores, y los que han tenido perros, suelen tener perros.

En segundo lugar, y de acuerdo con la hipótesis de los memes sobre tener mascotas, las sociedades muestran una amplia variedad de actitudes respecto a los animales de compañía y al trato que les dan. Darryn Knobel de la Universidad de Edimburgo estudio las diferentes formas de tener un perro en la isla de Sri Lanka, cuya sociedad culturalmente diversa presenta una de las mayores densidades de perros del mundo. En Sri Lanka la religión determina si se tiene o no un perro como mascota. En su capital, Colombo, hay un perro en el 89 % de los hogares budistas, a diferencia de los hogares musulmanes, donde solo tiene perro un 4 %. El hecho de que un budista de Sri Lanka tenga veinte veces más probabilidades que un musulmán de tener un perro sugiere que el islam vacuna a sus creyentes contra la infección del amor por los cachorros, mientras que el budismo crea personas más sensibles.

Además, igual que otras formas del cambio cultural, los memes de mascotas pueden propagarse rápidamente. Durante siglos las mascotas de primera elección[130] en los hogares japoneses fueron los peces rojos y los pájaros de jaula. Pero tras la Segunda Guerra Mundial, cuando los japoneses empezaron a imitar diferentes aspectos de la cultura americana, los perros cobraron popularidad, y hoy en día en una cuarta parte de los hogares japoneses hay un perro. En China, el presidente Mao consideraba que tener mascotas era un defecto burgués y por esta razón se prohibieron las mascotas durante la Revolución Cultural. Cuando en 1990 se levantó la prohibición, los animales de compañía aumentaron casi con tanta rapidez como el número de franquicias de Kentucky Fried Chicken en Beijing. Actualmente, en el 10% de hogares urbanos chinos hay un perro, y la cantidad de dinero invertida por la población china todos los años en animales ascendió en una década de casi cero a mil millones de dólares.

El amor por las mascotas y el mito de la causalidad única

Muchos de los debates científicos se originan en la falsa creencia de que si una explicación de un fenómeno es correcta todas las demás tienen que ser erróneas. Personalmente, prefiero las explicaciones simples a las complejas, y me gusta pensar que existe una respuesta correcta a la pregunta "¿Por qué los seres humanos tienen animales?". Pero, ay, no es así.

Cuando los etólogos explican el comportamiento de los animales se refieren a dos tipos diferentes de cuestiones: inmediatas y últimas. La distinción vale también para entender las relaciones entre humanos y animales. Las cuestiones inmediatas focalizan el *cómo* del comportamiento: cómo opera y se desarrolla, sus mecanismos neurológicos y psicológicos subyacentes. La idea de que el amor por los animales se ve afectado por los niveles de oxitocina de nuestra corriente sanguínea es una explicación inmediata del hecho de tener animales. Lo mismo que la teoría según la cual la gente quiere a las mascotas porque hacen que sintamos que alguien nos necesita. En cambio, las explicaciones últimas focalizan el *porqué* del comportamiento: cuál es su función, cómo evoluciona y si ayudó, y cómo, a nuestros antepasados a sobrevivir y a transmitir sus genes a las generaciones siguientes. La idea de que tener animales domésticos es el resultado de un fallo de los instintos maternales es una explicación última.

Lo importante es que ambos tipos de explicaciones pueden ser correctos. A mí me gusta tener cerca a *Tilly* por muchas razones. Al principio la encontraba adorable porque sus ojos gigantes y sus rasgos infantiles estimulaban mis instintos paternales, los mismos que ayudaron a mis antepasados a transmitirme sus genes. Esta es una explicación última del hecho de tener animales. Pero además me divierto jugando con ella a cazar la lucecita de mi puntero luminoso, la casa no me parece tan vacía cuando Mary Jean está ausente y a veces su espíritu deportivo me hace perder el aliento (es capaz de subirse a lo alto de un cornejo en tres segundos). *Tilly* ha logrado penetrar en mi corazón. Esas son explicaciones inmediatas de mi amor por ella.

Las diferentes perspectivas sobre el porqué los humanos tienen mascotas también reflejan los sesgos de las distintas disciplinas académicas. Los psicólogos clínicos creen que vivimos con animales porque hacen que nos sintamos queridos. Algunos biólogos dicen que tener animales es una forma de parasitismo de puesta. Y hay sociólogos para quienes las mascotas son un simple constructo social humano; por ello un cachorro puede ser un miembro más de una familia de Kansas, un paria en Kenia y un alimento en Corea. Lo fundamental es que nuestro amor por las mascotas, la relación más estrecha que existe entre humanos y animales, es compleja y tiene múltiples capas. Nuestras mascotas hacen que sintamos que alguien nos necesita y pueden ser un apoyo psicológico cuando las cosas se nos ponen difíciles. Pero también pueden ser constructos y parásitos sociales.

Tilly, no te preocupes. Yo te quiero, aunque socialmente seas un constructo parásito. Al fin y al cabo, padezco el virus mental que nos dice que nos llevemos a perros y gatos a nuestros hogares y que pensemos en ellos como en nuestros hijos.

Querida *Tillie*, ¿te apetece otra golosina?

4. AMIGOS, ENEMIGOS E IMAGEN PERSONAL

La relación entre seres humanos y perros

> *Me encanta jugar con perros. Con la edad, muchas personas pierden la capacidad de divertirse y disfrutar del momento. Tengo setenta y ocho años y los perros me recuerdan cómo vivir en el presente y disfrutarlo. Sus sonrisas, sus meneos de cola y sus besos lo dicen todo.*[131]
> Dr. Ruby R. Benjamin, psicoterapeuta

> *Si los perros hablasen, perdería toda la gracia tener uno.*[132]
> Bon Dylan, cantautor

–No te acerques tanto a la cerca. Te va a morder el culo.

Me alejé de la cerca.

El "mordedor" era *Maverick*, un animal cuya herencia genética tenía un 98 % de lobo y un 2 % de perro.[133] Quien hablaba era Nancy Brown, propietaria de Full Moon Farm, un santuario de perros lobos (Nancy nunca les llama "lobos") de poco más de medio kilómetro cuadrado, cerca de Black Mountain, en Carolina del Norte. Algunos de estos animales fueron rescatados de hogares donde recibían malos tratos, otros se los llevaron a Nancy guardas de fauna o funcionarios encargados del control de animales. Uno de los perros lobo en concreto llegó al santuario con una pareja de Maryland. Cuando el cachorro de perro lobo dejó de alimentarse con biberón y creció, una noche hizo destrozos en la finca vecina por valor de 10.000 dólares.

El santuario de Full Moon está situado en el kilómetro quince de la autopista 9, una cinta negra de dos carriles que atraviesa un valle que a mí me recuerda las Blue Ridge Mountains de hace treinta años, antes de que las comunidades que vivían allí aisladas empezaran a crecer. Hay que pasar frente a la Clear Branch Babptist Church, seguir hacia Rock Creek y llegar hasta un granero en ruinas y el edificio de los bomberos. A continuación, hay que tomar el desvío a la izquierda, ignorar la señal de camino sin salida, seguir unos tres kilómetros más y girar a la derecha por un camino de tierra que apenas se ve desde la carretera. Sabemos que estamos en el lugar correcto cuando vemos el rótulo en el que se lee: «El objetivo de esta propiedad privada es que nuestros animales se sientan bien y a salvo. Si no le gusta, por favor, váyase».

Cuando estoy a menos de trescientos metros del santuario, los animales oyen el ruido de mi coche y empiezan a ladrar –inquietante, como en una antigua película del Oeste–. Pero los ladridos se mezclan con unos *arf, arf*, un sonido que no sería extraño si viniera de los cobradores dorados pero que sorprende en lobos cautivos en Montana o en el norte de Italia. Cuando quito el contacto del motor, me asalta un coro discordante: setenta animales, nerviosos, cada uno de ellos aullando «¡Un desconocido!» en una mezcolanza de dialectos que reflejan las distintas fases en el sinuoso camino evolutivo que lleva a los cánidos desde el estado salvaje hasta el domesticado.

Aparece Nancy, con una taza de café en la mano, y ella misma se presenta. Los animales siguen todavía aullando sin parar. Ella los distingue por sus voces. Nuestra conversación se ve salpicada por interrupciones.

–¿Los estás oyendo? Están discutiendo. Ese es *Aries*. Hola, *Guinevere*. ¡Cállate ya, *Autumn*!

Algunos de los perros lobo se sientan y prestan atención cuando Nancy les grita. Pero la mayoría siguen ladrando a buen ritmo. Se sienten nerviosos al ver a un extraño y están tensos como la quinta cuerda de un banjo. No es que sean agresivos, solo muestran diferentes niveles de paranoia.

A primer golpe de vista, me parecen todos lobos al cien por cien. Sus pelajes discurren entre el puro blanco y el pardo con manchas negras y grises, y la intensidad de esos colores atrae la atención. Pero Nancy me muestra algunas de las sutiles diferencias entre los animales de bajo y alto contenido de perro o de lobo, y empiezo a distinguirlos. Aquellos cuya herencia genética tiende más hacia perro muestran una cara más ancha, orejas más gruesas, patas más robustas. Ladran más. Unos ojos azules son signo de que la sangre perruna corre por sus venas. Los que son lobos "puros en un 98 %" tienen la mirada desapacible de James Dean, que los fans de los perros lobo adoran.

Dice Nancy que los que tienen un alto contenido de lobo no suelen ser buenos animales de compañía y que resulta más fácil la convivencia con los de bajo contenido. Si se consigue un buen cachorro de bajo contenido y se adiestra, es posible que se le pueda poner correa, sacarlo a pasear y jugar con él. Con suerte, no se pasará el día buscando un agujero en la cerca o intentando matar al gato del vecino. En otras palabras, puede que el perro lobo resulte una buena mascota.

Pero Nancy se pronuncia en contra de estereotipar a sus cachorros. Incluso uno de los animales de alto contenido de lobo puede llegar a ser una buena mascota con el amo adecuado. Y expresa ese punto de vista entrando en el recinto que comparten *Maverick* (98 % lobo) y su compañero *Mikey*. En un abrir y cerrar de ojos, los enormes animales parecen cachorros saltando alrededor de Nancy, jugando con ella, abrazándola con sus patas. La química entre los tres es mágica. Pero incluso con estos, sus favoritos, Nancy impone reglas. Nunca les permite adoptar una posición por encima de su cabeza y jamás juega con ellos forcejeando. Le pregunto cuántos de sus animales podrán ser rehabilitados para vivir en una familia. Ella mira hacia arriba, piensa un momento identificándolos mentalmente, y dice:

–Cuatro. No es que sea mucho entre seis docenas.

El estatus legal de los perros lobo no está nada claro. En Carolina del Norte está permitido poseer un perro lobo, pero hay estados en los que está completamente prohibido. En Pensilvania están clasificados como fauna salvaje y hace falta un permiso especial para tener uno. Sandra Piovesan de Salem, Pensilvania, consideraba a sus nueve perros lobo como mascotas más que como animales salvajes exóticos, de modo que los registró como perros y los trataba como a sus hijos. Unas semanas más tarde de que Sandra comentara a uno de sus vecinos que sus perros lobo le profesaban un "amor total", encontraron el cuerpo de la mujer en el recinto de los animales destrozado por sus mascotas.

No es un hecho aislado. Entre 1982 y 2008, en Norteamérica murieron diecinueve personas a causa de los ataques de perros lobo, en comparación con las nueve que murieron atacadas por pastores alemanes. Pero hay muchos más pastores alemanes que perros lobo. Merrit Clifton, editor de *Animal People*, una revista independiente que trata sobre temas animales, dice que un perro lobo tiene sesenta veces más probabilidades que un pastor alemán de mutilar o matar a un niño. Los amantes de los perros lobo no se lo creen. Según ellos, se malinterpreta a los perros lobo y no se merecen la fama que tienen.

Al volver a casa desde Full Moon me sentía animado. Eran unos animales magníficos y admiraba el compromiso de Nancy para con ellos. Aquellos animales hubieran sido sacrificados si no hubiera sido por ella. Sin embargo, sus vidas valían tanto como las de los seres cuya herencia genética es una amalgama de predadores y mascotas. Pero su peligrosidad también me influía. Me sentía como un periodista que ha pasado el día entre un grupo de motoristas ilegales.

Algo nervioso, aquella noche salí a dar un paseo y me encontré con mi amiga Jeanette y su perra, *Bindi*, una dulce mestiza que había recogido de una perrera. *Bindi* me miró con interés y me agaché para rascarle detrás de las orejas. De repente me sentí relajado. Era difícil creer que la diferencia entre *Bindi* y aquellos fantasmas grises y nerviosos con los que había pasado el día consistiera únicamente en algunos pares de bases de ADN.

El extraño mundo de los perros de concurso

La mejor manera de observar la aparente e infinita variedad de formas que los seres humanos han esculpido a partir de los genes de lobo es pasar un par de días paseando por una feria canina de todas las razas organizada por el American Kennel Club. Todos los veranos el Asheville Kennel Club organiza uno de estos acontecimientos donde se congregan unos 1.500 perros, propietarios y adiestradores profesionales de todo el país. Algunos se desplazan allí en avión, pero la mayoría acuden en sus Winnebagos y autocaravanas. El gran aparcamiento del Western North Carolina Agricultural Center se llena rápidamente de sillas de jardín, barbacoas de gas y jaulas portátiles. Los vendedores pregonan sus artículos para perros (los trozos de carne que suelen utilizar los adiestradores para estimular a los perros en la pista de exhibición; huesos mastodónticos para los grandes daneses y los san bernardos; equipos de aseo variados, lociones y champús; suplementos dietéticos; lazos y adornos para la cabeza de los perros pequeños; calcetines con siluetas perrunas para los propietarios de los canes.

Deambulan por la pista principal jueces, ayudantes, propietarios y observadores, que charlan entre un acontecimiento y el siguiente, mientras los propietarios cepillan, cortan pelo y ponen en su sitio un mechón desviado de un perro de lanas, o limpian de babas la cara de un newfie. La actitud de los acompañantes de los perros es de perfecta normalidad: hombres y mujeres se igualan en número, y, en cuanto a las edades, van de jubilados hasta niños que se preparan para el concurso de los más jóvenes, el Junior Showmanship. Lo que más sorprende es el silencio que reina en la pista. Hay más de mil perros, cada uno de los cuales espera su turno para aparecer bajo los focos, pero no veo ni una sola caca y, salvo un par de chillones chihuahuas, casi no se oyen ladridos. Son perros profesionales.

Paseo por detrás de las pistas, tomo fotografías y charlo con la gente sobre sus perros. Como la mayoría de las personas que tienen animales y que he conocido a lo largo de los años, sus ojos se iluminan cuando hablan de sus perros. Es como preguntar a los padres por sus hijos. Conversar con las personas que tienen perros es fácil y te contagian su entusiasmo.

Pero en este tipo de acontecimientos siempre encuentras cosas bastante curiosas. Veo a una mujer muy bien vestida, adiestradora profesional, sentada junto al gran danés pardo que dentro de poco exhibirá en la pista número cuatro. Sobre la mesa que la mujer tiene delante se amontonan las golosinas (esos caramelos en forma de ositos que les gustan a los niños). La mujer se lleva a la boca un puñado de osos y empieza a masticarlos. Cuando el caramelo se ha convertido en una masa blanda y viscosa, se saca de la boca la amorfa bola de azúcar, escupe, y sin darle más importancia la introduce en las fauces del enorme can. ¿Está rico?

Aquella misma tarde, le comento el episodio de las golosinas a otra adiestradora, una mujer alta y rubia de Nueva Orleans que se prepara para exhibir a su encantador chin japonés blanco y negro. «Sí, ya sé –me dice–. Los adiestradores profesionales solemos hacerlo. Nos ayuda a que el perro nos conozca. Yo utilizo pollo.» Y me señala un pedazo de carne de pollo hervida que lleva embutida en un brazalete. Mientras conduce a *Fred*, su perro, hacia la pista, se mete el trozo entero de pollo en la boca y se le hincha la mejilla. Cuando el juez se acerca al perro, la chica se saca el trozo de pollo de la boca, lo pone cerca del hocico de *Fred* y se lo vuelve a meter en la boca. *Fred* se anima.

Ese día la suerte me sonríe. Conozco a Barb Beisel, una mujer que acicala a un pequeño habanés. Barb, que se dedica a la cría y adiestramiento de perros y es una profesional de gran reputación, acepta tomarme bajo sus alas protectoras durante los dos días siguientes. Me presenta a los jueces y a un par de adiestradores líderes en su profesión: Jimmy Moses, que lleva décadas exhibiendo a pastores alemanes de alta calidad, y Chris Manelopoulos, cuyo mundo gira alrededor de un típico perro de lanas blanco llamado *Remy*. (Al cabo de siete meses los veo en la televisión nacional exhibiendo a sus respectivos perros en la pista de Westminster. *Remy* estaba clasificado entre el grupo de los no deportistas, pero para sorpresa de todos su derrota se convirtió en portada de los periódicos nacionales al perder frente al energético *Uno*, el primer beagle ganador del concurso Best in Show.)

Incluso en la muestra canina relativamente pequeña de

Asheville, casi todos los adiestradores son profesionales. Contratar los servicios de un adiestrador para exhibir a un perro cuesta a su propietario entre 50 y 100 dólares cada vez que lo saca a la pista. A menos que el propietario sepa lo que se lleva entre manos, contratar a un profesional es dinero bien gastado. Barb me explica que ni siquiera los mejores perros tienen muchas probabilidades de ganar si no desfilan profesionalmente ante los jueces.

Barb trabajaba en seguros antes de dedicarse por completo a los concursos de perros. Tiene el pelo plateado y le brillan los ojos, recuerda un poco al hada madrina de la Cenicienta. Pero cuando acompaña a un perro desfilando por la pista, se concentra totalmente en su trabajo. En cada actuación hay mucho en juego. Los grandes inversores de la elite internacional del reino canino contratan a Barb para dar el último toque a sus "sabuesos". Cuando Barb tiene un nuevo cliente, es decir, un perro que considera que tiene madera de estrella, primero le enseña a mostrar su potencial en la pista (a estar alerta, a seguir su mano cuando mueve frente a su hocico un trozo de carne, a ser paciente con los jueces que toman medidas de su cruz y revisan sus encías). Después recorre todo el país con los perros con la finalidad de conseguir la cantidad de puntos necesaria para recibir el título de campeón. Barb no para y se desplaza continuamente a diferentes concursos caninos en su autocaravana, acompañada de una docena de terriers de primera categoría, su ayudante Marie y un hurón ya entrado en años.

Barb adora a los perros, pero no a todas las razas por igual. Su debilidad son los perros pequeñajos, graciosos y vivarachos de ladridos agudos y pelo rizado. Mientras me desvelaba los secretos que encierra peinar a un yorkie que no llegaba a tres kilos, pasó ante nosotros un adiestrador acompañado de un mastín del tamaño de un poni, cuyos testículos eran casi tan grandes como la cabeza del yorkie que peinaba Barb. Esta echó una mirada al baboso gigante y me susurró: «La verdad es que no entiendo cómo puede gustarle a alguien una criatura como esta». Me imagino que el propietario del mastín debió de pensar lo mismo del perrito faldero cuyo brillante pelaje cepillaba Barb por enésima vez aquella tarde.

El camino desde el lobo hasta el lebrel

¿Cómo puede ser que seres salvajes con un aspecto exactamente igual que la banda de bandidos lobunos de Nancy Brown se transformen en animales tan distintos como el gigantesco mastín o el travieso yorkie? ¿Cómo se explica que los descendientes de los lobos grises se convirtieran en los mamíferos con mayor diversidad de la tierra? El mastín puede alcanzar los noventa kilos de peso mientras que un menudo yorkie puede inclinar el fiel de la balanza hasta menos de un kilo. Esta diferencia de tamaño es proporcionalmente superior a la que existe entre un elefante africano adulto y yo. Las biólogas moleculares Heidi Parker y Elaine Ostrander del Instituto Nacional de Salud[134] consideran que la domesticación de los perros es el experimento más amplio y complejo de la historia de la humanidad. Aunque resulte increíble este milagro morfológico se produjo en un abrir y cerrar de ojos evolutivo.

Charles Darwin pensaba que el perro moderno era una mezcla de coyote, lobo y chacal. Estaba equivocado. Si algo sabemos con toda seguridad sobre la evolución canina, es que el antepasado del perro que convive con nosotros, ya sea un pequinés o un rotweiler, era el lobo gris. Es lógico pensar que el lobo fuera el primer animal domesticado. Como nosotros, son sociables, activos durante el día y capaces de distinguir quién da las órdenes. Entablar relaciones con aquellos seres de aspecto extraño, sin pelo y que andaban erguidos sobre dos patas fue una buena estrategia para los *Canus lupus familiaris*. Se calcula que hoy pueblan nuestro mundo unos cuatrocientos millones de perros, comparado con un par de cientos de lobos grises. Pero ¿cuándo, dónde y por qué nuestros antepasados invitaron a aquellos predadores a introducirse en su vida?[135]

Primero veamos el cuándo. La respuesta no se remonta muy lejos en el tiempo. Todos los propietarios de perro que conozco tienen en casa un montón de fotos de su mascota. Si nuestros antepasados de la Edad de Piedra hubieran prestado la misma atención a los perros que nosotros, probablemente los hubieran pintado. Pero no fue así. En el arte rupestre del Paleolítico[136] abundan sorprendentes imágenes de renos, búfalos, caballos, mamuts, íbices, rinocerontes, osos, leones, ciervos y hasta de algunos peces y pájaros. Pero el bestiario de la primera época de la Edad de Piedra no incluye seres parecidos al perro. Para saber cómo llegaron a compartir su suerte perros y seres humanos, tenemos que recurrir a los huesos y a los genes.

Hace 500.000 años que los miembros del género *Homo* conviven con lobos, pero no existen pruebas de que los lobos y los primeros humanos mantuvieran relaciones en términos amistosos. No hace mucho que se han hallado fósiles que demuestran la relación entre hombres y perros con aspecto de lobo. La domesticación cambia a las especies.[137] Primero, estas empequeñecen. Según Juliet Clutton-Brock del Museo de Historia Natural de Londres, se trata de una adaptación a la malnutrición durante el embarazo, como resultado de la selección para camadas más numerosas de crías más pequeñas. Los primeros perros tenían mandíbulas más pequeñas y mayor número de dientes, caras más anchas y hocicos más cortos que los lobos. Como la mayoría de animales domesticados, también tenían una masa cerebral más pequeña que sus progenitores. En resumen, en su origen los perros parecían cachorros de lobos.

Los fósiles sugieren[138] que el perro domesticado apareció hace 14.000-17.000 años. La primera prueba convincente de un vínculo entre humanos y perros es un esqueleto de una mujer anciana encontrado en el norte de Israel que parece como si hubiera sido cuidadosamente enterrada abrazando a un cachorro. En las culturas de finales de la Edad de Piedra de Europa y Asia los perros no tardaron en convertirse en unos elementos accesorios. Hace unos 10.000 años los perros irrumpieron en el Nuevo Mundo, acompañando a los humanos que atravesaron el puente de tierra que unía Siberia con América del Norte. Los perros solo tardaron 4.000 años en realizar el largo viaje que separa Alaska de Patagonia.

Las herramientas de trabajo del arqueólogo son palas, palillos dentales y botas de montaña cubiertas de polvo, pero los biólogos moleculares que tratan de desvelar los misterios de la evolución canina visten equipos de laboratorio y se pasan el día escuchando el zumbido de los secuenciadores de ADN. Las materias primas de su investigación no son fragmentos fosilizados de mandíbulas y dientes, sino frágiles líneas de material genético, ADN mitocondrial que se ha transmitido de madres a hijos a lo largo de miles de generaciones. El ADN mitocondrial es distinto del ADN nuclear, que da las instrucciones genéticas que transmitimos a nuestros hijos cuando el esperma se encuentra con el óvulo. El ADN mitocondrial flota en el viscoso citoplasma de las células y gracias a él el material orgánico se convierte en energía. Para los biólogos evolutivos, lo más importante es que todo el ADN mitocondrial proviene de la madre. A diferencia del ADN regular, que se mezcla al azar durante la práctica sexual, las líneas ancestrales del ADN mitocondrial permanecen invariables de generación en generación, excepto por las mutaciones ocasionales.

Los genetistas utilizan el índice de cambio mutacional en el ADN mitocondrial a modo de reloj molecular, que indica cuándo, dónde y de dónde han surgido las especies. En 1997,[139] se publicó un artículo en la revista *Science* que revolucionó el mundo de los interesados en temas como cuándo el lobo dio el gran salto hasta el perro. Un equipo de investigadores dirigido por Robert Wayne de la Universidad de California de Los Ángeles analizó el ADN mitocondrial de sesenta y siete razas de perros así como el ADN de lobos, coyotes y chacales. Basándose en su interpretación del reloj molecular, el equipo llegó a la conclusión de que los perros emergieron de los lobos grises hace 100.000-135.000 años, lo cual es diez veces antes que la cronología fósil de la separación del perro lobo. Es una tremenda contradicción. ¿Qué es lo que pasa? La precisión de un reloj molecular, lo mismo que la alarma de un reloj, depende de la hora a la que lo pongas, y los investigadores de la UCLA puede que fueran demasiado generosos al ajustar el suyo. Actualmente, la mayor parte de biólogos cree que los perros empezaron a diferenciarse de los lobos hace 15.000-40.000 años, una fecha que encaja mejor con la historia que narran los huesos.

¿LOS PRIMEROS PERROS ERAN MASCOTAS O RECICLADORES?

Los antrozoólogos no se ponen de acuerdo sobre cómo los humanos y los perros empezaron a compartir su suerte. Una de las teorías populares es la siguiente: una tarde Pedro Picapiedra, cazador de la Edad de Piedra, se tropezó con una guarida de lobos mientras buscaba alimentos para la cena y se llevó a uno de los cachorros a su cueva para guisarlo. Pero en el momento en que Pedro se disponía a poner a Lobito sobre las brasas del fuego, su esposa, Wilma, miró profundamente a los ojos de aquel adorable cachorro y se encendieron sus instintos maternales. Arrebató al cachorrillo de las manos de Pedro y lo abrazó entre sus brazos como si fuera su propio hijo, a lo mejor hasta lo amamantó. La feroz naturaleza del lobo no tardó en ser domada, según palabras de Bill Monroe, «gracias al amor de una buena madre». *Voilà*, Lobito se convirtió en el primer animal de compañía domesticado y pronto tuvo a sus propios cachorros, que, con el tiempo, llegaron a parecerse y a actuar como *Rin Tin Tin*.

Ray Coppinger,[140] biólogo y corredor de trineos tirados por perros, es profesor en el Hampshire College y muestra su escepticismo ante esta idea, que menosprecia en tanto que la considera una "hipótesis de Pinocho". Coppinger piensa que hay tantas probabilidades de convertir verdaderos lobos en perros como de que la madrina de Pinocho mueva su varita mágica delante del muñeco de madera y este se convierta en un niño de carne y huesos. El problema que plantea la teoría de la transformación de lobos en cachorros de perro, dice Coppinger, es que los verdaderos lobos son fundamentalmente indomables. Esta es la razón por la que no les vemos en las actuaciones circenses. Coppinger admite que puedan aprender algunos trucos y que algunos lleguen a acostumbrarse a andar atados a una correa, pero para él eso está muy lejos de ser una verdadera domesticación. Otros investigadores han descubierto que, incluso en el caso de lobos criados junto al hombre,[141] estos animales no se apegan a sus cuidadores como lo hacen los perros. Es mucho más probable que gruñan y muerdan literalmente la mano que los alimenta.

Pero si los humanos no domesticaron a los lobos, ¿cómo

llegaron estos a convertirse en nuestros amigos? Según Coppinger se domesticaron a sí mismos. Sitúa la aparición del perro en el momento en que las personas empezaron a abandonar la vida nómada y se instalaron en pueblos permanentes. Estos asentamientos generaron montones de residuos, potenciales minas de oro para carroñeros oportunistas. Los lobos que se ponían menos nerviosos estando cerca de los seres humanos debieron de ser recolectores de basura más eficientes, lo mismo que los perros salvajes de hoy en día que merodean junto a las montañas de basura en los suburbios de Lagos, México o Estambul. Es probable que aquellos animales se alimentaran mejor que sus recelosos competidores, y que por lo tanto tuvieran más descendencia –cachorros que al compartir los genes de sus padres no temían tanto a las personas–. A lo largo de sucesivas generaciones, esos animales amansados debieron de tener más acceso a la comida y al final se adaptaron a vivir cerca de los humanos. Este proceso de autodomesticación debió de constituir la fase de cría selectiva inconsciente en cuanto a los rasgos funcionales como ladrar ante los extraños y cazar otros animales.

La caza de lagartos con perros

Puede que Coppinger tenga razón. En una ocasión quizás fui testimonio de cómo los humanos debieron de utilizar a los primeros perros para cazar pequeñas presas. Mi compañera de universidad Bev Dugan vivió varios años en la selva de Panamá investigando las estrategias sexuales de las iguanas verdes. Bev tenía un problema: todas las iguanas parecen más o menos una versión reptil de Keith Richard y se pasan la mayor parte del tiempo encaramadas a las copas de los árboles. Para conseguir buenos resultados en su proyecto, era necesario capturarlas y marcarlas para distinguirlas unas de otras. Pero ¿cómo se caza a unos seres que viven en los pisos más altos de la selva tropical?

Aquí entran en escena los perros.

Otro investigador presentó a Bev a dos hombres del lugar, Pifo y César, diestros en el arte de cazar lagartos grandes. Cuando les visité donde tenía lugar la investigación, me invitaron a seguirles en una de sus salidas. El perro de Pifo era un mestizo pardo, de tamaño mediano, pelo corto, cola rizada y orejas atentas (el clásico perfil de los perros salvajes que se han criado en libertad). Ray Coppinger les llama "razas naturales". Suelen parecerse a los dingos australianos y se los ve correr en estado salvaje desde Tanzania e Israel hasta la costa de Carolina del Sur. El perro de Pifo era un amigo además de un compañero de caza. Pifo hablaba a su perro, le mimaba y le daba los restos de comida de la mesa.

La caza de una iguana comienza cuando se localiza a uno de estos animales encaramado a una rama tomando el sol. El acrobático César se sube al tronco de un árbol y cautelosamente intenta alcanzar la rama. El perro, en tensión, mira fijamente al lagarto. César zarandea violentamente la rama hasta que la iguana se suelta y cae desplomada entre la maleza desde casi dos metros de altura. En un abrir y cerrar de ojos, el perro se lanza tras ella. No habría manera humana de cazar a un lagarto, pero, gracias al perro de Pifo, es coser y cantar.

César y Bev corren tras el perro. Yo hago lo que puedo para seguirlos. El perro enseguida acorrala al lagarto. El truco de Bev es reducir a la iguana antes de que el perro le cause daños o que la iguana le haga lo propio al perro. Las iguanas pueden llegar a medir más de un metro y medio. Pueden hacernos daño en los brazos con sus zarpas y propinarnos un buen coletazo. Hay que evitar sus mordeduras. Bev suele resultar vencedora en esos partidos de mujer contra lagarto. Cuando tiene a la iguana bajo control, la pesa, revisa su estado reproductivo, la marca y la suelta.

Es una caza eficiente. Con la ayuda del perro, pueden cazar a veinte o treinta lagartos al día. Cuando Pifo y César no cazaban iguanas para Bev, usaban a su perro para cazar lagartos como alimento. Una vez que han cazado a la iguana, la inmovilizan tirando fuertemente de uno de los tendones de sus patas delanteras que después utilizan para amarrarles las patas detrás de la espalda. A continuación, matan al lagarto introduciéndole un pincho largo y afilado directamente en el cerebro que penetra en la columna vertebral.

Coppinger opina que los lobos de pura sangre son demasiado salvajes para este tipo de colaboración entre humano y animal. Después de haber visto a los perros lobo de Nancy, me inclino a pensar como él. Pero lo que corrobora de un modo más convincente la teoría de Coppinger sobre la domesticación de los perros es el resultado de un extraordinario experimento con zorros.[142]

De animales salvajes a animales domesticados: cómo conseguir que los zorros sean unos animales amistosos

En una discusión científica a mediados de los años cincuenta, un genetista llamado Dmitri Belyaev[143] tenía todas las de perder hasta que le echaron de su puesto en el Laboratorio Central de Investigación de Cría de Animales de Peletería de Moscú. Belyaev terminó como director de unos servicios de investigación sobre animales en Siberia, donde, en 1959, empezó un importante experimento con zorros plateados que duró cuarenta años e implicó a 45.000 animales. Este experimento cambió la forma de pensar de los científicos sobre la domesticación.

Belyaev emprendió la cría selectiva de zorros para acostumbrarlos a estar cerca de las personas, con lo cual pretendía crear una raza de zorros en cautividad con los que fuera más fácil trabajar. En el criadero de animales de peletería, sometió a pruebas a zorros kit para estudiar sus reacciones ante las personas y después cruzó a los machos y a las hembras más dóciles. Al principio, había muy pocos zorros que respondieran al estricto criterio de su concepto de simpatía hacia los humanos. En la décima generación, el 20% de los zorros era dócil, y tras cuarenta generaciones, lo era el 80%. Los zorros criados selectivamente lamían la cara de las personas; los de la línea no seleccionada de animales las destrozaban.

Así pues, los zorros seleccionados para ser domesticados llegaron a ser dóciles. Estupendo. Y ahora viene lo más importante: uno de los resultados no intencionados de la selección para domesticarlos fue que tanto en su aspecto como en su actitud los zorros empezaron a parecerse a los perros. A lo largo de las sucesivas generaciones, sus orejas fueron perdiendo la rigidez y sus colas cada vez eran más curvadas. Su pelaje empezó a mostrar tonos pardos (probablemente el color que tenía el de los primeros canes), y algunos de ellos desarrollaron las manchas blancas que a veces presentan las caras de los perros. Las caras de los zorros cada vez eran más cortas y anchas y más lindas. Era evidente que aquellos animales mostraban comportamientos impropios de los zorros. Meneaban la cola cuando la gente los saludaba. También cambió su psicología.[144] En comparación con los zorros normales, el nivel de su hormona del cortisol era más bajo y sus neuronas producían más antidepresivos naturales cerebrales. Sin duda ganaron en dulzura.

¿Por qué rasgos tan dispares como el color del pelaje, el

aspecto de la cola y la forma de la cabeza se transformaban junto a una personalidad más dulce? No lo sabemos, pero el comportamiento y el color están conectados genéticamente en un gran abanico de especies, desde las serpientes de jarretera de flancos rojos hasta las ratas. No está claro si los cambios producidos en los zorros domesticados de Belyaev fueron debidos a un reducido número de genes vinculados, o incluso a un solo gen.

¿LOS PERROS PUEDEN LEER NUESTRA MENTE?

Cuando oigo a Dog Watson, el gran guitarrista de Deep Gap, Carolina del Norte, arrancar de su guitarra las notas exactas de una melodía tradicional durante su solo, siento un escalofrío en el hombro izquierdo que me trepa por el cuello y me pone la piel de gallina. Los hawaianos hablan de *chicken-skin music*.*[145] Como científico, leo muchos artículos en revistas de investigación. La mayoría me aburren bastante, pero de vez en cuando hay alguno que me pone la carne de gallina. Esto fue lo que ocurrió en 2002, cuando uno de mis colegas me dio a leer un manuscrito sin publicar que su antiguo compañero de habitación, Mike Tomasello, psicólogo del desarrollo, le había enviado. El documento, que no tardó en aparecer en la revista *Science*, comparaba la capacidad de los lobos, los chimpancés y los perros[146] para entender los gestos humanos. El director de la investigación era un estudiante universitario de veintiséis años llamado Brian Hare.

Para comprender la importancia del estudio hay que saber algo sobre los chimpancés. Son nuestros parientes más cer-

---

* Título de un álbum de Ry Cooder cuya traducción sería «Música para poner la piel de gallina». (*N. de la T.*)

canos, más astutos y más inteligentes.[147] Pero como otros primates no humanos los chimpancés son un desastre cuando tienen que seguir indicaciones humanas para encontrar comida. Ni siquiera los chimpancés criados entre personas son capaces de utilizar las miradas y las indicaciones con los dedos para localizar comida. Puesto que a los chimpancés, cuyo cerebro es de gran tamaño, no se les da nada bien esta tarea, sería lógico pensar que los lobos, cuyo cerebro es mucho más pequeño que el de los monos, también fracasarían en la prueba del dedo. Y estaríamos en lo cierto. Por supuesto también podríamos pensar que los perros domésticos son aún más tontos que los lobos, ya que su cerebro es un 25 % más pequeño.[148] Falso. Hare, que actualmente dirige el Centro de Cognición Canina de la Universidad de Duke, utilizó un simple experimento de elección para demostrar que los perros comprenden de un modo espontáneo los signos humanos. Hare escondía comida debajo de uno de dos cuencos. Un ayudante de investigación tocaba, señalaba y miraba el cuenco bajo el cual estaba la comida. Tal como preveían, los lobos y los chimpancés hacían caso omiso de los signos. Escogían al azar uno de los dos cuencos y acertaban en el 50 % de los casos. Los perros hacían mucho mejor papel. Cuando se les proporcionaban las tres pistas, acertaban en su elección el 85 % de las veces.

¿La mejor actuación de los perros se debe a algo inherente o adquirido? Hare cree que la evolución ha conferido a los perros una habilidad especial para interpretar los signos humanos. Sin embargo, el origen de las diferencias entre perros y lobos se ha convertido recientemente en objeto de un polémico debate.[149] Clive Wayne, investigador canino de la Universidad de Florida, cree que Hare está equivocado. Wayne atribuye las diferencias a la socialización. Probablemente, la verdad se halle en algún punto entre lo uno y lo otro. Un equipo de investigación húngaro dirigido por Adam Miklósi ha descubierto que se puede entrenar a cachorros de lobo[150] para que atiendan a los signos humanos, pero a los lobos adultos les cuesta diez veces más tiempo conseguir un nivel de éxito parecido y requieren mucha más socialización.

Cada vez hay más científicos que focalizan sus investigaciones en la mente canina, y por todas partes aparecen centros de investigación dedicados a estudiar el comportamiento de los perros. La remarcable capacidad de los perros domésticos para entender las intenciones humanas y sus ganas de participar en experimentos los convierte en unos excelentes individuos con los que llevar a cabo estudios sobre la evolución y el desarrollo de la comunicación y el comportamiento social. Como dice Paul Bloom, de la Universidad de Yale, los perros se han convertido en los nuevos chimpancés dentro de la etología cognitiva.

Ejemplos inesperados de la capacidad cerebral canina[151] aparecen todos los meses en revistas como *Science*, *Animal Behaviour*, *The Journal of Comparative Psychology* y *Animal Cognition*. Un border collie llamado *Rico* que fue sometido a pruebas por investigadores alemanes conocía el significado de más de trescientas palabras y era capaz de aprender el nombre de un nuevo objeto en una sola prueba. Científicos brasileños enseñaron a una perra a utilizar un teclado de modo que esta podía indicar si quería jugar o comer, que la acariciaran o salir a dar un paseo. Investigadores de la Universidad de Viena descubrieron que los perros podían distinguir cuándo sus amos miraban la televisión o les miraban a ellos (y los canes desobedecían más cuando sus amos estaban ensimismados con la tele). Y esto no es todo, los perros imitan. Por ejemplo, cuando sus amos bostezan, ellos tienden a bostezar. Y cuando sus amos intentan resolver un problema, los perros imitan el comportamiento de aquellos cuyas acciones obtienen un buen resultado y no el de aquellos otros cuyas acciones fracasan.

¿Qué haría la perra *Lassie*?

Estudios como los mencionados demuestran que los perros tienen capacidades sorprendentes. Pero, a veces, ¿no esperamos demasiado de un animal cuyo cerebro pesa poco más de medio kilo? Durante siglos los humanos hemos utilizado la inteligencia de los perros para obtener resultados positivos: observemos a un border collie reuniendo a un rebaño de ovejas o a un perro cazador en plena tarea. Además de cazar y cuidar rebaños, hoy tenemos perros que olfatean bombas, drogas y cáncer de vejiga. Localizan a niños extraviados y cadáveres en descomposición,[152] avisan a sus propietarios sordos cuando la alarma de humos suena y guían a las personas ciegas por las calles de la ciudad, incluso "desobedeciendo con inteligencia" órdenes que pondrían en peligro a sus amos. Muchas personas van todavía más lejos y creen que sus perros poseen cualidades casi místicas. La mitad de los propietarios de perros creen que sus mascotas tienen una forma de percepción extrasensorial[153] que les permite saber con antelación cuándo ellos están a punto de volver a casa después de una ausencia.

A los humanos nos encanta pensar que un buen perro sabe reconocer cuándo estamos en un apuro y que nos va a ayudar a salir de él. Cuando yo era pequeño, *Lassie* respondía a lo que yo creía que debía ser un perro. Era divertido jugar con *Bosco*, el perro que teníamos en casa, pero *Lassie* te salvaba de un puma, iba a buscar a papá si te caías en un pozo y ladraba cuando el granero se incendiaba. (Muchas personas todavía ven las cosas así. Sólo hay que escribir en Google "un perro salva a su propietario".)

Bill Roberts, psicólogo de la Universidad de Western Ontario, se quedó impresionado por las noticias de relatos de perros que salvaban a personas. Bill sabía que los psicólogos sociales investigan en qué circunstancias los humanos acudimos en ayuda de personas desconocidas que simulan un accidente. Bill pensó que experimentos de este tipo podían ayudar a conocer la habilidad de los perros para buscar ayuda intencionadamente cuando sus amos se hallan en una situación difícil. Casualmente, una de sus alumnas, Krista Macpherson, se dedicaba a la cría y adiestramiento de perros. Tenía acceso a muchos perros y propietarios, y ella y Bill encontraron una manera de someter a prueba lo que yo llamo la hipótesis de "*Lassie* consigue ayuda".[154]

Pidieron a los propietarios de los perros que pasearan a sus mascotas por un campo en donde un observador permanecía sentado tranquilamente en una silla leyendo un libro. (El observador formaba parte del equipo de investigación.) Cuando la pareja formada por el perro y su propietario estaba a unos diez metros del observador, el propietario se oprimía fuertemente el pecho, se caía al suelo y se quedaba echado e inmóvil. Ante esta situación, no hay duda de que *Lassie* notaría que su amo estaba en apuros, ladraría un par de veces y se dirigiría hacia el observador para morderle la manga. En tal caso, los perros reales –por ejemplo, mi beagle *Bosco*–, ¿haría algo para ayudar?

No. Ni uno solo de los animales que participaban en el experimento hizo el más mínimo esfuerzo para pedir ayuda para el infortunado propietario. Tampoco intentaron buscar ayuda cuando Bill repitió el experimento en un simulacro realizado en el laboratorio en el que unas estanterías falsas se manipularon para que se cayeran y dejaran inmovilizados a los propietarios en el suelo. Ni siquiera los collies del estudio de Bill pasaron la prueba de *"Lassie* consigue ayuda".

No obstante algunas razas están más preparadas que otras para entender y responder las instrucciones humanas. Por ejemplo, el equipo de Adam Miklósi[155] de Budapest descubrió que a las razas criadas selectivamente para colaborar con personas, como los perros pastores y los cobradores, se les daba mejor interpretar signos de la mano de una persona para localizar comida que a los perros que se habían criado para realizar trabajos sin humanos. No es muy sorprendente. Lo que sí sorprende es que las razas de hocico corto y cara ancha, como bulldogs, bóxers y pugs, entienden mejor los signos humanos que las razas de hocicos largos como dóbermans, perros salchicha y galgos. Los investigadores sospechan que este curioso hallazgo se debe a una diferencia en la posición de los ojos y en la forma de la cabeza. Los ojos de las razas con caras alargadas están situados más lateralmente en la cabeza. Aunque esta localización de los ojos permite una mejor visión periférica, disminuye la capacidad de concentración.

Investigadores del Centro para la Interacción de los Animales y la Sociedad[156] de la Universidad de Pensilvania han estudiado las diferencias entre razas caninas basándose en el comportamiento de los perros desde distintas perspectivas. Para ello desarrollaron una encuesta dirigida a los propietarios en formato web para estudiar aspectos como la disposición para obedecer órdenes. Miles de propietarios de perros contestaron el *Cuestionario sobre asesoramiento e investigación del comportamiento canino* (C-BARQ en sus siglas en inglés) cuyos resultados aportan una gran cantidad de datos sobre las diferencias de comportamiento de las distintas razas caninas. (Si tiene usted un perro y desea participar en la investigación del C-BARQ, visite la siguiente página web: www.vet.upenn.edu/cbarq.)

El interés de los investigadores se centraba especialmente en la disposición de los perros para hacer lo que su amo quería que hiciese: acudir a su llamada, buscar cosas, aprender trucos y prestar atención. Los investigadores analizaron la puntuación de la capacitación de C-BARQ en mil quinientos perros representantes de once razas.[157] Vieron que hay algunos tipos de perros fáciles de adiestrar, mientras que otros no son políticamente inteligentes. Los labradores eran la raza más adiestrable y la basset hound la que menos. Un 70 % de los labradores era muy adiestrable, en comparación con solo un 5 % de los basset hound. Y mientras que ningún labrador quedó clasificado en las categorías más torpes, sí lo hizo la mitad de los basset hounds.

También hay grandes diferencias en la frecuencia con la que diferentes razas de perros causan daño a las personas. Al ser "los mejores amigos de los animales", es fácil olvidar que a los perros solo les separa un paso del animal que mata para comer. Todos los años[158] se producen en América medio millón de casos de personas que sufren la mordedura de un perro, y entre estos, más de ochocientos mil requieren atención médica. Muchas veces son niños a los que un perro ha mordido en la cara. Aproximadamente, un 70 % de los ataques graves se atribuyen solo a dos razas: pitbulls y rotweilers. Por otro lado, los chihuahuas y los perros salchicha son responsables de la mitad del 1 % de las heridas causadas por perros. Los pitbulls y los rotweilers llevan la mala semilla, mientras que los chihuahuas y los perros salchicha son buenos por naturaleza, ¿no?

Los investigadores de la Universidad de Pensilvania utilizaron el cuestionario C-BARQ para evaluar la tendencia de cuatro mil perros pertenecientes a treinta y tres razas a morder a personas desconocidas, a enfrentarse a sus amos y a pelearse con otros perros.[159] La sorpresa fue que los pitbulls y los rotweilers no resultaron ser las razas más proclives a atacar a personas, fueron los chihuahuas y los perros salchicha. Los pitbulls y los rotweilers quedaron clasificados en la mitad de la lista. Eran tan agresivos como los caniches.

¿DEBEN PROHIBIRSE LAS RAZAS O LAS ACCIONES?

Las diferencias entre razas en cuanto a ataques graves a personas plantean una de las cuestiones más polémicas en nuestra relación con los perros: ¿debería ser ilegal la tenencia de perros pertenecientes a ciertas razas con una peligrosidad inherente? En otros tiempos los pitbulls se consideraban un modelo de valentía y fidelidad,[160] una excelente mascota familiar. En la serie de cortometrajes de *La pandilla*, el protagonista principal era un pitbull llamado *Petey*. Durante la Primera Guerra Mundial, los pitbulls figuraban en los carteles de propaganda de reclutamiento militar. Pero en enero de 2009, el Ejército de Estados Unidos, después de seis graves ataques de perros guardianes de bases militares, establecieron una reglamentación en la que se prohibían los pitbulls y otras "razas agresivas o potencialmente agresivas" en las bases militares.

En Denver se han prohibido completamente los pitbulls. En Ohio todos los pitbulls se consideran "animales feroces", incluso los que nunca han mostrado ningún signo de agresividad. De acuerdo con la ley estatal de Ohio, los pitbulls deben permanecer encerrados en jaulas, atados a una correa, y sus propietarios deben contratar una póliza de seguro a terceros de 100.000 dólares. En la ciudad de Cincinnati se ha ilegalizado la raza absolutamente porque muchos propietarios de pitbulls desconocían esta ley.

Sin embargo, existen otras comunidades que, como reacción ante la presión ejercida por los defensores del bienestar de los animales y por los amantes de los pitbulls, están revocando las leyes que discriminan a determinadas razas. El mantra de los que defienden a los pitbulls dice así: «Prohibid las acciones, ¡no las razas!». Esta batalla alcanzó su punto culminante en Seattle cuando un grupo de ciudadanos que habían sufrido conflictos con pitbulls se dirigió al ayuntamiento para pedir que promulgara una legislación que restringiera la tenencia de razas peligrosas. El 8 de septiembre de 2008, el *Seattle Post-Intelligencer* publicaba un artículo sobre las iniciativas de los propietarios de pitbulls para impedir que se ilegalizara a sus mascotas. Pero llegó tarde. Mientras los lectores del *Post-Intelligencer* se tomaban su taza de café y leían el artículo sobre lo adorables que son los pitbulls, una mujer vietnamita de setenta y un años llamada Houng Le y residente en Sea Tac, un barrio de Seattle, sufrió un grave ataque de dos pitbulls. Su vecina agarró una horca e intentó separar a los perros de la señora Le, pero sus esfuerzos fueron en vano y solo un par de ayudantes del *sheriff* consiguieron detener el ataque de los perros disparándoles.[161] Al cabo de diez horas, los cirujanos pudieron adherir las orejas de Houng Le, pero no lograron recomponer su brazo derecho. Según dijeron los vecinos, los perros se portaban bien y no se mostraban agresivos. Uno de los vecinos comentó: «Eran juguetones y siempre venían a lamerme».

En Estados Unidos, la prohibición de "razas agresivas", especialmente de pitbulls, se ha convertido en uno de los debates más candentes y divisivos en lo que a animales se refiere. Los defensores de los pitbulls están completamente entregados a esta raza. Según ellos, estos perros no se merecen la etiqueta de raza ilegal, la mayoría no muerde a nadie y la legislación sobre razas específicas es una versión canina de discriminación racial.[162] Quieren rebautizar a los pitbulls y darles una nueva denominación: "perro de América". Los detractores de los pitbulls son igualmente vehementes. Dicen que entre 1982 y 2008 los pitbulls fueron responsables de setecientas amputaciones y de ciento veintinueve muertes de personas en Estados Unidos y Canadá. (En cambio, durante el mismo período, los perros labradores, el perro más popular de América, se llevaron el brazo de veinticuatro personas y mataron a tres.) Los antrozoólogos también están divididos en partidarios de una y otra raza.[163] La mayoría de los investigadores que conozco se oponen a las leyes que impiden que la gente escoja un perro porque la raza sea intrínsecamente peligrosa. No todos están de acuerdo. Por ejemplo, Alan Beck, pionero en antrozoología y director del Centro del Vínculo Humano-Animal de la Universidad de Purdue, apoya la prohibición de razas. Cree que los pitbulls son armas cargadas. Y la antrozoóloga británica Sarah Knight quiere ver extinguida esta raza canina.

La misma división de opiniones existe entre las organizaciones protectoras de animales. Una serie de organizaciones como la Asociación Americana de Médicos Veterinarios, la Sociedad Americana para la Prevención de la Crueldad contra Animales, la Sociedad Nacional Protectora de Animales y la Asociación Estadounidense Protectora de Animales presionan conjuntamente contra la legislación que prohíbe razas específicas. Podríamos pensar que PETA, organización más radical, pondría toda su musculatura moral y su influencia política al servicio de los perros. Pero no es así. PETA quiere que esta raza canina desaparezcan.[164] Argumenta que la prohibición de los pitbulls lo que hace es reducir el sufrimiento, pero no la discriminación racial. PETA dice que los pitbulls son las víctimas de la mayor parte de los malos tratos que los americanos infligen a los perros. Las peleas de perros organizadas solo son una parte del problema. PETA asegura que los pitbulls están mucho más expuestos que otras razas a que sus amos les peguen, a que les dejen sin comer y a que no les cuiden. Existen varios estudios en los que se relaciona la tenencia de pitbulls con comportamientos antisociales. Uno de estos estudios, realizado en Ohio, demostró que los propietarios de perros de alto riesgo,[165] casi todos pitbulls, tenían siete veces más probabilidades de ser acusados de actos delictivos violentos y ocho veces más probabilidades de ser acusados de infracciones por drogas que los propietarios de perros de bajo riesgo. Para finalizar, en Estados Unidos todos los años se sacrifican novecientos mil pitbulls abandonados y que no son adoptables.

Pero recordemos que el estudio mencionado, el C-BARQ, demostró que los pitbulls y los rotweilers no son más agresivos que la media. Solo un 7 % de los propietarios de pitbulls dijo que su mascota había intentado morder a un desconocido, en comparación con el 20 % de los propietarios de perros salchicha. Entonces, ¿por qué esas razas son responsables de dos tercios de los ataques graves de perros? Reconozco que me enfrentaría antes a un chihuahua enfadado que a un rotweiler o a un pitbull que se encaprichara de mi comida. Aunque los chihuahuas sean más agresivos, es más fácil que termines en el hospital por un ataque de rotweiler o de pitbull, ya que estos perros son más grandes y fuertes y pueden causar más daño.

Una de las razones que explican el aumento de los ataques de pitbulls y rotweilers a personas es que estas razas de golpe se pusieron de moda. En 1979 la mayor parte de la gente jamás había oído hablar de un rotweiler. Esta raza ocupaba el puesto cuarenta y uno en las listas de popularidad de los Estados Unidos, y el American Kennel Club (AKC) solo registraba tres mil cachorros al año. En cambio, los pastores alemanes eran una de las razas más populares de América y se registraban cada año sesenta mil cachorros. Pero a mediados de los años ochenta, mientras que los registros de pastores alemanes se mantuvieron en la misma cifra, los de rotweilers experimentaron un gran aumento. Entre 1979 y 1993,[166] los registros de rotweilers superaron los cien mil al año. Se convirtieron en la segunda raza más popular de los Estados Unidos y en los hogares americanos vivía casi un millón de rotweilers registrados.

El crecimiento en la demanda de rotweilers se cobró un precio. Entre 1979 y 1990 los rotweilers mataron a seis personas en comparación con las trece víctimas que causaron pastores alemanes. Sin embargo, las atroces estadísticas revirtieron bruscamente. Durante los ocho años siguientes, los pastores alemanes mataron a cuatro personas mientras que los rotweilers mataron a treinta y tres. El aumento de muertes fue en parte atribuible al aumento de su número. Aunque el temperamento de una raza no varíe, más perros significan más ataques.

En 1993 los rotweilers superaron temporalmente a los pitbulls como perros más peligrosos de América. Sin embargo, esta raza no tardó en resultar víctima de su propia popularidad. La oleada de ataques dio lugar a una publicidad negativa, y las compañías aseguradoras empezaron a cancelar las pólizas de los propietarios de rotweilers. En la década siguiente, los registros de rotweilers se estancaron, y descendieron de cien mil cachorros a menos de veinte mil. Con un amo adecuado, los rotweilers, igual que los pitbulls, pueden ser unas mascotas excelentes. Pero muchas personas que optaron por un cachorro de rotweiler, empujados por su popularidad, no estaban preparadas para cuando su animal de peluche se convirtiera en *Cujo*.

Un montón de caniches: ¿por qué de repente una raza canina gana popularidad?

El rápido aumento y descenso de popularidad de algunas razas caninas plantea la pregunta de qué es lo que provoca el cambio en las culturas humanas. Fijémonos en los Crocs, esos zuecos feos y blandos de plástico. ¿Los Crocs se pusieron de moda porque eran, en algún sentido, mejores que otros zapatos: más baratos, más cómodos, mejores para la espalda? ¿O fue solo una moda que se propagó en la cultura americana como una epidemia?

Nos podemos hacer la misma pregunta sobre la repentina popularidad de razas como los rotweilers. Al fin y al cabo, son perros caros de alimentar, nacen por cesárea y tienen tendencia a sufrir displasia, diabetes, cataratas y la enfermedad de Addison. Pero la moda de los rotweilers no ha sido la de mayores proporciones en la historia canina de América. Ese honor corresponde a los caniches. Entre 1946 y 2007, se registraron en el AKC cinco millones y medio de cachorros caniches, dos millones más de los que ocupaban la segunda posición, los perros labradores. Los caniches alcanzaron su máxima popularidad en 1969, cuando casi un tercio de los nuevos registros fue de caniches y el AKC contrató a personal a jornada completa para tramitar todo el papeleo originado por los caniches. El ascenso experimentado por esta raza fue rápido; los registros aumentaron un 12,000 % al año entre 1949 y 1969. La moda de los caniches no se limitó a los perros. Faldas con caniches, normalmente blancas o rosas estampadas con la silueta del caniche francés, se convirtieron en la prenda obligada para la generación que vestía *bobby sox*.* Hoy son artículos muy buscados en eBay.

---

* Calcetines hasta el tobillo que se pusieron de moda en los años cuarenta y cincuenta del pasado siglo. (*N. de la T.*)

Fijémonos ahora en el toy spaniel inglés. Mientras los caniches invadían la cultura americana de la posguerra como un desfile de ejércitos de hormigas, los registros del toy spaniel inglés descendieron de la insignificante cifra de ciento veintitrés en 1949 a la todavía inferior de cuarenta y cinco en 1969. Son perros pequeños y graciosos. Recuerdan a la dama de *La dama y el vagabundo*. Según la descripción oficial de la raza que hace el AKC, se trata de «un alegre e interesante perrito, cariñoso y dispuesto a obedecer». ¿Qué más puede pedirse?

La diferencia en la popularidad de esas dos razas caninas plantea un tema que trasciende los gustos en lo que a mascotas se refiere. ¿Por qué arraigan algunas comidas, canciones, colores, libros, religiones, estilos de serpientes –por mencionar algunos– mientras que otros quedan eclipsados?

Una posibilidad es que, lo mismo que una mutación genética que aumenta la capacidad reproductiva de un organismo, determinadas innovaciones culturales obtienen resultados excelentes porque son mejores que sus competidores en algún aspecto. Se me ocurren las latas de cerveza o los iPod. Pero el entusiasmo pasajero por los aros en la nariz y los hornillos para *fondues* se parecen más a variaciones no funcionales sobre un tema. ¿Los caniches dominaron el nicho canino en los hogares americanos porque eran más graciosos, o más obedientes, o porque era más fácil enamorarse de ellos que de las razas más impopulares? ¿O quizá solo fueron famosos porque sí?

Empecé a interesarme por este tema cuando me pidieron que escribiera un artículo sobre la psicología evolutiva de la relación entre personas y animales[167] y decidí introducir un debate sobre la evolución cultural. Hojeaba páginas de internet en busca de ejemplos de cambios repentinos en las actitudes hacia los animales cuando tropecé con el web del American Kennel Club, que ofrece la lista del número de registros de cachorros de cada raza[168] durante los últimos tres años. Al revisar las columnas de cifras, observé que el número de cachorros dálmatas había disminuido velozmente. Llamé a una amiga mía adiestradora que forma parte del equipo directivo del AKC y le pedí si podía proporcionarme las cifras relativas al registro de dálmatas correspondientes a un período más largo. Unas semanas después, llegó a mi oficina un gran sobre procedente de las dependencias del AKC en Manhattan. Aquello era un filón: sesenta años de estadísticas de registros de todas las razas del AKC. Cuarenta y ocho millones de perros.

Esa era la buena noticia. La mala es que entonces tenía que interpretar aquel enorme conjunto de datos de la historia de la psicología. Sin saber qué otra cosa podía hacer, empecé a dibujar gráficos del crecimiento de cada una de las razas. Descubrí que desde el final de la Segunda Guerra Mundial, en América solo ha habido cuatro razas de lo que se considera los perros más populares. Por orden son los cocker spaniels, los beagles, los caniches y los cocker spaniels (sí, otra vez), y los cobradores labradores. Todas estas razas caninas han recorrido diferentes caminos para conquistar los corazones de los propietarios de mascotas americanos. En el caso de los caniches, su velocidad hacia la popularidad fue meteórica, mientras que los labradores recorrieron un camino lento y regular para llegar a ser número uno, y su popularidad fue aumentando en una proporción de un 10 % al año durante cuatro décadas. Los gráficos correspondientes a los cockers spaniels y a los beagles presentan más curvas.

Los gráficos también revelaron que la mayor parte de las razas caninas nunca ha conseguido introducirse en nuestra vida. ¿Cuántos amigos tenemos que sean propietarios de un otterhound, una raza que llegó a su máximo esplendor en

1993 con setenta cachorros, o de un harrier, cuyo registro ha oscilado entre seis y cuarenta ejemplares desde 1934? No tardé en obsesionarme por descifrar el variable paisaje canino americano. Por la noche soñaba con curvas demográficas. De día dedicaba demasiado tiempo a ojear gráficos de crecimiento de las distintas razas, y aburría a mis amigos hablando de perros, pensaba en extrañas razas caninas de nombres extravagantes como keeshonds, schipperkes y puliks.

La verdad es que no llegaba a ninguna parte.

EN QUÉ SE PARECEN LAS RAZAS CANINAS A LOS NOMBRES DE NIÑOS

El golpe de suerte llegó una tarde cuando di con un artículo en la revista *Biology Letters* escrito por dos investigadores de los que nunca había oído hablar. Uno de ellos era licenciado en biología por la Universidad de Duke y se llamaba Matt Hahn, el otro era Alex Bentley, estudiante de postgrado de antropología en la Escuela Universitaria de Londres. Su artículo trataba sobre los nombres que ponemos a nuestros bebés.[169]

Matt y Alex se dedicaban a distintas disciplinas, pero su objeto de estudio común era cómo el puro azar afecta al cambio evolutivo: en el caso de Alex, cómo cambian las culturas, y en el de Matt, cómo evolucionan los genes. Su hipótesis era que muchos de los cambios que se producen en la cultura humana –desde los dibujos en la cerámica del Neolítico hasta el éxito de la música *country*– pueden atribuirse al hecho de que los humanos son unos imitadores natos. Los nombres de los niños constituían una forma perfecta de demostrar su idea, ya que la administración de la Seguridad Social ha actualizado su web sobre la frecuencia de los mil nombres de pila más comunes en Estados Unidos[170] para todas las décadas del siglo XX.

Matt y Alex se descargaron los nombres de pila de miles de niños y se pusieron manos a la obra. Mediante programas informáticos utilizados para estudiar los cambios en la frecuencia de los genes, descubrieron que los continuos cambios en nuestros nombres favoritos se entienden a partir de una teoría desarrollada para explicar uno de los mecanismos del cambio evolutivo, la deriva genética. La idea básica es tremendamente simple: las modas cambian porque las personas, de un modo inconsciente, nos imitamos unas a otras. A veces alguien se inventa un nuevo nombre de pila o crea una nueva raza de perros. Que el nombre o la raza lleguen a cobrar popularidad es sobre todo una cuestión de ocasión aleatoria. En cuestión de gustos, a menudo seguimos al rebaño.

Confieso que fui incapaz de comprender las operaciones matemáticas que Matt y Alex utilizaron para demostrar que los nombres de pila de los niños adquirirían popularidad por puro azar, pero entendí lo esencial de su argumentación. Se me ocurrió que los cambios en las modas caninas podían ser otro camino para demostrar sus ideas. Escribí un correo electrónico a los autores y les adjunté un par de mis gráficos sobre perros. Po si acaso, añadí: «Por cierto, mis datos se basan en cuarenta y ocho millones de cachorros. ¿Les interesan?».

Su respuesta fue inmediata y entusiasta. «¡Sí! Mándenos el archivo». Su análisis descubrió que igual que ocurre con los nombres de pila de niños, las razas caninas suelen hacerse populares por el puro azar del dado cósmico. Nuestras preferencias pasajeras por diferentes razas de perros siguen un tipo de distribución estadística a la que los matemáticos denominan *leyes de potencias*. En las sociedades humanas, estas leyes operan cuando grandes cantidades de personas ejercen una influencia mutua. Los gráficos de leyes de potencia son elegantes como pueda serlo una estatua de Brancusi. La línea desciende desde el extremo superior izquierdo y decrece gradualmente hacia la derecha. Malcolm Gladwell, el escritor de *The New Yorker* que hizo carrera al poner de relieve las implicaciones que tienen para el mundo real los misteriosos hallazgos de la ciencia behaviorista, compara los gráficos de las leyes de potencia[171] con un palo de hockey sobre el suelo, con la pala hacia arriba.

El mensaje que nos transmite la ley de potencias es que, hablemos de lo que hablemos, de libros más vendidos, de citaciones en documentos científicos, de descargas musicales, de páginas web más visitadas, de nombres de pila de niños o de razas caninas, aproximadamente un 20 % de las opciones disponibles atraerá un 80 % de la atención, un fenómeno al que los economistas llaman la regla de 80 a 20. Tras las dos primeras elecciones, la popularidad cae en picado, para acercarse goteando hacia cero. Por esta razón en el mundo de los negocios, las leyes de potencia han dado en llamarse "la larga estela".[172]

En los perros funciona como sigue. En 2007, el 81 % de los registros caninos correspondía a las treinta y una razas más populares, lo cual dejaba a las ciento veinticinco restantes[173] peleándose por las migajas de la popularidad. Las cincuenta últimas razas juntas resultaban atractivas solo a un 1 % del total de nuevos registros caninos. Los cobradores labradores, la raza más popular, generó nueve mil veces más registros de cachorros que el foxhound inglés, la raza a la cola de la popularidad. Esto es la inevitabilidad de la larga estela. Según la hipótesis de la deriva aleatoria, las modas cambian constantemente porque de vez en cuando aparecen innovaciones. Por ejemplo, alguien inventa unos horrorosos zapatos de plástico a los que bautiza como "Crocs", o alguien crea una nueva raza de perros cruzando un schnauzer miniatura con un yorkie (nombre oficial: snorkie). La mayoría de las ideas fracasan, pero de vez en cuando alguna cuaja. Una de las implicaciones de este punto de vista sobre el cambio cultural, el azar de los dados, es que, a todos los efectos prácticos, es imposible predecir con precisión el siguiente gran acontecimiento que va a producirse (ya sea un estilo de zapatos, el nombre de los niños, una canción de éxito o una raza de perros).

Nuestro análisis de los registros del AKC reveló que nuestros gustos caninos reflejan la misma psicología de masas que nos lleva a considerar que los aros en la nariz son sexis. Lo que sostengo, por supuesto, es que el entusiasmo temporal por una u otra raza se propaga a través de un virus mental que, como los virus biológicos, a veces experimentan un brote epidémico. Las epidemias, ya sean porcinas o de un nuevo baile, pasan por tres fases. La primera es lenta, de crecimiento regular. Cuando alcanza su punto álgido, se propaga como el fuego hasta que finalmente llega a la tercera e inevitable fase: la del agotamiento.

Los perros siguen el mismo modelo. En los años cincuenta del pasado siglo el registro de setters irlandeses oscilaba entre dos mil y tres mil al año. En 1962, alcanzaron el punto máximo[174] y esta raza se volvió "viral". Los registros ascendieron y el número de setters llegó a sesenta mil en 1974, un incremento del 2.300 %. Luego, tal como había subido, su popularidad cayó en picado. A finales de la fase de agotamiento, los registros de setters irlandeses representaban solo el 5 % de lo que fueron en el pico de su popularidad. El gráfico de su ascenso y declive es perfectamente simétrico y, desde el principio hasta el final, sus quince minutos de fama duraron exactamente veinticinco años. Otras doce razas, entre ellas los dóbermans, los antiguos perros pastores ingleses y los san bernardos, siguen el mismo modelo.

Ascenso y declive de los perros con pedigrí

Las fiebres de popularidad de las razas mencionadas ilustran la influencia que los caprichos culturales pueden ejercer sobre nuestra relación con los animales. Actualmente, parece ser que los americanos sufren una fase aguda de otra moda canina: el deseo de poseer un perro de pura raza.

La transformación de los perros americanos, que pasaron de ser amigos y compañeros de trabajo a ser una manifestación de las modas, empezó un caluroso día de septiembre de 1884 cuando un grupo de deportistas se reunió en Filadelfia para crear lo que iba a ser el American Kennel Club (AKC). Copiaban la iniciativa de los británicos, que, una década antes, habían fundado la primera residencia canina para todo tipo de razas, el bien llamado Kennel Club.* El AKC no tardó en crear un registro que al principio incluyó a mil cuatrocientos perros con pedigrí representantes de ocho razas. En Estados Unidos, lo mismo que en Inglaterra, el aumento del entusiasmo por los perros de pura raza fue espectacular. Los concursos caninos empezaron como un pasatiempo para los terratenientes acomodados, pero en la segunda mitad del siglo XIX, la afición por los perros atrajo el interés de la clase media. Fue un típico caso de filtraje de una moda desde la clase rica a la clase que pretendía serlo.[175]

Entre 1900 y 1939 los registros anuales en el AKC pasaron de cinco mil a ochenta mil. El gran furor por los perros de pura raza llegó después de la Segunda Guerra Mundial: la proporción de perros americanos de pura raza saltó de un 5% a un 50%, y los registros crecieron a un ritmo quince veces superior que la población humana de Estados Unidos.

---

* Caseta para gatos y perros; también residencia canina. (*N. de la T.*)

Sigo la pista de la explosión de perros de pura raza hasta la Ley sobre los Veteranos de Guerra de 1944 (la *G.I. Bill*), que permitió que millones de americanos se compraran casas en los barrios periféricos con jardines ideales para tener perros. Mi familia fue un caso típico. Mi padre, piloto de bombardero, regresó a casa tras la guerra en 1945. Mis padres, gracias a un préstamo concedido por la Administración de Veteranos de Guerra a un interés muy bajo, compraron una casa con jardín y también un perro para que jugáramos mi hermana y yo. Ambos estábamos orgullosos de que *Bosco* tuviera "papeles" del AKC. La verdad es que ningún miembro de nuestra familia sabía a ciencia cierta lo que significaba el registro del AKC, pero sonaba bien. Nuestro cachorro era un aristócrata.

Hacia 1970, el AKC tramitaba un millón de nuevos registros todos los años y se convirtió en el mayor registro del mundo de perros de pura raza. Los años ochenta y noventa fueron una época de esplendor para la organización. En 1990, la mitad de los perros que cumplía los requisitos en Estados Unidos se registró en el AKC. En 2007, el AKC, una organización sin ánimo de lucro, ingresó 72 millones de dólares, cuya mitad procedía de las cuotas de registro de cachorros.

Pero el tiempo amenazaba tormenta. Polémico desde hacía ya tiempo, el AKC sufrió un duro golpe en 1990 con la publicación de una crítica devastadora[176] en el *Atlantic Monthly*. Su autor, Mark Derr, describía el AKC como una organización elitista y hermética enfocada miopemente a los beneficios derivados de la cría desenfrenada de perros solo por su buena apariencia. En 1993, el número de registros empezó a decaer en una espiral que cada vez más se acercaba al fin.

Durante los últimos quince años, los registros del AKC han disminuido en un 50 % a partir del pico que alcanzó a mediados de los noventa con un millón y medio de nuevos registros anuales. En 2008 se informó a la junta directiva de que, si la tendencia actual continuaba, los registros pronto disminuirían hasta doscientos cincuenta mil y el AKC debería enfrentarse a un déficit de 40 millones de dólares. El presidente de la organización, Ron Menaker, no se anduvo con rodeos en su informe: «No cometamos una equivocación, el propio futuro del AKC y el deporte tal como lo conocemos está en peligro». Advertía a los delegados de que si la hemorragia en los registros no se detenía, el AKC iba a engrosar las filas de las grandes corporaciones extinguidas como Westinghouse, Pan American Airlines y Standard Oil Company.

El AKC es víctima del cambio en las actitudes culturales en lo que respecta a la deseabilidad de pureza genética canina. Una exposición canina del AKC es una curiosa mezcla de eugenesia y filosofía en que los criadores persiguen un esquivo ideal platónico. Para los aficionados a las muestras caninas, su actividad es en último término mejorar la raza, para acercarla cada vez más a la perfección. En el mundo de las exposiciones caninas, la perfección está definida en un código escrito: el estándar de la raza. Según el estándar del AKC, un yorkie con una mancha blanca de cinco centímetros está descalificado. Entre las múltiples reglas, mi favorita dicta que un spaniel clumber tiene una "expresión meditabunda".

Aunque los estándares de las razas preconizan el carácter de los perros, la realidad es que dan más importancia al color del cerco de los ojos y a la forma de la cabeza que a las características que harían de ellos unos buenos compañeros de convivencia. Le pregunté a uno de los adiestradores de la exposición de Asheville cuánto me costaría comprar un silki terrier de exposición. Me dijo que entre 2.000 y 3.000 dólares, pero luego añadió que me podía poner en contacto con un criador que me vendería un buen silky "mascota" por unos 800 dólares. En el mundo de las exposiciones caninas, un perro "mascota" significa un "perdedor".

Pero una buena mascota es exactamente lo que la mayoría de la gente busca en un perro. En otras palabras, los animales que los criadores intentan conseguir son diferentes de los animales que la mayoría de la gente desea. Y, en su afán por crear el perro perfecto, los criadores profesionales han creado un animal cuya elegante belleza es literalmente tan superficial como su piel: un perro fantástico hasta que le quitas el velo. Esta es la paradoja de las exposiciones caninas.

A Mary Jean y a mí nos encantan los perros grandes, de buen talante, los perros en los que puedes confiar, los perros a los que les gustan los niños. Por eso nos inclinamos por los labradores y los cobradores dorados. Hemos tenido tres, y los hemos querido a todos. Sin embargo, en cada uno de los casos, la carga hereditaria de su tribu venía envuelta en sus papeles de registro. Tanto *Molly* como *Tsali*, nuestros labradores, sufrieron displasia de cadera. En el caso de *Tsali*, tuvimos que sacrificarla cuando el levantarse por las mañanas se convirtió para ella en un ejercicio de control del dolor. *Dixie* heredó un juego completo de enfermedades típicas de los cobradores doradores: dermatitis, problemas de cadera, hipotiroidismo e insuficiencia cardíaca congestiva, esto último causa de su muerte. Las enfermedades hereditarias son la regla, no la excepción, en los perros de razas puras. Más de trescientos cincuenta trastornos acechan entre los diecinueve mil genes de los perros. Y muchos de ellos los comparten con las personas, razón por la cual los perros de pura raza se cuentan entre los animales favoritos para estudiar enfermedades humanas[177] como la narcolepsia, la epilepsia y el cáncer.

Los perros con pedigrí son especialmente propensos a padecer trastornos genéticos por varias razones. Algunos son una consecuencia de una selección intencionada para obtener una deformidad física. El mejor ejemplo es el bulldog. Para conservar la raza, los propietarios de bulldogs quisieron transformar un animal diseñado para ser atado al hocico de un toro indómito en un perro doméstico. Lo hicieron aplicando el criterio de selección de la docilidad y no el de atletismo o combatividad. Los bulldogs con cabezas monstruosas y caras aplastadas se pusieron de moda. Este parecido se consiguió mediante la selección de una malformación ósea llamada condrodistrofia. Esta distorsión de la cabeza y de la cara dio lugar a un sinnúmero de problemas, entre ellos la incapacidad para dar a luz cachorros a través del canal normal, respiración fatigosa, ronquidos y apnea. Una selección artificial parecida para conseguir rasgos estructurales exagerados fue la responsable de caderas problemáticas en los pastores alemanes (la consecuencia de querer conseguir patas traseras inclinadas) y lomos defectuosos en los perros salchicha.

Sin embargo, la mayoría de problemas en los perros con pedigrí son el resultado de una reproducción endogámica, no de la selección intencionada para obtener rarezas morfológicas. La mayoría de las aproximadamente cuatrocientas razas caninas existentes ha sido desarrollada en los últimos doscientos años a partir de pequeños patrimonios de sementales. Los veinte mil perros de agua portugueses registrados en el AKC tienen su origen en treinta y un animales[178], y el 90% de los genes de los perros de aguas proceden de solo diez perros. La endogamia a partir de un patrimonio génico limitado significa que un cachorro tiene más probabilidades de heredar alelos recesivos dañinos de ambos padres. Unos genes malos en una única línea ancestral pueden provocar muchos perjuicios en numerosos perros. Se conoce como efecto del semental puro. Los springer spaniels, por ejemplo, tienen la molesta costumbre de morder la mano de quien los alimenta. Investigadores de Cornell y de la Universidad de Pensilvania han relacionado la ocurrencia de agresiones en esta raza a un solo grupo de perros, y más concretamente a un único perro. (Los investigadores también vieron que las líneas de la raza de springer spaniels criadas para exposiciones tienen más tendencia a volverse contra sus amos que los springers criados para la caza.)

Cuando el 25 % de un producto es defectuoso, lo esperable es una protesta del consumidor. Desde que el auge en los registros de puras razas ha declinado, los perros mezclados, que hasta los años cincuenta fueron las mascotas más populares en América, han recuperado su prestigio cultural. En la década de 1980, los grupos a favor de la protección de los animales empezaron a fomentar la adopción de perros abandonados en centros de acogida caninos, independientemente de su pedigrí, como algo moralmente más recomendable que comprar un cachorro de pura raza. A finales de 2008, la familia del vicepresidente Joe Biden compró un pastor alemán de pura raza para llevárselo a Washington. Los titulares del blog de PETA decían así: «John Biden compra uno y matan a otro». De repente los Biden decidieron que realmente necesitaban un segundo perro, un perro rescatado.

¿Nos estamos quedando sin buenos perros?

Como ha ocurrido en otros cambios en nuestros gustos en lo que a perros se refiere, el deseo de ser propietario de un perro mezclado procedente de un centro de acogida ha tenido una consecuencia imprevista: al aumentar el número de personas que quieren adoptar un perro rescatado, ha caído –en picado– la cantidad de perros disponibles. En 1970, en los centros de acogida de animales de Estados Unidos se sacrificaron veintitrés millones de perros y gatos. En 2007 la cifra disminuyó hasta cuatro millones. Esta drástica reducción en el número de mascotas abandonadas es el resultado de la campaña más exitosa de la historia del actual movimiento para la protección de los animales: la cruzada por la esterilización y la castración.

Uno de los resultados de la fiebre para extraer las gónadas de todas las mascotas es que América puede quedarse sin perros. A Richard Avanzino, presidente de la Maddie Fund, una fundación de 300 millones de dólares que pretende eliminar la eutanasia en los centros de acogida de animales, le preocupa que de esta mala racha saquen provecho los criaderos de China y México. Otras voces de la comunidad de salvamento de los animales no están tan seguras de que haya escasez de perros. Según ellos tenemos muchos perros adoptables, solo que se encuentran en lugares del país que no son los adecuados.

Si atendemos a determinados cálculos, un 90 % de perros adoptables[179] en algunas partes del nordeste son expatriados procedentes del sur. En mi condado se exportan al norte doscientos perros de perrera todos los años y la Sociedad Protectora de Animales de Atlanta expide a seiscientos. La Rescue Waggin, que forma parte de PetSmart Charities, desplaza a unos diez mil perros al año desde zonas del país donde nadie los quiere a lugares donde los necesitan. La abundancia de perros no queridos en los estados del Sur refleja las diferencias regionales en la actitud ante la esterilización de las mascotas. Las campañas de esterilización y castración han tenido un éxito mucho mayor en la zona nordeste, el Medio Oeste y la Costa Este que en donde vivo yo. El índice de eutanasias de perros no queridos per cápita es cuarenta veces más alta en Carolina del Norte, por ejemplo, que en Connecticut. Nuestro grupo de salvamento de animales intentó presionar al ayuntamiento para que promulgara una ley de esterilización y castración de cumplimiento obligatorio. Misión imposible. A la gente del sur rural no les gusta que impongan restricciones a sus perros más de lo que les gustan la zonificación, el control de armas o las leyes que prohíben llevar niños pequeños por la ciudad en la parte trasera de las camionetas.

El trabajo diurno de mi amiga Jill es enseñar historia a universitarios de primer curso, pero su pasión es encontrar un hogar para los perros abandonados. A lo largo de los años ha salvado a dos mil perros de la aguja letal. Una vez al mes, juega a ser Dios. Es conmovedor. Jill recorre los pasillos de nuestros centros de acogida de perros con un brazo de goma. Si cree que algún perro tiene futuro, que pudiera ser que alguien se enamorara de él, somete al perro a una prueba de cribado estándar de comportamiento. Para esto sirve el brazo de goma. Jill coloca un cuenco con rica comida delante del hocico del animal. Entonces, cuando este empieza a comer, le retira de golpe el cuenco con el brazo de goma. Si el perro gruñe o ataca su mano, se puede dar por muerto.

La mayoría de perros no supera la prueba. Algunos muerden la mano. Otros no pueden ser adoptados porque son viejos o feos. Al estar de moda los perros pequeños, es más difícil colocar a los grandes, sobre todo a los negros. Jill evita también a los pitbulls. Ocurre demasiado a menudo que a estos los adoptan personas inadecuadas. Casi todos los animales que ella rechaza son sacrificados. A los perros que le parecen adoptables los vacunan contra la rabia y el parvovirus. Al cabo de dos semanas, se reunirán con un par de docenas más de perros en la parte trasera de una camioneta que recorre la I-95, tomando la vía clandestina que les llevará a los barrios periféricos de las ciudades del nordeste.

La solución no alcanza a todos los perros de Jill. El año pasado recibió una llamada de un centro de acogida para animales cerca de Greenwich, Connecticut, en que le comunicaban que no estaban satisfechos con uno de los perros que les había mandado, un pastor australiano mezclado. El can pasó la prueba del brazo de goma de Jill, pero se mostró francamente huraño cuando la camioneta hubo cruzado la Maxon-Dixon Line. El centro de acogida le ofreció un par de alternativas: o vuelves y te llevas al perro, o lo sacrificamos. Aquella noche Jill se metió en su coche, condujo catorce horas por la interestatal, recogió al perro, dio media vuelta y condujo catorce horas más hasta casa. El esfuerzo fue en vano. Los yanquis tenían razón; el perro era peligroso. Al cabo de un mes Jill tuvo que deshacerse de él.

La relación entre personas y perros es un cajón de sastre

La decisión que un puñado de lobos tomó hace veinte mil o treinta mil años de confiar el destino de su especie a los seres humanos ha sido un cajón de sastre. Con el tiempo, los descendientes de aquellos animales se abrieron paso hasta nuestros corazones y penetraron en el tejido social humano. Lo positivo fue una fuente regular de alimentación y una cálida chimenea junto a la que acurrucarse. Que aquellos bípedos benefactores de perros cocinaran un cachorro de vez en cuando parecía un precio muy bajo por la seguridad de hogar y afecto. Pero entonces llegaron el látigo, el collar, la pista de pelea, la escuela de adiestramiento, la perrera. Finalmente, llegó la ignominia de la esculturización genética, en la que los humanos transformaron la forma canina básica –un modelo de gracia y eficiencia– en formas, sombras y tamaños jamás encontrados en la naturaleza. Hemos alterado el genoma del perro hasta convertirlo en un desconcertante conjunto de animales con un aspecto magnífico, pero que, al final, son como los tomates de hoy en día, un triunfo de la estética sobre la sustancia. Actualmente, escogemos a nuestros animales de compañía atendiendo a la misma psicología fácil que utilizamos para escoger la última tendencia en la moda. La transición desde la función de amigo hasta la moda se ha completado.

Sin embargo, y al mismo tiempo, queremos a nuestros perros. Confiamos en ellos, les compramos regalos para Navidad, nos los llevamos de vacaciones, creamos páginas web para ellos y los tratamos como si fueran nuestros hijos. Duermen en nuestra cama. Lloramos cuando mueren. Las paradojas que se dan en la relación entre personas y perros son particularmente evidentes en las personas que más consagradas están a sus animales. Admiro la pasión de los aficionados a los perros de pura raza dedicados en cuerpo y alma a mejorar la raza. Su amor por los perros es intenso y real. Pero en su afán por crear al perro perfecto, han creado millones de animales cuya piel les escuece, cuyos cráneos son exageradamente grandes, cuyos corazones son demasiado pequeños y cuyas caderas siempre les duelen. Animales que sufren.

El afán de la vida de Nancy Brown es que su grupo de perros lobos sea lo más feliz posible. Pero la dura verdad es que esas criaturas son una mezcla incómoda de salvajismo y docilidad, destinadas a pasarse la vida dentro de una jaula y atadas a una cadena.

Jill sabe que en mi condado por cada perro para el que encuentre un hogar van a ser sacrificados dos. Soporta la carga moral que implica decidir cuáles van a vivir y cuáles morirán. Su compromiso con los perros que no importan a nadie más que a ella ha limitado su vida social y ha interferido en su carrera profesional. Jill parece estar triste la mayor parte de las veces. Acertó cuando me dijo: «Ante esto no puedes hacer casi nada».

Mi propia relación con los perros también es complicada.

He querido a todos los perros que han vivido con nosotros, incluso a una perra que parecía un benji, *Puppy*, que rescatamos hace seis años. Era la perra más lista que he conocido. Sin embargo, su inocente cara escondía una vena mala que empeoró al hacerse vieja. Aterrorizaba a nuestro labrador y al final todos y cada uno de los miembros de mi familia sufrimos su mordedura, varias veces. Consulté con los mejores especialistas en comportamiento animal del país sin ningún resultado. Una tarde, sin previo aviso, *Puppy* atacó a un amigo que estaba de visita en casa. Fue la gota que colmó el vaso. El doctor Shields, nuestro veterinario, me dijo que debía enfrentarme a la realidad. Había llegado la hora de sacrificarla.

Recuerdo aquel viaje hasta la consulta del veterinario como si fuera ayer. Hace ya cuatro años, pero todavía siento la pesada carga de su muerte sobre mí. Quizá por esto hoy tenemos un gato. Pero echo de menos tener un perro en casa.

5. «LA REINA DE LA PROMOCIÓN MATA SU PRIMER CIERVO AL CUMPLIR DIECISÉIS AÑOS»

El género y la relación entre personas y animales

> *En tanto que sociedad, esperamos que las mujeres reaccionen ante el sufrimiento de los animales; lo vemos como una parte "natural" del hecho de ser mujer.*[180]
>
> BRIAN LUKE

> *Los hombres disfrutan cazando y matando, y estas actividades tienen continuidad en el deporte, incluso cuando ya no son necesarias económicamente.*[181]
>
> SHERWOOD WASHBURN

En mis primeras incursiones en la antrozoología, me sorprendió lo diferente que podía llegar a ser la interacción de los hombres y las mujeres con los animales. Por ejemplo, una vez entrevisté a estudiantes de veterinaria[182] sobre su reacción en cuestiones morales como sacrificar animales sanos. Una de las chicas, Elizabeth, me dijo: «Lloré la primera vez y lloré la vez número quince. No es que ahora sea más fácil, pero he aprendido a ocultar mis sentimientos delante del cliente, para ser fuerte por él». La respuesta de su compañero William fue completamente diferente: «La eutanasia no me afecta– dijo–, a veces me pregunto sobre mí mismo, pero la verdad es que no me preocupa».

Tras escuchar un montón de respuestas parecidas, llegué a una hipótesis evidente: las mujeres son buenas con los animales y con los hombres, bueno... quizás no tanto como parece. Luego empecé a tropezarme con anomalías, con esas personas que no encajan en nuestros estereotipos sobre la relación de los dos sexos con las demás especies, con mujeres como Evelyn Clancy y con hombres como Bill Gibson.

Cuando los estereotipos no encajan:
el estudio de los transgresores del género

Una tarde una estudiante llamada Amy Early entró en mi despacho y me dijo que quería escribir su tesis sobre las mujeres cazadoras. Era un buen momento. Yo acababa de leer un artículo en el periódico local sobre una joven que, al cumplir dieciséis años, disparó un cartucho de 30-30 al pecho de un ciervo. Además de ser una experta cazadora, también era la reina de la promoción de su instituto. El artículo del periódico hizo que me preguntase cómo gestionan las mujeres cazadoras la delicada línea entre la crianza y el deseo de matar animales.

Se me iluminaron los ojos cuando Amy me explicó la idea en que basaba su tesis.

–Es un gran proyecto. Adelante.

Una de las primeras personas a las que Amy entrevistó fue Evelyn Clancy, un ama de casa de clase media que amaba a los animales, pero a quien también le gustaba cazarlos. Su pasión era la caza mayor. Ella y su marido habían participado en varios safaris en África, pero nunca había liquidado a una cebra. Una tarde, Evelyn y su guía, Anthony, vieron un gran rebaño de cebras. En un susurro ella preguntó a cuál de los animales debía apuntar. El hombre señaló un macho de gran tamaño. Evelyn metió un cartucho en la recámara, colocó al animal en el punto de mira, inspiró profundamente, aguantó la respiración y apretó el gatillo. La cebra se desplomó.

Anthony se volvió hacia ella y le dijo: «No era esa». Se dirigieron hacia la cebra. Era una hembra y Evelyn se echó a llorar.

–Maté a una hembra –le dijo a Amy–. Lloré toda la noche. A la mañana siguiente todavía tenía lágrimas en los ojos. Fue la única vez que me equivoqué de animal. Me sentí fatal por haberla matado. Puede que fuera madre. A lo mejor tenía cerca a una cría. A lo mejor estaba embarazada. Por eso me entristeció tanto equivocarme de cebra.

El episodio de Evelyn dice mucho sobre la complejidad del género en nuestra interacción con otras especies. Su entusiasmo al disparar contra su primera cebra se convirtió en desesperación al darse cuenta de que había matado a un ser con el que se identificaba. ¿Cuántos hombres hubieran llorado toda la noche por haberse equivocado de presa? Y suponiendo que lo hicieran, ¿cuántos estarían dispuestos a reconocerlo?

Bill Gibson representa a un tipo diferente de transgresor del género. Es el psicólogo escéptico y duro que ocupa el despacho contiguo al mío. Una tarde le pregunté por la borrosa fotografía de un perro que tiene sobre la mesa de su despacho. Bill es matemático, en él predomina el hemisferio izquierdo. Diseña programas informáticos para averiguar qué parte de nuestra corteza cerebral trabaja horas extras. Pero cuando empezó a hablar de *Blue*, una mezcla de pastor y husky, se conmovió.

Me contó que le había puesto *Blue* porque el perro tenía un ojo de color azul y otro de color pardo. Lo compró en 1984 a un tipo que tenía un criadero de perros. Durante once años *Blue* fue el mejor amigo de Bill.

–*Blue* me miraba directamente a los ojos. Sabía cosas –dijo Bill.

Me habló sobre lo mucho que sufrió *Blue* debido a un cáncer de intestino y me dijo que el pronóstico era fatal.

–Estuve con él en los últimos momentos –me explicó–. Lo tapé con una bonita manta, le di un beso de despedida y le hablé. Mandé que lo quemaran. Guardé sus cenizas durante un tiempo y después las esparcí en la montaña. Me sentía fatal. A veces me echaba a llorar. Me daba mucha vergüenza.

Bill empezó a dar respingos.

–Sigo pensando en él todos los días. Le quería más de lo que he querido a ninguna persona en este mundo. Seguramente pensaré en él en mi lecho de muerte.

Evelyn y Bill son un ejemplo de lo difícil que resulta hacer generalizaciones simples sobre los hombres, las mujeres y los animales. Casos como estos me convencieron de que mi hipótesis inicial sobre los roles sexuales y sobre cómo tratamos a los animales era errónea: está claro que algunos hombres muestran más sensibilidad que algunas mujeres ante las situaciones difíciles de los animales. Pero también muchas veces las diferencias de sexo coinciden con nuestros estereotipos de género. Por ejemplo, todos los galleros que he conocido son hombres y la gran mayoría de activistas a favor de los derechos de los animales son mujeres. Decidí emprender un estudio más sistemático de la influencia del género sobre nuestra relación con las otras especies. Empecé por devorar todos y cada uno de los estudios[183] que encontré sobre este tema. Con este afán recorrí el camino de la A (activismo animal) a la Z (zoofilia). Descubrí que el género afecta profundamente algunos aspectos de nuestra relación con los animales. Pero también descubrí que tanto la dirección de las diferencias sexuales como su medida dependen del tipo de relación de la que estemos hablando.

¿CUÁL DE LOS DOS SEXOS QUIERE MÁS A LAS MASCOTAS?

Para mi sorpresa, las diferencias de género en lo que atañe al afecto que sentimos por las mascotas son más insignificantes de lo que solemos creer. En Estados Unidos, el número de hombres y de mujeres que poseen animales de compañía es equivalente[184] y ambos sexos tienen las mismas probabilidades de regalar unas vacaciones a su perro y de pagar el precio de publicar la esquela[185] de su mascota en un periódico. Ambos sexos presentan un comportamiento casi idéntico cuando se trata de dejar dormir a la mascota en su cama. (Las mujeres ganan, pero por muy poco.) Sin embargo, ¿están tan vinculados los hombres a sus mascotas como lo están las mujeres?

Los antrozoólogos han elaborado cuestionarios estandarizados para valorar cuánto quieren las personas a sus mascotas. Por ejemplo, en una de las valoraciones más utilizadas se pregunta a los encuestados hasta qué punto están de acuerdo con afirmaciones como las siguientes: «Haría casi cualquier cosa para atender a mi mascota» y «Mi mascota significa para mí más que cualquiera de mis amistades».[186] Cuando se trata del amor por las mascotas, parece que las mujeres aventajan ligeramente a los hombres, pero la diferencia sorprende por su insignificancia. Revisé doce estudios sobre las diferencias de sexo en el amor por las mascotas. Efectivamente, las mujeres obtenían una puntuación más alta que los hombres en la mayoría de los estudios, pero la diferencia en la puntuación entre el hombre y la mujer corrientes solía ser muy poco significativa.

No obstante, algunos aspectos relativos a la atención a los animales presentan grandes diferencias de género. A nadie le sorprenderá saber que las mujeres tienen el doble de posibilidades que los hombres de vestir a sus mascotas con prendas para animales. Y, como ocurre en tantas esferas de la vida humana, las mujeres hacen bastante más de lo que les correspondería en las tareas que requieren las mascotas. En tres de cada cuatro hogares americanos, las mujeres suelen ser las que dan de comer al perro de la familia y las que limpian el cajón de arena de los gatos. Las mujeres también representan cerca del 85 % de la clientela que acude a las clínicas veterinarias. (Varios veterinarios me han comentado que cuando son los hombres los que acuden a la clínica a menudo llevan notas escritas por sus esposas en las que ellas explican detalladamente qué le duele a *Peque* o a *Blacky*.)

Siempre he pensado que los hombres y las mujeres desempeñan papeles diferentes con las mascotas. Al fin y al cabo, los chicos están más capacitados para la pelea y el combate cuerpo a cuerpo a los que los psicólogos del desarrollo llaman juegos brutos. En casa existen diferencias en nuestra forma de relacionarnos con nuestros animales domésticos. Por ejemplo, Mary Jean y mis dos hijas gemelas, Betsy y Katie, suelen dar golpecitos en la cabeza de nuestros perros, mientras que Adam y yo solemos jugar a pelearnos y a perseguirnos y a luchar con ellos.[187]

No obstante, existen pocas pruebas para poder aplicar mi hipótesis a alguien más aparte de los miembros del clan de los Herzog. Investigadores italianos han descubierto que los hombres y las mujeres no presentan diferencia alguna en la forma de jugar con su perro,[188] y en un estudio sobre la interacción entre perros y propietarios cuando estos se encuentran en la sala de espera de las clínicas veterinarias[189] también se demostró que hombres y mujeres se comportaban del mismo modo. Gail Melson,[190] psicólogo del desarrollo, pidió a varios padres que evaluaran el interés de sus hijos por jugar con niños más pequeños, con bebés, con animales de peluche, con muñecas y con mascotas. Como cabe suponer, las niñas estaban mucho más interesadas que los niños en los bebés, en las muñecas y en los animales de peluche. Pero para mi sorpresa, Gail descubrió que los niños y las niñas jugaban a los mismos juegos con sus mascotas y las cuidaban por igual. Gail cree que, para los niños, las mascotas a menudo son los únicos vehículos que les permiten aprender a preocuparse por otro ser vivo.

Sin embargo, las mujeres son más sensibles que los hombres ante las monadas.[191] Investigadores británicos han informado recientemente de que existen dos grupos de mujeres especialmente sensibles a las diferencias ante las niñas y los niños monos: las que están en edad reproductiva y las que toman píldoras para aumentar su nivel de progesterona y estrógenos. Los animales monos tienen el mismo efecto sobre las mujeres. Investigadores de la Universidad de Santa Bárbara, California, se interesaron por los cambios en el poder de atracción de un cachorro hembra de cobrador dorado llamado *Goldie* a medida que iba creciendo. Durante un período de cinco meses, llevaron a *Goldie* a un lugar muy concurrido del campus de la universidad, donde se quedaba sentada durante una hora junto a su "propietario" (en realidad, un ayudante del estudio). Mientras, los investigadores contaban el número de personas que se detenían para darle un golpecito amistoso o para jugar con ella.

La capacidad de seducción de *Goldie* con los desconocidos disminuyó drásticamente cuando dejó de ser un cachorro y se convirtió en una perra adulta. La bajada de popularidad fue especialmente brusca entre las mujeres. Cuando *Goldie* estaba más mona, las mujeres se detenían dos veces más que los hombres a decirle algo. Pero en la etapa final del estudio, el número de mujeres que se detuvieron para darle golpecitos en la cabeza y decirle hola cayó en un 95 % y las diferencias entre sexos desaparecieron completamente.

LAS DIFERENCIAS DE SEXO
EN LA ACTITUD CON LOS ANIMALES

Stephen Kellert, de la Universidad de Yale,[192] ha dedicado su carrera a la investigación de las peculiaridades de la actitud humana ante otras especies. Ha descubierto que casi siempre las mujeres tienen más tendencia a proteger a los animales que los hombres. Pero al mismo tiempo las fobias ante criaturas como serpientes y arañas[193] son el triple de comunes entre las mujeres que entre los hombres. Y aunque los hombres tienen más conocimientos sobre la biología y la ecología de otras especies que las mujeres, ellos tienden a apreciar a los animales por lo que Kellert llama «razones prácticas y recreacionales». Dicho en otras palabras, los hombres son más propensos a aprobar que se maten animales por diversión y obtención de beneficios.

Estas diferencias de género en la actitud hacia los animales también existen en otras sociedades. Linda Pifer de la Academia de Ciencias de Chicago preguntó a personas adultas en Estados Unidos, Japón y trece países europeos qué pensaban sobre el uso de perros y chimpancés en experimentos científicos[194] cuyo objetivo era el desarrollo de tratamientos para las enfermedades humanas. En todos los países, las mujeres se mostraron más contrarias a la investigación con animales que los hombres. Investigadores suecos[195] recopilaron docenas de estudios realizados en todo el mundo y no encontraron un solo país en el que más mujeres que hombres apoyaran la investigación con animales.

Las peligrosas generalizaciones sobre las diferencias entre sexos y actitudes con los animales pueden conducir a error. En su opinión sobre el uso de animales, hombres y mujeres presentan más semejanzas que diferencias. Por ejemplo, el Centro Nacional de Investigación de Opinión[196] preguntó a una amplia muestra de hombres y mujeres lo que pensaban sobre la frase siguiente: «Está bien utilizar animales para realizar pruebas médicas si con ello se pueden salvar vidas humanas». Descubrieron que más hombres que mujeres se mostraron "muy de acuerdo" con la frase y que más mujeres que hombres "no estaban nada de acuerdo". No obstante, la mayoría de los encuestados estaban en medio, y algunas mujeres se mostraron más partidarias de la experimentación con animales que algunos de los hombres. Este hallazgo ilustra uno de los hechos más importantes sobre las diferencias en el género humano. Y es que en casi todos los aspectos de la psicología humana, hombres y mujeres prácticamente coinciden. Ello significa que, en la mayoría de los casos, existen mayores diferencias dentro de cada uno de los sexos que entre ambos.

¡Las mujeres entran en acción!

Pero aunque hombres y mujeres sean bastante parecidos en su *actitud* respecto al bienestar de los animales, ambos sexos ya no son tan iguales cuando se trata de *entrar en acción* a favor de otras especies.

El 12 de septiembre de 2005, la antrozoóloga Leslie Irvine y tres amigos suyos se subieron a un avión en Denver y se dirigieron a Luisiana. Su destino era el Centro de Exposiciones

Lamar-Dixon, en Gonzales, la principal zona donde se llevaban a cabo las operaciones de rescate de animales en Nueva Orleans después del huracán Katrina. El grupo no estaba preparado para el caos en el que se vio inmerso. Aquella noche, Leslie escribió en sus notas de campo: «¿Quién puede imaginarse cómo suenan mil perros ladrando? Hasta hoy, la pregunta me habría parecido un *koan* perverso. Pero ahora que sé cómo suenan mil perros ladrando me gustaría que todo el mundo pudiera oírlos. Suenan a futilidad, a desamparo, y a desesperación ante este proyecto [...]. Estoy convencida de que va a perseguirme durante mucho tiempo». Seis días después, la propia Leslie se convirtió en una víctima más del Katrina. Tras casi una semana dedicada a salvar animales, agotada mentalmente y físicamente, Leslie desfalleció y tuvieron que ingresarla en un hospital. Tres años más tarde, la muchacha aún estaba obsesionada por el ladrido de un millar de perros. Fueron muchos los héroes que como Leslie salvaron (o intentaron salvar) a los animales víctimas del Katrina, y en su gran mayoría fueron mujeres.

El actual movimiento por los derechos de los animales ha reclutado para sus filas cientos de mujeres; todos y cada uno de los estudios sociológicos sobre la liberación de los animales demuestra que tres o cuatro mujeres por cada hombre boicotean los circos, emprenden marchas en contra de la experimentación con animales y en sus coches lucen adhesivos que dicen: «Comer carne es matar». Es un dato interesante que, entre sexos, la proporción de individuos comprometidos con la protección de los animales no haya cambiado en absoluto en los últimos ciento cincuenta años. Incluso durante la época victoriana,[197] cuatro de cada cinco miembros de las organizaciones a favor del bienestar de los animales eran mujeres.

El predominio de mujeres entre los individuos que se toman en serio a los animales no se limita a los liberadores de animales. En el Zoo Nacional de Washington D.C., cientos de esforzados voluntarios, en su mayoría mujeres, se pasan horas junto a los recintos de los animales explicando cien veces al día que la tortuga caimán en realidad está viva aunque solo parezca una pesada roca de granito cubierto de musgo, que *Ambika*, el elefante, tiene sesenta años, y que no debe confundirse al hipopótamo pigmeo con una cría de hipopótamo. También entre los cuidadores hay grandes diferencias. Un día de febrero, mientras paseaba por el parque zoológico bajo los copos de nieve, charlé con una de las empleadas. Me dijo que todas las personas encargadas de cuidar a los chimpancés, a los gorilas y a los orangutanes eran mujeres.

Las mujeres dominan en casi todos los aspectos de los movimientos populares a favor de la protección de los animales.[198] Representan el 85% del total de miembros de las dos organizaciones protectoras de animales más importantes y mayoritarias en Estados Unidos, la ASPCA y la Sociedad Nacional Protectora de Animales de Estados Unidos. Entre los que se dedican a salvar perros, hay once mujeres por cada hombre, y, en el caso de los estudiantes de secundaria, las chicas triplican a los chicos en sus llamadas a la línea directa de disecciones de la Sociedad Nacional Anti-Vivisección para manifestar que no quieren tomar parte en los experimentos de disección que se llevan a cabo en los laboratorios de biología por razones de conciencia. Y hay más mujeres que hombres que dejan de comer carne por razones morales.

LA CARA OSCURA DEL VÍNCULO: DIFERENCIAS POR SEXO EN LA CRUELDAD CON LOS ANIMALES

Pero no hay que cometer el error de creer que todas las mujeres son buenas con los animales.

Un jueves por la mañana del mes de enero de 2006, Joanne Hinojosa discutía con su ex marido frente a la puerta de su casa en South Austin, Texas. En un momento de la discusión las cosas se torcieron. La mujer le pegó un puñetazo al hombre y este salió disparado calle abajo en busca de la policía. Entonces Joanne fue a buscar a su perro. Agarró entre sus brazos los nueve kilos de su perra *Marti*, la metió en casa y empezó a clavarle cuchillazos. La policía encontró a *Marti* en medio de un charco de sangre con un cuchillo clavado en el lado izquierdo de su cuerpo. La perra había recibido veintisiete cuchilladas. Se la llevaron inmediatamente al Hospital Ben White de Animales para operarla de urgencia, pero llegaron demasiado tarde. El abogado defensor de Hinojosa alegó que su clienta sufría un trastorno de estrés postraumático. La acusaron de crueldad con los animales y la sentencia la condenó a seis meses de cárcel y a una formación especial para tratar la ira.

La violencia doméstica con los animales es más común de lo que creemos. Muy a menudo las mascotas son víctimas de las discusiones domésticas violentas. Según Frank Ascione, psicólogo del desarrollo y director ejecutivo del Instituto de Conexión Humano-Animal de la Universidad de Denver, más del 70% de las mujeres maltratadas[199] que ha estudiado dice que sus parejas han maltratado, amenazado o matado a un animal doméstico. La violencia de los maridos iba desde disparar contra el perro de la familia hasta quemar al gato de los niños. Lo raro del caso de los Hinojosa es que fue la mujer quien maltrató al animal.

Los datos que se recogen en Pet-abuse.com,[200] una web que busca los artículos aparecidos en los medios de comunicación sobre casos de crueldad con los animales, abren una ventana a las diferencias entre sexos respecto a la crueldad con los animales. Un análisis de 15.000 casos contenidos en la base de datos de la página web revela que los hombres están implicados en un 70% de estos incidentes. Pero esta cifra puede llevar a confusión. Entre sexos no hay prácticamente diferencias en cuanto a la frecuencia con la que se les acusa de un trato negligente hacia sus animales, que suele ser el resultado de la indiferencia, de la falta de conocimiento o de la estupidez, pero no de una crueldad perversa. No obstante, si omitimos dichos incidentes, está claro que los hombres son responsables de casi la totalidad de las acciones violentas contra los animales: el 94% de los golpes, el 91% de las quemaduras, el 84% de los estrangulamientos, el 94% de los ahorcamientos, el 92% de los pisoteos hasta matarlos, el 94% de los disparos y el 95% de las cuchilladas.

LOS QUE QUIEREN DEMASIADO A LOS ANIMALES: GÉNERO Y SÍNDROME DE DIÓGENES CON ANIMALES

Existe una excepción a la regla según la cual la mayoría de las personas que maltratan animales son hombres. Las mujeres los triplican en los casos de síndrome de Diógenes con animales o acumulación de más mascotas de las que uno puede atender. En una ocasión invité a una mujer que ejercía como pastora religiosa para que diera una conferencia en uno de mis cursos en la universidad. Después de la conferencia, me comentó que había puesto su casa en venta. El comentario me animó porque Mary Jean y yo estábamos buscando casas de compra. Al día siguiente fui a verla. Estaba a mitad de la carretera que lleva hasta Green Creek. La casa y el terreno tenían privacidad, estaban orientados al sur y ante ellos se abría una magnífica vista sobre el norte de Georgia. Precisamente lo que buscábamos. Estupendo. Entonces abrí la puerta de la casa.

"Asfixiante" no expresa del todo la fetidez que emanaba de las heces y la orina. Los gatos y las prendas de vestir inundaban la sala, por cuyo suelo se esparcía el contenido de una bolsa abierta de pienso para gatos. No quedaba sitio para sentarse. La mujer, que el día anterior me pareció perfectamente normal, ahora estaba fuera de sí. Me pidió disculpas diciéndome que las cosas se le habían ido un poco de las manos, que había intentado poner un poco de orden para recibirme cuando llegara. Conté dos docenas de gatos, pero es probable que hubiera más en el bosque junto a la casa. No me quedé mucho rato, y no compramos la casa. Seguramente hubiéramos podido regatear bastante.

El Consorcio de Investigación de la Acumulación de Animales, un grupo de investigadores interdisciplinario dirigido por Gary Patronek, calcula que en Estados Unidos se comunican todos los años dos mil casos de síndrome de Diógenes con animales con unos doscientos mil animales implicados. La gente suele ignorar que acumular demasiados animales es tan cruel como pegarlos o dispararles un tiro, y además desde la perspectiva del animal esta situación todavía es peor ya que el sufrimiento puede durar años.

El prototipo de persona que acumula más animales de los que puede cuidar es la mujer vieja y chiflada que vive sola y cuyos vecinos llaman a los servicios sanitarios cuando se hartan de los ruidos y los malos olores. ¿Es la imagen correcta? A veces sí. Un 75-85 % de este tipo de personas son mujeres. La mitad vive sola y la otra mitad tiene más de sesenta años. Según Arnie Arluke y Celeste Killen, autoras del libro *Inside Hoarding: The Case of Barbara Erickson and her 522 Dogs*, la mujer cuya casa visité probablemente entraría en la categoría de acumuladora incipiente. Con veinte o treinta animales viviendo en su casa, la vida de aquella mujer empezaba a derrumbarse. La cantidad de animales que pueden llegar a acumularse en la casa de uno de estos individuos es inimaginable. El récord lo tiene el «Gran rescate de conejos de 2006»[201] en el que se rescataron unos 1.700 conejos del patio trasero de una casa de dos habitaciones cerca de Reno, Nevada, en la que vivía una mujer llamada Jackie Decker.

Según un reciente estudio sobre las implicaciones sanitarias de tener demasiados animales,[202] casi todas las personas que tienen más de cien animales en su casa son mujeres. Las condiciones de vida en estos casos extremos podían ser desde malas hasta espeluznantes. La cosa empeoraba cuando esas personas vivían solas. Más de la mitad de las casas carecía de cocina, de agua corriente caliente o de lavabos y sanitarios. El 40 % de las casas no disponía de calefacción y el 80 % tampoco disponía de ducha ni de nevera. Las condiciones de vida de los animales que habitan en este tipo de casa son terribles: gatos, perros, cerdos vietnamitas, conejos, todos ellos raquíticos y enfermos, víctimas de múltiples enfermedades, al borde de la locura. Los primeros que acuden a la llamada para restablecer el orden en estas situaciones a menudo encuentran cadáveres de animales medio devorados yaciendo por el suelo.

Los médicos han encontrado varias explicaciones al porqué se acumulan en casa cantidades exorbitantes de animales.[203] La teoría más radical es que tener cientos de gatos puede ser consecuencia de una infección por toxoplasmosis.[204] La idea de que este tipo de trastorno sea el resultado de un parásito que modifica el cerebro todavía no se ha demostrado, pero me intriga. Los roedores con toxiinfecciones se sienten atraídos repentinamente por los gatos y parece que pierden la capacidad de oler su orina. En los humanos, las toxiinfecciones se han asociado a las enfermedades mentales y a las neurosis. No es ningún disparate imaginar que un parásito cerebral pueda ofuscar el juicio de personas que tienen muchos gatos y tal vez incluso destruir suficientes neuronas como para que soporten la peste de la orina de los machos. Sin embargo, las teorías convencionales asocian este trastorno a la demencia,[205] a trastornos obsesivos compulsivos, a una personalidad adictiva, a defectos en las relaciones sociales y a delirio. Las personas que acumulan animales suelen estar convencidas de que sus animales son felices y de que poseen una capacidad especial para comunicarse con ellos.

Aunque los antrozoólogos desconocen la causa exacta del trastorno de este síndrome, los investigadores coinciden en que es casi imposible curarlo. Entre estas personas las recidivas son prácticamente del 100%.[206] En el caso de los conejos de Reno, por ejemplo, los funcionarios encargados del control de animales ya confiscaron quinientos conejos en la misma propiedad cuatro años antes. Aunque la mayoría de estos animales tuvo que ser sacrificada, un juez local no se tomó el caso en serio y rechazó la demanda de una orden judicial mediante la que se hubiera impedido a la persona que siguiera acumulando más animales.

Sospecho que el trastorno del que hablamos se da a veces como consecuencia de una perfecta tormenta entre el deseo bienintencionado de salvar animales y la incapacidad para trazar una frontera en la arena moral. Ello significa que los individuos a los que atrae rescatar animales, cuya mayoría son mujeres, corren un especial riesgo. Desde hace un par de años mis alumnos y yo estamos entrevistando a miembros de organizaciones que se dedican a salvar animales. Aunque la mayoría son perfectamente normales, e incluso algunos bordean la santidad, de vez en cuando nos tropezamos con alguna bandera roja. Durante las entrevistas les preguntamos a los rescatadores cuántas mascotas tienen. La respuesta de muchos puede ser algo así como "un par de perros, un gato y un loro". Pero a veces al preguntarles por sus mascotas los hay que bajan la cabeza, se ríen un poco y murmuran: «Oh, mmm…, me parece que demasiadas». Esas son las personas que dejan muy claro que no desean que les entrevistemos en su casa.

En una ocasión pude visitar por detrás del telón un centro municipal de acogida de animales y entendí cómo puede ser que alguien sea incapaz de decir no, cómo puede ser que una persona *tenga* que meterse otro animal en casa. Enseguida me llamó la atención un joven bóxer echado en el suelo, jadeando, dentro de una jaula en la sala de cuarentena. El perro levantó la cabeza y con los ojos más tristes del mundo me miró como diciendo: «Sácame de aquí, ¡por favor!». Sentí que mi pecho se tensaba y me vi al borde del precipicio. Si no llega a ser porque el animal era contagioso e inadoptable, me lo hubiera llevado a casa inmediatamente.

Este centro de acogida recibe ocho mil perros y gatos al año. El 40% abandonará el centro para irse con un nuevo y sonriente propietario. Al 60% restante, que incluye la mayoría de los gatos, y casi todos los perros grandes y negros, así como las mezclas de pitbull, les inyectarán un par de centímetros cúbicos de sodio pentobarbital en la vena cefálica de su pata trasera y abandonarán este mundo en cuestión de segundos.

Becky, la directora del centro que me acompañó en la visita, hace quince años que trabaja en centros de acogida y adora a los animales. Los quiere de verdad. Mientras recorremos hileras de jaulas de acero, me señala un treeing walker (un tipo de coonhound) y me cuenta que lo encontraron suelto cerca de Big Oak Gap, y luego llama a un gato naranja por su nombre. Las salas traseras están a rebosar y mis oídos se estremecen por los incesantes ladridos. El ruido es demasiado intenso para poder hablar con tranquilidad. Algunos de los animales tienen buen aspecto, otros parecen aterrorizados.

La pasión de Becky es conseguir que los animales a los que nadie quiere tengan una vida mejor. También ella tiene sus propias mascotas: tres gatos, tres perros y tres pájaros. Lo paradójico de su trabajo se pone de manifiesto cuando le pregunto:

–¿A cuántos perros y gatos has tenido que sacrificar con los años?

Me mira como si fuera tonto.

–¿A más de mil?

Después de una pausa, me dice:

–Como mínimo.

–¿Cómo te mantienes en tu sano juicio?

–Alguien tiene que hacerlo. No me obsesiono con esto.

Luego me muestra un mensaje que apareció en su correo de entrada hace un par de días. Lo había escrito la directora de un centro de acogida de animales que cada noche al llegar a casa llora. «No soporto mi trabajo –escribió–. No soporto que exista y no soporto pensar que siempre tendrá que existir a menos que la gente cambie y sea consciente de que las vidas sobre las que influyen van mucho más allá de las mascotas que mandan a un centro de acogida. Hago lo posible por salvar todas las vidas que puedo, pero cada año llegan más animales, que superan en mucho al número de hogares.» Becky me dice que la otra directora no va por el buen camino en su trabajo.[207]

Es extraordinario que Becky esté contenta y que le apasione su profesión. Es la persona ideal para realizar este trabajo. Sin embargo, no puedo decir lo mismo de todos los voluntarios que trabajan a sus órdenes. Debe vigilar de cerca a algunos de ellos: los que en potencia son acumuladores de animales, los que no tienen la fuerza moral para ser rescatadores de animales.

Las diferencias entre sexos
en nuestra interacción con los animales:
inherentes o adquiridas

Después de haber leído cientos de artículos sobre las diferencias entre sexos en nuestra relación con los animales he llegado a varias conclusiones. La primera es que, como regla general, las mujeres sienten más debilidad por los animales que los hombres. La segunda es que si bien los estereotipos que tenemos sobre la orientación que toman los diferentes géneros en nuestra relación con los animales suelen dar en el clavo, lo que creemos sobre la medida de esas diferencias entre hombres y mujeres a menudo es erróneo. No hay gran diferencia entre hombres y mujeres en la frecuencia con la que conviven con mascotas y en la forma en que los niños y las niñas juegan con los animales. En lo que respecta a cuestiones como la investigación con animales, las diferencias en la actitud de ambos sexos en general son algo mayores, pero también hay muchas coincidencias. Las grandes diferencias solo aparecen cuando observamos los extremos: los activistas a favor de animales y las personas que los maltratan.

A todos nos gustaría saber si las diferencias entre los sexos humanos son inherentes o adquiridas. Es una cuestión enrevesada. (Efectivamente, Lawrence Summers en parte perdió su trabajo como presidente de Harvard por sugerir que la biología podía influir en las diferencias entre géneros en cuanto a la productividad científica.) También eso está condenado al fracaso. Pensar que los comportamientos complejos, como los sentimientos humanos hacia los animales, son o bien naturales o bien adquiridos es un ejemplo del mito de la causa única. Son múltiples los factores que influyen en las diferencias que caracterizan la relación de ambos sexos con los animales. Algunos científicos sociales[208] sostienen que las mujeres tienen más tendencia a defender los derechos de los animales porque tanto ellas como los animales son víctimas de la explotación masculina y por esta razón las mujeres se identifican más con los animales que los hombres. Otros asocian las diferencias entre sexos a la socialización. Por ejemplo, Brian Like en su libro *Brutal: Manhood and the Explotation of Animals* sostiene que nuestra cultura imbuye de indiferencia ante el sufrimiento de los animales a los niños, prácticamente desde que nacen.

Es verdad que algunas de las diferencias entre hombres y mujeres se originan en la explotación y la socialización, pero la biología también desempeña su papel en las relaciones entre personas y animales. Por ejemplo, la caza se define como una actividad masculina en todas las culturas humanas. Bien, en casi todas las culturas humanas.[209] En el bosque de Ituri, en la República Democrática del Congo, las mujeres pigmeas bambuti colaboran a que las presas caigan en las redes, y las mujeres matses que viven en la cuenca amazónica a menudo acompañan a sus esposos cuando salen a cazar. Localizan a los animales y los matan con lanzas y machetes. Además, las cacerías significan un rato de intimidad y de sexo en plena selva, lo cual, cuando las presas escasean, hace que el tiempo pase más de prisa. Por esta razón los matses, que son polígamos, se llevan solo a una mujer en sus expediciones de caza, y las mujeres se quejan cuando no reciben suficientes invitaciones para "ir de caza". Sin embargo, este tipo de culturas son extremadamente raras. En casi todas las sociedades humanas,[210] el sexo durante las expediciones de caza se da con tanta frecuencia como en el vestidor de los Green Bay Packers en el descanso de un partido.

Los psicólogos del desarrollo han demostrado que algunas de las diferencias entre sexos afloran a una edad tan temprana que es poco probable que sean una consecuencia de la socialización.[211] A los tres meses, los niños superan a las niñas en las actividades que implican la rotación mental de objetos. Y (sé que cuesta de creer) varios estudios ya han demostrado que los monos machos y hembras muestran las mismas preferencias por los juguetes que los niños y las niñas humanos. A los monos les atraen los juguetes de "niños" (por ejemplo, los camiones) y a las monas les gusta jugar con objetos blandos y suaves. Algunas diferencias en las reacciones humanas ante los animales también aparecen en la población infantil. Cuando son bebés, las niñas, por ejemplo, aprenden a asociar el miedo con las arañas y las serpientes más deprisa que los niños.

La química de nuestro cuerpo también afecta a la interacción de las personas con otras especies. Varias hormonas influyen en la empatía[212] hacia otras personas y animales. Una de estas es la oxitocina, una sustancia química que estimula los instintos maternales y facilita el establecimiento de lazos sociales. En los humanos, los niveles de oxitocina suben durante el embarazo y más aún durante los partos, la lactancia materna y el orgasmo sexual. La oxitocina también se asocia a diferencias entre los sexos en la empatía. Por ejemplo, los hombres no son tan hábiles como las mujeres en interpretar las emociones que se esconden tras un rostro, pero un soplo de oxitocina mejora temporalmente su inteligencia emocional y les hace ser más generosos.[213]

¿Quizá sea la oxitocina[214] el adhesivo que fija los lazos entre animales y personas? Meg Daley Olmert así lo cree. En su libro *Made for Each Other: The Biology of the Human-Animal Bond*, escribe que las mascotas son «fuentes de oxitocina» y que en las personas que aman a los animales los días transcurren con un «brillo de oxitocina». Es una lástima que esta argumentación se base en un único estudio con solo dieciocho individuos. Es cierto, los investigadores descubrieron que los niveles de oxitocina se elevaban en los individuos después de haberse interrelacionado con perros –pero también vieron que la oxitocina aumentaba casi en la misma proporción cuando los individuos se quedaban sentados leyendo un libro tranquilamente–. Otros estudios más recientes sobre el papel de la oxitocina en nuestras relaciones con las mascotas han dado resultados heterogéneos. Por ejemplo, en uno de ellos los niveles de la hormona aumentaban en las mujeres que acariciaban a los perros, pero en cambio disminuían en los hombres. Un grupo de investigadores japoneses descubrió que si la oxitocina aumentaba o disminuía cuando los propietarios jugaban con sus perros dependía de cuánto miraba el perro a su amo durante la interacción. Y el estudio de un equipo investigador de la Universidad de Missouri reveló que la interacción con sus mascotas no tenía ningún efecto en los niveles de oxitocina de sus amos. Así pues, aunque la oxitocina pueda tener un papel en algunos aspectos de los vínculos entre personas y animales, son necesarios muchos más estudios antes de sacar conclusiones sobre el papel de esta hormona en nuestros vínculos con los animales.

La testosterona, la hormona masculina, tiene el efecto contrario sobre la empatía. Tanto en hombres como en mujeres, cuanta más testosterona corra por la corriente sanguínea, más agresivos y menos empáticos somos.[215] La testosterona también afecta a la forma en que las personas se relacionan con sus mascotas. Amanda Jones y Robert Josephs de la Universidad de Texas descubrieron que en las competiciones de agilidad caninas, la cantidad de testosterona en la saliva de un hombre afectaba al modo de tratar a su compañero canino tras el acontecimiento. Los hombres con un nivel alto de testosterona cuyos animales no habían realizado bien las pruebas castigaban y hasta pegaban a sus perros. En cambio, los hombres con un nivel bajo de testosterona, eran pródigos en mimos a sus perros independientemente de la puntuación que estos hubieran obtenido.

LAS CURVAS ACAMPANADAS EXPLICAN LAS DIFERENCIAS ENTRE SEXOS EN NUESTRA RELACIÓN CON LOS ANIMALES

Lo fundamental es que las diferencias entre sexos en nuestra interacción con otras especies son el resultado de una mezcla inextricable de fuerzas políticas, culturales, evolutivas e incluso bioquímicas. ¿Hay alguna manera de sacar algo en claro de las diferencias entre sexos sobre cómo pensamos sobre los animales sin recurrir a los clichés que dominan el debate en torno a lo que es innato y lo que es adquirido? Sí.

Hace algunos años, di con un artículo poco conocido publicado en el *New Yorker* por el autor de *Tipping Point*, Malcolm Gladwell, cuyo título era «The Sports Taboo: Why Blacks are like Boys and Whites Are like Girls». Gladwell sostenía que para entender algo sobre las diferencias entre razas y géneros había que comprender las curvas acampanadas que en estadística se llaman "distribuciones normales". Las curvas acampanadas describen múltiples fenómenos psicológicos y biológicos. La idea básica es simple. Para rasgos como la extroversión o el tamaño de los picos de los jilgueros, la mayoría de los casos se encontrarían cerca de la parte central, mientras que las cifras irían disminuyendo a medida que nos fijáramos en los extremos de la distribución. Las pruebas de evaluación del coeficiente intelectual (CI) son un buen ejemplo de un rasgo de curva acampanada. La puntuación media de CI en Estados Unidos es 100. Mientras que un 50% de personas presentan un CI superior a 100, solo un 2% supera 130 en las pruebas de CI y solo una persona de cada mil obtiene más de 145.

Pensar en términos de curvas acampanadas se considera a veces –erróneamente– racista. Ello se debe al hecho de que en un libro publicado en 1994 titulado *The Bell Curve*, Richard Hernstein, psicólogo, y Charles Murray, científico político, utilizaron las distribuciones normales para fundamentar su argumentación según la cual las diferencias raciales en el CI eran hereditarias. Pero las curvas acampanadas no son más que formas. No dicen absolutamente nada sobre si las diferencias entre grupos se deben a los genes o al entorno, o a ambos factores. Aunque las curvas acampanadas no nos sirvan para explicar las causas últimas de las diferencias entre sexos, pueden ayudarnos a entender por qué la mayoría de activistas a favor de los animales son mujeres y la mayoría de las personas que los maltratan son hombres.

Mi postura es que muchas de las diferencias entre los géneros humanos, incluyendo cómo tratamos a los animales, son simplemente la consecuencia de un elegante principio estadístico que ni siquiera la mayoría de psicólogos entiende. Es el siguiente: *cuando dos curvas acampanadas se solapan, hasta la más pequeña diferencia entre las puntuaciones medianas de los grupos darán lugar a grandes diferencias en los extremos.*

La altura es un buen ejemplo.[216] En Estados Unidos, el hombre corriente es un 8 % más alto que la mujer corriente. Dicho así, no suena muy interesante, pero la proporción de los sexos se sale de lo normal a medida que nos aproximamos a los extremos de más alto y de más bajo. Por ejemplo, entre las personas que miden más de 1,77 centímetros, hay treinta hombres por cada mujer, pero la proporción de sexos se dispara a 2.000:1 cuando nos fijamos en las personas de más de 1,83 centímetros.

El principio estadístico según el cual las pequeñas diferencias entre el hombre y la mujer corrientes implican grandes diferencias entre sexos en los extremos explican las diferencias entre sexos en muchas áreas del comportamiento humano. El hecho de que las mujeres tengan diez veces más posibilidades que los hombres de morir a causa de complicaciones derivadas de la anorexia[217] se sigue directamente del hecho de que la mujer americana corriente está más preocupada por la imagen corporal que el hombre corriente. Y la tremenda diferencia entre sexos en las ratios de homicidios es una consecuencia de las pequeñas diferencias, reales pero sorprendentes, en la tendencia agresiva del hombre y la mujer corrientes.

Y aquí es donde la teoría de Herzog (directamente hurtada a Malcolm Gladwell) sobre las diferencias entre sexos hace su aparición en las relaciones entre personas y animales. Pensemos por un momento que la población americana varía en un rasgo psicológico hipotético denominado "le gustan los animales" y que la distribución de ese rasgo es una curva acampanada –la mayoría de las personas están en el medio, pero una pequeña proporción mima patológicamente a sus animales y unas pocas personas verdaderamente los odia–. Pensemos también que la mujer corriente puntúa ligeramente más que el hombre corriente en este rasgo, pero, como suele ser habitual, hay mucho solapamiento entre los sexos. Si mi idea de curva acampanada es correcta, a medida que nos movemos hacia lo que sería pro mascotas y anti mascotas, irían emergiendo cada vez mayores diferencias.

Por supuesto, esto es exactamente lo que ocurre. Entre los amantes de animales más extremos (los que padecen el síndrome de Diógenes con animales, por ejemplo), las mujeres superan a los hombres en una proporción de 10:1; y entre los individuos que odian seriamente a los animales (maltratadores sádicos de animales), la proporción entre hombres y mujeres todavía es más pronunciada. Las curvas acampanadas que se solapan también explican por qué tantos activistas a favor de los animales son mujeres. Las encuestas de opinión pública indican que, como grupo, las mujeres están más preocupadas por el bienestar de los animales que los hombres. Sin embargo, la diferencia no es tan grande y la magnitud de las diferencias en las actitudes hacia los animales entre sexos es mucho mayor que las diferencias entre el hombre corriente y la mujer corriente. Pero una vez más, a medida que nos aproximamos a los extremos, hay cuatro veces más mujeres que hombres que dan dinero al ASPCA, que boicotean los circos y que participan en las manifestaciones a favor de los derechos de los animales. En el bando anti animales, muchísimos más hombres que mujeres encuentran placer en cazar animales.

La curva acampanada explica una amplia gama de diferencias entre los sexos en cuanto a la interacción entre personas y animales. Funciona independientemente de si la evolución o la cultura son responsables de la voz interior de la niña de seis años que al visitar el zoo por primera vez le susurra: «Me da pena ese monito tan precioso de la jaula», o la voz interior del chico adolescente en su primera salida de caza con su padre que le dice: «Respira despacio. Quieto. Aprieta el gatillo… AHORA».

6. SEGÚN EL COLOR DEL CRISTAL CON QUE SE MIRE

La crueldad comparable de las peleas de gallos y de los *happy meals*

Las personas que enfrentan a un animal con otro no tienen las agallas de matarlos ellos mismos. No son más que unos cobardes que matan por encargo.
Cleveland Amory[218]

Las peleas de gallos son el deporte más humano, tal vez el único humano, que existe.
Capitán L. Fitz-Barnard[219]

Me dirijo a Knoxville por la interestatal 40 para entrevistar a Eddy Buckner. Eddy es aficionado a las peleas de gallos y lo conocí cuando yo estaba escribiendo mi tesis doctoral sobre el comportamiento de los pollos y la psicología de los aficionados a las peleas de gallos. Cuando me encuentro a diez millas de la frontera con Tennessee, observo plumas blancas que vuelan rozando el cristal del coche. Acelero, adelanto a un par de tráilers de dieciocho ruedas y me sitúo detrás de dos camiones sobre cuyo remolque plano se apilan treinta y cuatro jaulas repletas de pollos vivos dirigiéndose al matadero. Las jaulas tienen poco menos de un metro de ancho por algo más de un metro de largo y unos tres de alto, y parece que en cada caja hay treinta o cuarenta pollos. Hago un cálculo mental. Tres aves por cada treinta centímetros de espacio en las jaulas dan más de mil animales en cada camión, apretados como sardinas en lata. La temperatura exterior es de unos 36 grados centígrados y las aves están expuestas al viento y al ruido de la autopista. Los camiones circulan a 80 kilómetros por hora cuando cruzamos la frontera estatal y entramos en el llamado Cocke County. Los pollos, que van perdiendo las plumas, tiemblan aterrorizados y esconden la cabeza bajo las alas. Me digo: ¿por qué las leyes que protegen a los animales no cubren el transporte interestatal de pollos comerciales?

Sigo detrás de los camiones unas veinte millas, dejamos atrás la salida de Wilton Spring, a un tiro de piedra de Four-Forty Cockpit, el reñidero que cerró sus puertas en 2005 cuando el FBI empezó a ejercer una intensa presión sobre las peleas de gallos y que ahora está abandonado. Aunque durante los últimos treinta años hayan muerto muchos gallos en el ruedo principal del Four-Forty, muchos miles más se han sacrificado para alimentar a las hordas de hambrientos turistas que se desplazan a las Smoky Mountains y que se detienen en el McDonald's situado al final de la carretera para comprarse un McNugget Happy Meal. Y empiezo a pensar que la comparación entre la moral que rige las peleas de gallos y la moral subyacente en comérselos es mucho más complicada de lo que muchos creen.

Si *Molly*, nuestro cobrador labrador hembra, no se hubiera encaprichado de los huevos crudos, yo jamás habría descubierto el mundo subterráneo de las peleas de gallos clandestinas que tenían lugar en mi pequeña comunidad. Poco después de mudarnos a las montañas, *Molly* se convirtió en una ladrona y se acostumbró a robar los huevos del gallinero de Hobart, nuestro vecino. Tuve la primera sospecha de que algo andaba mal cuando una tarde al llegar a casa encontré a *Molly* echada en el porche con una pata herida y la cara literalmente embadurnada de huevo. Al día siguiente, Mary Jean se encontró en la tienda con Laney, la esposa de Hobart, y le comentó que *Molly* estaba herida, pero que no sabía qué le había ocurrido.

–Oh –dijo Laney–, Hobart la pescó otra vez en nuestro gallinero y le disparó por detrás. Pero no te preocupes. Solo con balines para pájaros.

No me enfadé con Hobart. Al fin y al cabo mi perra le había robado sus huevos. Pero sabía que tenía que hacer algo enseguida. Me imaginé que la solución sería tener mis propios pollos y enseñarle a *Molly* a no hacer el tonto con ellos. Miré en los anuncios clasificados bajo el epígrafe "aves" y encontré lo que buscaba: «Pollos, 2,50 dólares la unidad. Usted mismo los atrapa. Llame a R.L. Holcombe, Stony Fork». El precio me pareció adecuado y Stony Fork distaba solo a un par de millas de casa. Me subí al coche y me dirigí al otro lado de las montañas. En casa del señor Holcombe había media docena de aves corriendo sueltas por ahí, incluidas algunas gallinitas pardas y un par de magníficos gallos. El señor Holcombe me dijo que eran gallos de pelea y que en otros tiempos fue aficionado a esta actividad, pero que ahora solo tenía un par de gallos como animales domésticos. Después de perseguirlos por el jardín durante más de una hora, conseguí atrapar un gallo y un par de gallinas, pero lo más importante fue que Holcombe me contó muchas cosas sobre las peleas de gallos. Y entonces fue cuando me di cuenta de que yo vivía en medio de un mundo prácticamente invisible para los ojos de mis colegas de la universidad.

El señor Holcombe me dijo que si me interesaba conseguir más información sobre gallos de pelea hablase con Fabe Webb, toda una leyenda entre los aficionados a las riñas de gallos del oeste de Carolina del Norte. Le llamé y, para mi sorpresa, me invitó a visitarlo. Fabe era un hombre corpulento de unos setenta años, pelirrojo y rubicundo. Tras recorrer apenas un kilómetro escaso por una polvorienta carretera llegué a una casita blanca casi completamente rodeada por el Parque Nacional de Pisgah. Desde la carretera no se veía la casa, pero desde muy lejos ya se oían las aves. Fabe tenía una gran cantidad de gallos de pelea, todos ellos relucientes: algunos de color marrón oscuro, casi morados, con collares de un verde iridiscente; otros completamente blancos; también los había negros con cuello naranja (todos vivían en jaulas individuales).

A Fabe le encantaba hablar de sus gallos y empecé a visitarlo regularmente. Me llevaba a pasear por el patio donde vivían las aves y mientras iba echándoles granos aquí y allá me contaba la ascendencia de cada uno de aquellos animales. De vez en cuando me señalaba algún viejo gallo con cicatrices causadas en las riñas –por ejemplo uno con solo un ojo–, ante los cuales se henchía de orgullo y me decía: «Fíjese, este ganó seis veces». La verdad es que Fabe había abandonado las peleas de gallos muchos años antes de que yo le conociera, aunque todavía asistía a alguna competición ocasional, se sentaba en las gradas y apostaba en un par de peleas.

Yo estaba perplejo. ¿Cómo era posible que alguien que quería tanto a las aves participase en un deporte sanguinario, brutal e ilegal que siempre terminaba con la muerte? Le plantee esta aparente contradicción una tarde mientras estábamos en su cocina bebiéndonos uno de los mejores *whiskies* de maíz domésticos del oeste de Carolina del Norte. Fabe se ofreció para llevarme a una pelea de gallos. Dijo querer mostrarme que estas competiciones no eran el baño de sangre que los tipos urbanitas como yo se imaginaban. Nunca llegamos a ir. Yo siempre aplazaba la visita, hasta que llegó un día en que leí en el periódico que Fabe había muerto. Creo que tuvo un ataque al corazón.

Poco después de la muerte de Fabe, el decano de la facultad que me había contratado como profesor temporal me llamó a su despacho. Me ofreció un puesto fijo, pero me dijo que si quería aquel trabajo tenía que terminar el doctorado en psicología. De repente, la observación de las aves que le había comprado al señor Holcombe pasó de ser un pasatiempo casual a la condición para obtener un puesto de trabajo permanente. Después de leer atentamente sobre el comportamiento de las aves de corral, convencí a mi tutor de escribir mi tesis doctoral sobre pollos. Me interesaban especialmente las diferencias en el comportamiento de los polluelos según las razas, incluidos los gallos de pelea. Al cabo de dos meses, tenía instalado un minicriadero en el sótano de casa. No tuve ningún problema para fertilizar huevos de las razas Rhode Island Red y White Leghorn procedentes del departamento científico de aves de corral de la universidad, pero con los de los gallos de pelea de pura raza fue otro cantar. Tras ponerme en contacto con amigos de amigos de otros amigos, localicé a una pareja de Tennessee aficionada a las peleas de gallos para los que fue un placer hacerme aquel favor. Y entre todas aquellas personas, un hombre llamado Jim me invitó a acompañarle a un campeonato que se celebraba en Carolina del Norte. Esta vez fui.

Cinco gallos compiten en el condado de Madison

La pelea tendría lugar en un reñidero cerca de una escuela en desuso, la Ebbs Chapel School en el condado de Madison; desde el exterior, parecía un enorme granero. Pagamos la entrada y Jim se alejó para charlar con algunos de sus amigos mientras yo procuraba hacerme invisible. El aire estaba cargado de humo de tabaco y olía a café y a hamburguesas que se freían en el bar. Unas ciento cincuenta personas se sentaban en las gradas o se arremolinaban cerca de la arena. Entre los espectadores había un hombre sentado en una silla de ruedas junto a su mujer y su hijo, que aparentaba tener unos doce años. Entre la algarabía general de las conversaciones, resonaba la voz del propietario del local a través del altavoz que sostenía dando instrucciones a los galleros que esperaban a la siguiente pelea para llevar a sus gallos al ruedo principal.

Cada uno de los galleros llevaba en brazos un gallo de extraño aspecto. Si aquellos animales parecían tan raros era porque les habían cortado la cresta y los apéndices de la cabeza y les habían rapado las plumas dorsales y laterales para que no tuvieran calor durante la competición. Uno de los gallos era de un color rojo intenso. Su adversario era negro y tenía las plumas del cuello de un amarillo pálido. Los gallos, igual que los muchachos que se peleaban en el instituto, se emparejaban según el peso. Los garfios, unas cuchillas curvadas y puntiagudas mortales, iban atados a los espolones que les crecen naturalmente a los gallos en los talones mediante cuerdas de piel enceradas. Siguiendo la antigua costumbre de los Apalaches, los garfios con los que se peleaban estos gallos eran largos –de unos seis centímetros–, no los más cortos característicos del norte o las cuchillas preferidas por los filipinos y los españoles que los atan solo a la pata izquierda de los gallos de pelea.

Un tipo calvo que estaba sentado en las gradas gritó a nadie en particular:

–Apuesto veinticinco a veinte por el gris.

Otro más joven que estaba al otro lado de la pista lo señaló con el dedo y dijo:

—Vas bien.

Jim me señaló con la cabeza a un grupo de hombres que estaban tranquilamente en una esquina. Me explicó que eran los que se jugaban grandes sumas de dinero entre ellos.

El árbitro era un hombre negro de unos cincuenta años a quien llamaban Doc,[220] que de día trabajaba de conserje en un colegio. Dio la señal:

—Tráiganlos.

Los galleros agarraron a sus gallos en brazos y les llevaron al centro de la arena, un espacio redondo de unos cuatro metros y medio de diámetro rodeado por una valla metálica de casi un metro de alto. Cuando los gallos se vieron de cerca, se les disparó la adrenalina, se les hincharon los apéndices de la cara y empezaron a buscar los ojos de su adversario. Primero los gallos se picotearon durante unos segundos en las respectivas cabezas, luego los galleros los separaron alejándose mutuamente hasta colocarse detrás de las largas líneas dibujadas en la arena. Los galleros se agacharon, sujetando en sus brazos a los gallos, esperando. Doc gritó:

—¡Soltadlos!

Entonces los hombres liberaron a los gallos de su abrazo y comenzó la pelea. Lo que vi fue una nube de plumas.

Al cabo de diez minutos, el gallero del rojo recogió el cadáver del gallo y lo dejó en un barril lleno de aves muertas. Una vez pagadas las apuestas, otros dos gallos estaban ya preparados para la siguiente riña y oí que Doc decía:

—¡Soltadlos!

Llegué a casa a las tres de la madrugada y no paré de dar vueltas en la cama toda la noche. Intentaba entender el significado de todo lo que había visto. Una de las letras de Bob Dylan dice así: «Algo está ocurriendo aquí, pero no sabe lo que es, ¿a que no, Mr. Jones?». Así me sentía yo.

Al día siguiente por la mañana durante el desayuno le dije

a Mary Jean que me disponía a cambiar de marcha y que iba a dedicarme durante un tiempo a la etnografía. Claro que no era el primer investigador que trataba de entender lo que significaban las peleas de gallos. La mayoría de ellos eran antropólogos que buscaban el significado subyacente: tótems, mitos y simbolismos. En 1942, Gregory Bateson y Margaret Mead[221] escribieron sobre las peleas de gallos en Bali: «La evidencia de considerar las peleas de gallos como un símbolo genital tiene su origen en la postura que adoptan los hombres cuando sostienen al gallo en brazos, en la jerga sexual y en las rimas populares de contenido sexual, así como en las tallas en madera balinesas que representan hombres con sus gallos de pelea». La antrozoóloga británica Gary Marvin interpretó las peleas de gallos españolas como una celebración de la virilidad, y según Clifford Geertz, sociólogo de la Universidad de Princeton, la función de las peleas de gallos en Bali es confirmar el estatus jerárquico entre los hombres en los entornos rurales. Más recientemente, en un ensayo titulado *Gallus as Phallus*, Alan Dundes, antropólogo de la Universidad de California, sostiene que en realidad las peleas de gallos son «una batalla homoerótica masculina con matices masturbatorios».[222]

A pesar de que esas ideas rozando lo freudiano me parecían interesantes, no me daban respuesta a la pregunta que a mí me interesaba: ¿cómo era posible que personas aparentemente normales participaran en una actividad que para la mayoría de los americanos, incluido yo mismo, eran una práctica sádica? Pero para entender la paradoja del porqué personas aparentemente buenas hacían cosas aparentemente malas tenía que adentrarme en aquel deporte. Tuve que dar un paso atrás y asumir el papel que el neurólogo Oliver Sacks llama de "antropólogo de Marte". Durante los dos años siguientes, recorrí un buen par de miles de millas por carreteras secundarias del este de Tennessee y el oeste de Carolina del Norte, entrevistando a personas aficionadas a las peleas de gallos, fotografiando a sus hijos y a sus gallos –normalmente juntos– y recopilando información, lista en mano, en riñas de gallos clandestinas. Durante la experiencia aprendí mucho de cómo pensamos las personas –y de cómo evitamos pensar– sobre nuestra forma de tratar a los animales.

La cultura de las peleas de gallos: lo elemental

Las riñas de gallos son uno de los deportes tradicionales más antiguos y extendidos.[223] El pollo que conocemos hoy en día es una forma domesticada de varias especies de un ave salvaje asiática originada hace aproximadamente ocho mil años. Este tipo de aves salvajes son luchadoras inveteradas; seguramente los humanos se dedican a las riñas de gallos desde el mismo momento en el que empezaron a criar pollos para obtener carne y huevos. Las peleas de gallos nacieron en el sudeste asiático y no tardaron en expandirse por China, las islas del Pacífico, Oriente Próximo y finalmente las antiguas Grecia y Roma, donde los jóvenes tenían que asistir a los combates entre gallos para aprender el significado de la valentía. El deporte enraizó en Europa y se hizo muy popular en España, en Francia y en las Islas Británicas. Colón se encargó de exportar pollos –y probablemente también las peleas de aves– al Nuevo Mundo, donde se extendió rápidamente por ambas Américas, del Norte y del Sur.

Para entender las peleas de gallos, hay que empezar por los pollos. Los galleros están obsesionados por la ascendencia sanguínea. No dejan de hablar sobre las ventajas del cruce de razas, la cría en línea y la cría endogámica. Son capaces de hablar sobre las generaciones F1 y F2 (exactamente igual que el profesor de biología que tuvimos en el instituto). He conocido a criadores cuyas listas genealógicas se remontaban décadas. Sabían quién engendró a quién y qué gallinas produjeron buenos gallos para esquivar y herir. Actualmente guardan toda esta información en bases de datos informatizadas.

Existen centenares de variedades de gallos. Los nombres son geniales: Blue Faced Hatches, Kelsos, Arkansas Travelers, Allen Roundheads, Madigan Grays, Butchers, Clarets. Lo que persiguen los criadores de gallos de pelea en la cría es la combinación de tres rasgos. El primero es la capacidad de cortar, es decir, la habilidad del gallo en cuestión para propinar golpes certeros en el cuerpo de sus adversarios que les perforen los pulmones o el corazón. El segundo es la habilidad para golpear con fuerza. Pero el rasgo principal con diferencia, el que hace empañar los ojos a los profesionales de este deporte, es lo que ellos llaman las verdaderas agallas, o, dicho en otras palabras, la capacidad de juego. Le pedí a Johnny, representante de una tercera generación de profesionales, que me dijera cómo podía explicar a mis colegas defensores de los derechos de los animales esa capacidad de juego.

–Se trata –me dijo–, de su corazón. De su deseo de jugar hasta la muerte. El gallo de corral es un cobarde. No saca el acero del espolón. Esa capacidad es el impulso que le lleva a golpear a su adversario. Es un instinto tan profundo en los verdaderos gallos de pelea que dan todo lo que tienen hasta su último suspiro.

A pesar de que la gran preocupación de los galleros por la ascendencia se asemeja a la de los miembros del Westminster Kennel Club, todos dicen que los buenos genes no bastan para convertir a uno de estos gallos en un buen gallo de pelea. Las aves también deben recibir un buen entrenamiento.

La postura de Johnny respecto a la versión avícola del debate sobre lo que es inherente y lo que es aprendido es que la habilidad de los gallos para la pelea se debe en un 85 % a los genes y en un 15 % al entrenamiento. Varias semanas antes de un campeonato, los galleros someten a sus aves a una dieta previa a la pelea a la que llaman *keep*. Cada gallero posee su fórmula secreta. Johnny da a sus gallos suplementos vitamínicos durante esta fase y les deja campar libremente unas horas al día para que coman todos los bichos que encuentren por la hierba. Algunos galleros empiezan la dieta poniendo una pizca de estricnina en la comida de sus gallos durante el *keep*; creen que con ello se espesa la sangre de los animales. Otros les administran antibióticos, testosterona o estimulantes. (Johnny probó con Dexedrine un par de veces, pero lo dejó cuando se dio cuenta de que sus gallos hacían tonterías en el reñidero.)

Los galleros consideran que sus aves son atletas y han desarrollado unos regímenes de entrenamiento físico para estimularles el vigor y la rapidez. Johnny ejercita a sus gallos por la mañana y otra vez por la tarde. Disponía de un banco acolchado para realizar ejercicios donde ponía a los gallos echados de espaldas para que aprendieran a darse la vuelta con rapidez, y también practicaba *flirts* lanzándolos hacia atrás para que desarrollaran los músculos de las alas y los traseros. Como si fueran musculosos atletas de un Gold's Gym, los gallos de Johnny practicaban ejercicios específicos para cada grupo de músculos, y el hombre controlaba los ejercicios diarios poniéndolos a prueba. Durante las semanas anteriores a un gran campeonato, Johnny se pasaba seis horas diarias entrenando a sus aves.

En las peleas de gallos también rigen las reglas

Todos los deportes tienen reglas, y las diferentes culturas del mundo donde existen peleas de gallos poseen sus propias tradiciones que determinan el desarrollo de las peleas. Por ejemplo, en Andalucía no se sujetan garfios metálicos a los espolones de los gallos, razón por la cual las peleas de gallos en España en general no suelen ser mortales. En Sudamérica, la forma más extendida de riñas de gallos se llama derbi. En un derbi, cada uno de los galleros participa con un número predeterminado de gallos en varias rondas de combates. El conjunto básico de reglas, conocidas como Reglas de Wortham,[224] rigen los combates desde la década de 1920 y todavía se aplican en los reñideros de gallos desde las montañas de Kentucky hasta las llanuras del oeste de Texas.

Las reglas son complejas. No se trata de soltar a los gallos y allá se las compongan. En los encuentros participan dos gallos, un par de galleros y un árbitro. El árbitro vigila cómo se desarrollan los acontecimientos. Los galleros, que no suelen ser los propietarios de los gallos, acercan ambos gallos lo suficiente para que puedan picarse mutuamente en las respectivas caras. A continuación, todavía sujetando a los gallos, los mantienen el uno frente al otro, pero ahora separados por una distancia de unos dos metros y medio. Cuando el árbitro da la orden, sueltan a los gallos. Instantáneamente y en silencio, los animales se abalanzan el uno sobre el otro causando tal remolino que Clifford Geertz lo describió como «una explosión de la furia animal en forma de batir de alas, golpeteo de cabezas y patadas, tan pura, tan absoluta, y a su manera tan bella, que raya en la abstracción, un concepto platónico del odio».[225]

Al cabo de veinte o treinta segundos, las cuchillas penetran en el cuerpo del adversario, y ambos animales caen al suelo. Entonces el árbitro ordena a los galleros que se acerquen a los animales y los separen; tienen veinte segundos para preparar a sus gallos para el siguiente asalto. Un buen gallero conoce la anatomía de las heridas y, lo mismo que el entrenador que espera en la esquina a su boxeador, es capaz de devolver al animal herido al ruedo preparado para la batalla. A veces les echan un poco de agua por la cara, o les dan unos golpes en la cabeza para que se recuperen, o sencillamente les dejan de nuevo en el suelo solos de modo que los animales van dejando un reguero de sangre que les brota del pescuezo. Cuando se termina el tiempo de descanso, la pelea prosigue. Y se va repitiendo el proceso hasta que queda un vencedor.

A veces los gallos ganan la pelea cuando acaban con su contrincante en el acto o asestándole un golpe tan fuerte que el gallero contrario tira la toalla al ruedo. Pero lo más frecuente es que la victoria venga determinada por una serie de reglas muy complicadas, llamada cuenta. Lo que más valoran los galleros es el impulso de un gallo para pelear independientemente de si tiene los pulmones perforados, la columna vertebral hecha añicos o la visión borrosa. El sistema de la cuenta ayuda a garantizar que el gallo más peleón, el que sigue combatiendo cuando ya todo parece perdido, gane. Cuando un gallo deja de atacar porque está herido o agotado, el gallero del adversario le pide al árbitro que "le cuente". Si el otro gallo no ataca tras cuatro picadas sucesivas de su oponente, el gallo cuyo gallero "tiene la cuenta" se declara ganador. Pero si el pobre gallo ensangrentado y hecho trizas realiza el más mínimo esfuerzo por agredir a su oponente, aunque solo sea una débil picada, la cuenta empieza de nuevo desde cero. Una pelea típica con cuchilla dura unos diez minutos, pero a veces uno de los gallos tiene la suerte de recibir un golpe afortunado en un órgano vital y entonces se termina la pelea en pocos segundos. Por otro lado, a veces una sola pelea puede llegar a durar una hora o más. Para evitar que los espectadores se aburran, lo que se suele hacer es trasladar la pelea larga a un reñidero secundario, que deja libre el principal para que se peleen un par de gallos frescos.

En los últimos años, la influencia de la inmigración se ha notado en las peleas de gallos igual que en otros aspectos de la cultura americana. El arma de elección de la nueva clase de galleros es el cuchillo. Este tipo de espuelas artificiales, a diferencia de los garfios puntiagudos, tienen filos afilados como cuchillas. A los filipinos les gustan las cuchillas largas, un arma con la que parece que se podría descuartizar un chuletón de Ruth's Chris Steakhouse. Los mexicanos prefieren la cuchilla corta con un par de hojas de unos tres centímetros a cada lado. A los galleros de otros tiempos no les gustan estas modernidades. Dicen que la cuchilla se lo pone más fácil a los gallos más cobardes para que puedan ganar una pelea a base de un golpe certero.

Las riñas de gallos no son tan sangrientas como se pueda usted imaginar. La esposa de Eddy, un directivo del sector de la alimentación, describe la primera vez que su marido la llevó a ver una pelea de gallos al reñidero de Del Río. «Me quedé sorprendida. No fue la carnicería que me había imaginado. Los cuartos de baño estaban limpios, lo mismo que la cocina, y la comida era muy rica. La preparaban en su propia cocina».

Tiene razón en cuanto a lo de la sangre. Las heridas que causan las cuchillas no sangran mucho por fuera, y el plumaje de las aves oculta la mayor parte de la sangre. Además, la sangre de los gallos de pelea se coagula con más rapidez que la de otros tipos de aves. Según la jerga de los aficionados, los gallos de pelea pueden "recibir mucho acero". Entre la afición se utiliza un léxico propio para referirse a las heridas. Un gallo al que le han perforado los pulmones emite una especie de chirrido escalofriante al que llaman "cascabeleo". Cuando un gallo se tambalea porque le han hecho añicos la columna vertebral, se dice que está "desacoplado". En una ocasión me llevé el cadáver de un gallo muerto en una pelea para que le practicaran la autopsia en el laboratorio veterinario estatal. Resultó que el patólogo había sido aficionado a las peleas de gallos cuando era joven en Oklahoma. Al abrir el gallo, contó diecinueve agujeros en su cuerpo. El golpe fatal fue en la garganta.

Las peleas de gallos suelen ser claras y diáfanas; casi todos los que pierden se mueren y casi todos lo que ganan viven. Pero de vez en cuando se produce lo inesperado. Un gallo puede negarse a luchar y dedicarse a pasear erráticamente con la mirada desconcertada. A veces ocurre que un gallo humilla a su propietario al darse media vuelta y empezar a correr por la arena lanzando graznidos. También están los que deciden pelear con su gallero, esos que empiezan a dar vueltas hasta que dan con su gallero en lugar de enfrentarse al otro congénere. Una noche vi a un gallo Grey atacar a su gallero en el muslo con sus cuchillas, más de seis centímetros de acero afilado. El hombre se puso blanco como la cera y cayó desplomado.

Un tanto para el gallo.

Una de las mayores sorpresas que me llevé en mi incursión en el mundo clandestino de las peleas de gallos fue lo abiertas que eran. La mayoría de los galleros de los Apalaches no hacían ningún esfuerzo por ocultar su implicación en el deporte, a pesar de que era ilegal. Al recorrer la región, vi campos con centenares de gallos de pelea, algunos atados a toneles, otros encerrados en pequeñas jaulas de madera que parecían tiendas de *boy scouts* para mascotas, todos perfectamente visibles desde las carreteras rurales o incluso desde las interestatales. ¿Cómo se lo montaban?

Muy sencillo. En los años setenta del pasado siglo era tan ilegal dedicarse a las peleas de gallos como tirar basura fuera de los lugares indicados para ello. Es verdad que las peleas de gallos eran ilegales tanto en Carolina del Norte como en Tennessee, pero se consideraba un delito menor ante el cual los *sheriffs* hacían la vista gorda. En las raras ocasiones en que había una redada, los participantes recibían unos diplomáticos golpecitos en la espalda y una multa de 50 dólares. Nunca encarcelaron a nadie. Efectivamente, había algunos *sheriffs* que perseguían el delito, pero otros creían que era mejor que las riñas se celebraran en lugares concretos donde a todos los participantes les interesaba guardar un buen comportamiento. En esos reñideros regían códigos de conducta para evitar altercados: prohibido beber alcohol y tomar drogas, así como hacer trampas en las apuestas, son órdenes de los árbitros. Los propietarios de los recintos también hacían todo lo posible para evitar problemas con los vecinos. El propietario del reñidero de Ebbs Chapel recogía donaciones en las peleas del sábado por la noche para entregarlas a la iglesia baptista situada un poco más arriba de la misma calle. En resumen, las leyes locales consideraban que era preferible dejar que en los reñideros se desarrollaran las actividades que empujar aquel deporte a una mayor clandestinidad. Puede que tuvieran razón. En las peleas de gallos se produce una combinación potencialmente explosiva entre una gran cantidad de testosterona y una gran cantidad de dinero. Solo una vez pasé miedo en una de estas peleas, y fue en un encuentro a los que llaman *brush fights*. Las *brush fights* son peleas informales que tienen lugar en graneros o en pinares, que se improvisan rápidamente con una serie de llamadas telefónicas en el último momento. No se venden entradas, no se paga árbitro y no hay reglas que prohíban las bebidas alcohólicas. La pelea tenía lugar al oeste de Knoxville una tarde muy calurosa y la cerveza corría a mares. Hacía las veces de árbitro uno de los espectadores, escogido al azar, que no tenía ni idea de lo que se llevaba entre manos. Dos galleros, que habían bebido, riñeron a causa de una intervención del árbitro. En un reñidero normal los hubieran expulsado inmediatamente. Pero no en una de estas peleas. La discusión fue aumentando de tono hasta que uno de los dos tipos agarró una botella de cerveza, la rompió por el cuello y se abalanzó sobre el otro gallero, a quien le dio en el hombro. El que recibió el golpe, con el brazo ensangrentado, agarró a su gallo y dio media vuelta enfadado. Cuando le oí pronunciar las siguientes palabras, «Voy a darle una lección a este cabrón. Llevo una pistola en el coche», empecé a buscar una vía de escape. Por desgracia, había llegado al combate muy pronto y mi coche estaba rodeado de media docena de furgonetas. No obstante, todos los presentes sentían la misma aversión por los borrachos que yo y al cabo de pocos minutos no quedaba ni un solo vehículo y pude volver a casa, eso sí, sudando, con palpitaciones y las manos temblorosas, y pensando que a fin de cuentas tal vez no tenía el perfil para ser antropólogo.

Justificar lo injustificable

La mayoría de las personas cree que los aficionados a las peleas de gallos son gentuza de mala vida que se dedica a vender anfetaminas cuando no está torturando alegremente animales. Sin embargo, lo más interesante que descubrí desde el punto de vista psicológico fue lo tremendamente vulgares que llegan a ser. Casi todos los galleros a los que conocí llevaban vidas completamente normales –excepto por su pasión por aquel brutal y sangriento deporte– y tenían hipotecas que pagar, esposa, hijos y un trabajo.

Suzie, una muchacha de Luisiana activista en la defensa de animales, trabajó sin descanso durante años para que se prohibieran las riñas de gallos en su estado. Su experiencia con los gallos luchadores del sur rural fue parecida a la mía. Le desagradan las peleas de gallos. Pero igual que los baptistas, que dicen odiar el pecado pero no al pecador, Suzie llegó a respetar a la mayoría de sus opositores. Una vez me dijo: «La mayoría de los aficionados a las peleas de gallos que he conocido son personas temerosas de Dios, educadas, amantes de su familia, que no andan por ahí inyectándose heroína o esnifando coca. Estoy completamente en contra de las peleas de gallos, pero ello no significa que los aficionados a esta práctica sean malas personas».

Si los galleros fueran unos pervertidos sádicos, sería fácil explicar su implicación en un deporte sangriento y cruel. Pero puesto que la mayoría no lo son, ¿cómo es posible que participen en una actividad ilegal que la mayoría de americanos considera inmoral? La respuesta es que construyen un marco moral basado en una mezcla de ilusión y razonamientos en el que las riñas de gallos son completamente aceptables. En este sentido no son distintos a cualquier otra persona que explote a los animales –cazadores, domadores de circo, incluso científicos y personas que comen carne–. Existen varias líneas de razonamientos que sirven a los galleros para justificar una actividad que la mayor parte de la gente considera injustificable.[226]

«Es el deporte más humano de todos»

La mayoría de los galleros niegan que el deporte que practican sea cruel. Dicen que la pelea es solamente una pequeña parte de su deporte. Dicen que se tarda dos años en criar una de estas aves desde la eclosión hasta llegar al gallo de pelea, y que la lucha, que a menudo se resuelve en unos minutos, no es más que una fracción de todo lo que significa ser gallero.

¿Y qué hay del dolor y el sufrimiento? Según mi amigo Johnny los espolones de acero han borrado la crueldad de las luchas de gallos. Los espolones, dice, hacen que la lucha sea justa porque igualan las posibilidades de victoria de todos los gallos. Si no fuera por los espolones artificiales, argumenta, los gallos se molerían a golpes hasta la muerte con sus espolones naturales de seis centímetros. Paul Ledford, mi vecino, me dio otro argumento una mañana mientras nos tomábamos una taza de café cuando le pregunté cuánto dolor se infligía a los gallos durante una pelea corriente. Sacudió la cabeza y dijo: «Los pollos no sienten dolor. Son demasiado tontos para sentirlo».

A veces se oye el argumento contrario, que los pollos son seres morales que escogen luchar entre sí hasta la muerte. De acuerdo con esta lógica, lo que es cruel es no dejar que los gallos cumplan su destino en los reñideros. El capitán L. Fitz-Barnard[227] escribe en su libro *Fighting Sports*: «Si las criaturas están dispuestas a ello, no existe crueldad ninguna. Para el gallo de pelea, el gozo del combate es su máximo gozo». Fitz-Barnard cree que las peleas de gallos son superiores a la caza o a la pesca, porque el ciervo de cola blanca o la trucha asalmonada a los que matamos no tienen la oportunidad de escoger. «Si los participantes no están dispuestos, existe crueldad [...], nadie en su sano juicio piensa que al pez le gusta que le lleven a la muerte mediante un cebo, que a menudo es una golosina viva; que al zorro o a la liebre los guste que los cacen y las despellejen; o que los pájaros y otros animales prefieran una muerte retardada causada por heridas de balas».

No me creo en absoluto el argumento según el cual los

gallos de pelea escogen luchar porque así llegan a la versión avícola de la autorrealización mediante la batalla. No, si combaten es porque su cerebro ha sido cableado durante generaciones de intensa selección con la información de que sus espolones deben penetrar en otros gallos machos. Aunque quisieran huir, el cerco que rodea el reñidero lo impediría. Pero la comparación de Fitz-Barnard entre la pelea de gallos y la caza hace vibrar una cuerda algo incómoda. Tanto como un 30% de los 120 millones de aves al que los cazadores[228] disparan todos los años en Estados Unidos se desploma en el suelo herido y plenamente consciente. Aunque se encontrara a las aves más afortunadas y se las matara rápidamente, muchos millones más sufrirían una lenta agonía. Fitz-Barnard tiene razón: provoca mucho más sufrimiento el deporte legal de la caza recreativa que el deporte clandestino de las peleas de gallos.

«Es algo completamente natural»

Una variante muy extendida del "no son crueles" referido a las peleas de gallos es que estos animales son luchadores innatos, como los leones son cazadores innatos de cebras. Se trata de una variante de la falacia naturalista. Johnny me la expuso como sigue: «Lo que hacemos nosotros es un acto de la naturaleza en una situación controlada. El gallo peleará tanto si estamos allí como si no. Hacemos que las cosas sean lo más justas posible para que los gallos lleven a cabo un acto natural. Nosotros no hacemos que se peleen. Es para lo que han nacido. Es su finalidad». (Por cierto, esta es también la razón por la que la mayoría de los galleros[229] que he conocido no están de acuerdo con las luchas de perros. Como me dijo la mujer de Eddy, «las peleas de gallos no son como las luchas entre perros. A los perros hay que volverlos malos. Pero esas aves han nacido para combatir. Combatirán tanto si nosotros estamos ahí como si no».)

He tropezado muchas veces con la falacia naturalista. Una activista defensora de los derechos de los animales, al explicarme su desacuerdo con la investigación con animales, me dijo que el sida era "un mecanismo natural" para reducir el exceso de población. Hace poco una mujer con la que me encontré en una fiesta me dijo: «La verdad es que no entiendo a los vegetarianos. Los humanos hemos comido carne durante millones de años. Para eso están las vacas y los pollos». No le hice notar que su justificación para comer pollo era idéntica a la lógica de Johnny para llevarlos a pelear. Creo que ella no hubiera visto los paralelismos.

«Las mejores personas que has conocido en tu vida»

Las restricciones aplicadas a las peleas de gallos no estaban basadas originalmente en la preocupación por el sufrimiento de los animales, sino más bien en mantener controlado al gentío. La asociación entre peleas de gallos y otras formas de actividades delictivas persiste hoy en día. Por ejemplo, la Sociedad Nacional Protectora de Animales de Estados Unidos[230] vincula las peleas de gallos a la prostitución, al robo de identidad, al robo en general, a los cárteles mexicanos de la droga, al juego ilegal, al soborno, a la actividad de bandas, a la evasión de impuestos, al blanqueo de capital, a las infracciones de las normas de inmigración, a las granadas de mano y al asesinato.

Por supuesto los galleros no lo ven así. Ellos se ven a sí mismos como un grupo de hermanos perseguido unidos por una serie de valores comunes, como un intenso trabajo, competencia, respeto por las tradiciones culturales y amor por las aves. Niegan las acusaciones relacionadas con el alcohol, el dopaje, la prostitución y las estafas. Refiriéndose a las organizaciones protectoras de animales, Johnny me dijo: «Nos llaman de todo: proxenetas, traficantes de droga. Para ellos somos la escoria de la sociedad. Ellos son más listos que nosotros. Saben cómo vender nuestra imagen a las personas que no saben de qué va».

De acuerdo, reconoce, hay algunas manzanas podridas: el tramposo que aviva con veneno la ira de sus gallos o que afila ilegalmente los filos de una cuchilla de las largas. Pero son una minoría.

En cuanto al 99 % de los galleros, Johnny afirma: «No encontrará un grupo de gente mejor. ¿Me puede decir dónde encontrará otro lugar en el que sumas tan grandes de dinero cambien de manos sin ningún tipo de problema? Los galleros son unos caballeros».

La defensa de los grandes hombres

Los galleros añaden a su defensa de la "buena gente" un giro retórico al que los psicólogos sociales llaman gloria reflejada. El razonamiento es como sigue: «Si ___ fuera un gallero, nadie lo criticaría». En la lista de nombres que aparecen en el espacio en blanco se incluyen George Washington, Alexander Hamilton, John Adams, Alejandro Magno, Woodrow Wilson, Andrew Jackson, Henry Clay, Aníbal, Julio César, Thomas Jefferson, Benjamin Franklin y Abraham Lincoln, de quien se dice que fue un árbitro. Genghis Khan y Helen Keller se añaden a veces a la lista, aunque en lo que concierne a la última, tengo mis dudas. Los galleros modernos sostienen que una larga lista de miembros de la realeza británica ha viajado en su mismo tren y a menudo se refieren a las peleas de gallos como un "deporte de reyes".

Las peleas de gallos forjan el carácter

Cuando le preguntaron a Bobby Keener de Greensboro, Carolina del Norte, qué es lo que mantenía su interés por las peleas de gallos, dijo: «Es porque estos animales no cejan en su empeño hasta que no les queda nada más por dar. ¿Cuántas personas lo harían? El ave da todo lo que tiene hasta que ya no le queda nada que dar, y aun así sigue dando. Es lo que llamamos espíritu de juego o corazón. Eso es lo que ha mantenido mi interés».[231]

A eso lo llamo yo defensa del modelo moral. Para un gallero, el gallo es la criatura más valiente que existe en la Tierra. Por eso el gallo es la mascota del equipo de rugbi de la Universidad de Carolina del Sur. Un gallero resumió el modelo del argumento moral cuando escribió en *Grit and Steel*[232] lo siguiente: «Un gallo de pelea es fiel a su familia y a sí mismo, y tiene agallas para corroborar esa fidelidad [...], hacen falta agallas para ser fiel: a nuestros ideales, a nuestra esposa, a nuestro marido, a nuestros amigos, a nuestro país».

«Amo a mis pollos»

Desde el punto de vista de un pollo, un gallo de pelea tiene una vida fantástica. En general, los gallos no salen a pelear hasta que tienen dos años,[233] y durante este tiempo llevan una vida comparable a la de un purasangre. Durante los primeros ocho o nueve meses viven en un corral como los demás pollos, pero cuando llegan a la pubertad, hay que separarlos.

Como los galleros quieren que sus aves hagan ejercicio, los atan con una cuerda de un par de metros de largo o los meten en jaulas lo bastante grandes para poder moverse dentro de ellas libremente. Aparte del maíz de cultivo orgánico que Johnny les compraba en la tienda de productos biológicos, sus gallos desayunaban huevos duros, cenaban fruta y ensaladas variadas, y para comer, tomaban cebada perlada. Cada dos días Johnny les daba hamburguesas que complementaba con queso fresco. Johny protesta:«Damos a nuestros gallos los mejores alimentos, el mejor corral, las mejores gallinas… Y nos tildan de crueles».

Como todos los galleros con los que he conversado, Eddy Buckner quiere con locura a sus gallos. Me dice que los adora, y le creo. Igual que a Fabe Webb, los ojos le brillan cuando habla de sus aves.

–Pero, Eddie –le digo–, dices que quieres a estos animales. Los alimentas prácticamente con tus manos durante dos años, dedicas horas todos los días a adiestrarlos y a que hagan ejercicio. Y entonces llega el fin de semana y te los llevas al reñidero, donde sabes a ciencia cierta que la mitad de ellos morirán antes de que anochezca, y luego te limitas a echarlos en un barril. No lo entiendo.

–Hay que poner límites –me dice.

–Pero ¿no sientes aprecio por ellos? –le pregunto.

–Pues claro –contesta.

–¿Les das un nombre?

–Sí.

–¿Has visto alguna vez a un gallero llorar ante un gallo muerto?

–Jamás.

–Pues sigo sin entenderlo –le digo.

Activistas a favor de los animales contra galleros: una asimetría del odio

Los galleros están absolutamente convencidos de estos argumentos –tan convencidos que me han llegado a decir con la sinceridad pintada en el rostro que les gustaría llevar a los activistas que luchan a favor de los derechos de los animales a un derbi para que vieran el gran deporte que es en realidad una pelea de gallos–. Por supuesto la idea es ridícula. No conozco a ningún activista a favor de la protección de los animales que no piense que las luchas de gallos son crueles, y nada les hará cambiar de opinión, lo cual nos lleva a una animosidad asimétrica: los activistas a favor de los animales sienten más odio por los galleros que estos por los protectores de animales.

Karen Davis, fundadora de United Poultry Concerns,[234] la única organización del país que lucha por los derechos de las aves de corral, abomina de las luchas de gallos. Dice que este deporte no tiene nada que ver con la competición, sino con la inseguridad masculina. La gran ironía de la masculinidad, me dice, es que los hombres tienen miedo unos de otros, que les asusta que otros hombres puedan percibir su pizca de sensibilidad femenina. Desde su punto de vista, las peleas de gallos son una versión adulta perversa de las burlas en el patio de la escuela: «Mi papá puede pegar a tu papá».

Cuando le pregunto qué siente por los galleros, Karen me contesta: «Los gallos nos llegan a las rodillas, y están a la merced de esos hombres que sobrepasan en altura a las aves e infligen castigos a sus cuerpos. Y el último de los castigos es llevarlos a la arena y obligarles a pelearse entre sí. Los galleros estimulan los impulsos violentos y sangrientos en las aves. Y luego dicen que los admiran y que los quieren. Estoy segura de que no hay ni un solo gallo en el mundo que les pueda estar agradecido por ello».

¿Karen tiene razón? Suponiendo que pudieran escoger, ¿habría un solo gallo en el mundo que se presentara voluntario para ser gallo de pelea? Karen me ha obligado a volver a formularme la misma pregunta que me hice mientras conducía tras los camiones de pollos por la interestatal 40: ¿preferiría ser un gallo de pelea o un pollo para asar a la parrilla? Para contestar la pregunta, debemos echar una ojeada al triste contingente de pollos industriales.

¿Usted qué preferiría, ser un gallo de pelea o un pollo de engorde?

El pollo actual criado como alimento es una maravilla de la tecnología. Los pollos a los que seguía por la carretera interestatal parecían ser Cobb 500, uno de los pollos de engorde más populares del mundo. El Cobb 500 fue desarrollado por la Cobb-Vantress, una empresa multinacional creada en 1986 resultado de la fusión de dos gigantes de la industria, Tyson Foods y Upjohn Cobb-Vantress,[235] que desarrolla sus actividades en Europa, Asia, Sudamérica y África y que también produce el Cobb 700, diseñado para obtener una proporción más elevada de carne de pechuga, el Cobb Sasso 150, pensado para criarse en granja y comercializarse en el mercado orgánico, y el Cobb Avian 48, que se publicita como el que tiene "mayor esperanza de vida" y especialmente apropiado para venderse en "mercados de aves vivas que existen en algunas partes del mundo".

Estos animales son máquinas de producir carne. Una gallina normal Cobb 500 produce 132 polluelos hasta el momento en que "se agota", a la edad de quince meses. La vida de los polluelos será mucho más corta que la de su madre. En 1925, hacían falta 120 días y casi cuatro kilos de alimento para conseguir un ave flaca que no llegaba a un kilo de peso. Hoy en día, se lleva a los pollos al matadero cuando tienen seis o siete semanas de vida, momento en el que pesan ya casi dos kilos. Aunque un Cobb 500 crece a una velocidad cinco veces superior al pollo que criaba nuestra abuela en su corral, come menos carne. Un próximo proyecto de la Cobb-Vantres es conseguir dentro de poco una libra de carne de pollo con poco más de una libra y media de alimento. Y algo todavía mejor desde la perspectiva industrial es que un pollo moderno tiene menos desperdicio. Cuando lo han desplumado, le han cortado las patas y las alas, le han extirpado los órganos reproductivos y le han vaciado las venas de sangre, el 73% del cadáver de un pollo Cobb 500 será "producto sin vísceras".

Por la carne barata se paga un peaje. Los huesos de un pollo de engorde no pueden sostener el explosivo crecimiento de su cuerpo. Las pechugas desnaturalizadamente grandes ejercen mucha presión sobre las patas, lo cual provoca cojera, rotura de tendones y el síndrome de las patas torcidas. Según Donald Broome, profesor de Bienestar de los Animales en la Universidad de Cambridge, el dolor agudo en las patas de los pollos es el problema más grave que afecta a su bienestar. Entre los pollos de engorde industriales son prevalentes los problemas de artritis, las enfermedades coronarias, el síndrome de muerte súbita y un sinnúmero de trastornos metabólicos.

Las condiciones de vida de los animales destinados a ser *nuggets* de pollo son dantescas. Estos animales nunca verán el sol ni el cielo. Al estar tan gordos, los pollos industriales se pasan la mayor parte del tiempo echados, a menudo sobre suciedad contaminada por sus propios excrementos. El resultado es que muchos desarrollan ampollas en el pecho y llagas en las articulaciones y en las plantas de las patas. Un "corral de engorde" puede tener ciento ochenta metros de largo por dieciocho de ancho y albergar a treinta mil aves. Estos corrales son húmedos y el aire apesta a amoniaco debido a la acción de los microbios sobre la orina acumulada y los excrementos de los miles de aves. El gas les quema los pulmones, les inflama los ojos y les provoca enfermedad respiratoria crónica.

Cuando los pollos alcanzan un peso de aproximadamente un par de kilos, les llega la hora del viaje a la planta procesadora. Pero antes hay que atraparlos. Hordas de cazadores de pollos a sueldos ínfimos invaden los corrales por la noche. Protegidos con máscaras y monos, agarran a los pollos por las patas, cinco en cada mano, y los meten en cajas para su transporte. Un equipo de atrapadores de pollos puede tardar una noche entera para cargar treinta mil pollos en jaulas metálicas. Durante esa noche cada hombre puede llegar a cargar hasta quince toneladas de aves que no paran de graznar y batir sus alas. Es un trabajo indigno tanto para las personas como para los animales. Los trabajadores terminan llenos de arañazos y de picadas, además de quedarse cubiertos de excrementos. Un 25% de los animales resulta herido durante este proceso de caza y carga. Mi colega Bruce Henderson, actualmente psicólogo del desarrollo, formó parte de uno de estos equipos cuando iba al instituto. Duró en el trabajo seis días.

¿No existe un mejor sistema para agarrar a los pollos? Veamos ahora los recolectores mecánicos de pollos. Existen varios tipos de estos gigantes, incluido uno provisto de gigantescos dedos de goma. Uno de los más populares es el PH2000, fabricado por la compañía Lewis/Mola de Bennetsville, Carolina del Sur. El artefacto mide dieciocho metros de largo, pesa más de siete mil kilos y puede vaciar un corral que contenga veinticuatro mil aves en tres horas y media. Funciona más o menos como una pala con dos cabezas para recoger basura. Las dos rampas metálicas de la máquina, llamadas cabezas cosechadoras, pasan cuidadosamente entre la aglomeración de pollos. Estos, apretujados, se empujan entre sí y suben a las rampas desde donde mediante una cinta transportadora son introducidos directamente en las jaulas metálicas que los transportarán hasta la planta de procesado. Según dice la Sociedad Nacional Protectora de Animales de Estados Unidos, las cosechadoras mecánicas son mejores para las aves que la recolección manual. A los pollos no les gusta nada que los humanos les atrapen y quedarse colgados cabeza abajo agarrados por las patas llagadas. No parece que les agobie tanto dirigirse desorientadamente hacia las fauces de la PH2000 y ser excretados al cabo de un momento, algo mareados, en el interior de las jaulas que los transportarán. Según los informes de la compañía, con la recolección mecánica se consigue una disminución de un 60 % de alas rotas y de un 99 % de patas quebradas. A pesar de las ventajas atribuidas a la recolección mecánica, la gran mayoría de pollos industriales que se consumen cada año en Estados Unidos todavía se captura manualmente.

Una vez que se han cargado las jaulas, los camiones se lanzan a la carretera y se llevan a nuestros Cobb500 a la planta procesadora,[236] donde serán descargados de sus cajas embaladas, sujetados fuertemente por las patas con grilletes metálicos y colgados patas arriba de una cinta transportadora. Después, boca abajo y batiendo las alas, someterán sus cabezas a un baño de agua electrificada. La electricidad recorrerá sus cuerpos entre siete y diez minutos, esperemos que dejándolos completamente aturdidos. La siguiente parada de la cinta es en la máquina cortadora de cuellos[237], en la que varias cuchillas rotatorias seccionan las arterias carótidas de los animales. Cuando a los pollos ya no les queda más sangre en el cuerpo, sus cuerpos se introducirán en el tanque de escaldado. Un sistema de producción eficiente con dos líneas de evisceración puede procesar ciento cuarenta aves por minuto.[238] Sin embargo, el sistema no siempre funciona. Algunas aves no quedan lo bastante aturdidas[239] antes de que les cercenen el cuello, y si las cuchillas se saltan las carótidas de alguno de los pollos, estos serán conscientes cuando los sumerjan en el agua caliente del tanque de escaldado.

Aquí lo tienen. Un pollo normal criado para ser gallo de pelea en el este de Tennessee tendrá una vida regalada durante sus dos años. Durante los primeros seis meses gozará de libertad. Después tendrá un patio donde corretear y una habitación privada donde dormir. El gallo realizará mucho ejercicio, comerá mejor que algunas personas y tendrá la oportunidad de perseguir gallinas. La cara oscura es que cualquier sábado por la noche sentirá el agudo dolor provocado por la corta cuchilla mexicana cuando penetre en sus músculos pectorales o el largo garfio que quizá le hiera en la garganta; morirá sobre la arena tras una pelea que suele durar entre unos segundos y algo más de una hora mientras hombres luciendo gorras de beisbol se insultarán mutuamente. Sus posibilidades de ver amanecer el domingo por la mañana son del 50%.

En cambio, nuestro Cobb500 vivirá en una miseria inimaginable, con dolor en las piernas, los pulmones ardiendo, sin ver jamás el cielo ni andar sobre la hierba, sin sexo, sin poder picotear bichos, comiendo la monótona comida granulada para aves todos los días durante los cuarenta y dos días de su vida, momento en el que será enjaulado y transportado en un camión abierto hasta la planta donde lo colgaran patas arriba, lo electrocutarán y le cortarán el cuello. Sus posibilidades de ver amanecer son nulas.

Karen Davis me dice que ningún pollo del mundo querría vivir una vida de gallo de pelea. Yo apuesto veinticinco contra veinte a que está equivocada.

La influencia del dinero y la clase social
en nuestra percepción de la crueldad

Si lo miramos objetivamente, es difícil negar que las peleas de gallos causen menos sufrimiento que nuestra demanda de carne de pollo en apariencia insaciable. Probablemente se corta el cuello de diez mil o veinte mil pollos en una planta procesadora por cada gallo que muere en una pelea. Y además ahí está el incómodo hecho de que la vida de un gallo de pelea es quince veces más larga e infinitamente más agradable que la vida de un pollo de engorde industrial. Entonces, ¿por qué la ley nos permite matar a 9.000 millones de pollos todos los años, y sin embargo podemos terminar en una institución penitenciaria federal a causa de una riña de gallos?

En parte, se trata de una cuestión de dinero y poder. El Consejo Nacional del Pollo es la asociación comercial de la industria avícola. Se cuentan entre sus miembros las empresas productoras del 95 % de los pollos industriales que se consumen en Estados Unidos, y la organización trabaja incansablemente para tener al Estado de su parte. Como consecuencia, los pollos criados en granjas industriales están exentos de la aplicación de las normativas relativas al bienestar de los animales, incluida la Ley sobre Métodos Humanos de Sacrificio de Animales, aprobada por el Congreso en 1958 para garantizar que los animales destinados a la mesa no sufran inútilmente cuando los maten.

Mientras que el Consejo Nacional del Pollo promueve los intereses de la industria avícola, organizaciones tales como United Poultry Concerns, PETA, Farm Sanctuary y la Sociedad Nacional Protectora de Animales de Estados Unidos (HSUS), siglas de su denominación en inglés (Humane Society of the United States), son la voz de los pollos americanos. Entre las mencionadas organizaciones, la

HSUS es la de mayor influencia política. Con unos beneficios anuales de 100 millones de dólares y unos activos de 190 millones de dólares, la HSUS es el gorila de 350 kilos dentro del movimiento a favor de la protección de los animales.

En 1998, la HSUS decidió intervenir en las peleas de gallos. Como respuesta a la presión política ejercida por los grupos protectores de los animales, los últimos estados cedieron ante la presión. Luisiana fue el último bastión. Cuando el estado intentó mejorar su imagen tras el paso del huracán Katrina, la influencia del *lobby* de las peleas de gallos en la legislatura disminuyó, y en 2007 Kathleen Blanco, gobernadora de Luisiana, firmó una ley que eliminaba el vacío legal gracias al que los pollos quedaban al margen de las leyes estatales sobre crueldad con los animales. Desde el 15 de agosto de 2008 las peleas de gallos son ilegales en todos los estados.[240] No obstante, las leyes estatales relativas a las peleas de gallos son incoherentes. En Florida, las peleas de gallos están penalizadas con cinco años de cárcel y una multa de 5.000 dólares, pero en el estado vecino de Alabama la multa es de 50 insignificantes dólares. Hoy en día, cuando las peleas de gallos están prohibidas en todas partes, la misión de la HSUS es movilizar a sus miembros para presionar sobre los legisladores con la finalidad de que las peleas de gallos constituyan un delito grave en todos los estados.

La ofensiva contra las peleas de gallos se orienta hacia la crueldad, pero el trasfondo es la clase social. En el siglo XVIII el movimiento contra los deportes sangrientos[241] no se dirigía a las actividades de ocio practicadas por los terratenientes de la aristocracia, como la caza del zorro, sino que apuntaba a las actividades que atraían al proletariado, como los combates de toros y las peleas de gallos. Hoy sucede lo mismo. Los aficionados a las peleas de gallos proceden de clases a las que es fácil atacar: hispanos y blancos de entornos rurales y clases trabajadoras. Por otro lado, los activistas a favor de los animales suelen proceder de un entorno urbano, pertenecen a la clase media y tienen formación escolar, y desprecian a los aficionados a las peleas de gallos, a los que consideran un grupo variopinto de paletos e inmigrantes ilegales.

Kathy Rudy, entusiasta defensora de los animales y rescatadora de perros de la Universidad Duke, está preocupada por la división entre activistas a favor de los animales y la clase trabajadora. En un artículo publicado en el *Atlanta Journal Constitution*[242] poco después de que el mariscal de campo del Atlanta Falcons, Michael Vick, se declarara culpable de los cargos que le imputaban en relación con las peleas de perros, Kathy señaló que en nuestra sociedad es mucho más fácil criminalizar formas de maltrato a animales en las que estén implicadas minorías y pobres que la crueldad en los animales que afecte a los ricos. El actor cómico Chris Rock expresó esta misma opinión en la televisión nacional como respuesta a una fotografía de Sarah Palin, en aquel momento gobernadora de Alaska y ávida cazadora de caza mayor. Chris le dijo a Letterman: «Sostiene a un alce muerto y ensangrentado. Y se pregunta como Michael Vick: "¿Por qué estoy en la cárcel?". Permiten que una mujer blanca mate a un alce, pero ¿qué ocurre si un hombre negro quiere matar a un perro? Entonces es un delito».

Ocurre lo mismo en las carreras de caballos.[243] Según la investigación de Jeffery McMurry de la Associated Press, en 2007 en los hipódromos de Estados Unidos murieron más de tres caballos al día –y más de cinco mil desde 2003 hasta 2008–. Sin embargo, según la encuesta Gallup realizada después de la muerte de *Eight Belles* –el caballo que sufrió un ataque durante el derbi de Kentucky y tuvo que ser sacrificado inmediatamente–, la mayoría de los americanos son contrarios a toda prohibición relativa a las carreras de caballos.

Igual que en las peleas de gallos, en las carreras de caballos confluyen apuestas y sufrimiento. Pero a diferencia de aquellas, las carreras de caballos son un pasatiempo de la clase rica.

Las peleas de gallos y la ética humana

Me inquietan varios conflictos morales relacionados con los animales. Pero no las peleas de gallos. Me gustó la mayoría de las personas que conocí durante mi investigación, pero como en el caso de la esclavitud, su deporte es un anacronismo cruel e injustificable. Ha llegado el momento de que los aficionados a las peleas de gallos cierren los reñideros y dejen las cuchillas para los campos de golf y la pesca deportiva.

Sin embargo, me sigue inquietando nuestra actitud ante las peleas de gallos por lo que dice sobre la hipocresía moral y la falibilidad del sentido común en nuestra relación con las otras especies. Mientras el gran contingente de los que comen pollo (del que formo parte) dormirá esta noche tranquilamente sabiendo que las peleas de gallos están prohibidas en todos los estados, los equipos humanos de recolectores de pollos, llegados de Maryland o de California, entrarán en las oscuras granjas de engorde y atraparán a treinta y cinco millones de aterrorizados pollos que encerrarán en jaulas metálicas, listos para ser trasladados a la planta procesadora mañana por la mañana.

Mientras realizaba la investigación sobre las peleas de gallos para mi tesis doctoral, llevé a Tony Dumbar, uno de los responsables de Amnistía Internacional, a ver un derbi en el reñidero de Ebbs Chapel. El trabajo de Tony consiste en intentar salvar a homicidas convictos de la ejecución. Cuando volvíamos a casa a las dos de la madrugada, hediendo a tabaco y a hamburguesas grasientas, le pregunté qué le había parecido la noche que habíamos pasado codeándonos con algunos de los galleros más expertos de Carolina del Norte. Tras una pausa me dijo: «Para mí las peleas de gallos son un problema moral menor».

Muchas personas no estarían de acuerdo con su punto de vista. Pero a mí me cuesta no llegar a la conclusión de que, si lo comparamos con el sufrimiento que provoca un menú Chicken McNugget Happy Meal, tenía toda la razón.

7. EXQUISITA, PELIGROSA, REPUGNANTE Y CADAVÉRICA

La relación entre las personas y la carne

Me preguntan por qué me niego a comer carne. A mí lo que me sorprende es que puedan llevarse a la boca un pedazo de cadáver de animal, que no les parezca repugnante masticar carne y tragarse el jugo de heridas mortales.[244]

J. M. Coetzee

A todas las personas normales les gusta la carne. No te ganas a los amigos a base de ensaladas.

Homer Simpson

Staci Giani tiene cuarenta y un años, pero parece diez años más joven. De niña vivía en las afueras de Connecticut y ahora vive con su pareja, Gregory, en una comunidad ecológica autosuficiente en plena montaña, a veinte minutos al norte de Old Fort, en Carolina del Norte. Staci irradia vigor, y cuando se pone a hablar sobre alimentación, se entusiasma y su rostro resplandece. Es italoamericana, atractiva, y al hablar con ella te dan ganas de sonreír. Me explicó que ella y Gregory se construyeron su casa, que incluso cortaron los troncos y serraron las tablas. Pienso: «Esta mujer podría conmigo».

Staci no ha estado siempre tan en forma. Cuando era más

joven, su salud empezó a deteriorarse. Después de doce años de seguir una dieta vegetariana, empezó a sufrir anemia y síntoma de fatiga crónica, así como dolor de estómago durante un par de horas después de cada comida.

–Estaba muy débil –me dice–. Y entonces cambié mis hábitos dietéticos.

–Explícame lo que comes actualmente. ¿Qué has desayunado hoy?

–Una libra de hígado de ternera crudo –responde.

A veces los activistas a favor de los derechos de los animales dicen que los americanos en masa se están volviendo de espaldas a las costillas asadas y a las alas de pollo para entregarse a las hamburguesas de pasta de garbanzos y al tofu. Es cierto que cada vez un mayor número de personas cree que deben respetarse los derechos básicos de los animales, entre estos, me imagino, el derecho a que no te maten porque resulta que estás hecho de carne comestible. Sin embargo, a pesar de nuestro ya comentado amor por los animales, los americanos nos comemos 72.000 millones de libras de carne animal al año y solo una pequeña proporción de estadounidenses es verdaderamente vegetariana. Matamos a doscientos animales para alimentarnos por cada animal que utilizamos para investigación científica, a dos mil por cada perro sacrificado en un centro de acogida de animales, y a cuarenta mil por cada cría de foca molida a palos hasta matarla sobre un témpano de hielo en Canadá. Y, a pesar de lo que oímos a veces, durante los últimos treinta años, el movimiento en defensa de los animales no ha influido mucho en nuestro deseo de alimentarnos a base de otras especies.

En la mayoría de las culturas la carne es símbolo de riqueza, y a medida que un país se enriquece sus ciudadanos quieren comer más carne. Desde 1960, el consumo per cápita de carne se ha multiplicado por seis en Japón y por quince en China.[245]

Frank Bruni, antiguo crítico gastronómico del *New York Times*, dejó constancia del lujo de la carne al describir un *steak* de 90 dólares que se comió para cenar una noche en una brasería de Manhattan. Era, según lo que escribió, «un sublime pedazo de carne gloriosa, con el que todavía sueño pasadas varias horas, por el que aún siento nostalgia al día siguiente y al que alabo con tanta vehemencia y exaltación que los amigos empiezan a preocuparse más por mi salud mental que por mi colesterol».[246]

Los ojos se me abrieron a los trascendentes placeres de la carne cuando una pareja amiga mía de toda la vida nos invitó a Mary Jean y a mí a un restaurante obscenamente caro. Celebraban un importante acontecimiento en su vida: un par de camareros exclusivamente para nuestra mesa; cinco vinos distintos, escogidos por algún catavinos para que fueran los más adecuados a los platos; una cucharadita de raspadura de limón helada para estimular las papilas gustativas entre la sopa y el plato de pescado. Entrantes escogidos por el propio chef, pero con un par de opciones en el aperitivo. Mary Jean se decantó por confit de pato. Yo me decidí por tripa de cerdo.

Nunca había probado la tripa de cerdo, pero me acordé de que la emisora local de música *country* solía anunciar el precio que tenía en el mercado en los programas de mediodía dedicados a temas agrícolas y domésticos. El pedazo de cerdo sobre el plato que me sirvieron consistía en un solitario trozo de grasa asado. Al primer mordisco mis ideas sobre la carne cambiaron. Una vez, en un museo, me quedé de pie delante de un cuadro de Mark Rothko preguntándome cómo podía ser que alguien creyera que un trozo de tela pintada de negro fuera arte, pero entonces sentí un clic y de repente lo entendí. Tuve esa misma sensación al notar el sabor de aquella tripa de cerdo. El Rothko y aquella tripa de cerdo compartían la misma pureza platónica. Uno era la destilación de la negrura, el otro la esencia de la carne.

¿Qué tiene la carne que hace que afloren las contradicciones y los conflictos de nuestra forma de pensar en las demás especies? El problema de la carne es que, a pesar de su buen sabor, a lo mejor no es saludable, es repugnante e implica matar animales.

¿Por qué es tan buena la carne?

Cuando en una encuesta Gallup se preguntó a diferentes personas cuál era "su comida ideal", veinte veces más personas escogieron un entrante a base de carne en lugar de un primer plato vegetariano a base de verdura o ensalada. Incluso la mitad de las personas vegetarianas reconoce que a veces tiene un antojo de carne. ¿Por qué a los humanos nos atrae tanto el sabor de la carne? La razón está clara: tenemos una larga ascendencia de comedores de carne.

Los chimpancés, nuestros parientes vivos más cercanos,[247] adoran el sabor de la carne. Dice Richard Wrangham, primatólogo de la Universidad de Harvard que lleva muchos años dedicado al estudio de los chimpancés, que jamás ha oído hablar de un chimpancé salvaje al que no le volviera loco la carne. Las hembras de estos primates intercambiarán gustosamente carne por sexo, y Craig Stanfrod, profesor de antropología de la Universidad de California del Sur, ha visto a chimpancés jóvenes no quitar el ojo de sus mayores mientras estos comen carne encaramados a un árbol, esperando ansiosos que caigan un par de gotas de sangre. Los chimpancés adultos cazan ratas, ardillas, pequeños antílopes, mandriles y hasta crías de chimpancé, pero su manjar favorito es un mono llamado colobo rojo. En los chimpancés el gusto por la carne es salvaje. Los chimpancés del Parque Nacional Taï en Costa de Marfil matan a sus víctimas destripándolas, y los chimpancés Gombe de Tanzania suelen torturar a sus víctimas arrancándoles las patas o destrozándoles la cabeza a base de golpes contra los troncos o las rocas. En el bosque de Kibale, en Uganda, es costumbre de los chimpancés empezar el banquete comiéndose las vísceras y los órganos internos de su presa mientras todavía está viva.

Curiosamente, aunque a estos animales les guste tanto la carne, no la comen en mucha cantidad. La carne significa solamente un 3-4 % de la dieta habitual de un chimpancé, y los chimpancés carnívoros más voraces no comen más de cincuenta gramos al día. Hace dos millones y medio de años, nuestros antepasados homínidos comían más carne de la que comen los chimpancés actuales. El paso de carnívoros a omnívoros se produjo acompañado de cambios en el cuerpo y en el cerebro. En comparación con los monos, los humanos actuales tienen un intestino relativamente pequeño, con más porción de colon y menos de intestino delgado. Nuestros dientes también reflejan la dieta carnívora. Lo mismo que los chimpancés y los gorilas, los dientes de nuestros antepasados australopitecus carecían de las cortantes cuchillas cóncavas que poseen los comedores de carne como Dios manda; sus planos y grandes molares estaban diseñados para masticar vegetales duros y para triturar cáscaras de semillas y de frutos secos. Nuestros dientes, en comparación, son un ejército de cuchillos suizos capaces de cortar, triturar y morder.

El efecto más importante del omnivorismo fue la influencia que tuvo sobre la evolución del cerebro humano. Muchos antropólogos creen que el hecho de que el hombre empezara a comer carne fue el factor responsable de que el tamaño de nuestro cerebro se triplicara en un par de millones de años. No es nueva la idea de que procedemos de monos carnívoros. Raymond Dart, que en 1924 descubrió el primer fósil de "mono hombre", el niño de Taung, en Sudáfrica, escribió que nuestros antepasados eran asesinos sedientos de sangre[248] que se regocijaban «devorando con avidez carne lívida retorciéndose». Las historias más recientes sobre el papel de la carne en la evolución humana son más sofisticadas que la de Dart, pero la idea básica es la misma. Craig Stanford cree que no es ninguna coincidencia que los humanos, los chimpancés, los mandriles y los monos capuchinos –los primates que más carne comen– sean también los manipuladores sociales más expertos. Son avezados en el engaño y en establecer alianzas; son hábiles en los matices de complicadas relaciones interpersonales. Stanford cree que el hecho de compartir carne puso en marcha la evolución del cerebro al facilitar la inteligencia social.

Es probable que nuestros antepasados realizaran varios cambios en sus dietas, primero una dieta con un alto contenido de fibras basada en plantas, luego alimentos que contenían más carne animal. Después, tras la invención de la agricultura, se produjo un retorno a dietas más basadas en los vegetales. Las dietas de los cazadores recolectores nos indican que los humanos pueden adaptarse a una extraordinaria variedad de alimentos, pero entre estos siempre se incluye algo de carne. Antes de que las motos de nieve y la televisión por satélite llegaran al círculo polar ártico, el 99 % de la ingesta calórica de los pueblos nunamuit del norte de Alaska[249] procedía de productos animales: alimentos como el *muktuk* crudo (piel y grasa de ballena), el pescado, la morsa y la aleta de foca. Por otro lado, los !kung del desierto del Kalahari sobrevivían con toda facilidad a base de una dieta compuesta por plantas en un 85 %. Loren Cordain, investigadora en nutrición de la Universidad Estatal de Colorado, después de examinar la dieta de cientos de grupos de cazadores recolectores, descubrió que esos grupos obtenían, de media, dos terceras partes de sus calorías de la carne animal. No encontró ninguna sociedad cazadora recolectora[250] que sobreviviera con una dieta que contuviera menos del 15 % de productos animales.

Bobo Lee, cuyo nombre real es Robert E. Lee* (va en serio), está de acuerdo con la teoría de que comer carne forma parte del orden natural de las cosas. Bobo y su mujer, Pam, tienen un pequeño local con barbacoa, el Po-Pigs BBQ, situado junto a una gasolinera a cuarenta y cinco minutos de Charleston, en Carolina del Sur. Antes de dedicarse a preparar barbacoas para sus clientes, Bobo trabajaba en el comercio de materias primas. Le conocí cuando me dirigía en coche a lo que los habitantes de Carolina del Sur llaman el Low Country. Pero fue más tarde cuando descubrí que mis amigos Jane y Michael, gurús de los restaurantes de carretera, consideraban que el local con barbacoa de Bobo era uno de los cinco mejores de Estados Unidos.

Según mi experiencia, la mayor parte de este tipo de locales acaba siendo una decepción. Pero no los Po-Pigs. El ambiente es correcto –manteles de cuadros, un letrero escrito a mano colgado en la puerta donde se lee «Solo se admiten cheques y dinero en efectivo», y lo más importante de todo, no tiene ventanas (lo que siempre es una buena señal en un restaurante con barbacoa). El *pulled pork* es sublime –tierno, ahumado y dulce–. Aunque sobre cada mesa hay cuatro botellas con diferentes salsas, estas no son más que distracciones: la carne habla por sí sola. Cuando felicité a Bobo, me dijo que fuera a la mañana siguiente y que hablaríamos de carne. Me presenté a las nueve de la mañana. George Green, un sargento encargado de cocina retirado con un inconfundible acento gullah, me llevó hacia el interior del local y me

---

*   Robert. E. Lee (1807-1870) fue un famoso general estadounidense. (*N. de la T.*)

enseñó lo que tenía dentro del horno. Entre la humareda distinguí un par de docenas de pedazos de cerdo de color caoba con hueso sometidos a una cocción de noventa grados durante toda la noche. Estaban listos para ser retirados del fuego. Después de dejarlos enfriar una media hora, BoBo y George se pusieron unos gruesos guantes aislantes y empezaron a desmigar la carne a mano, mezclándola con un poco de salsa Pee Dee de vinagre y pimienta. Según las palabras de BoBo, si hay que desmigar la carne con cuchillo, significa que no la hemos asado lo bastante despacio.

Le pregunté por qué a los humanos nos parece tan sabrosa la carne.

–Gracias a ella nuestros antepasados sobrevivieron –respondió–. Matando animales. Por Dios, incluso mataban mastodontes. Llevamos grabado en nuestra mente que sentarnos para comer un pedazo de carne es una señal de éxito. Nos hace sentir bien mentalmente. Para mí no hay nada tan gratificante como un buen bistec caliente, sangrante, hecho al punto.

Pero ello no explica por qué su mujer, Pam, no quiere saber nada de la carne. Ni siquiera le gusta mirar la carne cruda.

–Pam –le pregunté–, ¿cómo es posible que hayas servido tantos kilos de cerdo en los últimos diez años y que no comas carne?

–Bueno, como pescado –dice–. Nunca me ha gustado el sabor de la carne. Ni siquiera cuando era pequeña. Mi madre me metía los trozos en la boca y yo no me los tragaba. No era por el sabor. Lo que no me gustaba era su textura. Hoy en día, con las salchichas vegetarianas estoy en el paraíso.

–¿Y qué te parece la carne a la parrilla que hacéis aquí?
–Nunca la he probado.

Cómo nos enfrentamos al peligro de devorar carne

El caso de Pam, con su asco a la carne animal, no es muy corriente. La mayor parte de las personas son como su marido. Dada la historia evolutiva de nuestra especie, es comprensible que los humanos sintamos una atracción natural por la carne. Biológicamente, de ella obtenemos un buen chute nutritivo. Pero la otra cara de la moneda es que, entre los alimentos que comemos, la carne es el más peligroso. En la encuesta que realizó ABC News entre los americanos sobre cuál era el tipo de alimentos que les daba más miedo comer por temor a que les provocara alguna enfermedad, el 85 % respondió que la carne, mientras que un 1 % que mencionó algún producto vegetal.

El miedo que nos da comer carne animal está fundamentado. El problema es que también nosotros somos carne. Y por ello somos vulnerables a las diferentes bacterias, virus, protozoos, amebas y parásitos que viven en los seres que nos comemos.[251] La carne de pescado contiene por lo menos cincuenta tipos de parásitos transmisibles. La carne de vaca, de cerdo, de cabra y de oveja puede contener la bacteria llamada *E. coli*, responsable de cuatrocientas mil muertes humanas en todo el mundo todos los años. Algunos científicos creen que el virus del sida empezó a transmitirse a nuestra especie a través de la carne de mono. Además, están los minúsculos y traidores priones –pequeños pedacitos de proteína que tiene la asombrosa capacidad de reproducirse en nuestras células a pesar de no contener material genético–. Son los responsables de la encefalopatía espongiforme bovina (la enfermedad de las "vacas locas"), que lentamente convierte el cerebro en un queso suizo. Los priones también son los causantes del kuru, una enfermedad neurológica que afecta a las tribus fore de Nueva Guinea y que se transmite a través del consumo de tejido cerebral de los familiares muertos en los ritos funerarios.

Sin embargo, lo que nos preguntamos es por qué los leones y los lobos no contraen enfermedades al comer carne cruda. Richard Wrangham, de la Universidad de Harvard, lo atribuye a la cocción de los alimentos. Según dice, cuando el *Homo erectus* descubrió la cocción de los alimentos, hace dos millones de años, dio un paso definitivo que hizo posible el crecimiento del cerebro al acceder a una gama mucho más variada de alimentos comestibles. Al cocinar, además de realzar el sabor de los filetes de impala, también se destruían muchos de los agentes patógenos que podían hacer enfermar a nuestros antepasados. La consecuencia fue que los seres humanos no tuvieron ninguna necesidad de evolucionar en su defensa biológica ante los mecanismos que permiten a los verdaderos carnívoros ser resistentes a las toxinas producidas por las bacterias que habitan en la carne.

Al añadir especias a la dieta humana también disminuye la peligrosidad intrínseca de la carne. Paul Sherman, biólogo de la Universidad de Cornell, se preguntaba por qué los humanos eran la única especie animal que condimentaba sus alimentos,[252] sobre todo con sustancias en principio tan poco deseables como las guindillas, que arden en la boca. Sherman y sus alumnos aventuraron la hipótesis de que los humanos desarrollaron el gusto por los alimentos condimentados porque las especias contienen principios químicos que retardan el desarrollo de los microbios perjudiciales. Para demostrar esta idea analizaron miles de recetas tradicionales procedentes de todas partes del mundo. En todos los países, las recetas con carne contenían más especias que las recetas con vegetales. Además, los pueblos habitantes de lugares cálidos y húmedos que propician el crecimiento de bacterias utilizan más especias en sus alimentos que los pueblos que viven en climas más fríos. En países como la India, Indonesia, Malasia, Nigeria y Tailandia, todos los platos con carne llevan muchas especias. (Por cierto, las especias con mayores propiedades antibacterianas son el ajo, la cebolla, la pimienta y el orégano.)

Aunque al cocinar con especias se disminuye la peligrosidad de la carne, comer carne conlleva riesgos,[253] especialmente para las mujeres embarazadas. Algunos agentes patógenos que se encuentran en la carne, como *Toxoplasma gondii*, *Listeria monocyogenes*, *E. coli*, *Shilella dysenteriae* y *Leptospira leptospira*, pueden causar abortos espontáneos, nacimiento de fetos muertos y partos prematuros. Sin embargo, la evolución ha creado defensas contra los alimentos que pueden ser perjudiciales para un embrión en proceso de gestación: las náuseas y las manías a ciertos alimentos. La mayoría de las mujeres sufre náuseas y vómitos durante los tres primeros meses de embarazo, cuando los embriones son más vulnerables a los efectos nocivos de las toxinas. Según el razonamiento de Paul Sherman, puesto que la carne es el alimento más peligroso y la fruta la más segura, el asco a la carne debería ser más común durante embarazo que el asco a la fruta. El análisis que llevó a cabo sobre las preferencias alimentarias de doce mil mujeres embarazadas le dio la razón. Las mujeres embarazadas tienen diez veces más posibilidades de desarrollar asco por la carne que por la fruta.

Por qué los sesos de cordero son un plato exquisito en Beirut y repugnante en Boston

Las mujeres embarazadas no son las únicas personas a las que les da asco la carne. Nos ocurre a todos. Mi estudio favorito sobre la carne es un libro de pocas páginas publicado en 1859 por un danés cuyo nombre es Peter Lund Simmons, *The curiosities of Food or the Dainties and Delicacies of Different Nations Obtained fron Animal Kingdom.* Simmons da cuenta de la extraordinaria variedad de carne animal que comemos los humanos, cuya mayor parte yo no probaría. Describe el placer de los dedos de elefante (adobados en vinagre fuerte y pimienta de Cayena) y los placeres gustativos que nos proporcionan criaturas como las marsopas, los tejones australianos, las ratas de bosque de la India, los sapos, las abejas, los ciempiés, las arañas, las babosas marinas y los flamencos (cuya lengua es «deliciosa, muy parecida a la de la cabra montesa»).

Si tuviera que puntuar mi propia intrepidez como gastrónomo me otorgaría siete puntos sobre diez. He disfrutado con los sesos de oveja (que solía comer a menudo en mi época de estudiante en Beirut –fritos son mejores que hervidos–), el intestino de cerdo, las medusas, las tortugas aligátor, la tripa de oveja rellena de menudillos, los saltamontes, el timo, el asado de pierna de oso negro, el caimán y los huevos de iguana. Y sin embargo me da asco el yogur y el *sushi* me parece soso. No sería capaz de comer gato, rata, murciélago o chimpancé. Tampoco podría comer *balut* –la exquisitez filipina que consiste en embrión de pato caliente y medio desplumado que se sorbe en el propio huevo–. Y me resultaría imposible tragarme, como hizo el célebre chef de Nueva York Anthony Bourdain, el corazón aún palpitante de una cobra. Pero pese a mi fracaso como *gourmand*, todos los alimentos que he mencionado se consideran exquisiteces en alguna parte del mundo.

¿Por qué la lista de animales comestibles es tan larga y sin embargo, en comparación, el número de criaturas cuya carne nos comemos habitualmente es tan reducido? Una de las razones es la disponibilidad. Jared Diamond indica en su libro

Armas, gérmenes y acero que, aunque existen muchos animales comestibles, hay pocos que ofrezcan buenas perspectivas para ser producidos a gran escala. Por ejemplo, solamente catorce de los ciento cuarenta y ocho grandes mamíferos terrestres han sido domesticados. Las opciones en lo concerniente a carnes también dependen del lugar en el que vivamos. En la carnicería del supermercado donde suelo comprar, solo tienen las carnes típicas: ternera, cerdo y pollo, un poco de cordero envasado y un par de tipos de pescado. Para los más atrevidos hay hígado. Pero si está leyendo este libro en Barcelona, puede hacer una visita a la Boquería, el enorme mercado central de La Rambla. Entrando a la derecha, a medio pasaje, encontrará un puesto donde venden vísceras. Vaya a primera hora de la mañana a ese mercado y verá apilados montones de resplandecientes órganos internos: estómagos, sesos, lenguas, intestinos, pulmones, corazones, riñones y hasta un par de cabezas de cordero recién partidas por la mitad.

Pero la falta de disponibilidad solo es una de las razones por las que evitamos comer ciertos tipos de carne. La experiencia personal también tiene un papel. Como las ratas, los seres humanos hemos desarrollado una especial habilidad para asociar el sabor de los alimentos a las náuseas y los vómitos. Lo descubrió Martin Seligman, que desarrolló asco por uno de sus platos favoritos, la carne con salsa bearnesa, después de haber comido este plato por su cumpleaños, haber contraído un virus a continuación y haberse pasado la noche vomitando. No debe sorprendernos que el asco a la carne sea tres veces más común que el asco por los vegetales y seis veces más común que el asco por la fruta.[254]

No obstante, el factor que más nos influye en que un alimento nos parezca delicioso o repugnante es la cultura. Daniel Fessler, antropólogo evolucionista de la Universidad de Los

Ángeles, ha estudiado los tabúes alimentarios en las sociedades humanas.[255] Fessler pensó que la carne, al ser peligrosa, probablemente sería objeto de tabúes con más frecuencia que los alimentos vegetales. Él y uno de sus estudiantes, Carlos Navarrete, recopilaron información sobre alimentos prohibidos en setenta y ocho culturas. Descubrieron que carnes perfectamente comestibles tenían seis veces más posibilidades de estar prohibidas que las verduras, las frutas o los cereales.

¿Por qué tiene que ser más fácil imponer un tabú sobre la carne que sobre los alimentos de origen vegetal? A los antropólogos les encanta este tipo de preguntas. Como suele pasar, son muchas las especulaciones y escasos los datos sólidos. Algunos antropólogos alimentarios son funcionalistas que creen que los tabúes son adaptativos. Por ejemplo, el cerdo es un alimento prohibido tanto para los musulmanes como para los judíos. Algunos funcionalistas creen que la prohibición sobre la carne de cerdo es una forma de proteger a los humanos de la triquinosis. Existe otro punto de vista funcionalista según el cual la prohibición de comer cerdo es adaptativa, puesto que los cerdos competían con los humanos por el mismo tipo de alimentos. En este mismo sentido, el antropólogo Marvin Harris sostiene que si en la India las vacas son sagradas para los hindúes es porque este tipo de ganado es más útil para arar los campos y producir leche y combustible (sus excrementos secos) que como fuente de proteínas.

En los últimos años, las explicaciones funcionalistas sobre la prohibición de comer carne no han terminado de funcionar. Por ejemplo, no explican bien la distribución geográfica de los diferentes tabúes que pesan sobre la carne. ¿Por qué, nos preguntamos, en Pakistán comen carne de vaca si, como en la India, las vacas aran la tierra y producen leche y combustible? Tampoco explican ecológicamente tabúes sorprendentes como la prohibición de comer pescado que pesa sobre los habitantes del desierto como los indios navajos del suroeste de América o sobre la población pastora masái en África. Una teoría alternativa a la que considera que los tabúes alimentarios son adaptativos es la idea de que estos nacen simplemente de los caprichos de la psicología humana. Sospecho que la mayoría de las prohibiciones sobre la carne es sencillamente el resultado de tradiciones culturales arbitrarias y no tiene más explicación que la tendencia humana a la imitación.

Si estoy en lo cierto, bajo circunstancias adecuadas, nuestro sentimiento sobre la comestibilidad de los animales a veces varía muy deprisa, lo mismo que cambia, por ejemplo, la moda en los nombres que ponemos a nuestros hijos. Este fue el caso de la prohibición de comer carne de búfalo[256] entre los tharu de Nepal. El antropólogo Christian McDonaugh vivió en un pueblo tharu entre 1979 y 1981. Durante este período McDonaugh comió regularmente carne de cerdo, de cabra, de pescado, de pollo e incluso de rata con la gente del pueblo, pero nunca comió carne de búfalo. Los búfalos, así como otros animales, eran sacrificados como parte de rituales religiosos. Pero a diferencia de lo que ocurría con los pollos, los cerdos y las cabras, que tras el sacrificio se utilizaban como alimento, los cadáveres de los búfalos eran apartados como deshechos después de celebrar el ritual. Doce años más tarde, McDonaugh volvió al pueblo. Se sorprendió mucho cuando después de una larga tarde bebiendo una cerveza tras otra le ofrecieron una tapa a base de carne de búfalo. Al parecer, los tharu habían cambiado sus costumbres. Según McDonaugh, el rápido declive de la prohibición sobre la carne de búfalo se debía a varios factores. En primer lugar, había subido el precio de las otras carnes, con lo cual la de búfalo era una ganga. En segundo lugar, el sistema de castas se estaba erosionando. La población del valle se iba diversificando cada vez más y los tharu estaban en contacto con personas que sí comían carne de búfalo. Para terminar, la región se estaba democratizando y los tharu gozaban de una mayor libertad para expresar sus opiniones y sus aspiraciones políticas. Por primera vez sentían que podían comer lo que les daba la gana.

GALLETAS DE PERRO, ESTOFADO DE PERRO: ESTUDIO DE UN CASO DE TABÚ ALIMENTARIO

Cuando una cultura impone un tabú sobre un tipo de carne, la sola idea de comérnosla nos produce asco. Para la mayoría de los americanos,[257] la idea de consumir carne de perro es especialmente repugnante. Sin embargo, las pruebas arqueológicas nos indican que hace cientos de años[258] que los humanos comen carne de perro. En muchas partes del mundo las personas han considerado a los perros como despensas ambulantes que hay que llenar en las épocas de abundancia a base de alimentarlas en exceso para después realizar la cosecha cuando llega la escasez de proteínas. Los aztecas desarrollaron una raza sin pelo expresamente para comérsela y la carne de perro era un alimento básico entre muchas tribus indias de América del Norte. Aunque su consumo se prohibió en 1998, la carne de perro sigue formando parte de la dieta en ciertas zonas de Filipinas, y en África a veces se castra y se alimenta con abundancia a los perros antes de sacrificarlos para estimular su engorde. Seguro que no le gustaría ser perro en la cuenca del Congo, donde para ablandar la carne de los perros se los apalea lentamente hasta matarlos.

La carne de perro es especialmente popular en Asia, donde se consumen diciséis millones de perros y cuatro millones de gatos todos los años. Anthony Podbersceck, antrozoólogo de la Universidad de Cambridge, ha estudiado el comercio asiático de productos caninos.[259] La población china es la que más carne de perro come. Los jamoncitos de cachorro son la parte preferida. La carne de perro iguala en precio a la de buey. En 2004, cuatrocientos gramos de carne de perro cruda en las tiendas costaba dos dólares. Los órganos de perro son una ganga: los sesos a un dólar la pieza y los penes a 1,45. Históricamente, la carne de perro preferida en China ha sido siempre la de chow chow, pero en la década de los noventa los criadores de perros (¿o deberíamos llamarlos rancheros?) decidieron producir un animal que creciera más deprisa y cuya carne fuera mejor. Después de experimentar con el gran danés, el newfoundland y el mastín tibetano, se decidieron por el san bernardo como la mejor raza productora de carne, por su buen temperamento y su gran capacidad de parir camadas de numerosos cachorros que crecían con rapidez. Sin embargo, la carne de los san bernardos es más bien sosa, y suelen cruzarlos con razas locales para conseguir una carne más gustosa. Los cachorros se sacrifican a los seis meses cuando su carne todavía es tierna.

También en Corea del Sur existe una larga tradición de comer carne de perro. En Corea, como en China, se cree que la carne de perro tiene propiedades medicinales. Pero a diferencia de China, donde la carne de perro se come en invierno, para los coreanos la carne de perro es un plato veraniego. A pesar de ser considerada como un alimento tradicional, la carne de perro ha sido objeto de polémica en Corea del Sur. El consumo per cápita de carne de perro en este país supera solo un poco los doscientos gramos al año, pero al tener una población de cincuenta millones de habitantes, las cifras aumentan. Según el ministro de Agricultura, los surcoreanos comieron en 1997 doce millones de kilos de carne de perro. En 2002, la Asociación Nacional de Restaurantes de Carne de Perro se organizó para fomentar el consumo de carne de perro y de productos relacionados. Entre los productos elaborados con carne de perro encontramos pan, galletas, mayonesa, kétchup, vinagre y hamburguesas. También podemos adquirir paquetes de "carne de perro digerida". (No estoy seguro de lo que es.) Según dicen, lo que llaman *gaesoju*, un tónico con propiedades medicinales, está elaborado con carne de perro. No quiero saber cómo lo preparan.

Aunque los surcoreanos comen un millón de perros al año, cada vez más habitantes de este país tienen perros como mascotas en su hogar. Las razas de perros pequeños –maltés, shi tzu y terrier yorkshire– son las más populares. Una de las consecuencias es que los surcoreanos tienen sentimientos cada vez más ambivalentes en lo que a comer carne de perro se refiere, y en una encuesta reciente el 55 % de los adultos estaba en contra de comer carne de perro. Dicho esto, y según el mismo informe, menos del 25 % de surcoreanos era partidario de imponer una prohibición a comer carne de perro.

Los tabúes sobre comer perro se originan en dos aspectos contrapuestos de la relación entre humanos y animales. Los humanos no se comen a los animales que menosprecian y tampoco se comen a los animales que miman. El principio según el cual no se comen los animales menospreciados explica por qué no se come perro en la India y en la mayor parte de Oriente Próximo. En el hinduismo clásico,[260] los perros eran los animales que ocupaban las posiciones más bajas en la escala del mundo animal. Se les desdeñaba por creer que practicaban el coito con miembros de su propia familia y que comían vómitos, heces y cadáveres. Los perros se relacionaban con los miembros de los grupos pertenecientes a las castas más bajas, y los brahmanes creían que los perros contaminaban la comida con solo mirarla. En muchas de las interpretaciones de la ley islámica[261] también se considera que los perros son seres impuros. Por ejemplo, los musulmanes no deben ponerse a rezar inmediatamente después de haber sido tocados por un perro. Los hindúes y los musulmanes no comen perro por la misma razón que los americanos no comen rata: son animales nocivos.

Sin embargo, los americanos y los europeos no consumen carne de perro por la razón exactamente opuesta. En los hogares americanos, los perros no son animales, sino miembros de la familia. Y puesto que los miembros de la familia son personas, comerse a un perro es equivalente a un acto de canibalismo.

¿Qué ocurre en las culturas en las que los perros pueden ser tanto un miembro más de la familia como un alimento? Esas sociedades suelen disponer de mecanismos para resolver la potencial fusión de categorías. La raza preferida de perro comestible en Corea del Sur es el nureongi, un perro de tamaño mediano de pelo amarillo. Estos perros no son mascotas, y en los mercados donde venden perros como mascotas y también el mencionado nureongi, a los primeros se les separa físicamente de los segundos poniéndolos en jaulas de un color diferente. Los indios oglala[262] de la Reserva Pine Ridge de Dakota del Sur comen estofado de perro como parte de sus rituales religiosos y también tienen perros como animales domésticos. El destino de cada uno de los cachorros de una camada se decide poco después de haber nacido. Los que van a ser animales domésticos reciben un nombre. Sus hermanos de sangre a los que el futuro depara una cazuela, no.

La carne está muerta y es repugnante

Otro de los factores que ensombrecen la relación entre carne y seres humanos es el sentimiento de culpa que nace de quitar la vida a otro ser. Las ceremonias en las que los cazadores se redimen[263] matando a un animal son prácticamente universales en las sociedades tribales. La mayoría de los americanos reprime cualquier sentimiento de culpa relacionado con la ingestión de carne simplemente evitando pensar de dónde procede su cena. Yo siempre conseguí evitar las consecuencias morales de mi dieta hasta que a los treinta y seis años me encontré, cuchillo en mano, descuartizando el cuerpo humeante de un ciervo de casi seiscientos kilos.

En aquella época vivíamos en el campus del Warren Wilson College, cerca de Asheville. También formaba parte del centro una granja de animales, entre los cuales había ganado vacuno. Todos los años se sacrificaba una tercera parte de este ganado de engorde. Aquellos animales llevaban una vida de pastoreo idílica y su sacrificio se realizaba de una forma tan poco dolorosa que ni siquiera un filósofo defensor de la liberación de los animales como Peter Singer hubiera tenido algo que objetar.[264] Jamás se los llevaba apelotonados a una planta de engorde ni tampoco apretujados en un camión, ni mucho menos tenían que soportar el trauma de pasar por un matadero industrial. No, un grupo de estudiantes que trabajaba en el equipo de la granja de la institución entusiasmado por volver a las costumbres rurales mimaba a las vacas del Warren Wilson desde la cuna hasta la muerte. Y la mañana para la que estaba previsto el sacrificio se le daba al animal un buen puñado de hierba fresca y después este se encaminaba tranquilamente hacia un pequeño matadero donde se le disparaba un tiro en la cabeza antes de que pudiera decir ni mu.

Algunos estudiantes del equipo que trabajaba en la granja sabían que yo estudiaba el aspecto psicológico de la relación entre personas y animales, y una tarde me propusieron que les ayudara a sacrificar animales al día siguiente. Tras ciertas dudas y titubeos accedí, no sin cierta reluctancia. Aquella noche no dormí mucho. A las siete de la mañana estaba frente a la puerta del pequeño matadero y una hora después me encontraba ocupadísimo rodeado de vísceras. Me pasé los dos días siguientes ayudando a convertir animales de gran tamaño en carne refrigerada empaquetada.

Les explicaré cómo fue la primera baja de res. Sandy McGee, una de las estudiantes, condujo al animal hasta la dependencia de sacrificio propiamente dicha y lo ató por el ronzal a una anilla clavada en el suelo. Ernst Laursen, el director de la granja, entró en el recinto, disparó contra el buey con un rifle calibre veintidós y todo el equipo se puso manos a la obra. Todo el mundo sabía perfectamente lo que tenía que hacer. Un miembro del equipo rajó el cuello del buey para desangrar bien el cuerpo. Al mismo tiempo otro le serró la cabeza y las pezuñas. Luego ataron las cuatro patas del animal con una cuerda mediante la que lo izaron hasta el techo. Como por arte de magia apareció una carretilla –por mi parte ni la menor idea de qué finalidad tenía–. Luego, con un cuchillo de desollar que medía casi un palmo, Sandy realizó una rápida incisión vertical que dejó al animal abierto desde la caja torácica hasta el ano. Abundantes cantidades de vísceras cayeron dentro de la carretilla y se derramaron por los bordes. El inspector del Departamento de Agricultura de Estados Unidos examinó el corazón, el hígado y los riñones, y puso un sello en el animal conforme era apto para el consumo.

Muchas veces oímos decir que si tuviéramos que matar nosotros mismos a los animales que nos comemos todos seríamos vegetarianos. Con los estudiantes del equipo de la granja tenía la oportunidad de comprobar esta teoría. La mayoría de ellos procedían de barrios de clase media y jamás habían estado cerca de una vaca ni de un jabalí hasta que llegaron a la universidad. Sandy y yo distribuimos unos cuestionarios[265] entre los estudiantes que habían participado en el sacrificio y el despiece. Por otra parte, yo entrevisté personalmente a la mayoría de ellos.

Los resultados demostraban que el hecho de sacrificar per se no creaba vegetarianos: ningún miembro del equipo de sacrificio dejó de comer carne. No obstante, su respuesta ante el sacrificio era compleja. Aunque casi todos dijeron que el proceso de sacrificio y despiece era una experiencia útil además de interesante, la mayoría reconocía que a veces se sentían mareados durante el despiece de una ternera o después de la operación. La mitad del equipo dijo que a veces dejaba de comer carne durante uno o dos días tras haber sacrificado a una ternera o a un cerdo, pero la mayoría consideraba que la experiencia había valido la pena. Algunas de las razones que daban eran muy comunes. Por ejemplo, algunos dijeron que les había gustado aprender los diferentes cortes de la carne y que gracias a eso sabrían comprar mejor. Un par de estudiantes de los últimos cursos de medicina veterinaria dijeron que el despiece les había ayudado en sus conocimientos de anatomía. Pero para otros la experiencia había tenido un significado más profundo. Era un ejercicio aclarar determinados valores. Aprendieron de dónde procede la carne. Es carne de cadáver.

El psicólogo alimentario Paul Rozin cree que los animales y la muerte están íntimamente relacionados en la psique humana. Rozin cree que si a muchas personas les dan asco los productos animales, entre ellos la carne, es porque los animales son un incómodo recordatorio de nuestra propia mortalidad. Rozin escribe: «Los humanos tienen que comer, excretar y practicar sexo exactamente igual que los animales».[266] Las diferentes culturas determinan cuál es la forma correcta de llevar a cabo estas acciones, por ejemplo ponen fuera de los límites permisibles a la mayoría de los animales como alimento potencial, y a todos los animales y a la mayoría de las personas en tanto que potenciales parejas sexuales. Además, nosotros los humanos compartimos con los animales el hecho de tener un envoltorio corporal frágil que, si se rompe, pone al descubierto sangre y vísceras blandas que muestran nuestro parecido con los animales. El cuerpo humano, como el cuerpo de los animales, perece».

¿Es verdad que a las personas les produce asco la carne animal? La respuesta es cada vez más afirmativa. Por ejemplo, investigadores de mercados escandinavos[267] han demostrado que cuanto más roja y "animalizada" es una pieza de carne –cuanto más se parece a un cadáver– más aleja al consumidor normal. Este tipo de descubrimientos plantea un enigma a la industria cárnica. Por regla general, el comprador se siente atraído por los alimentos de aspecto fresco, jugoso y natural. Pero en el caso de la carne, estas cualidades son percibidas como bastas, sobre todo por las mujeres. Los investigadores recomendaron que se desarrollaran productos cuya imagen no fuera tan cárnica: trozos pequeños, listos para cocinar y marinados para disimular el color de la carne; en pocas palabras, carne que de menos asco.

Los productores de pollo se dieron cuenta de ello hace mucho tiempo. En 1962, casi todos los pollos que se vendieron en Estados Unidos se compraron como cadáveres intactos con corazón, hígado y molleja pulcramente embutidos en la cavidad corporal. Había que retirar esas vísceras en casa. Ya no es así. Hoy en día menos del 10% de los pollos vendidos en los supermercados guarda algún parecido con el cuerpo de un animal. El segmento de la industria de pollo al por menor que crece con más rapidez se etiqueta oficialmente de "ulterior procesado" –trozos de pollo transparentes y deshuesados que parece que se hayan cultivado sobre una placa de Petri y etiquetado como "tiernos", o mi oxímoron preferido, "dedos de pollo".

Si la carne provoca tanto asco, ¿por qué hay tan pocos vegetarianos?

El proceso mediante el que las preferencias naturales llegan a considerarse inmorales se llama *moralización*.[268] Se ha moralizado la actitud frente a la esclavitud; y en tiempos más recientes se ha moralizado el fumar. Sería lógico pensar que sería fácil moralizar la carne. En el suelo de mi oficina se amontonan libros que explican por qué no tengo que comer animales. El caso contra la carne[269] gira en torno a cuatro argumentos difíciles de rebatir. Primero, para comernos a un animal antes tenemos que quitarle la vida. Segundo, las condiciones en las que casi todos los animales de engorde se crían, se transportan y se sacrifican significan un gran sufrimiento para los animales y unas condiciones penosas para las personas que realizan ese tipo de trabajo. Tercero, la transformación de los vegetales en carne es ineficiente y, desde un punto de vista medioambiental, destructiva. Cuarto, comer animales causa cáncer, obesidad y enfermedades coronarias. Si añadimos el factor asco* a los argumentos de orden moral y de salud en contra de la carne, podríamos llegar a la conclusión de que lo más fácil es convencer a la gente de no ingerir carne animal. Pero estaríamos equivocados. La campaña para moralizar la carne ha fracasado en gran parte.

Actualmente está de moda –sobre todo entre la juventud– andar diciendo "yo no como carne". En una encuesta reciente el 30 % de estudiantes universitarios manifestó que para ellos era importante tener una opción vegetariana en las comidas, y en Estados Unidos la venta de carnes "falsas" aumenta un 35 % al año. No obstante, hay pocos indicios que demuestren

---

* En el original, *yuck factor,* término acuñado por Arthur Caplan, profesor de Bioética de la Universidad de Pensilvania. (*N. de la T.*)

que una ola de vegetarianismo penetre en América. Los cálculos más precisos sobre el número de personas vegetarianas en Estados Unidos proceden de una serie de encuestas realizadas durante los últimos quince años por el Grupo de Recursos Vegetarianos.[270] Se preguntó a grupos aleatorios de adultos qué comían. Las respuestas demuestran sólidamente que entre el 97 y el 99 % de americanos a veces come carne.

El movimiento a favor de los derechos de los animales ha logrado cambiar la actitud de los americanos en lo que concierne al trato que dan a las otras especies. Pero aunque resulte irónico, a medida que ha ido creciendo nuestro interés colectivo por el bienestar de los animales, también ha aumentado nuestro deseo de comérnoslos. En 1975, cuando nació el movimiento moderno a favor de los derechos de los animales como movimiento social legítimo, un americano corriente comía ochenta kilos de carne al año. Hoy nos aproximamos a los ciento diez kilos al año. El cambio, en la cantidad de animales de engorde sacrificados anualmente es incluso más sorprendente. Durante los últimos treinta años, el número de animales sacrificados para el consumo humano pasó de 3.000 millones a 10.000 millones; de cincuenta y seis animales al año para una familia de cuatro miembros a ciento treinta y dos.

¿Por qué el movimiento para la protección de los animales ha influido tan poco en nuestra predilección por comer animales de otras especies? Aunque parezca una ironía, el afán de los proteccionistas por mejorar el bienestar de los animales de engorde ha sido la causa de que el consumo de carne sea moralmente más –en lugar de menos– sabroso. Por ejemplo, la venta al por menor de aves de corral con la etiqueta de orgánicas se cuadriplicó entre 2003 y 2007.

Hoy los consumidores socialmente conscientes pueden comprar carne recomendada por carecer de hormonas y antibióticos, por no haber sufrido tratos crueles y por haber sido criada en libertad. En otras palabras, pueden comprarla sin sentimiento de culpabilidad. Hasta el pequeño supermercado de la pequeña ciudad en la que vivo (2.454 habitantes) está a rebosar de carne aprobada por la Asociación Estadounidense Protectora de Animales. Puedo comprar pollos que, según me dicen, tuvieron una buena vida: "natural al 100%", "alimentado con dieta completamente vegetariana", bajo "condiciones de crecimiento de bajo estrés", sin "mutilación del pico", con "ventilación para respirar aire fresco" y "multicomedoras para garantizar una alimentación sana". Las cadenas de comidas rápidas se han subido al carro del bienestar de los animales. McDonald's, Wendy's, KFC y Hardee's han creado potentes comisiones asesoras para el bienestar de los animales y han adoptado los estándares de atención y sacrificio de animales.

Pero la razón fundamental que explica el mayor número de animales sacrificados en los mataderos americanos es el haber pasado de comer mamíferos a comer aves. Durante muchos años, uno de mis placeres culpables era sumergirme en una Burger King Whopper con queso. Me encantaba la pastosa mayonesa, la lechuga iceberg, la suculenta grasa y el aroma de asado, que supongo que venía directamente de alguna planta química. Mi adicción a las hamburguesas Whopper desapareció inmediatamente después de haber leído el libro de Eric Schlosser *Fast Food Nation*. No tardé mucho en convencerme de que la Coca-Cola era tan adictiva como la heroína, de que los ejecutivos de McDonald's habían conspirado para congelar el salario mínimo y de que la industria de las comidas rápidas ha perjudicado más a la juventud americana que los cárteles de droga colombianos. Las Whopper dejaron de gustarme automáticamente cuando me enteré de que un solo bocado de carne picada de ternera contenía trocitos de cientos de terneras que no solo podían estar enfermas, sino que además habían pasado las últimas semanas de su vida sumidas hasta las rodillas en sus propios excrementos.

No fui el único que redujo la ingesta de bistecs y hamburguesas. El consumo de ternera per cápita en Estados Unidos inició un descenso de veinte años que empezó en la década de 1970 cuando la Agencia de Alimentos y Medicamentos estadounidense[271] nos dijo que debíamos limitar el consumo de grasas saturadas. Pero la disminución de nuestro entusiasmo por comer ternera se vio compensado con creces por el extraordinario aumento de nuestro deseo de comer pollo. A pesar de que el número de reses sacrificado en Estados Unidos por año se redujo en un 20 % entre 1975 y 2009, la cantidad de pollos sacrificados aumentó un 200 %. El momento culminante llegó en 1990 cuando por primera vez en la historia los americanos comieron más pollo que ternera. Cuando Herbert Hoover se presentó como candidato a la presidencia con la campaña de "un pollo en todas las cazuelas", el americano corriente comía media libra de pollo al año.[272] Actualmente la cifra supera los cuarenta kilos.

Hay varias razones que explican por qué ahora en lugar de comer ternera comemos pollo, y tienen poco que ver con nuestra creciente preocupación por el bienestar de los animales. Los avances en la ciencia y la integración vertical de la industria avícola desde el final de la Segunda Guerra Mundial han hecho de los pollos un negocio mejor que el de la ternera. En 1960 una libra de pollo costaba lo mismo que una libra de ternera; actualmente el pollo es cuatro veces más barato que aquella. Además, la ternera se relacionó con la obesidad, con las enfermedades cardiovasculares y con el cáncer. Aunque en la primera época algunos de los alegatos[273] sobre los peligros que comportaba comer carne roja se basaban en teorías científicas de pacotilla, estudios epidemiológicos recientes confirman que comer carne de ternera es perjudicial. Un estudio multicéntrico realizado en 2009[274] con medio millón de personas demostró que los individuos que comían mucha carne roja o carne procesada tenían más posibilidades de morir de cáncer o a causa de trastornos cardiovasculares que los que comían poca carne roja. Los autores del informe calcularon que los índices de mortalidad de los americanos disminuirían en un 11 % en los hombres y en un 16 % en las mujeres si la población disminuía el consumo de carne roja.

La nutricionista Cathy Calloway me dice que su solución a estos temas sobre salud es aconsejar a sus pacientes que coman animales que vuelen o naden. Pero desde el punto de vista del bienestar de los animales el fenómeno del distanciamiento de la carne de ternera ha sido un desastre. Una ternera pesa en el momento de ser sacrificada unos quinientos kilos, de los que un 62 % es carne comestible. En cambio, un pollo Cobb 500 de granja produce menos de 1,5 kilos de carne. Ello significa que se necesitan doscientos veintiún pollos para obtener la misma cantidad de carne que se obtiene de una ternera. Además, las terneras viven más tiempo y mejor que los pollos de granja. Mientras que un pollo Cobb 500 respira 24/7 de gas amoníaco, la ternera corriente se pasará un año y medio pastando en un campo de hierba soleado antes de ser transportada a una planta de engorde. Quizá la ensalada Caesar de McDonald's con pollo asado sea más saludable para nosotros, pero desde el punto de vista del grado de sufrimiento de los animales la valoración moral apunta hacia un Big Mac.

Por supuesto que basándonos en este razonamiento el alimento de elección para el 40 % de los activistas a favor de los animales que dicen comer carne sería la ballena. El equivalente en carne de una ballena azul que pese cien toneladas son setenta mil pollos. Ingrid Newkirk, cofundadora y presidenta de PETA, comparte esta opinión. En 2001, para la consternación de muchos simpatizantes de PETA, la organización lanzó una irónica campaña en la que se instaba a la gente a comer ballena. Nerwick me explicó el razonamiento de PETA.[275] «Empezamos la campaña de "Comed ballena" para atraer la atención sobre el hecho de que cuanto más grande es el animal, más comida se obtiene del sufrimiento y la muerte de un solo animal. En el caso de las ballenas, hay otra ventaja añadida, y es que estos animales viven en libertad, no hay que amputarles las orejas ni la cola, ni castrarlos o cortarles el pico, no se los encierra en jaulas donde el roce les deja el cuerpo en carne viva, no se los amontona en un camión de transporte en condiciones climáticas extremas, ni nada por el estilo. De modo que sí, para evitar esas grandes cantidades de animales sufriendo, si no podemos (o no queremos) librarnos de la adicción a la carne, si no abandonamos ese efímero placer de comer carne en nombre de la compasión y la dignidad, en nombre de nuestra propia salud, y de la del entorno, entonces es preferible que nos comamos la carne de los animales más grandes que tengamos a nuestro alcance.»

Entiendo su lógica. Pero mi hija Betsy, que vivió un año en el Japón rural, dice que la carne de ballena es dura, grasienta y basta.

Entre el dicho y el hecho hay un trecho: el caso de los vegetarianos que comen carne

Aunque no puede decirse que el movimiento para moralizar la carne haya obtenido grandes resultados, millones de americanos dicen ser vegetarianos. Michele está entre ellos.

Mientras engulle un trozo de atún de aleta amarilla braseado, me dice que ella no come carne. No es un caso atípico; la mayoría de "vegetarianos" en Estados Unidos come carne animal.

No es el caso de Che Green. Che, que en otros tiempos se dedicó a la banca de inversión, es el fundador y director ejecutivo del Consejo de Investigación para la Protección de Animales,[276] una organización sin ánimo de lucro que utiliza las técnicas de investigación de mercado para asesorar al público sobre el trato a los animales. Como a tantos protectores de los animales, a Che se le despertó su debilidad por estos seres cuando era pequeño. De niño comía carne, aunque le gustaban mucho más los platos que no le recordaban que lo que estaba ingiriendo era un animal. Su actitud hacia la carne cambió cuando un verano, durante los años de instituto, trabajó en una fábrica de conservas en Alaska. La tarea que le encomendaron fue la de meter los cadáveres de unos peces enormes en una máquina procesadora que al cabo de unos segundos los escupía transformados en salmón enlatado. Aquel verano soportó el trabajo, pero pagó un precio por aquella masacre. Al cabo de dos meses se había vuelto vegetariano y dos años más tarde vegetariano estricto.

Che es un gran conocedor de lo que come la población americana. Ha recopilado todos y cada uno de los informes nacionales sobre índices de vegetarianismo en Estados Unidos. Sus datos ilustran un principio fundamental de la psicología humana: entre el dicho y el hecho hay un trecho. Por ejemplo, en 2002,[277] la revista *Time* informaba de que el 6% de la población americana dice ser vegetariana. Sin embargo, el mismo artículo indicaba que casi el 60% de los vegetarianos encuestados reconocían haber comido carne roja, carne de ave o pescado durante las últimas veinticuatro horas. Una encuesta telefónica dirigida por el Departamento de

Agricultura también demostró que dos terceras partes de los vegetarianos habían comido carne animal el mismo día de la encuesta. Y un estudio descubrió que los adolescentes "vegetarianos" en realidad comían más pollo que los adolescentes no vegetarianos.

El Consejo de Investigación para la Protección de Animales cifra el número de verdaderos vegetarianos y de vegetarianos estrictos en Estados Unidos entre dos y seis millones de personas. (Un equipo de investigadores de la Facultad de Medicina de la Universidad de Yale llegó a la conclusión de que menos de una décima parte del 1% de americanos es verdaderamente vegetariana.)[278] La gente deja de comer carne por varias razones. Muchos estudios han demostrado que la preocupación por la salud es el primer factor que motiva a la mayoría de los vegetarianos, seguido muy de cerca por la preocupación de orden moral y por el medio ambiente. Cuando Che dejó de comer carne, fue en primera instancia por una cuestión visceral y después por indignación moral.

El camino que llevó a Pete Henderson hasta el vegetarianismo fue completamente diferente. Los padres de Pete, adventistas del Séptimo Día, no comían carne por razones religiosas, y hoy en día Pete está convencido de lo beneficiosa que resulta para la salud una dieta basada en los vegetales. A diferencia de Che, el compromiso de Pete con el vegetarianismo tiene poco que ver con la preocupación por los derechos o el sufrimiento de otros seres. Utiliza una trampa Havahart para capturar vivos a los animales que invaden su jardín.

Pero después les mata de un tiro.

Pete vive en una pequeña granja al norte de Asheville, donde cultiva gran parte de los alimentos que consume su familia. Hace cinco años se cansó de compartir su maíz, sus calabazas, sus guisantes y sus arándanos con una población de animales cada vez más numerosa a la que también le gustaba la verdura fresca. Compró un par de trampas para capturar vivos a los animales que invadían su jardín; luego los soltaba a unos kilómetros de distancia. Cuando este sistema dejó de funcionar, se compró una pistola. En lo que lleva de año ha matado a dos mapaches, a varios pavos y a una zarigüeya. A Pete no le gusta nada matar y se pasa la vida intentando reforzar su cerca y poniendo redes en su jardín para no tener que disparar a los animales que se comen sus verduras. Pero hasta este momento, los mapaches se las apañan para hacer estragos en su plantación de maíz y él sigue siendo un cazador vegetariano.

Che y Pete son dos ejemplos de que los vegetarianos no necesariamente piensan igual sobre la moralidad de comer carne. Paul Rozin y sus colegas descubrieron que comer carne repugna más a las personas que son vegetarianas por razones morales que a las que lo son por razones de salud, y que la perspectiva de masticar y tragar carne también les molesta más. A diferencia de los vegetarianos por razones de salud, los vegetarianos que no comen carne por una razón ética tienden a considerar la carne como algo moralmente contaminante y a quienes la comen como personas agresivas. También suelen justificar con razonamientos más sólidos que los vegetarianos por razones de salud su postura de no comer carne y evitar los productos de origen animal. En otras palabras, los vegetarianos éticos moralizan la carne más que los vegetarianos movidos por razones de salud.

¿Por qué algunas personas dejan de comer animales mientras que la mayoría de nosotros somos capaces de eliminar cualquier escrúpulo moral sobre nuestras preferencias alimentarias? Según Donna Maurer, autora de *Vegetarianism: Movement or Moment?*, el vegetariano típico es mujer de clase media o alta, liberal, blanca, culta y con menos posibilidades que las personas corrientes de adherirse a los valores tradicionales. Esta persona suele dejar de comer carnes rojas y luego amplía su lista de alimentos prohibidos e incluye en ella el pollo y el pescado y, si se trata de personas vegetarianas estrictas, entran en la lista los huevos y los productos lácteos. Las motivaciones de los vegetarianos pueden variar con el tiempo. Una persona puede dejar de comer carne por razones de salud y luego hacer suyos los argumentos morales para no comer animales. Del mismo modo, los vegetarianos que primero están preocupados por el sufrimiento de los animales pueden descubrir con el tiempo que una dieta de origen vegetal es más saludable.

La personalidad también es un factor que influye en la decisión de dejar de comer carne. Lauren Golden y yo investigamos la relación entre la personalidad y la actitud ante la utilización de animales. A través de MySpace y Facebook, pedimos a activistas a favor de los animales, a miembros de grupos muy cercanos a los animales (cazadores, granjeros e investigadores) y a personas que no sentían una particular preocupación por el tema animal que contestaran un cuestionario en línea que contenía preguntas sobre su dieta y sus creencias en torno al trato que se daba a los animales. Participaron en la encuesta casi quinientas personas, cuyo 40% eran vegetarianas. En comparación con las personas que comían carne, las vegetarianas eran más creativas e imaginativas y estaban más abiertas a nuevas experiencias. Pero también eran más propensas a la ansiedad y la preocupación.[279]

Estos hallazgos plantean un tema interesante. La mayoría de los investigadores coincide en que los vegetarianos están en mejor forma que los no vegetarianos, y algunos estudios indican que muchas personas vegetarianas creen que gozan de una calidad de vida mejor y de un mayor bienestar psicológico. Pero dejar de comer carne, ¿es bueno para todo el mundo?

Dietas sin carne y trastornos alimentarios: la cara oscura del vegetarianismo

No sé si Rory Freedman y Kim Barnouin son brujas, pero están en los huesos.* Ambas se dedican al negocio de la moda en Los Ángeles (Rory como agente y Kim como modelo), y después de convertirse al vegetarianismo escribieron *Skinny Bitch* en 2005. Este libro sobre dietas de un contenido provocador se convirtió en superventas en el *New York Times*. Con títulos tan capciosos para sus capítulos como "El azúcar es el demonio" o "La dieta a base de carne muerta, podrida y en descomposición", el libro y sus secuelas llegaron a ser un fenómeno de masas. *Skinny Bitch* se dirige a muchachas adolescentes y mujeres jóvenes que quieren parecerse a sus autoras, que son despampanantes. El libro empieza con una pregunta: «¿Estás harta de sentirte cansada y ser gorda?». Si la respuesta es sí –como es el caso de muchas mujeres jóvenes americanas–, en el libro está la solución: deja de comer animales.

Staci Giani, la vegetariana a quien estrevisté y que ahora come hígado crudo para desayunar, cree que el mensaje de *Skinny Bitch* de "come plantas, adelgázate" es peligroso para las adolescentes. Se acuerda de cuando ella misma dejó de comer carne a los diecisiete años y con una imagen distorsionada de su propio cuerpo. «Ser vegetariana fue para mí una forma de controlar más mi cuerpo a base de eliminar la grasa de mi dieta. La grasa era el mismísimo diablo. Emocionalmente, a los dieciocho años me encontraba en un momento duro de mi vida. El vegetarianismo me proporcionó algo a lo que agarrarme. La rectitud del vegetarianismo

---

* Se refiere al título de su libro, mencionado más abajo, *Skinny Bitch*, que significa "bruja flaca". (*N. de la T.*)

me resultaba atractiva. A esa edad lo que quieres es encontrar algo sólido, claro y sano.»

Staci abrió la caja de Pandora. Una encuesta Harris informó de que el vegetarianismo es más común entre las chicas adolescentes, un grupo que también es más vulnerable a los trastornos alimentarios.[280] Personalmente he estudiado y entrevistado a muchas personas vegetarianas a lo largo de los años, pero nunca pensé que lo que siempre me había parecido una práctica saludable tuviera un lado oscuro. ¿Era posible que el enfoque que se daba a la pérdida de peso en *Skinny Bitch* fomentase trastornos alimentarios? Inmediatamente me puse a buscar investigaciones sobre la relación entre el vegetarianismo y los trastornos alimentarios,[281] y lo que encontré me dejó estupefacto.

A pesar de que las "Skinny Bitches" representen el sueño de unos cuerpos esbeltos para las jóvenes que dejan de comer animales, no hay ninguna garantía de que una dieta completamente vegetariana sirva para adelgazar. En un artículo publicado en el *Journal of the American Dietetic Association*, "Self-Reported Vegetarianism May Be a Marker for College Women at Risk of Disordered Eating", Sheree Klopp y sus colegas demostraron que las chicas universitarias que seguían una dieta vegetariana no pesaban menos que las que comían carne ni presentaban un índice de masa corporal menor. Sin embargo, las vegetarianas tenían más posibilidades de sentirse culpables después de comer y de estar más preocupadas por la delgadez. También usaban laxantes y realizaban ejercicio físico intenso con más frecuencia para adelgazar, y entre ellas había más casos de vómitos después de las comidas.

Otros estudios informan sobre hallazgos parecidos. Investigadores de la Universidad de Minnesota informaron de que entre la población adolescente los vegetarianos tenían el doble de posibilidades que los no vegetarianos de someterse a dietas frecuentemente, cuatro veces más posibilidades de autoprovocarse vómitos y ocho veces más posibilidades de utilizar laxantes para perder peso. Según un estudio realizado en 2009, los adolescentes y adultos jóvenes vegetarianos tienen casi cuatro veces las mismas posibilidades que los omnívoros de comer compulsivamente. (Este era uno de los síntomas de Stacy.) En estudios independientes, investigadores de Turquía y de Australia descubrieron que los adolescentes vegetarianos están más preocupados por su aspecto que los no vegetarianos y se someten a dietas más estrictas. Marjaana Lindeman, del Departamento de Psicología de la Universidad de Helsinki, opina que el vegetarianismo en la población adolescente a veces es sintomático de problemas emocionales subyacentes. Según sus investigaciones, las mujeres vegetarianas, además de presentar un índice más alto de problemas alimentarios, también sufren síntomas de depresión y baja autoestima y tienen una visión del mundo más negativa que las no vegetarianas.

Para finalizar, investigadores de la Universidad de Pensilvania descubrieron que, entre la población universitaria, las personas que evitan comer carne están más obsesionadas con su peso, hacen dieta más a menudo y cometen excesos y se purgan más que los que comen carne. Quizá su descubrimiento más triste fuera que las personas vegetarianas tenían muchas más posibilidades que las omnívoras de estar de acuerdo con la afirmación siguiente: "Si me dieran la oportunidad de eliminar todas mis necesidades nutricionales sin riesgo y de una forma barata tomándome una pastilla, me la tomaría".

Mi colega Candace Boan-Lenzo estudia los trastornos alimentarios en las chicas jóvenes. Ella no come carne desde hace quince años. Le pregunté si estaba al corriente de la relación que existe entre no comer carne y los problemas alimentarios.

–Por supuesto –me dijo–. Cada semestre se lo explico a mis alumnos.

–¿Y qué te dicen? –le pregunté.

–No me creen.

Candace llega hasta el fondo de la cuestión. «El vegetarianismo no es la *causa* de que la gente se vuelva anoréxica o bulímica. Pero algunas personas, sobre todo las chicas adolescentes con estas tendencias, utilizan el vegetarianismo para encubrir trastornos alimentarios. Puede que no sean conscientes de lo que están haciendo.»

Candace tiene razón. Para la mayoría de la gente el vegetarianismo representa un tipo de vida saludable. También las investigaciones demuestran que en general una dieta vegetariana es mejor que una dieta que incluya mucha carne. No estoy sugiriendo que la mayoría de las personas vegetarianas estén en el linde de la anorexia, pero no podemos ignorar la media docena de estudios que asocian el vegetarianismo con los trastornos alimentarios. Lo mismo que en la controvertida relación entre los niños que maltratan animales y la delincuencia en su edad adulta, lo importante es lo fuerte que sea el vínculo y la razón de su existencia.

Los trastornos alimentarios son un problema serio. La bulimia, la anorexia y el comer compulsivamente afectan a siete millones de mujeres y a un millón de hombres en Estados Unidos. La anorexia nerviosa, cuyo índice de mortalidad se sitúa entre el 5 y el 10%, es una de las enfermedades mentales que entraña más riesgo. Está claro que son necesarias más investigaciones, pero el consejo que se da a las mujeres en *Skinny Bitch*, *vegetarianismo = salud = delgadez*, es un grave error.

¿Por qué la mayoría de personas vegetarianas vuelve a comer carne?

Staci superó su trastorno alimentario. Ahora come carne cruda todos los días. Como ella, muchos vegetarianos vuelven a comer carne. Según una encuesta realizada en 2005 por la CBS New, hoy en Estados Unidos el número de ex vegetarianos triplica al de vegetarianos. Tal vez porque crecí en una familia baptista siempre me han fascinado los reincidentes –personas que han visto la luz, pero que después experimentan un cambio de actitud–. Le sugerí a Morgan Childers, un alumno aventajado que entró en mi despacho una tarde buscando un proyecto de investigación, la idea de estudiar a personas ex vegetarianas. Juntos diseñamos una encuesta en línea y Morgan reclutó a los participantes mandando información sobre el estudio a grupos de interés a través de MySpace y Facebook.

Al cabo de un par de semanas habían rellenado nuestro cuestionario setenta y siete personas ex vegetarianas. De promedio habían sido vegetarianas durante casi diez años antes de volver a comer carne. Jeffrey Moussaieff Masson, en su libro *The Face on Your Plate: The Truth about Food*,[282] hace un elogio de las ventajas de evitar los alimentos basados en animales. Escribe lo siguiente: «He sido vegetariano la mayor parte de mi vida y nunca me he puesto verdaderamente enfermo. Ahora, a los sesenta y ocho años y después de unos cuantos de ser vegetariano estricto, puedo decir que nunca me he encontrado mejor: peso menos que cuando tenía treinta años; me siento más fuerte que cuando tenía cuarenta; tengo menos resfriados o pequeñas enfermedades que cuando tenía cincuenta; y en toda mi vida no he tenido ninguna enfermedad grave».

Jeffrey Mason es un hombre con suerte. No a todo el

mundo le va tan bien con una dieta completamente vegetariana. En nuestro estudio la razón más frecuente de los vegetarianos para volver a comer carne era una pérdida de salud. Recordemos que Stacy se volvió omnívora debido a que siempre estaba enferma. Muchos de los vegetarianos que participaron en nuestro estudio dijeron lo mismo. Uno de ellos escribió lo siguiente: «Me sentía muy débil y enfermizo. Me sentía fatal incluso comiendo una gran variedad de alimentos tal como recomendaba PETA». Otro dijo: «Estaba muy enfermo a pesar de ponerme inyecciones de hierro regularmente y de tomar suplementos vitamínicos. Mi médico, al ver que no mejoraba, me recomendó que comiera algún tipo de carne. Pensé que sería una actitud hipócrita por mi parte comer pollo o pescado, puesto que son tan animales como la ternera o el cerdo. De modo que pasé de no comer carne a comer todo tipo de carnes». La respuesta más sucinta provino de una persona que escribió esto: «Me comeré una vaca muerta en cualquier momento si tengo anemia».

Los vegetarianos tienen también otras razones para volver a comer carne. Muchos de los participantes en nuestro estudio simplemente se cansaron de lo difícil que a veces resulta ser vegetariano o vegetariano estricto (no encontraban verduras orgánicas de calidad donde vivían o eran muy caras, no tenían tiempo para preparar comidas vegetarianas o simplemente se cansaron de la vida que implica el vegetarianismo). Al describir las dificultades dietéticas a las que se enfrentó, el filósofo Gary Steiner escribió: «Hasta que no has intentado funcionar como vegetariano estricto en una sociedad que está loca por la carne, no sabes lo que es la vida.[283] Lo que antes eran actividades de lo más sencillas se convierten en un calvario».

Algunos vegetarianos simplemente echan de menos el sabor de la carne. Algunos de nuestros participantes hablaron de antojos proteínicos o de cómo el olor del beicon frito les volvía locos. Uno de ellos escribió: «Me sentía hambriento, y esa hambre no iba a satisfacerse si no comía carne». Otro fue breve: «Estudiante universitario hambriento + primera noche que pasa en casa y sale de fiesta + vuelta a casa y en la cocina esperan cincuenta crujientes alitas de pollo = rendición».

LA CARNE COMO CAMPO DE BATALLA
ENTRE LA MENTE Y EL CUERPO

El psicólogo Jonathan Haidt[284] leyó el libro de Peter Singer *Practical Ethics* en su época de estudiante y acto seguido decidió que la producción industrial de carne era algo inmoral. No obstante, su nueva conciencia sobre la crueldad inherente a la agricultura industrial no tuvo ningún efecto sobre su dieta. «Desde aquel día soy contrario a cualquier forma de agricultura industrial. Estoy en contra de ella moralmente, no desde el punto de vista de mi comportamiento. Me encanta el sabor de la carne, y lo único que cambió después de haber leído a Singer es que pensaba en lo hipócrita que era cada vez que pedía una hamburguesa.»

Mi experiencia es parecida a la de Jon. Crecí en una familia de bistec con patatas, y muchas veces comía carne tres veces al día, a menudo alimentos que empiezan con la letra *be*: beicon, salchicha,* buey. Eso se acabó. Mary Jean y yo somos más partidarios de la cocina mediterránea, sobre todo porque nos gustan los sabores más que por cualquier otra razón, que se supone que es más saludable: platos que saben a tomate, a limón y a ajo; primeros platos a base de pasta y arroz. Comemos carne, pero mucha menos que antes, y normalmente procedente de animales que vuelan o nadan.

---

* *Baloney* en el original, un tipo de embutido. (*N. de la T.*)

Además, hago lo que seguramente son gestos simbólicos para disminuir la crueldad de la horca. Compro los huevos a mi amiga Lydia, que mima a las gallinas de su corral, algunas araucanas y otras Barred Rocks. Pago tres veces más de lo que debería por los pollos de Bell and Evans, cuya página web asegura que sus animales pudieron "gozar de la cálida luz del sol". Y mi ocasional bistec a la plancha procede de una ternera de Niman Ranch, que según me dicen "se crió en granjas y ranchos familiares sostenibles de Estados Unidos". Sin embargo, sé que, de acuerdo con los Informes de los Consumidores, términos como "natural" y "sin trato cruel" suelen ser ganchos publicitarios que poco significan.

La carne habita el territorio psicológico que el personaje de Al Pacino en *El abogado del diablo* llamaba «la tierra de nadie en la batalla entre la mente y el cuerpo».[285] La interacción más natural de los seres humanos con los animales es nuestro deseo de comérnoslos. El hambre de carne está, metafóricamente hablando, "en nuestros genes", lo mismo que está en los genes de los chimpancés. Pero aunque personas como Jon Haidt y yo cedemos cuando se trata de cuestiones de carne, los humanos somos la única especie que podemos mirar a los ojos de un pollo y decidir que no estaría bien comérselo.

El primatólogo Marc Hauser de la Universidad de Harvard, autor del libro *Mentes salvajes: ¿qué piensan los animales?*, ha destacado que el abismo cognitivo entre los humanos y los chimpancés[286] es más grande que la distancia que separa un mono de un gusano. Es en el terreno de la alimentación donde la diferencia entre humanos y animales es más evidente. Los chimpancés son capaces de reconocerse a sí mismos frente a un espejo, construir herramientas, coordinar grupos de caza, utilizar símbolos para comunicarse y establecer alianzas políticas. Pero jamás ningún chimpancé ha dado muestras del más mínimo remordimiento al arrancarle un suculento brazo a un colobo que lanza aullidos.

Carne cruda para cenar

Al cabo de un mes de haber entrevistado a Staci sobre su paso del vegetarianismo a la dieta carnívora, me mandó un correo electrónico: «Hal, ¿podéis venir a cenar el domingo Mary Jean y tú? Vamos a preparar carne». «Por supuesto, Staci. ¿Qué vino crees que es apropiado para acompañar la carne cruda?»

Una semana después de recibir el correo y tras haber oído a mi hijo, enfermero de urgencias, y a su mujer, médico, sobre los peligros que entraña comer carne cruda, me lo estoy pensando mejor. Pero el domingo por la noche tomamos la carretera que sube por la montaña. Staci nos acompaña a visitar su granja, en pleno esplendor veraniego. Un par de cerdos jóvenes se nos acercan trotando y gruñendo con entusiasmo; parecen verdaderamente contentos de vernos. Llega la hora de cenar. Para Staci, Gregory y yo, la cena consiste en un filete crudo y una sabrosa ensalada griega. (Mary Jean opta por pechugas de pollo al horno.) Me sorprende lo rico que está el filete, que procede de una ternera que criaron Staci y Gregory. Tierno, sabroso y jugoso. Mis recelos desaparecen. Pido más e incluso pruebo una loncha de pechuga de pavo cruda que me ofrece Gregory.

Al cabo de un par de semanas, recibo un correo electrónico de Staci que refleja la ambigüedad moral de las relaciones entre los humanos y la carne.

Hal:

Esta misma mañana hemos llevado a nuestros cerdos al carnicero.

Es asombrosa lo compleja que llega a ser nuestra psicología para poder alimentar a unos animales todos los días durante siete meses y luego, sin más, mandarlos al carnicero, que nos los devuelve convertidos en pequeños paquetes para guardar en el congelador. Aunque a veces los descuartizamos nosotros mismos.

Pienso que hay que tener coraje, ¿no crees?

Pienso en los millones de seres humanos que han cazado y criado animales como alimento porque es su modo de subsistencia. Pero hay que darle un lugar correcto en nuestra conciencia. Quizá ayude el sentir un profundo respeto. Quizá ayude el matar tu mismo al animal. De alguna manera completa el ciclo. Asumir la responsabilidad es, por decirlo así, el bálsamo que suaviza el horror.

Que Dios os bendiga a ti, a Mary Jean y a nuestros cerdos.

8. EL ESTATUS MORAL DE LOS RATONES

El uso de animales en experimentación científica

Si al evaluar un programa de investigación el dolor de un roedor se considera igual que el dolor de un ser humano, nos vemos obligados a concluir que 1) ni los humanos ni los roedores tienen derechos; o 2) que los roedores tienen los mismos derechos que los humanos. Ambas alternativas son absurdas.
CARL COHEN[287]

El cuerpo humano estaba escrito en minúsculas.
ALLEGRA GOODMAN[288]

Realicé mi primera incursión en la complejidad moral de la investigación con animales durante mi segundo curso de secundaria. Me encargaron un trabajo como ayudante en un laboratorio bioquímico. Una de las tareas que me asignaron fue recoger moléculas de la superficie de la piel de lombrices. Para ello hacía falta sumergir a los gusanos en agua a ochenta y dos grados. Al cabo de dos minutos tenía que retirar los cuerpos inertes de los animalitos del agua caliente y enfriar en pequeños frascos el "*Eau* de Gusanos" para analizarla químicamente. Realicé este proceso varias veces, y para mí era como cualquier otro proceso de laboratorio, no me gustaba mucho, pero tampoco me ocasionaba ninguna incomodidad moral. Las lombrices morían al instante y, al fin y al cabo, no eran más que gusanos.

Una mañana el director del laboratorio me pidió que hiciera algo diferente. Un científico de otra universidad que estaba estudiando la química dermatológica de animales del desierto llevaría a cabo algunos de sus análisis en nuestro laboratorio. Unos días después llegó al laboratorio una caja donde se podía leer lo siguiente: «Precaución: contiene animales vivos». Contenía un surtido de animalitos: doce grillos, un par de escorpiones misteriosamente pálidos, un lagarto de unos quince centímetros de largo, una serpiente pequeña y un lindo ratoncillo gris. La tarea de sumergir a los animales en agua me tocó a mí.

Una vez tuve que zambullir una langosta en agua hirviendo, lo cual solo me produjo una leve punzada moral, por lo que creí que la tarea que me habían encargado aquella mañana no me iba a causar ningún problema. Encendí el mechero Bunsen y empecé a escalar posiciones en la escala filogenética. Los grillos, como las lombrices, murieron casi inmediatamente con solo tocar el agua a punto de hervir. Perfecto. Ahora les tocaba el turno a los artrópodos. En los pocos días que habían pasado en el laboratorio me encariñé con los escorpiones. Su actitud amenazadora me fascinaba. Al tener una masa muscular algo más grande que los insectos, tardaron un poco más en morir cuando los introduje en el recipiente con agua. Empecé a preguntarme qué estaba haciendo.

El lagarto era un ejemplar joven rayado del género *Cnemdopherus*. Me dio un vuelco el estómago al retirarlo de la caja y empecé a sudar. Las manos me temblaban un poco cuando lo sumergí en el agua casi hirviendo. Quizá fueron diez segundos lo que tardó antes de quedarse inmóvil. La pequeña serpiente era una elegante corredora de ojos negros y grandes. Más temblores y sudor, y el inquieto reptil enseguida se quedó reducido a moléculas formando remolinos en la solución.

Finalmente, el turno del ratoncillo. Lo pesé, calculé la cantidad necesaria de agua destilada, la vertí en el vaso y encendí el mechero. Cuando el agua estaba a punto de alcanzar los ochenta grados, me di cuenta de que con el ratón no podía "hacerlo". Apagué el mechero Bunsen y medio temblando pero aliviado me dirigí a la oficina del director del laboratorio. Le dije que tenía los extractos de la mayoría de los animales, pero que me sentía incapaz de sumergir a un ratón vivo en agua casi hirviendo. Mi jefe se encargó del ratón mientras yo esperaba en la dependencia contigua.

Desde entonces he vuelto a pensar en aquel episodio muchas veces. Retrospectivamente, me ha impresionado el parecido entre el trabajo que llevé a cabo aquella mañana y el drama de los individuos con los que Stanley Milgram realizó sus tristemente célebres experimentos de obediencia. Como saben todos los estudiantes de psicología, a los desafortunados participantes de aquellos estudios se les ordenó que administraran una serie de descargas eléctricas de creciente intensidad a los individuos que estaban en una habitación contigua. La mayoría de los participantes administraron descargas sabiendo que eran tremendamente dolorosas cuando no mortales. Lo mismo que los individuos del experimento de Milgram, me enfrenté a una serie de puntos de elección que iban en aumento, pero en mi caso estaban basados en la escala filogenética y no en el nivel de las descargas eléctricas. La diferencia estaba en que en el experimento de Milgram las descargas eran una artimaña; el individuo supuestamente electrocutado era en realidad un cómplice del experimento. En mi laboratorio, los animales murieron de verdad. Al volver la vista sobre el episodio, siento cierta satisfacción cuando pienso que me negué a hervir a un ratón vivo. Pero la verdad es que me hubiera gustado interrumpir la tarea entre los grillos y el escorpión.

Debido a este acontecimiento me planteé una serie de preguntas con las que todavía libro batalla. ¿Qué diferencia hay entre los investigadores que matan ratones en su afán por descubrir un nuevo tratamiento contra el cáncer de mama y las legiones de buenas personas que usando trampas aplastan la columna vertebral de los ratones que encuentran en su cocina o que los envenenan lentamente a base de matarratas? ¿Por qué me resultó fácil sumergir a los grillos en agua caliente, me costó más hundir al lagarto y me fue imposible hervir al ratón? ¿Fue una cuestión de tamaño, de estatus filogenético, de desarrollo del sistema nervioso, de la horrorosa forma de morir, o el hecho de que el ratón era verdaderamente lindo? ¿Los resultados obtenidos merecían la muerte y el sufrimiento de aquellos animales? ¿Merecen la pena alguna vez?

El legado moral de Darwin

En mi ambivalente postura respecto a la investigación con animales no estaba solo. Hasta Charles Darwin luchó con la vivisección (el término usado en el siglo XIX para la investigación invasiva con animales). Darwin sentía fascinación por los animales y tuvo que enfrentarse a un problema al que también se enfrentan muchos zoólogos modernos: a veces tienes que matar a las criaturas a las que has dedicado los estudios de toda tu vida.[289] Jim Costa, historiador de Darwin, me dijo que, como naturalista principiante, el padre de la teoría de la evolución mató y envenenó a miles de animales, entre ellos ratones, para sus colecciones. Algunos de sus propios estudios le horrorizaban. Darwin escribió acerca de sus palomas[290] lo siguiente: «Las quiero hasta tal punto que me veo incapaz de despellejarlas y esqueletizarlas. He cometido una mala acción y he matado al pequeño y angelical fan-tail pointer cuando solo tenía diez días».

En la década de 1870, la polémica sobre la investigación con animales se intensificó en Inglaterra, y los defensores de ambas partes buscaron el apoyo del científico más famoso del país. Sin embargo, los mensajes de Darwin eran ambiguos. En una ocasión se refirió a la psicología como «una de las principales ciencias». Pero se quejó ante un amigo suyo diciéndole que nunca se debería practicar la cirugía en animales «solo por mera y condenable curiosidad».[291]

Pero al final Darwin se puso del lado de sus colegas biólogos. Sus puntos de vista sobre el valor de la investigación con animales se reflejan en un sutil cambio que realizó en la segunda edición de *El origen del hombre*. En la primera edición, Darwin escribió: «Todo el mundo ha oído hablar del sufrimiento de aquel perro que lamió la mano del cirujano mientras este le practicaba la vivisección; este hombre, a menos que tuviera un corazón de piedra, debió de sentir remordimientos hasta el final de su vida». Pero tres años después corrigió la frase añadiendo:[292] «a menos que el aumento de nuestros conocimientos justificaran plenamente la operación». En 1881, Darwin puso sus cartas boca arriba y en una carta al *Times* londinense escribió: «Estoy profundamente convencido de que quien retrasa el proyecto de la psicología comete un crimen contra la humanidad».

Aunque Darwin defendió la investigación con animales, lo que enturbió las aguas de la moralidad fue su teoría sobre la evolución, que desautorizó la visión de René Descartes, el filósofo francés del siglo XIX. Descartes creía que los animales eran robots biológicos y que su comportamiento consistía en meros reflejos. Así los científicos pueden dedicarse a cortar y quemar sin restricciones. Claude Bernard,[293] fisiólogo francés del siglo XIX que ejemplificó esta perspectiva, escribió: «El fisiólogo no es un hombre corriente: es un científico, poseído y absorbido por la idea científica que persigue. No oye los gritos de los animales, no ve su sangre derramarse, no ve más que su idea y no es consciente de nada excepto de un organismo que le oculta el problema que está tratando de resolver».

Darwin señaló que si los seres humanos y otros animales tenemos una anatomía y una psicología parecidas, también compartimos experiencias mentales similares. La mayoría de etólogos modernos[294] comparten este punto de vista. La lista de rasgos psicológicos que otras especies comparten con los seres humanos es cada vez más larga. Los científicos nos han dicho que los elefantes lloran a sus muertos, que los monos perciben la injusticia y que a las cacatúas les gusta bailar cuando oyen la música de los Backstreet Boys. Las consecuencias éticas de la noción de Darwin según la cual las capacidades mentales de humanos y animales difieren en grado pero no en tipo son ineludibles. Si los animales tienen percepción, memoria, emociones e intenciones, si sienten dolor y sufren, si bailan, ¿cómo podemos justificar el uso de chimpancés, o de perros, o incluso de ratones en experimentación? ¿Tal vez sea simplemente que el poder se impone al derecho?

Así pues, los investigadores se enfrentan a un enigma. A menudo, cuanto más parecida es una especie a los humanos, más útil resulta como modelo para nuestras enfermedades. Los chimpancés comparten con los humanos aproximadamente un 98 % de sus genes, por lo que son unos mejores modelos que los ratones para la investigación de determinados trastornos humanos. Pero precisamente porque los chimpancés son tan parecidos a nosotros, su uso en la investigación es especialmente problemático. Dicho en otras palabras, a menudo cuanto más justificado es el uso de una especie desde el punto de vista científico, menos lo es desde el punto de vista moral. Esta es la paradoja del legado de Darwin.

Los defensores de los animales a veces alegan que los científicos modernos no son diferentes de sus colegas del siglo XVIII cuando creen que los animales no sienten dolor. Por ejemplo, en su libro *Dominion: The Power of Man, the Suffering of Animals, and the Call to Mercy*, Matthew Scully, que fue ayudante especial del antiguo presidente George W. Bush, escribe: «Sigue siendo la hipótesis de trabajo de muchos, cuando no de la mayoría, de investigadores con animales que los seres con los que investigan no experimentan dolor consciente o, para el caso, cualquier otra cosa de modo consciente». Scully se equivoca. Cuando estaba escribiendo un artículo sobre la conciencia de los animales, en un momento dado les pregunté a catorce investigadores que utilizaban animales si pensaban que los ratones eran capaces de experimentar dolor y sufrimiento. Todos respondieron afirmativamente en cuanto al dolor,[295] y doce pensaban que los ratones podían sufrir. En un estudio más sistemático realizado por científicos británicos, todos menos dos investigadores de un total de ciento cincuenta y cinco[296] dijeron que los animales experimentan dolor.

La mayoría de los investigadores que utilizan animales no los ven como robots biológicos, por lo que no pueden librarse de la punzada moral tan fácilmente como sus predecesores del siglo XIX. Mi amigo Phil es un ejemplo de ello. Estudia cómo las células utilizan la glucosa y los ácidos grasos, el combustible que necesitan para llevar a cabo su cometido. Phil es un simple investigador, pero espera que algún día sus estudios le permitan encontrar un tratamiento para trastornos metabólicos, como por ejemplo, la diabetes. Le pregunté a Phil si alguna vez se había sentido culpable por utilizar ratones en sus experimentos. Solo una vez, me dijo.

Phil fue miembro de un equipo de investigadores que usaba ratones, a los que se había golpeado previamente, para descubrir cómo las células utilizaban la energía. Los animales golpeados se diseñan genéticamente para desactivar algunos de sus genes. El grupo de Phil trabajaba con una línea de ratones golpeados para demostrar que una proteína llamada transportadora ayudaba a que los ácidos grasos y la glucosa penetrasen en las células de los músculos, donde eran utilizados como combustible. El gene transportador estaba desactivado en los ratones golpeados, por lo que los investigadores podían predecir que se cansarían más deprisa que los animales normales.

La tarea encomendada a Phil consistía en medir lo que tardaban los ratones en quedarse sin reservas de combustible. Una manera de medir la fatiga en los roedores es ver durante cuánto tiempo pueden nadar. El problema es que el aire se queda atrapado en la piel del ratón y por eso pueden quedarse flotando siempre, como un niño echado sobre una colchoneta en una piscina. «Tienes que hacer que naden para que salven su vida», me dijo Phil. La solución es improvisar un arnés miniatura con suficiente peso para que el ratón tenga que nadar si quiere mantener su cabeza fuera del agua.

Phil aprendió este procedimiento de un investigador que trabajaba en otro laboratorio. Primero, llenas de agua un cilindro graduado, de unos diez centímetros de diámetro, hasta unos cinco centímetros del borde. Luego atas el arnés con peso al ratón, lo introduces en el recipiente con agua y empiezas a contar. Después de nadar unos minutos, el ratón empieza a cansarse. Empieza a hundirse, pero luego busca la manera de salir a la superficie para respirar una bocanada de aire. El truco consiste en dejar que siga la prueba hasta que no haya duda de que el ratón se ha hundido definitivamente. Entonces hay que vaciar el vaso de agua para que el animal no se ahogue. El tipo que le enseñó este procedimiento a Phil confesó que no lo consiguió con un par de sus animales. Phil solo lo probó con un ratón.

Me dijo: «En un momento dado yo sabía que el ratón sabía cuál iba a ser el resultado final, que se había dicho a sí mismo: "De acuerdo, sé que voy a morir y ya no puedo más". Se suponía que yo tenía que seguir con la prueba hasta el momento en que el ratón se da por vencido, se hunde y deja de luchar. Vacié el vaso y el ratón estaba allí jadeando. Estaba agotado».

A Phil le bastó con esto. Le dijo al profesor para el que trabajaba que no iba a participar en el estudio. La tarea de poner en práctica la prueba del nado se asignó a uno de los nuevos alumnos.[297]

Como muchos de los científicos que utilizan ratones para los procedimientos biológicos[298] fundamentales, a Phil ni le gustan ni le dejan de gustar los ratones. Sencillamente son los mejores animales para aprender el funcionamiento de las células musculares. Con los años Phil ha matado a centenares de ratones sin ningún remordimiento. A veces lo ha hecho dislocándoles las cervicales[299] (les sujeta la cabeza con la parte más ancha de unas tijeras y les rompe el cuello forzando su cuerpo hacia atrás), y otras veces decapitándolos (en uno de los laboratorios en los que trabajó disponían de una guillotina para ratones; parecía una guillotina de papel en miniatura).

Pero a la hora de la verdad, Phil no fue cartesiano. Miró a los ojos del ratón que se ahogaba y vio a una criatura que quería vivir: «Lo que más me molestó fue que el ratón hubiera claudicado, que el ratón supiera que iba a morir. Me hubiera encantado haber podido hacer el experimento, haber medido la fatiga muscular del ratón. Pero no fui capaz de hacerlo. No quise poner a prueba su voluntad».

EL ESTATUS MORAL DE LOS EXTRATERRESTRES Y DE LOS NIÑOS DESCAPACITADOS: EL PROBLEMA DE LOS CASOS MARGINALES

Aunque la mayoría de los científicos no niega que los ratones sean seres sensibles, espero que la mayoría de los que se dedican a la experimentación con animales no pierdan mucho tiempo preocupándose por la moralidad de su trabajo.[300] Pero de vez en cuando hay algo que te hace cambiar de opinión. En mi caso, fue un extraterrestre.

Ocurrió una tarde lluviosa en que nuestras hijas gemelas de cinco años se aburrían y empezaron a lloriquear. Para calmarlas, me dirigí al videoclub y alquilé *ET: El extraterrestre*, la película de Steven Spielberg de 1982 sobre un extraterrestre que se queda encallado en un barrio periférico de California. Supuse que sería la manera de tenerlas entretenidas durante un par de horas para poder terminar de escribir un artículo sobre ciertos experimentos que había llevado a cabo hacía poco sobre el comportamiento de las serpientes. Las niñas se engancharon a la película inmediatamente, y yo también. Dejé sin terminar mi informe y me puse a mirar el filme con ellas, sin saber que iba a cambiar mi forma de pensar sobre el uso que la ciencia hace de los animales.

Seguramente conoce usted el argumento. Durante casi toda la película, E.T., que tiene unos ojos saltones enormes y un corazón que brilla, recorre toda California con su nuevo amigo humano, llamado Elliott. La película termina cuando aparece la madre de E.T. para llevarse a su hijo errante. En la última escena, Elliott extiende su mano hacia E.T y le pregunta: «¿No te quedas?». E.T. sacude su monstruosa cabeza con tristeza, se queda mirando profundamente a los ojos de Elliott y le dice: «¿Vienes?». Pero, ay, ambos saben que no ocurrirá ni lo uno ni lo otro. Cuando E.T. se monta en el platillo volante que tras un largo viaje le devolverá a su planeta Zork, Elliott parpadea y se le escapa una lágrima. A mí también.

No podía dejar de pensar en la película. Aquella noche después de cenar ideé un nuevo y perverso final que puse a prueba contándoselo a Betsy y Katie. Les pregunté:

—He pensado otro final para la película. A ver qué os parece. E.T. le pide a Elliott que vaya a su planeta con él, e igual que en la película, Elliott le dice que no. Pero el extraterrestre, que no admite un no por respuesta, agarra a Elliott por el brazo y arrastra al niño, que llora y patalea hasta la nave espacial. Las puertas se cierran, y cuando la película termina, se oye a Elliott gritando «¡Mamá, ayúdame!» mientras la nave se eleva y desaparece en el espacio.

La razón para abducir a Elliott, les explico a mis hijas, es que en Zork una enfermedad mortal está acabando con sus habitantes. Los científicos han encontrado una posible solución y los humanos, a pesar de no ser tan inteligentes como los pobladores de Zork, son biológicamente tan parecidos a ellos que resultan unos individuos excelentes con los que probar posibles tratamientos. La verdadera razón por la que E.T. estaba en California era llevarse a humanos para esos importantes estudios.

—Betsy, ¿qué te parece? ¿Tú crees que E.T. debería usar a Elliott para realizar con él experimentos dolorosos que podrían ayudar a salvar a millones de habitantes de Zork?

—¡No, papá, no!

—Pero piénsalo bien. Los zorquianos son mucho más listos que los humanos. Al fin y al cabo, E.T. construye un teléfono espacial con chatarra y tiene poderes especiales de los que los humanos carecemos. Hasta podría hacer florecer una planta muerta.

Katie aportó su opinión:

–Me da igual, papá. No estaría bien que E.T. metiera a Elliott en una jaula y lo usara para hacer experimentos tontos.

Yo no estaba tan seguro. Como mis hijas, me repugnaba la idea de imaginarme al fantasma de Elliott desesperado en medio de la colonia de animales extraterrestres donde le inyectan una droga experimental que tal vez podría salvar a los superinteligentes zorquianos. Pero en tanto que experimentador con animales tenía un problema que mis hijas no compartían. La película me había hecho consciente de que la justificación para experimentar con animales, incluidas mis propias investigaciones, finalmente se basan en la premisa de que los organismos con cerebros más grandes tienen derecho a realizar experimentos con criaturas que tienen capacidades mentales menos desarrolladas. Ergo, E.T. tiene perfecto derecho a llevarse a Zork a su amigo Elliott aunque sea a rastras.

Los filósofos tienen una versión distinta del dilema de E.T que plantea otros problemas. Se llama el *argumento de los casos marginales*.[301] Nuestro uso de los animales para experimentación se basa en asumir que las especies no humanas carecen de algunas de las capacidades que sí poseen los humanos –emociones complejas, pensamiento abstracto o capacidad de aprender un lenguaje–. Pero ¿y los humanos que no poseen estas características? Todos los años nacen miles de niños con incapacidades intelectuales graves que les impedirán para siempre pronunciar una simple frase o pensar sobre el estatus moral de los ratones. La triste verdad es que algunas personas no son ni mucho menos tan inteligentes como el chimpancé corriente y que algunos humanos carecen de la capacidad mental de un ratón. No veo la manera de fijar el listón moral lo bastante alto para excluir a todos los animales no humanos, ni lo bastante bajo para incluir a todos los seres humanos, basándolo en características morales relevantes: la capacidad de sentir dolor cuenta; el tener dos piernas no.

¿Sería preferible probar un medicamento en un bebé sin encéfalo que ha nacido sin córtex cerebral, en un niño que es ciego, mudo, sordo e incapaz de sentir dolor que en un ratón completamente sano? Mi instinto me dice que no deberíamos experimentar con humanos profundamente deteriorados en lugar de con animales. Pero cuando le planteé esta pregunta al filósofo Rob Bass, me escribió: «Mi instinto me da un veredicto diferente. A mí me parece obvio que la investigación con niños sin encéfalo que jamás tendrán conciencia es preferible a infligir sufrimiento a ratones». Muchos de mis alumnos tampoco están de acuerdo conmigo: quieren salvar a los ratones y preferirían realizar los experimentos biomédicos con prisioneros condenados a muerte. Este es el problema de la intuición moral.

¿QUÉ PODEMOS APRENDER DE LA EXPERIMENTACIÓN CON RATONES?

Aunque algunos científicos se han mostrado partidarios de que los científicos lleven a cabo sus experimentos con niños con discapacidades muy graves, la mayoría de la gente prefiere que utilicemos animales como ratones. Pero partidarios y oponentes de la experimentación animal difieren en su opinión sobre cuánto podemos aprender de la investigación con animales. Según los genetistas,[302] gracias a la experimentación con ratones se han realizado avances en trasplante de órganos, inmunología y comprensión del cáncer y de los trastornos cardiovasculares, así como en las causas de los defectos de nacimiento. Quieren que sepamos que los estudios llevados a cabo con ratones han merecido catorce premios Nobel de psicología y medicina. Por otra parte, algunos grupos como la Sociedad Nacional Anti-vivisección y el Comité de Médicos por una Medicina Responsable aseguran que los estudios con ratones no tienen ningún valor porque además de ser completamente erróneos van en detrimento de la salud humana.

Nos guste o no, la investigación biomédica moderna se ha basado en los ratones –millones de ratones–. En tanto que animales de laboratorio, los ratones ofrecen grandes cualidades. Son fértiles, dóciles y su tiempo de generación es rápido (un año de ratón equivale a treinta años humanos). Las hembras llegan a la madurez sexual a los dos meses y tienen la menstruación cada cuatro o cinco días. Los embarazos, de tres semanas de duración, producen de seis a ocho ratoncillos y vuelven a copular felizmente dos días después del parto.

Hay otra razón por la que los ratones son ideales para la experimentación, y es que a la mayoría de la gente le importan un comino sus derechos como animales. La filósofa Nel Noddings,[303] que cree que la ética se basa en las relaciones interpersonales, en su libro *Caring: A Feminine Approach to Ethics and Moral Education* explica por qué no siente que tenga ninguna obligación moral con los roedores. Escribe lo siguiente: «No he establecido, ni creo tener posibilidades de hacerlo nunca, una relación con una rata. No estoy preparada para cuidarla. No siento que tenga ninguna relación con ellas. No la torturaría, y dudaría en utilizar veneno para matarla, pero apretaría el gatillo limpiamente si se presentara la oportunidad». La mayoría de la gente siente lo mismo por los ratones. En 2009, un estudio de Zogby[304] descubrió que el 75 % de los americanos mataría con satisfacción un ratón que osara penetrar en su casa. Solo un 10 % dice que intentaría cazarlo y soltarlo fuera, y nadie dijo que permitiría que el ratón viviera en su casa.

El ratón pasó de ser un organismo portador de la peste a un organismo modelo[305] en 1902, cuando un biólogo de Harvard, William Castle, consiguió ratones consanguíneos, proporcionados por un antiguo profesor de escuela retirado, para llevar a cabo sus estudios sobre genética animal. Castle no fue el primero en utilizar ratones para sus estudios. El monje austríaco Gregor Mendel crió ratones para su primera incursión en la genética, y solo recurrió a los guisantes cuando su obispo estimó que era impropio de un hombre de Dios compartir su vivienda con animales que copulaban. El ratón de laboratorio nació oficialmente en 1909, cuando un estudiante de Castle llamado Clarence Little desarrolló los primeros ratones de laboratorio de pura raza. Los DBA (*dilute brown non-agouti*), así denominados por el color de su pelo, todavía se utilizan en las investigaciones biomédicas.

La meca de la experimentación con ratones es el Jackson Laboratory, ubicado en Bar Harbor, Maine. Fue fundado en 1929 por Clarence Little[306] con la ayuda de Edser Ford (hijo de Henry Ford) y es una fábrica de roedores que produce 2,5 millones de ratones al año (casi cuarenta toneladas de ratones consanguíneos, mutantes y diseñados genéticamente). Los científicos han seleccionado más de cuatro mil cepas de ratones Jax, y, si ninguna de estas responde a nuestras necesidades, los científicos de Jackson diseñarán genéticamente una nueva cepa genética que cumpla con nuestros requisitos. No obstante, producir ratones es caro. El desarrollo de una nueva cepa puede costar un año de trabajo y alrededor de 100.000 dólares.[307] Aunque la mayoría de los ratones Jax se transportan vivos a su destino, los investigadores que no disponen de mucho espacio pueden encargar embriones congelados que descongelaran a medida que los necesiten. Los nombres con los que bautizan a los ratones Jax me recuerdan los tonos suaves de las cartas de colores de Lowe: "verde brumoso", "Chinchilla claro", "bronce".

La variedad de dolencias de los ratones Jax son todavía más impresionantes que los colores de su pelo. Cientos de cepas sufren extraños cánceres, otros tienden a las deformidades faciales y los hay que nacen con sistemas inmunitarios que funcionan mal. Existen modelos de Jax para defectos de visión, de oído, de gusto y de equilibrio. Se diseñan ratones Jax con presión arterial alta, con presión arterial baja, con apnea y con las enfermedades de Parkinson, Alzheimer y Lou Gherig. Los investigadores que se dedican a estudiar la infertilidad pueden escoger entre ochenta y ocho cepas de ratones Jax con defectos en sus órganos reproductivos. También están los ratones inadaptados: obsesivos-compulsivos, depresivos crónicos, propensos a las adicciones, hiperactivos y esquizofrénicos.

Los defensores de la experimentación con animales subrayan los buenos resultados. Liz Hodge, de la Fundación para la Investigación Biomédica, me dice que sin las investigaciones con animales no tendríamos vacunas contra la polio, las paperas, el sarampión, la rubeola o la hepatitis. Tampoco tendríamos antibióticos, anestésicos, transfusiones sanguíneas, radioterapia, cirugía cardíaca, trasplantes de órganos, insulina, cirugía ocular ni medicamentos para tratar epilepsias, úlceras, esquizofrenias, depresiones, trastornos bipolares o hipertensiones. Nuestros animales domésticos, me dice, también sufrirían. No tendríamos vacunas contra la rabia, el moquillo, la parvovirosis o la leucemia felina, ni tratamientos para la *Dirofilaria immitis*, la brucelosis, el cáncer o la artritis canina.

Los científicos que investigan con ratones sostienen que casi todo lo que sabemos sobre el funcionamiento de los genes de los mamíferos, incluidos los genes humanos, se basa en los estudios con ratones. Cierto, los caminos evolutivos que condujeron a los ratones y a los seres humanos se llevan sesenta millones de años de diferencia. Mi cerebro pesa mil quinientas veces más que el de un pequeño individuo que vive tras los archivadores del despacho que tengo en el sótano. Pero aunque tengamos un número distinto de cromosomas (él tiene cuarenta y yo tengo cuarenta y seis), tenemos aproximadamente el mismo número de genes: 22.000 más o menos. Y lo que aún es más importante, el 99,5 % de los genes de los ratones tienen un homólogo humano conocido.[308]

Según Rick Woychik,[309] presidente de la CEO del Jackson Laboratory, todo ello hará que los ratones sean el organismo que permitirá a los científicos desarrollar tratamientos para enfermedades mortales como la diabetes juvenil, el cáncer de pecho y el Alzheimer. «Es –dice Woychick– un traslado continuo del laboratorio a las aplicaciones clínicas. Se empieza con conceptos básicos, y luego esos conceptos maduran y se trasladan a los conceptos clínicos y finalmente toman la forma de nuevas terapias en la práctica clínica.»

Los investigadores de Jackson muestran un especial entusiasmo por el nuevo campo de la medicina personalizada. Los genes desempeñan un papel en nuestra afectabilidad por cualquier trastorno, desde el deterioro de la dentadura hasta el sida. Los genes también afectan a la reacción de nuestro cuerpo a los medicamentos. Hay personas que no obtienen beneficios de un medicamento, pero que sin embargo sufren graves efectos secundarios (por ejemplo, las erecciones del pene de cuatro horas inducidas por el Viagra que te mandan inmediatamente a visitar los servicios de urgencias hospitalarios). Sin embargo, hay otras personas que experimentan pocos efectos secundarios y obtienen excelentes resultados del mismo medicamento. El objetivo de la medicina personalizada es determinar quién se va a beneficiar y quién no de un medicamento. Woychick cree que los estudios basados en la genética de los ratones finalmente permitirán a los médicos personalizar el medicamento adecuado y la dosis exacta para dar respuesta a las necesidades individuales de cada paciente.

Carl Cohen,[310] filósofo de la Universidad de Michigan, también cree que la experimentación con animales es clave para el avance de la medicina. Cohen es el autor de un artículo publicado en 1986 en *New England Journal of Medicine* que se considera un clásico de la defensa de la experimentación animal. Cohen escribe: «Todos y cada uno de los avances médicos, cada nuevo medicamento, cada nueva operación, cada nueva terapia del tipo que sea, tarde o temprano tiene que ser experimentada en un ser vivo una primera vez Si el individuo con el que se experimenta no es un animal, será un ser humano. Si se prohíbe el uso de animales vivos para la experimentación biomédica, o se restringe severamente, lo que conseguiremos será bloquear investigaciones muy valiosas o sustituir por seres humanos a los animales. El hecho de no utilizar animales en la experimentación tiene consecuencias que son inaceptables para muchas personas con sentido común». Esta es la línea del partido, y personalmente reconozco que en general soy partidario de ella, aunque me gustaría que no mataran a tantos ratones para obtener una variación insignificante de Claritin y que en cambio los utilizaran con la finalidad de encontrar tratamientos para las olvidadas enfermedades tropicales.[311]

Los que se oponen a la experimentación animal sitúan este debate en un marco diferente. Te tiran a la cara la talidomina y el Vioxx como ejemplos del fracaso de experimentos con roedores con los que han probado medicamentos que después han resultado ser nocivos para los seres humanos. (Los que experimentan con animales ponen en tela de juicio dicha argumentación.) Dicen que los científicos han exagerado la contribución de la experimentación animal[312] a las mejoras en nuestra salud. Los antiviviseccionistas sostienen que el 90 % de la disminución en los índices de mortalidad infantil causada por enfermedades infantiles mortales como la escarlatina y la difteria se produjo antes de la llegada de las vacunas para estas enfermedades. Los que se oponen a la experimentación con animales argumentan que las mejoras en el bienestar de los seres humanos son realmente atribuibles a una mejor nutrición y a unas mejores condiciones higiénicas. Piensan que los estudios con ratones a menudo llevan a caminos sin salida y que en realidad retrasan los avances médicos.

Yo soy partidario de la experimentación con animales y me gustaría descartar a los antiviviseccionistas por ingenuos y desinformados. Sin embargo, no puede negarse que algunas de sus reivindicaciones son legítimas, por ejemplo el problema de la réplica de los resultados de las investigaciones. Una de las razones por las que los investigadores utilizan cepas consanguíneas de ratones es porque estas permiten a científicos de diferentes laboratorios verificar los hallazgos de los demás confirmando independientemente sus resultados. En 1999, un artículo publicado en la revista *Science* sacudió el ámbito de la investigación con ratones. Investigadores de Portland (Oregón), Edmonton (Canadá) y Albany (Nueva York) sometieron ocho cepas de ratones[313] a una serie de pruebas de comportamiento usando exactamente los mismos procedimientos. Los animales utilizados en los diferentes laboratorios procedían de la misma fuente, nacieron el mismo día, comieron los mismos alimentos, se desarrollaron bajo los mismos ciclos de luz y oscuridad y fueron sometidos a los mismos procedimientos y exactamente a la misma edad. Incluso los guantes que llevaban los investigadores para manipular a los ratones eran idénticos.

A pesar de las estrictas medidas que se tomaron para garantizar que los animales recibiesen un trato idéntico, en algunos de los experimentos los ratones se comportaron de un modo notablemente diferente. Una dosis de cocaína llevó a los animales del laboratorio de Portland al borde del histerismo. En cambio, sus hermanos igualmente colocados de Albania y Edmonton reaccionaron poco a la sustancia. Los autores llegaron a la conclusión de que las sutiles diferencias entre laboratorios significan que los investigadores pueden llegar a conclusiones distintas incluso si estudian animales idénticos genéticamente. Archivé el artículo en mis carpetas bajo el epígrafe de "verdades incómodas".

Otro de los aspectos polémicos con el que nos enfrentamos es hasta qué punto podemos generalizar a partir de los ratones hasta los humanos.[314] Biológicamente, existen grandes diferencias entre nosotros y ellos. Los seres humanos vivimos cuarenta veces más que los ratones y pesamos dos mil veces más. El metabolismo de un ratón es siete veces más rápido que el de una persona. Las dos especies no comparten un antepasado común desde la era de los dinosaurios. Mark Davis, profesor de Microbiología en el Instituto Médico Howard Hugues, sostiene en un artículo publicado en la revista *Inmmunology*[315] que, a pesar de que se realizan muchísimos trabajos experimentales con medicamentos en ratones para investigar las enfermedades del sistema inmunológico, pocos de estos trabajos han obtenido buenos resultados con los humanos. En este artículo Davis llega a la conclusión de que los roedores representan un modelo pobre en lo que a trastornos inmunológicos concierne.

Otro tanto ocurre con la neurociencia. La esclerosis lateral amiotrófica (ELA) es una enfermedad nerviosa degenerativa para la que no existe curación. Entre las víctimas de esta enfermedad están el jugador de béisbol Lou Gehrig y Bob

Waters, el entrenador del equipo de rugby de la Universidad de Carolina Occidental quien, al final de su vida, daba instrucciones en el campo desde una silla de ruedas y respiraba con la ayuda de un respirador. Una de las víctimas que todavía vive es Stephen Hawking, el teórico de la Universidad de Cambridge. Desanimado por no poder ofrecer a sus pacientes aquejados de ELA ningún tratamiento efectivo, Michael Benatar, un neurólogo clínico de la Universidad de Emory, leyó todos los estudios publicados sobre ELA para los que se hubiera experimentado con ratones. A Benatar le sorprendieron los resultados. En primer lugar, llegó a la conclusión de que toda la investigación era defectuosa. A menudo las muestras eran demasiado pequeñas o el diseño de los experimentos era imperfecto. En segundo lugar, descubrió que casi una docena de medicamentos que aumentaban el tiempo de vida de los ratones en versión roedores con ELA no tenían efecto alguno cuando se administraban a humanos. En realidad, uno de los medicamentos que dio buenos resultados en cuatro ratones empeoró la enfermedad en personas que sufrían ELA.[316] Según Benatar, utilizar ratones para estudiar la ELA es como buscar las llaves de casa por la noche bajo un farol callejero porque allí es donde hay luz.

No obstante, los que se oponen a la experimentación con animales no deberían encontrar demasiado consuelo en el hecho de que algunos científicos se estén cuestionando la utilidad de los ratones en tanto que modelos para los trastornos neurológicos humanos. Algunos neurobiólogos han dado la espalda a los ratones y se han vuelto hacia animales cuyo cerebro se parecc más al nuestro: los monos.

Cómo afectan las etiquetas a nuestra actitud hacia los animales: ratones buenos, ratones malos y ratones mascotas

Un tema recurrente en antrozoología es que en nuestro modo de pensar en los animales se confunden y mezclan la razón y la emoción. Algunas de nuestras decisiones sobre el uso de los animales en la experimentación científica son perfectamente razonables. Por ejemplo, la actitud de un individuo ante la experimentación con animales dependerá, en parte, de la percepción que este individuo tenga de lo que se obtiene a cambio de los experimentos, del grado de sufrimiento que experimentarán los animales y de las especies utilizadas en la investigación. Un estudio realizado en Inglaterra[317] demostró que dos terceras partes de los encuestados aprobaba los estudios que, implicando dolor para los ratones, tenían como objetivo desarrollar un tratamiento para la leucemia infantil, pero solo un 5 % estaba de acuerdo en utilizar monos para verificar la seguridad de los cosméticos.

En otras ocasiones nuestra visión del estatus moral de los animales es más controvertida. Pensemos en el efecto de las etiquetas y las categorías sobre nuestra forma de pensar en los ratones. En una ocasión pasé un año en el laboratorio etológico de reptiles de la Universidad de Tennessee. El laboratorio está ubicado en un edificio llamado Walters Life Sciences Building, que acoge bajo su techo monos titís hiperactivos, palomas White Carneu que no paran de arrullar, ratas albinas de ojos redondos y brillantes, orugas del tabaco verdes y pinchudas y quince mil ratones. Los ratones se alojaban en unas dependencias del sótano, limpísimas y que olían a cedro, y los cuidaba un personal competente y con todos los títulos imaginables. Pero a pesar de que todos los ratones que habitaban en aquel edificio pertenecían a la misma especie, no todos gozaban de la misma consideración moral.

La gran mayoría de aquellos animales era *ratones buenos*, los sujetos de los cientos de experimentos biomédicos y conductuales que llevaba a cabo el personal docente, estudiantes de doctorado y estudiantes de grado. La mayoría de aquellos proyectos estaban relacionados directa o indirectamente con la búsqueda de tratamientos para las diferentes enfermedades que afectan a nuestra especie. Aunque esos animales no tenían ni voz ni voto en el asunto, vivían y morían por nosotros. La universidad recibía subvenciones de los institutos nacionales de salud, por lo que el trato que recibían los ratones cumplía lo establecido en la *Guía para el cuidado y el uso de animales de laboratorio* publicada por del Servicio de Salud Pública Nacional. Los proyectos en los que participaban los ratones buenos eran aprobados por el comité universitario encargado del cuidado de los animales y responsable de valorar los costes y los beneficios de los experimentos.

Pero existía otra categoría de ratones entre los que habitaban el edificio, los *ratones malos*. Los ratones malos eran una plaga: criaturas libres que se podían ver ocasionalmente merodeando por el largo pasadizo iluminado con fluorescentes. Aquellos animales eran potenciales amenazas en un entorno en que se primaba la limpieza y donde se tomaban todas las precauciones para prevenir la contaminación entre las distintas dependencias. Aquellos pequeños ilegales debían ser exterminados.

El personal del servicio encargado de los animales había intentado erradicar a los ratones malos por múltiples medios. Las trampas no servían de nada y el personal no se decidía a utilizar veneno por miedo a contaminar a los animales usados en los experimentos. Entonces instalaron trampas con adhesivo. Este tipo de trampas consiste en un papel adhesivo para roedores, es decir, una hoja de cartón de unos treinta centímetros cuadrados, recubierta con un adhesivo fuerte y empapada en un producto químico que atrae a los ratones (por eso se las conoce como tableros pegadizos). Por la noche, el personal encargado de los animales colocaba estos cartones en los sitios por donde sabían que pasaban los roedores y a la mañana siguiente pasaban revista. Cuando un ratón pisaba una de estas trampas adhesivas, se quedaba pegado a ella. En su lucha por despegarse del cartón, el pelo del animal se quedaba lleno de adhesivo. Aunque las trampas no contenían tóxicos, más o menos la mitad de los animales estaban muertos cuando los encontraban a la mañana siguiente. Los ratones que todavía estaban vivos por la mañana eran gaseados inmediatamente.

Los animales atrapados en cartones adhesivos sufren una muerte horrorosa. Dudo de que ningún comité responsable del cuidado de animales aprobara un experimento en el que se pegara a los ratones a un cartón y se les dejara ahí pegados toda la noche. Así pues, un procedimiento claramente inaceptable para un ratón con la etiqueta de "sujeto de experimento" se permitía en un ratón con la etiqueta de "plaga".

Esta paradoja se me antojó más exagerada cuando descubrí de dónde venían los "ratones plaga". Según parecía, el problema de aquel edificio no procedía de los roedores salvajes, pero las fugas son inevitables en los lugares que albergan miles de pequeñas criaturas. Resulta que todos los ratones malos eran ratones buenos que se habían escapado. El director de la colonia animal me dijo en una ocasión: «Cuando un animal toca el suelo, se convierte en plaga». Y ya está, su estatus moral se esfuma.

En el edificio Walters, el estatus moral de un ratón dependía de si al animal en cuestión se le etiquetaba de sujeto o de plaga. No dudé en criticar esta distinción aparentemente arbitraria hasta que me di cuenta de que en mi casa se daba la misma situación. Como regalo de cumpleaños para mi hijo

Adam cuando cumplió siete años, secuestré de mi laboratorio a un ratón destinado a ser ingerido por *IM*, la serpiente bicéfala. Adam bautizó al ratón con el nombre de *Willie* e instaló en su habitación una jaula para su nueva mascota. *Willie* nos gustaba. Era un animal tranquilo y cariñoso. Pero los ratones no viven mucho tiempo y un día, cuando Adam se levantó por la mañana, se lo encontró muerto en el fondo de la jaula. Los miembros de mi familia decidimos conjuntamente que estaría bien celebrar un funeral. Decidimos meter a *Willie* en una cajita y enterrarlo en nuestro parterre de flores con un trozo de pizarra a modo de lápida. Toda la familia nos pusimos alrededor de su tumba y dijimos cosas agradables sobre *Willie* en voz alta. Betsy y Katie lloraron un poquito; era su primer encuentro con la muerte.

Al cabo de un par de días, Mary Jean, maniática de la limpieza, descubrió caca de ratón en el suelo de la cocina. Me miró y me dijo: «Mátalo». Aquella noche puse un trocito de mantequilla de cacahuete en una trampa para ratones que coloqué en el suelo entre la nevera y el horno. Allí estaba el ratón a la mañana siguiente. Fue una muerte limpia. Esta vez no hubo funeral. Al tirar el cuerpecito del animal entre los arbustos, cerca de la tumba de *Willie*, me di cuenta de que las etiquetas que ponemos a los animales que se cruzan en nuestra vida –sean una plaga, una mascota o un sujeto experimental– determinan nuestro modo de tratarlos más que el tamaño de su cerebro o de su capacidad para experimentar felicidad.

Ratones desaprovechados

Una mujer llamada Susan que trabajaba en un centro de cría de roedores no hace mucho me convenció de que tenía que añadir una nueva categoría a las tipologías de ratones de laboratorio. Además de ratones buenos, ratones malos y ratones mascotas, están los "ratones excedentes", los que no llegan a usarse en los experimentos. Hay muchos ratones de este tipo. Algunos se convertirán en alimento para las serpientes y los búhos del zoo; a la mayoría los incinerarán. Susan me dijo que en la colonia animal en la que trabajaba los excedentes de crías de ratón se sacrificaban casi a diario. Uno de los técnicos metía a un montón de ratoncillos en una bolsa de plástico transparente, insertaba en ella el extremo de un tubo conectado a un depósito de anhídrido carbónico y abría la espita del gas. ¿Cuántos ratones debían exterminarse cada día? Susan me dijo que dependía, pero que por lo general unos cincuenta.

Como me interesaba confirmar este dato llamé a John, un veterinario al que conocí en un congreso sobre el cuidado de los animales de laboratorio. John está al cuidado de la colonia animal de una importante universidad dedicada a la investigación, donde muchos científicos utilizan ratones para estudiar el funcionamiento de los genes.

–John, acabo de descubrir que en algunas colonias animales se mata a los ratones sin ni siquiera haberlos utilizado para investigar. ¿Es verdad?

–Sí.

–¿Vosotros matáis a los excedentes?

–Sí. Tenemos una cámara de anhídrido carbónico.

–¿A cuántos matáis?

–Mira, aquí tenemos cuatro mil partos todos los meses. En cada parto suelen nacer cinco crías, lo cual significa aproximadamente unos doscientos cincuenta mil ratones al año. Sacrificamos más o menos la mitad. Unos diez mil ratones al mes.

–Pues sí que estamos bien.

Hay varias razones que explican la proliferación de excedentes de ratones.[318] Según Joe Bielitski, ex veterinario de la NASA, la mayoría de los machos se sacrifican porque tienen tendencia a pelearse. Además, solo se necesita un par de machos para continuar una línea genética. Joe calcula que el 70% de los ratones de laboratorio machos no se usa nunca para experimentar. Pero lo que verdaderamente explica las enormes cantidades de ratones que se desperdician es el auge de las investigaciones con animales genéticamente modificados, que empezó en la década de 1990. En el 90% de este tipo de estudios se utilizan ratones. Mediante estos experimentos se consiguen importantes avances científicos. (Uno de los genes que afecta la zona del cerebro humano responsable del lenguaje se insertó hace poco en una cepa de ratones modificados genéticamente. Los ratones no hablaron, pero emitieron chirridos en un tono más bajo y el gene modificó la estructura de su cerebro.) Desde el punto de vista de un ratón, los estudios de modificación genética son terriblemente ineficientes. No tiene nada de fácil introducir un trozo de ADN en el cromosoma de diferentes especies y conseguir incorporarlo con éxito en el genoma. Los índices de eficiencia en los intentos de crear una cepa de ratones transgénicos oscila entre el 1 y el 30%. Dicho en otras palabras, a veces solo uno entre cien ratones puede utilizarse para experimentación. Los otros noventa y nueve se sacrificarán a las pocas semanas de edad. Son la escoria de los ratones, los efectos secundarios.

Según los cálculos realizados por Andrew Rowan, vicepresidente ejecutivo de la Sociedad Nacional Protectora de Animales de Estados Unidos y experto en el uso de animales en experimentación, el número de ratones modificados genéticamente que se gasean cada año supera al de los ratones que se utilizan para experimentar. Pero en realidad desconocemos el número exacto porque, según el Congreso, los ratones de laboratorio no son animales.[319]

¿Los ratones son animales?

En 1876, el Parlamento británico aprobó la primera ley mundial sobre el uso de los animales en experimentación científica. Estados Unidos le siguió noventa años después. Los acontecimientos que precipitaron la acción del Congreso fueron un par de artículos sobre perros. El primero, un artículo aparecido en 1965 en el *Sports Illustrated* cuyo protagonista era *Pepper*, un dálmata que una tarde desapareció de su patio, aparentemente abducido por un tipo que proporcionaba animales a los laboratorios. Finalmente, los desesperados propietarios de *Pepper* localizaron a su perro, pero después de que lo hubieran sacrificado al terminar un experimento en un hospital de Nueva York. Un año después, en la revista *Life* apareció un artículo titulado "Campo de concentración canino". Una vez más, se trataba el tema de los animales domésticos que terminaban en un laboratorio. Miembros del Parlamento y del Senado fueron bombardeados con cartas de los electores en las que expresaban su preocupación porque a sus perros y gatos les pudiera esperar un destino como aquel. Durante dos meses, el Congreso recibió más correo sobre la experimentación animal que sobre los dos grandes temas morales de aquella época, la guerra en Vietnam y los derechos civiles. El Parlamento y el Senado no tardaron en aprobar la Ley sobre el Bienestar de los Animales de 1966. (El Gobierno no tomó medidas para garantizar que los sujetos para la investigación humana recibieran un trato ético hasta 1974.)

Los vericuetos burocráticos de la Ley sobre el Bienestar de los Animales son un ejemplo de la intrincada forma de pensar de los humanos en las demás especies. Puede que el aspecto más extraño de esta ley sea una cuestión que aparentemente es diáfana: ¿qué es un animal? La definición que se da en la ley del término "animal" empieza bastante razonablemente: «Animal significa cualquier perro, gato, primate no humano, conejillo de Indias, hámster, conejo u otros animales de sangre caliente, vivos o muertos, que se utilicen, o se vayan a utilizar, en investigación, educación, pruebas, experimentación o exposición, o como animal doméstico». La prueba concluyente está en la frase siguiente: «Este término excluye: pájaros, ratas del género *Rattus* y ratones del género *Mus* criados para su uso en investigación».

Así pues, según el Congreso los ratones no son animales. Ni tampoco lo son las ratas y los pájaros. Ello significa que el 90-95 % de los animales utilizados en investigación en Estados Unidos no están protegidos por la ley federal más importante sobre protección de animales. (Los ratones y otros vertebrados empleados en investigación en instituciones subvencionadas por los institutos nacionales de salud están amparados por otra serie de directrices distintas.) Charles Richey,[320] juez federal, calificó de arbitraria y caprichosa la exclusión de ratones, ratas y pájaros de la Ley sobre la Protección de Animales. Tenía razón. Por ejemplo, según la definición del Congreso, la palabra "animal" significa que un investigador que graba en vídeo el comportamiento sexual de los ratones de patas blancas (género *Peromyscus*) tiene que sortear todos los obstáculos legales federales. Sin embargo, su amigo que en el vestíbulo administra sacudidas eléctricas a los ratones de laboratorio con lesiones cerebrales (del género *Mus*) no está obligado por la reglamentación.[321]

Es aleccionador comparar el trato que la Ley sobre el Bienestar de los Animales da a los ratones –una especie que desagrada a la mayoría de las personas– con el que da a nuestro mejor amigo, el perro. Al no ser animales, los ratones no están representados en la ley. Fin de la historia. En cambio, los perros gozan de un trato especial.[322] Tienen derecho a una dosis diaria de «contacto físico positivo con los humanos» (creo que se refiere a jugar). Puesto que la ley es de aplicación a animales vivos o muertos por igual, es una ironía que los perros muertos gocen de más protección legal que los ratones vivos. (No obstante, una nota al pie de la Ley sobre el Bienestar de los Animales considera a los perros muertos exentos de los requisitos relativos a la cría y al tamaño de las jaulas.)

La exclusión de ratones, ratas y pájaros significa que ignoramos por completo cuántos animales al año se utilizan en investigación en Estados Unidos. Yo puedo confirmar con exactitud que en 2006 se utilizaron 66.314 perros, 21.367 gatos, 204.809 conejillos de Indias y 62.315 monos y otros primates en experimentos biomédicos y conductuales. Pero nadie tiene ni idea de la cantidad de ratones utilizados en investigación en los laboratorios americanos. Algunos expertos apuntan a diecisiete millones. Otros, entre ellos Larry Carbone, un veterinario del laboratorio de la Universidad de California (San Francisco) y autor de libro *What Animals Want: Expertise and Advocacy in Laboratory Animal Welfare Policy*, dice que el número es mucho mayor. Larry asegura que fácilmente puede superar los cien millones.[323] La cifra más alta debe de ser la que más se aproxima a la realidad.

Con el tiempo la Ley sobre el Bienestar de los Animales a menudo se ha modificado, pero los cambios más importantes fueron los que se añadieron en 1985, cuando el Congreso tomó medidas sobre qué estudios valía la pena llevar a cabo. En Gran Bretaña, todos los experimentos con animales deben contar con la aprobación de la Home Office en Londres. Nuestro Congreso tomó un camino diferente e hizo recaer la responsabilidad de garantizar el trato ético dado a los animales de laboratorio en las instituciones donde se efectuaban las investigaciones. El Congreso ordenó que todas las instituciones crearan un Comité Institucional para el Cuidado y el Uso de Animales (o IACUC, según las siglas en inglés).

El trabajo en un IACUC es duro. En las principales universidades dedicadas a la investigación, los miembros de estos comités pueden pasarse muchas horas a la semana analizando la letra pequeña de propuestas que pueden tener fácilmente quince o veinte páginas. Cada dos meses, se reúnen y juegan a ser Dios. Los miembros discuten a fondo las propuestas que van a aprobar, o a rechazar, o aquellas sobre las que van a pedir más información. La vida de los animales pende de sus decisiones, lo mismo que las carreras científicas. Ser miembro de un IACUC es una manera excelente de perder amigos. Pero ¿un comité puede valorar con precisión los beneficios que puede reportar un experimento en comparación con el precio que se va a pagar por él en términos de sufrimiento de los animales?

Juzgar a los jueces:
¿En qué medida son buenas las decisiones de los comités para el cuidado de los animales?

Hace unos años me llamó por teléfono Scott Plous, un psicólogo social de la Universidad Wesleyan que además es experto en toma de decisiones. Ambos estábamos interesados en cómo la gente piensa en las demás especies, y en una ocasión nos encontramos cuando íbamos a entregar nuestros respectivos estudios a los activistas que se manifestaban a favor de los derechos de los animales frente al Capitolio en Washington D.C.

–Hal, ¿te has planteado alguna vez hacer un estudio en el que pidieras a diferentes comités para el cuidado de los animales que evaluaran las mismas propuestas? –me preguntó.

—Claro que sí –le dije.

Al fin y al cabo estaría bien confirmar que el sistema establecido por el Congreso para garantizar el bienestar de los animales para investigación funcionaba, es decir, que el Comité para el Cuidado de los Animales de la Universidad de Texas y el Comité para el Cuidado de los Animales de la Johns Hopkins tomarían la misma decisión sobre el mismo experimento.

—Pero, Scott –le dije–, eso sería imposible. Los científicos están ocupadísimos. No conseguiríamos que colaborasen.

Scott no estaba de acuerdo. Según él, seguro que los comités participarían la mar de contentos si se les ofrecía dinero para mejorar los cuidados a los animales de su universidad. Yo era más bien escéptico, pero le dije que muy bien, que contase conmigo. Scott lanzó la idea a la Fundación Nacional de la Ciencia y esta dio su aprobación. Scott tenía toda la razón: ofrecimos a las instituciones dinero extra para el cuidado de sus animales y reclutamos rápidamente cincuenta IACUC de universidades escogidas al azar para que participaran en nuestro estudio. Por supuesto los comités se mostraron entusiasmados con el proyecto. Al final, unos quinientos científicos, veterinarios y miembros de la comunidad tomaron parte en el estudio, con un índice de respuestas de casi un 90%.

Cada uno de los directores de comité nos mandó tres propuestas de investigación con animales previamente revisadas por su equipo. Después de borrar toda la información que pudiera identificar a los comités, les mandamos las propuestas para que las revisara un segundo comité. Entre las investigaciones había diferentes estudios, desde uno sobre cómo los murciélagos encuentran agua hasta otro sobre el desarrollo de trastornos alimentarios en los ratones. En su conjunto, las ciento cincuenta propuestas implicaban cincuenta mil animales, en su mayoría ratones y ratas, pero también un batiburrillo de otras especies: chimpancés, ranas, búfalos, garcillas, palomas, delfines, monos, tortugas marinas, osos, lagartos, por mencionar solo algunas. Cuando hubimos introducido todos los datos, volé a Connecticut para ayudar a Scott a hacer los cálculos y averiguar qué significaban. En otro tiempo formé parte de un comité para el cuidado de los animales, y estaba seguro de que habría niveles altos de acuerdo entre el primer y el segundo comité de valoración de los IACUC. Estaba completamente equivocado.

En ciencia la verdad tiene sus momentos. Para mí es la fracción del segundo que pasa entre que pulsas la tecla intro en el ordenador y aparecen los resultados en la pantalla. Scott y yo estábamos sentados en su oficina, con los ojos fijos en la pantalla del ordenador. Yo estaba inquieto, sentía un ligero aumento de adrenalina de anticipación, como el jugador del equipo ofensivo mientras espera oír al *quarterback* gritar: «¡Ya!».

Scott pulsó la tecla. Aparecieron los números. Nos quedamos con la boca abierta.

En el 80 % de los casos, el segundo comité tomaba una decisión distinta a la del primero. A juzgar por nuestro análisis estadístico,[324] los comités bien podían haber tomado sus decisiones tirando un dado al aire. Estaba clarísimo, el sistema era inadecuado. Yo me preguntaba por qué en una universidad estaba bien administrar electrochoques a los perros y en otra no. Mirándolo retrospectivamente, no debería haberme sorprendido descubrir que las decisiones de los comités para el cuidado de los animales fueran absolutamente incoherentes. Es más difícil de lo que pueda creerse distinguir la buena investigación de la mala. Robert Pirsig, en su novela *Zen y el arte del mantenimiento de la motocicleta*,[325] planteó muy bien el tema: «Pero si no somos capaces de decir lo que es la calidad, ¿cómo podemos saber lo que es, o cómo podemos saber ni siquiera si existe?». Esta pregunta podría impedir a cualquier científico pegar ojo en toda la noche.

Habíamos descubierto que, a menudo, los diferentes comités para el cuidado de los animales tomaban decisiones distintas, pero este hecho no era una anomalía. Los estudios científicos cuyas evaluaciones de calidad por pares presentan enormes incoherencias se remontan a hace treinta años. Se incluyen los estudios de valoración de propuestas para recibir subvenciones, la presentación de artículos en revistas y las decisiones de los comités éticos de investigación tanto con humanos como con animales. La verdad es que los científicos tienen problemas para discernir la calidad y la importancia de las investigaciones. Se trata de un pequeño secreto sobre el que a los científicos no les gusta pensar.

Para decirlo de forma sencilla, el sistema establecido por el Congreso para supervisar el trato que reciben los animales utilizados en las investigaciones está repleto de incoherencias. ¿Por qué los ratones de patas blancas están protegidos por la Ley para el Bienestar de los Animales y en cambio los ratones de laboratorio no lo están? ¿Por qué los perros tienen derecho a un rato de juego todos los días y los gatos no? ¿Por qué un comité para el cuidado de los animales aprueba un proyecto y otro comité lo rechaza? Lamentablemente, estas persistentes cuestiones dan crédito a las acusaciones de los antiviviseccionistas, quienes creen que el ladrón vigila el tesoro.

¿Qué podemos hacer? Para empezar, el Congreso debería ampliar el alcance de la Ley sobre el Bienestar de los Animales e incluir a todas las especies de vertebrados –mamíferos, aves, reptiles, anfibios y peces–. (Las regulaciones británicas sobre investigación con animales incluso ampararan a los pulpos.) A juzgar por nuestros datos, la mayoría de científicos querrían que la Ley para el Bienestar de los Animales protegiera también a los ratones, a las ratas y a los pájaros. Tres cuartas partes de los investigadores que participaron en nuestro estudio sobre los comités para el cuidado de los animales manifestaron no estar de acuerdo con la definición de "animal" que se daba en la Ley sobre el Bienestar de los Animales.

Desde luego podríamos descartar el sistema actual. Podríamos dejar que los científicos experimentaran con animales sin ningún tipo de supervisión externa, o también podríamos tirar un par de dados para decidir qué experimentos con animales deberían hacerse. Ambas alternativas son inaceptables. Algunos activistas a favor de los derechos humanos proponen una tercera opción. Prohibir completamente la investigación con animales. Pero las personas que se oponen a toda experimentación con animales tropiezan también con sus propias incoherencias y paradojas.

La paradoja de la investigación animal: utilizar experimentos con animales para demostrar que no deberíamos experimentar con animales

El argumento que se opone a la investigación con animales se basa en la premisa de que los ratones y los chimpancés son objeto de preocupación moral, mientras que los tomates o los robots no lo son. Y esto es así porque los animales tienen características mentales de las que carecen las plantas y las máquinas. Por ejemplo, el filósofo Tom Regan limita la posesión de derechos a las especies con conciencia, emociones, creencias, deseos, percepciones, recuerdos, intenciones y sentido del futuro. Pero ¿cómo podemos saber cuáles son los animales que poseen estos atributos? La respuesta, claro, nos la proporciona la investigación con animales.

El especialista en derecho Steven Wise es uno de los pocos defensores de los derechos de los animales que se ha ocupado seriamente de las implicaciones morales derivadas de las diferencias en la capacidad mental de las especies. Wise, en su libro *Drawing the Line: Science and the Case for Animal Rights*, desarrolló una "escala de autonomía" del 0 al 1,00, en la que las especies se puntúan según su capacidad cognitiva. Para elaborar esta clasificación, Wise somete a revisión una serie de trabajos científicos sobre comportamiento y cognición de los animales. A los humanos se les asigna una puntuación de 1,0; a los chimpancés de 0,98; a los gorilas de 0,95; a los elefantes africanos de 0,75; a los perros de 0,68; a las abejas de 0,59. Según Wise, a los animales que obtienen una puntuación superior a 0,90 (los grandes simios y los delfines) les corresponde gozar de derechos legales básicos, pero no a los animales que puntúan por debajo de de 0,50. La solidez de esta aproximación a la ética animal radica en que el estatus moral de una especie se apoya en las pruebas que demuestran su capacidad cognitiva y no en ingenuas conjeturas sobre sus habilidades o sobre lo mucho o lo poco que nos gustan. Por ejemplo, después de revisar los estudios científicos, Wise llegó a la conclusión de que los loros grises africanos pueden reclamar sus derechos básicos más que los perros, puesto que obtienen una puntuación ligeramente superior.

Sin embargo, esta aproximación empírica a los derechos de los animales supone una paradoja: para decidir si es o no es inmoral utilizar especies animales en la investigación científica es necesaria la investigación científica con animales. Wise, por ejemplo, asigna a los delfines una puntuación en la escala de autonomía de un 0,90, lo cual sitúa a los delfines en la categoría superior de criaturas no humanas que merecen derechos legales. Escribe lo siguiente: «Los delfines tienen conceptos y comprenden espontáneamente los signos con las manos, las miradas y las imágenes sostenidas en alto. Imitan instantáneamente acciones y vocalizaciones».[326] Cuando afirma que los delfines poseen capacidad cognitiva, se basa en los descubrimientos de un psicólogo de la Universidad de Hawai, Lou Herman. Durante más de tres décadas de investigación, Herman ha demostrado que los delfines tienen recuerdos extraordinarios, comprenden los gestos humanos mejor que los chimpancés y tienen habilidades lingüísticas tan sofisticadas que podrían corregir nuestra gramática.

Puesto que Wise defiende los derechos de los delfines apoyándose en la investigación de Herman, sería lógico pensar que es un fan de los estudios de este. En absoluto. En realidad, sostiene con vehemencia que la investigación de Herman sobre delfines no es ética, que explota a sus animales y que los trata como prisioneros. Por supuesto, lo irónico es que, sin dichos estudios sobre la cognición de los delfines, Wise no podría sostener que la capacidad mental de los delfines es comparable a la de los chimpancés y que, por consiguiente, los delfines deben gozar de derechos legales.

¿Y qué pasa con los ratones? ¿Qué puntuación obtienen en la escala? Wise no los menciona en su libro, razón por la cual le mandé un correo electrónico: «Profesor Wise, en su escala, ¿dónde sitúa los ratones? Al fin y al cabo son los mamíferos más corrientemente usados en investigación».

Me contestó que la omisión de los ratones se debía a la falta de tiempo. Las puntuaciones de autonomía, dijo, se basan en una revisión objetiva de las pruebas disponibles sobre la capacidad de cada una de las especies. Este trabajo requiere una revisión de los estudios científicos más recientes y además hay que entrevistar a los científicos más destacados que han estudiado el comportamiento y las habilidades cognitivas de cada una de las especies. Wise dijo que en el caso de los delfines y de los monos, los datos encajaban con sus ideas previas. Por otro lado, las abejas obtenían una puntuación mucho más alta de lo que él siempre predijo. Para llevar a cabo el proceso de evaluación hacen falta tres meses por cada animal, pero el día solo tiene veinticuatro horas y existen miles de especies.

¿LOS RATONES SIENTEN EMPATÍA? LOS ESTUDIOS DE McGILL SOBRE EL DOLOR

Wise reconoce con franqueza que no sabemos lo suficiente sobre la mayoría de las especies para adjudicarles el puesto que se merecen en su escala de estatus moral. Luego, sería lógico pensar que necesitamos más investigación animales, no menos. Sin duda, algunos de estos estudios descubrirían que ciertos animales tienen capacidades inesperadas. Por ejemplo, investigadores del Laboratorio Genético del Dolor de la Universidad McGill han llevado a cabo recientemente una serie de experimentos que, según los investigadores, demuestran que los ratones son capaces de sentir empatía.[327] No estoy seguro de que la empatía de la mucina sea análoga a la experiencia humana de la empatía, pero sus hallazgos plantean cuestiones éticas interesantes.

El objetivo de estos estudios era descubrir si los ratones reaccionaban al dolor que se infligía a otros ratones. Los investigadores utilizaron varios procedimientos para inducir dolor en los animales. A la mayoría de los ratones objeto de estudio se les practicó una prueba cuyo desafortunado nombre era "prueba de contorsión", en la que se les inyectaba en el estómago una solución diluida de ácido acético. A otro grupo de ratones se les inyectó líquido de irrigación en las patas traseras, y a un último grupo se le sometió a la prueba de encoger la pata, cuyo propósito es medir cuánto tiempo tarda un ratón en levantar la pata de una superficie caliente. Si mis cálculos son correctos, para la investigación se necesitaban ochocientos ratones.[328]

¿Percibían unos ratones el dolor de los demás? La breve respuesta es que sí. Los animales a los que se les inyectó ácido acético se contorsionaron más cuando se les practicó la prueba cerca de otro ratón que se contorsionaba que cuando estaban solos. Pero –y esto es lo más interesante– el dolor por contagio solo se producía cuando el otro ratón era un pariente o un compañero de jaula. Los ratones no mostraron signos de empatía en presencia ¡de ratones sufrientes desconocidos!

¿Cómo sabe un ratón si su compañero de jaula está sufriendo? ¿Tal vez ve la mirada agonizante en los ojos de su compañero u oye sus quejidos de frecuencia ultraalta? O a lo mejor un ratón que sufre dolor emite un olor que indica miedo. Los investigadores comprobaron cada una de estas posibilidades interrumpiendo sistémicamente el sistema sensorial de los ratones. Con la visión fue fácil. Solo hubo que interponer una pantalla opaca entre los dos ratones que se contorsionaban. Eliminar el sentido del olfato fue más difícil. Después de inyectar a los ratones un anestésico local, les llenaron los orificios nasales con un producto químico cáustico que anulaba la actividad de sus células receptoras de olores. Para eliminar el sentido del oído inyectaron a los ratones un producto llamado kanamicina diariamente durante catorce días. Dos semanas después, los ratones se habían quedado sordos para siempre.

Desde una perspectiva científica, el experimento fue un éxito rotundo. Los investigadores descubrieron que la empatía ratonil es únicamente resultado de la vista. Los ratones privados del sentido del olfato o del oído manifestaron empatía. Aquellos a los que se les impidió ver a sus colegas, no.

¿Fue ético este experimento? Imagínese por un momento que es usted miembro del Comité para el Cuidado de los Animales de la Universidad McGIll y que le encargan decidir si se aprueban o se rechazan las propuestas en las que participen animales. ¿Qué votaría usted? ¿Los resultados de los experimentos justifican el dolor y el sufrimiento de los animales?

Tome partido: apruebe o rechace la propuesta

Para mí es una decisión difícil. La investigación se realizó correctamente, y aunque en la mayoría de los casos nadie lee los artículos científicos –salvo quizás la madre de sus autores–, los resultados de este se publicaron en *Science* y se difundieron en todo el mundo. Además, los investigadores explicaron con argumentos razonables que el dolor fue relativamente leve y de corta duración.

Pero yo voto por rechazar la propuesta

La razón por la que yo no aprobaría este estudio es porque escuchar a los Rolling Stones a todo volumen es uno de los mayores placeres de la vida, y porque me parece una gozada sentir el aroma que desprende una barra de pan recién salida del horno. Por lo tanto, no me gusta la idea de dejar sordos y sin olfato a tantísimos ratones. (Seguramente hubiera aprobado el estudio si los investigadores hubieran accedido a descartar los experimentos de privación de los sentidos.)

Al leer el informe sobre esta investigación, mi primer pensamiento fue: «Estos tipos han metido la pata hasta el fondo». Supuse que recibirían amenazas de muerte del ala desquiciada del movimiento antiinvestigación. Estaba completamente equivocado. El Frente de Liberación Animal, un grupo defensor del acoso a los investigadores que usan animales, destacó el estudio de la McGill sobre el dolor en los ratones en su web, en tanto que demostraba que los humanos y los ratones eran espíritus semejantes. Incluso algunos científicos que normalmente se oponen a los experimentos que implican infligir sufrimiento, o que provocan deformidades permanentes en los animales, pareció que aprobaran tácitamente el estudio. Marc Bekoff[329] es un etólogo eminente además de una voz poderosa en el movimiento a favor de la protección de los animales. Según Bekoff, los científicos no deberían llevar a cabo ningún experimento al que no estuvieran dispuestos a someter a su propio perro. Por esta razón, me sorprendió que Marc utilizara el estudio del dolor en los ratones en su libro *Justicia salvaje: la vida moral de los animales* como prueba de que incluso los roedores experimentan estados emocionales sofisticados.

Como Bekoff, Jonathan Balcombe es activista en defensa de los animales y científico. (El tema de su tesis doctoral fue el comportamiento de los murciélagos.) Jonathan, autor de *Second Nature: The Inner Lives of Animals*, se opone a toda investigación invasiva o dolorosa para otras especies y sus conferencias son muy populares en los círculos de los protectores de animales. Elocuente, reflexivo y tranquilo, es el rostro perfecto para un movimiento que a menudo se ve como una pandilla de fanáticos con los ojos desorbitados. Conociendo su postura respecto a la investigación con animales invasiva, me desconcertó oírle en una conferencia a la que asistí hace poco, en la que utilizó los resultados del estudio del dolor de la McGill para argumentar que los ratones tienen emociones. Jonathan y yo somos viejos amigos y le llamé para saber qué habría votado si hubiera formado parte del Comité para el Cuidado de los Animales de la Universidad McGill.

—Desde luego habría votado rechazar la propuesta –me dijo.

—Pero ¿no te parece irónico que casi todo lo que sabemos sobre la capacidad mental de los animales se basa en investigaciones que estarían prohibidas si pudieras poner en práctica lo que piensas y se abolieran los experimentos con animales en cautividad? –le pregunté.

Jonathan estaba preparado para responder a esta pregunta. Resulta que se la hacen muchas veces durante el turno de preguntas que siguen a sus conferencias universitarias, durante las que siempre hay alguien que, indefectiblemente, se pone de pie y pregunta: «Doctor Balcombe, usted se opone a la investigación con animales, pero sin embargo sostiene que los animales son seres conscientes basándose en resultados de experimentos en los que se ha perjudicado a animales. ¿No le parece una contradicción?».

Para Jonathan esto no plantea ningún conflicto ético. «No soporto estos estudios –dice dirigiéndose a su público–. Si se hicieran las cosas como yo creo, no permitiríamos ciertas investigaciones que utilizo para demostrar que los animales tienen sentimientos. Pero el hecho es que estas investigaciones ya se han llevado a cabo, y aclaran la cuestión de la conciencia animal. Por lo tanto, pienso seguir utilizándolas.»

Me parece obvio que Jonathan ha reflexionado mucho sobre este problema, pero me sorprende cuando menciona los experimentos médicos nazis[330] durante nuestra conversación, porque resulta que yo mismo, espoloneado por el estudio del dolor en los ratones, también he pensado en ellos. El doctor Sigmund Rasher, un médico alemán, se dedicaba a sumergir a los prisioneros de Dachau en agua helada durante largos períodos de tiempo para ver cuánto tiempo podrían sobrevivir los pilotos si caían en las gélidas aguas del mar del Norte. Murieron muchos de los individuos sometidos a aquella prueba. Según dicen, esta investigación sigue siendo la mejor información de la que disponemos sobre los efectos de la hipotermia en el cuerpo humano. Algunos especialistas en ética médica creen que, una vez que tenemos los datos derivados de los experimentos realizados en Dachau y Auschwitz, honramos a los muertos utilizando esa información para salvar vidas humanas hoy –aun cuando esa información se obtuviera mediante procedimientos no éticos–. No obstante, otros argumentan que esos datos se consiguieron de forma inmoral, fueron obtenidos ilegalmente y no deberían utilizarse bajo ningún concepto. De modo similar, algunos activistas en defensa de los animales creen que los resultados de los experimentos con animales son también beneficios obtenidos ilegalmente.[331] Según ellos, por ejemplo, es inmoral tomar medicinas que se han probado en animales.

Los resultados de los experimentos sobre el dolor de la McGill, o, para el caso, los estudios sobre aprendizaje del lenguaje en chimpancés o delfines cautivos, ¿son también datos obtenidos ilegalmente que no deberían utilizarse, ni siquiera para oponerse a la experimentación con animales? Jonathan no pierde el sueño por esto. Cuando se trata de campañas en contra de la experimentación con animales, reconoce que se ha convertido, a regañadientes, en un utilitarista. Dice: «Estoy dispuesto a utilizar cualquier prueba que tenga al alcance para salir en defensa de los animales. Lo que haga falta». Pero luego añade: «Dentro de los límites de lo razonable».

¿USTED MATARÍA A UN MILLÓN DE RATONES PARA CURAR EL DENGUE?

Pero la razón se muestra escurridiza en el debate sobre la investigación con animales. En mi opinión, el argumento a favor de la investigación con animales es más sólido que los argumentos a favor de cualquier otro uso humano de los animales, incluido comérnoslos. No todo el mundo comparte esta opinión. Efectivamente, las encuestas públicas demuestran que el número de americanos que se opone a la experimentación animal supera el de los que no aprueban la caza.

El tema del estatus moral de los ratones surgió en una conversación que mantuve hace poco con mi colega Linda, una profesora inglesa que escribe sobre la desigualdad y la opresión. Su actividad se centra en la explotación tanto de animales como de personas empobrecidas, sobre todo en el África postcolonial. Linda se interesó por la protección de los animales desde que era una adolescente. Ella y su marido siguen una dieta vegetariana estricta. Linda, en su tiempo libre, trabaja como voluntaria en un santuario de animales de granja. No lleva ninguna prenda de piel y detesta los zoológicos y los circos. Cree que la explotación de los animales está íntimamente relacionada con la opresión de las mujeres, de las minorías y de la población negra.

–El abuso de los animales es la forma fundacional de la opresión –me dice.

Para Linda, actividades como cazar, criar animales por su piel y comer animales son sencillamente cuestiones morales. Están mal: punto final. Pero incluso Linda se ve metida en un atolladero cuando el tema es la investigación con animales.

–No creo que los seres humanos tengamos ningún derecho a utilizar otras especies para nuestro propio beneficio –me dice, y añade–: Por otro lado, pienso que cierto tipo de investigaciones pueden representar un beneficio para los humanos.

–¿Me dejas presionarte un poco sobre este aspecto? –le pregunto.

–Desde luego.

–¿Qué te parecería si una empresa farmacéutica decidiera gastar menos dinero en publicidad de las disfunciones de la erección y más en el desarrollo de tratamientos para curar las olvidadas enfermedades tropicales que destruyen la vida de tantas personas en los países en desarrollo? ¿Estarías dispuesta a sacrificar la vida de un millón de ratones para trabajar en una vacuna contra el dengue, una de las primeras causas de mortalidad infantil en el África subsahariana?

Linda baja la mirada hacia el suelo. Tras una larga pausa dice:

–No estoy segura. No puedo decidirme ni por lo uno ni por lo otro.

–¿Por qué no? –le pregunto.

–Bien, no creo que la vida de un ser humano valga más que la de un animal. Pero ¿*ratones*? –contesta.

El conflicto que le plantea a Linda utilizar ratones para desarrollar una vacuna que potencialmente puede salvar a millones de niños africanos es comprensible. El hecho de creer en la igualdad de los animales choca con su compromiso por mejorar la vida de los más pobres del mundo. Pero para mí está bien claro. Sí, yo cambiaría un millón de ratones para erradicar el dengue. No lo dudaría ni un segundo.

Pero ¿un millón de ratones para un tratamiento contra la calvicie? ¿O para corregir las disfunciones eréctiles? Mmmm… seguramente diría que no.

9. EL GATO EN CASA, LA TERNERA EN EL PLATO

¿SOMOS TODOS UNOS HIPÓCRITAS?

¿Estoy diciendo que una araña tiene tanto derecho a la vida como una garceta o un ser humano? Sí, no veo ninguna razón que tenga una coherencia lógica para decir lo contrario.

JOAN DUNAYER[332]

Basta de sonrisas bobas. Uno de los consejos más universales a través de las culturas y las épocas es que todos somos unos hipócritas, y al condenar la hipocresía de los demás no hacemos más que agravar la nuestra.

JONATHAN HAIDT[333]

Si alguna vez visita Seattle, no se pierda el Pike Place Market. Unos diez millones de visitantes al año inundan los puestos de flores, pan y productos frescos, y una variada gama de tiendas donde venden queso, caramelos, setas, fruta y salami. Pero la principal atracción es el Pike Place Fish Market, el mercado de pescado, donde unos hombres calzados con botas de plástico y sudaderas con capucha lanzan sin titubeos salmones de más de casi siete kilos de peso a los brazos de otro hombre, vestido con las mismas prendas, situado frente a la caja registradora a más de seis metros de distancia. A la gente le gusta ver volar por los aires a esos enormes peces. Se ríen y toman fotografías. Yo también lo vi. También me reí y tomé fotografías.

En junio de 2009, la Asociación Americana de Médicos Veterinarios decidió que una demostración de lanzamiento de peces sería un ejercicio excelente de *team-building* para los diez mil veterinarios y paraprofesionales participantes en la reunión anual de esta organización en Seattle. A PETA no le hizo ninguna gracia. En un artículo publicado en *Los Angeles Times* se hizo referencia a las palabras pronunciadas por Ashley Byrne, director de campañas de PETA: «Matar animales con la única finalidad de divertirse lanzando sus cuerpos por el aire es una perversión. Y cuando los veterinarios califican de divertido un hecho como lanzar los cuerpos muertos de los animales,[334] están transmitiendo un mensaje terrible al público». Los medios de comunicación lo publicaron para divertir a la audiencia, y lo primero que pensé fue que Ashley no tenía que preocuparse por nimiedades. Pero entonces PETA hizo unas declaraciones en las que decía que los visitantes del mercado no se reirían tanto si aquellos tipos con sudaderas lanzasen gatos muertos por los aires. Y me di cuenta de que PETA tenía toda la razón. ¿Por qué a la gente le parece divertido jugar a la pelota con peces muertos y no con el cadáver de un gato?

NUESTRA ACTITUD RESPECTO AL TRATO QUE SE DA A LOS ANIMALES A MENUDO ES INCOHERENTE

A Elizabeth Anderson, autora del libro *The Powerful Bond between People and Cats*,[335] le preocupa este tipo de incoherencias morales. Por ejemplo, Anderson no entiende cómo puede ser que los propietarios de animales domésticos vistan abrigos de piel. Y escribe lo siguiente: «¿Cómo puede ser que alguien que haya querido o besado alguna vez un cachorro de perro o de gato pueda hacer la vista gorda a los visones electrocutados por vía anal o a las crías de foca golpeadas en la cabeza? Creo que nunca lo entenderé». Anderson no debería sorprenderse de que alguien pueda enternecerse ante un gatito y que al mismo tiempo pueda gustarle el brillo de la piel de visón. Las manifiestas incoherencias en nuestra relación con las otras especies son corrientes. Se dan incluso entre muchas personas que se toman muy en serio los derechos de los animales.[336] El psicólogo social Scott Plous descubrió que el 70% de los activistas en defensa de los animales, para quienes el uso de los animales en la fabricación de prendas de vestir debería ser una prioridad en el movimiento en defensa de los derechos de los animales, reconocía que llevaba prendas de piel.

Los psicólogos saben desde hace mucho tiempo que nuestras palabras y nuestros actos a menudo están en conflicto. Una de las teorías conductuales ampliamente aceptada es el llamado modelo ABC, según el cual las actitudes tienen tres componentes: afecto (las emociones que sentimos respecto a algo), comportamiento (*behavior*, en inglés; el efecto que la actitud tiene sobre nuestras acciones) y cognición (lo que sabemos sobre algo). A veces los tres factores operan a la vez. Rob Bass es un buen ejemplo de ello. Rob es un filósofo de cincuenta y dos años a quien la vida le sonrió hasta 2001, cuando se tropezó con un artículo de un especialista en ética llamado Mylan Engel.[337] Engel formuló un argumento en contra de comer animales que Rob –para su propia sorpresa– encontró de lo más convincente. Se dijo que en el razonamiento de Engel tenía que haber algún fallo y se pasó las tres semanas siguientes intentando refutar el argumento. Al cabo de un mes se dio por vencido. Al convencerse de que

Engel tenía razón (cambio cognitivo), supo que tenía que dejar de comer carne (cambio de comportamiento). Unas semanas después, entró en la cafetería de la universidad y le llegó el olorcillo de las hamburguesas friéndose en la plancha. Su reacción fue inmediata y visceral: «Qué asco, ¡vaya olor tan desagradable!» (cambio afectivo). El artículo de Engel había provocado en Rob el inicio de un ciclo en el que tanto su comportamiento como su pensamiento y sus emociones se reforzaban mutuamente. Hoy Rob y su esposa, Gayle Dean, que experimentó un cambio parecido, son vegetarianos estrictos. Están en contra de la explotación de todo tipo de animales y Rob da lecciones sobre los derechos de los animales en sus clases.

Pero Rob y Gayle son excepciones. La mayor parte de la gente muestra una actitud de alegre despreocupación ante las contradicciones de su actitud hacia los animales. En una ocasión, *Los Angeles Times* encargó una encuesta en la que se preguntaba a una muestra aleatoria de americanos adultos si estaban o no de acuerdo con la afirmación siguiente: «Los animales son iguales que las personas en todas las cuestiones importantes». Según el cuestionario, el 47% de las respuestas estaba de acuerdo con la afirmación. Personalmente, nunca acabé de creerme aquellos resultados, razón por la cual decidí comprobar cómo respondían mis alumnos a la misma afirmación. Les repartí un cuestionario que, además de la afirmación anterior, incluía otras once preguntas relacionadas con el trato que damos a los animales. Mi escepticismo estaba injustificado. Exactamente el 47% de los estudiantes también estuvo de acuerdo con que los animales eran iguales que las personas en todas las cuestiones importantes. Pero tal creencia tenía poco efecto sobre su actitud respecto al uso de los animales. La mitad de los alumnos que dijo que los animales «eran iguales que las personas» eran partidarios del uso de animales en la investigación biomédica, el 40% consideraba correcto reemplazar partes enfermas del cuerpo humano con órganos de animales y el 90% solía comer para cenar criaturas que, según decían, eran igual que las personas «en todas las cuestiones importantes».

¿Cómo puede ser que la gente mantenga opiniones tan flagrantemente contradictorias? Los puntos de vista de la mayoría de las personas respecto al trato dado a otras especies ejemplifican lo que los psicólogos llaman "no-actitudes" o "actitudes vacías".[338] Se trata de un conjunto de opiniones aisladas y sin relación entre sí, no el sistema de creencias coherente de personas como Rob y Gayle, que han reflexionado profundamente sobre los problemas morales respecto a los animales. Los aspectos éticos asociados a nuestra relación con otras especies son complejos, y la mayoría de las personas, incluso las que dicen amar a los animales, están entre dos aguas. Por ejemplo, cuando en un cuestionario elaborado por el Centro Nacional de Estudios de Opinión se preguntó a cinco adultos qué pensaban sobre la experimentación animal, sólo uno dijo que tenía formada una opinión sobre el tema.

Aunque existen muchas excepciones, la mayoría de las personas no está preocupada por el trato que se da a los animales.[339] En 2000, la organización Gallup pidió a adultos americanos que puntuaran la importancia de temas sociales como el derecho al aborto, los derechos de los animales, el control de armas, el medio ambiente, los derechos de las mujeres y los derechos de los consumidores. Los derechos de los animales ocuparon la última posición. En 2001, la Sociedad Nacional Protectora de Animales de Estados Unidos encargó una encuesta en la que se preguntaba a los encuestados cuál era la organización nacional para la protección de los animales que a su parecer hacía más por protegerlos; la mitad de los encuestados no supo mencionar el nombre ni de una sola organización dedicada a la defensa de los intereses de otras especies. Para terminar, una encuesta realizada a personas que boicotearon productos de consumo informó de que solo el 2% lo hizo motivado por la preocupación por los animales. La realidad es que, aparte de nuestros animales domésticos, el trato que damos a los animales no constituye una gran prioridad para la mayoría de las personas.

Si queremos saber de verdad lo que la gente siente respecto al trato que damos a los animales, fijémonos en el dinero. Los americanos donan entre 2.000 y 3.000 millones de dólares todos los años a las organizaciones protectoras de animales. Nos parece una cantidad exorbitante hasta que la comparamos con lo que gastamos en matar animales: 167.000 millones en carne; 25.000 millones en artículos de caza, equipo y viajes; 9.000 millones para erradicar plagas; 1.600 millones en prendas de vestir de piel. Huelga decir que dedicamos bastante más dinero al bienestar de nuestros animales domésticos que a nuestra contribución a organizaciones que fomentan el bienestar de seres o de humanos a los que no conocemos personalmente. Ello es perfectamente coherente con varios principios fundamentales que rigen la naturaleza humana. Uno de ellos es el principio evolutivo sólidamente establecido de que la familia es lo primero (y actualmente los animales domésticos se consideran como miembros de la familia en muchos hogares americanos).

Otro es el fenómeno que el psicólogo cognitivo de la Universidad de Oregón Paul Slovic denomina «entumecimiento psíquico»[340] –cuanto mayor es la magnitud de la tragedia, a más personas parece importarles un rábano–. Por ejemplo, hay individuos que dicen que, para salvar a un solo niño enfermo, darían el doble de lo que darían para salvar a un grupo de ocho niños enfermos. La indiferencia humana aumenta en los casos de sufrimiento de masas. Tal como destacó Nicholas Kristof, columnista del *New York Times*, el entumecimiento psíquico ayuda a explicar por qué los neoyorquinos se indignan sobremanera cuando un halcón de cola roja[341] es expulsado de su nido construido en un alféizar de un edificio de la Quinta Avenida, pero no se muestran muy indignados ante la situación desesperada de dos millones de sudaneses sin techo. Slovic se refiere a la indiferencia humana ante cifras abrumadoras como «crisis de compasión».

Pero no todo el mundo sufre una crisis de compasión. La Sociedad Nacional Protectora de Animales de Estados Unidos tiene once millones de afiliados. La ASPCA (la Sociedad Americana para la Prevención de la Crueldad en Animales) dice tener un millón de miembros, y la PETA más de dos millones. Muchas de estas personas no se limitan a hacer contribuciones monetarias, también actúan. Uno de los primeros trabajos que realicé como antrozoólogo fue una serie de entrevistas a activistas en defensa de los animales.[342] Me centré en la gente que trabajaba en la base, los soldados rasos (no los líderes de los movimientos, ni los filósofos ni los personajes célebres). Mi objetivo era descubrir qué tipo de personas se sentían atraídas por los movimientos en defensa de los animales, y cómo afectaba a su vida este compromiso moral.

Resultó que tres de cada cuatro activistas que luchaban por los derechos de los animales eran mujeres, la mayoría de ellas políticamente liberales, cultas, de clase media sólida y principalmente de raza blanca. Casi todas, claro está, tenían animales domésticos. Los activistas llegan a sus respectivos movimientos por diferentes caminos, pero lo más corriente es hacerlo por un impacto moral.[343] En el caso de Katherine, enfermera, ese golpe lo produjo una sola fotografía.

–¿Qué te condujo hasta el movimiento por la liberación de los animales? –le pregunté.

—Una imagen en un póster de PETA. Todavía me acuerdo de la imagen de aquel pequeño mono. Le habían cercenado los nervios y no podía utilizar uno de sus brazos. Llevaba vendado el otro brazo y le hacían usar el brazo impedido.
—¿Todavía te acuerdas de los detalles de aquella imagen?
—Pues claro —me dijo—. Aquel mono tenía unos ojos preciosos y parecía que hubiera llorado. Me dan ganas de llorar.

Y entonces Katherine se puso a llorar en silencio, y me dijo:

—No era consciente de que me afectaba tanto afectivamente hasta que he empezado a hablar de ello.

Los que se oponen a los derechos de los animales se tropezarán con alguien como Katherine y dirán que todos los activistas en defensa de los animales son unos hipersentimentales que prefieren la compañía de los bichos antes que la de las personas. Es un error. Muchos de los activistas con quienes he hablado apoyan su oposición a la explotación de los animales sobre una base sólida y coherente. Una mujer que estaba muy familiarizada con los matices de la defensa intelectual de los derechos de los animales me dijo que le molestaba que la gente la calificara de "blanda". Me dijo: «Considerar que he sido "blanda" en todos los años que me he dedicado a reflexionar sobre estos temas es verdaderamente un insulto».

LA LIBERACIÓN DE LOS ANIMALES COMO RELIGIÓN

Los defensores de los derechos de los animales, como grupo, no se distinguen por ser muy religiosos,[344] por lo menos en el sentido convencional del término. En un estudio, solo el 30 % de los participantes en una gran manifestación de ámbito nacional a favor de los derechos de los animales indicó que pertenecía a alguna iglesia, y aproximadamente la mitad de este porcentaje se declaró ateo o agnóstico. Pero, como en otras cruzadas morales, el movimiento que defiende la liberación de los animales tiene elementos religiosos. La defensa de los derechos de los animales, como las creencias religiosas, puede dar sentido y objetivo a la vida. Cuando le pregunté a Phyllis hasta qué punto era importante para ella el movimiento en defensa de los animales, parpadeó y pareció no entenderme, como si la respuesta fuera obvia: «Es mi vida», respondió.

Mark era un policía retirado que sufría una profunda depresión antes de que su mujer y él se implicaran en la protección de animales. Para Mark el movimiento en defensa de los derechos de los animales fue su salvación. Me dijo: «Es una de esas cosas que te pasan en la vida que te hacen sentir feliz con lo que haces. Afecta a toda tu existencia. Nos sentimos completamente felices».

Al hablar con Mark tienes la sensación de que, como san Pablo en su camino hacia Damasco, de repente las escamas desaparecieron de sus ojos y vio la luz. Brian, que se autoconfesaba agnóstico, me dijo: «A veces me río de mí mismo. Sé cómo debe sentirse alguien que "vuelve a nacer". Como me ocurre a mí, sus creencias deben de afectar todos los aspectos de su vida». Otro activista me dijo: «He llegado a respetar a Jesús de un modo diferente. Estoy seguro de que si hoy Jesús estuviera vivo sería vegetariano. Creo que sería defensor de los derechos de los animales».

Los defensores de los derechos de los animales y los fundamentalistas religiosos se parecen en otro aspecto –ven los problemas morales en blanco negro y no en diferentes tonos de gris–. Shelley Galvin y yo clasificamos a los defensores de los animales en una escala psicológica desarrollada por el psicólogo social Donelson Forsyth para evaluar las diferencias individuales en la ideología ética de las personas. El 75% de los defensores de los animales[345] (en comparación con solo el 25% de un grupo de estudiantes universitarios) se clasificó en la categoría de "absolutismo moral". Los que pertenecen a esta categoría ética creen que los principios morales son universales y que hacer lo correcto tiene un final feliz.

Las consecuencias
de tomarse a los animales en serio

Cuando uno decide tomarse a los animales en serio, suceden grandes cosas. Primero, hay que cambiar de vida. Todos los defensores de animales que he conocido han tomado medidas para que su comportamiento fuera más acorde con sus creencias. Algunas de estas personas toman medidas de poca envergadura, pero otras toman medidas drásticas, y algunas obtienen mejores resultados que otras. El de Marie fue el mayor fracaso; solo aguantó un par de semanas. Durante la comida con motivo de su primera (y última) conferencia sobre los derechos de los animales, Marie tuvo un antojo insoslayable de Big Mac y salió corriendo en busca de un McDonald's. Aquí se terminaron para ella los derechos de los animales. Marie fue la excepción. Cuando distribuí un cuestionario entre los activistas que se manifestaban en Washington D.C., el 97% había cambiado su dieta (aunque muchos de ellos todavía comían un poco de carne), el 94% compraba productos de consumo con la etiqueta de "sin trato cruel", el 93% boicoteaba a las empresas que ensayaban sus productos con animales, el 79% decía que no compraba prendas de vestir fabricadas con animales y el 75% había dirigido cartas sobre el trato dado a los animales a periódicos o abogados. La nueva creencia y el nuevo comportamiento se refuerzan mutuamente; una mujer llamada Gina me dijo: «Cuanto más me implico, más cambio mi dieta. Y cuanto más cambio mi dieta, más me implico».

El compromiso moral de los activistas se manifiesta en varios aspectos. Por ejemplo, hay algunos que se niegan a matar animales que normalmente se consideran molestos. Un hombre había visto hacía poco una serpiente cabeza de cobre en el jardín de su casa. Un año antes, hubiera agarrado una azada y la hubiera matado; ahora la había devuelto cuidadosamente al bosque. Bernardette era una ejecutiva de IBM cuya existencia, junto a su marido, dos hijos, una furgoneta y un perro, seguía las más puras convenciones de la clase media alta. Lo que la distinguía de las demás mujeres clasificadas en su misma categoría era que Bernardette no mataba ni una mosca.

–Bernardette –le pregunté–, ¿me puedes dar un ejemplo de cómo se ve afectada tu vida cotidiana por tu punto de vista sobre los derechos de los animales?

–Mira, no utilizo productos químicos para quitarle las pulgas a mi perro. En lugar de eso, intento sacárselas manualmente, sin matarlas. Ya sé que las pulgas no sienten dolor ni nada parecido, pero creo que es importante ser coherente. Trazo una línea divisoria en algún punto entre peces y moluscos me parece que no tiene sentido.

Pero entonces salieron a colación las cucarachas.

–Hace poco aniquilamos a las cucarachas de casa –dijo–. Pero antes de recurrir al Terminix, me paseé por toda la casa durante una semana intentando comunicarme telepáticamente con las cucarachas para decirles «habéis invadido mi territorio y vamos a tomar medidas drásticas». En mi fantasía esperaba que desaparecieran por arte de magia.

Pero no fue así.

Bernardette chocó con la "paradoja de los activistas": *cuanto mayor sea tu claridad moral, más difícil te resulta-*

rá ser moralmente coherente. Cualquier insignificancia puede convertirse en un problema. Para Gina, hasta comer verdura constituía un problema. A veces se preguntaba si una dieta a base de frutas y frutos secos no sería éticamente preferible a comer vegetales como zanahorias que, una vez cosechadas, no vuelven a nacer. La pasión de Roy era la liga de *softball* de su iglesia. Después de meses de buscar un guante sintético, al final encontró uno que le satisfizo (aunque no era nada del otro mundo). Sin embargo, no hubo manera de encontrar una pelota que no estuviera hecha de piel. Por desgracia para Roy, a los que pretenden llevar una vida exenta de crueldad con los animales les es mucho más difícil encontrar productos de consumo, entre los cuales hay condones para vegetarianos estrictos[346] y también pelotas de *softball* sintéticas.

En su libro *The Happiness Hypothesis*, Jonathan Haidt sostiene que las claves para una vida feliz son tener sentido de la virtud y objetivo moral, sentimiento de iluminación, voluntarismo y solidaridad con un grupo con el que se compartan valores fundamentales. Muchos defensores de los animales tienen todo esto, por lo que sería lógico pensar que son las personas más felices de la tierra. Este era el caso de una mujer que, durante una manifestación contra el maltrato a los osos negros en cautividad, me dijo: «Me dan pena las personas que carecen de esto en su vida».

Pero algunos defensores de los animales pagan un precio muy alto por su punto de vista moral. Por ejemplo, su fidelidad a la liberación de los animales puede alejarlos de amigos, familia y amantes. Aunque la mayoría de americanos *dice* que apoya la noción de derechos de los animales, la gente suele sentirse incómoda con los individuos que se toman las cuestiones morales muy en serio. Un activista llamado Alan me dijo: «Mis amistades han sufrido mucho. Nadie entiende lo que hago y noto en todos una actitud defensiva. Perdí a mi mejor amigo, y en gran parte tuvo que ver con los derechos de los animales».

El compromiso con la protección de los animales puede acabar con un matrimonio. Para Hugh y Lydia, la causa de los animales es un compromiso compartido, un foco común que fortalece su matrimonio. Siguen juntos una dieta vegetariana, hablan sobre los problemas y ambos hacen lecturas críticas de los artículos que escriben sobre el trato a los animales. Pero las cosas no siempre son así. La defensa de los animales destruyó el matrimonio de Nancy. Su marido, con el que llevaba diez años casada, era un militar cuya actitud hostil se fue acrecentando al ver que su esposa se dedicaba cada vez más a la liberación de los animales; lo que quería aquel hombre era que su mujer asumiera el papel de una buena esposa de militar. «Al final –me dijo–, tuve que escoger».

Y escogió a los animales.

Fran y su marido se enfrentaron por algo parecido.

–¿Cómo afecta tu compromiso con los animales a tu relación con los demás? –le pregunté.

Fran suspiró:

–Mi marido y yo tenemos muchas peleas por este motivo. Él come carne y cree que las personas que llevan abrigos de piel no son peores que las que comen carne. Con los años ha empeorado. Ahora rompe las cartas que recibo porque dice que mando demasiado dinero a las organizaciones de animales.

Estoy seguro de que todavía siguen igual.

Los conflictos a causa del estilo de vida eran particularmente problemáticos para los activistas que buscaban una pareja que pensara como ellos para salir. Una atractiva joven de poco más de veinte años llamada Elizabeth me dijo: «No hay duda de que mis creencias interfieren en mi vida social. No salgo con ningún chico que no sea vegetariano, lo cual limita mis posibilidades de hombres. Al principio, la mayoría de los hombres con los que salía no eran vegetarianos. Pero no volveré a hacerlo. Con este tipo de bloqueo moral entre uno mismo y la persona con la que sales es imposible».

Ser un cruzado moral trae consigo otros problemas. A veces la carga se hace demasiado pesada. Le pregunté a Lucy, una profesora de educación especial, si la gente piensa que está loca por su forma de vivir. «No –dijo–. La mayoría de la gente no cree que esté como un cencerro. Pero a veces yo sí lo pienso. Este tema me vuelve loca. Domina mi vida. A veces me parece que no lo soporto más. Y entonces me digo a mí misma que me voy a alejar de todo esto un poco; que voy a aflojar un poco la cuerda. Voy a permitirme no ser Jesús durante un rato y ser una persona normal».

A la carga psicológica de los activistas se añade el hecho de que se ven constantemente asediados por cosas que les recuerdan la crueldad con los animales (la carnicería del supermercado, el olor de la carne asada cuando pasan delante de un Burger King, una mujer que luce un abrigo de piel en el aeropuerto, el continuo aluvión de correos electrónicos de organizaciones para la defensa de los animales que inundan su carpeta de entrada: «¡Su donación nos ayudará a detener la caza de crías de foca!», «¡Cerremos los criaderos de perros!», «¡Acabemos con la cría intensiva!»).

A veces el compromiso moral puede llegar a ser abrumador. Susan sufría insomnio porque en sus sueños irrumpían imágenes de animales maltratados. Maureen y su marido se vieron obligados a declararse en quiebra económica porque donaron todo su dinero a organizaciones para los derechos de los animales. Han, un hombre de negocios de sesenta y dos años nacido en Alemania, sufre fatiga de compasión. «He estado al borde de una crisis emocional –me dice–. No puedo más. Mi vida está tan llena de derechos de los animales que ya no me queda tiempo para nada. Hasta ahora me ha ido bien, pero este año llegó un momento en que me dije: ya no puedo seguir más. No tengo fuerzas.»

Como muchos de los individuos que se toman a pecho las cuestiones morales, los defensores de los derechos de los animales bailan un baile diferente. Pero la gran mayoría de defensores no son unos fanáticos. Casi todos los que he conocido a lo largo de los años eran personas inteligentes, coherentes, amistosas y completamente cuerdas. Sin embargo, puede llegar a ser difícil mantener una conversación positiva con los verdaderos creyentes e imposible llegar a un punto de encuentro. Misión imposible explicarle a Lucy que crees que ciertas investigaciones con animales están justificadas. Le pregunté si no había tenido nunca momentos de vacilación, si nunca había pensado que a lo mejor y bajo determinadas circunstancias puede ser permisible utilizar el corazón de un cerdo para salvar una vida humana. «No –me dijo–. No tengo ninguna duda de que lo que hago es lo correcto. Y si discutes conmigo no te voy a escuchar. Porque sé que tengo razón.»

Eso es tenerlo claro.

Una nueva clase de terrorismo

Ignorar a tus adversarios es una cosa; acabar con ellos es otra. El 7 de marzo de 2009, David Jentsch, neurocientífico de la UCLA (Universidad de California de Los Ángeles), se despertó al oír que se disparaba la alarma de un coche. Se acercó a la ventana para ver qué ocurría y vio su Volvo en llamas. Salió corriendo al jardín y agarró una manguera. Jentsch vive en uno de esos barrios de Los Ángeles en que los incendios pueden descontrolarse fácilmente. Las ramas del árbol bajo el que estaba aparcado su coche ya ardían cuando llegaron los bomberos. El incendio se podía haber extendido por todo el barrio si los bomberos se hubieran encontrado en un atasco.

Al cabo de dos días, un grupo llamado Animal Liberation Brigade emitió un comunicado que decía así: «David, este mensaje es solo para ti. Iremos a por ti cuando menos te lo esperes y causaremos muchos más daños y no a tu propiedad. Vayas donde vayas y hagas lo que hagas, te estaremos vigilando mientras sigas con tus repugnantes experimentos con monos».

Jentsch no se sorprendió de ser el objetivo. En los últimos años, casi una docena de investigadores de la UCLA habían sido víctimas de ataques terroristas por defensores de los derechos de los animales. (El movimiento clandestino por la liberación de los animales describe estos ataques como una "acción directa". Reservan el término "terrorista"[347] para aquellos con los que no están de acuerdo –granjas de peletería, propietarios de mataderos, investigadores que experimentan con animales–. Aunque la mayoría de víctimas de tales ataques prefieren guardar silencio, David Jentsch optó por defenderse.[348] Creó una organización en defensa del uso de animales en las investigaciones del campus, la UCLA Pro-Test, que organizó un *rally* para apoyar la experimentación animal. Con ello Jentsch no ha ganado amigos entre los defensores de los derechos de los animales. Suele recibir insultantes correos electrónicos: «David Jentsch, quiero que todos tus hijos mueran de cáncer, y quiero que los veas morir. A ti también te deseo una muerte horrible».

Los científicos sociales han descubierto que la mayoría de los terroristas son absolutistas morales cuya motivación consiste en una mezcla de idealismo, ira, celo religioso y esa atracción humana por acusar a los malos de las injusticias. Gerard Saucier, de la Universidad de Oregón, junto con sus colegas, analizó el pensamiento de doce tipos de extremistas militantes.³⁴⁹ Los elementos comunes a estos diferentes tipos son los siguientes: creen que las tácticas pacíficas no funcionan; creen que los fines justifican los medios; creen que la utopía está a la vuelta de la esquina; creen en la necesidad de aniquilar el mal; demonizan a la oposición; definen las visiones morales conflictivas como guerra.

Y todos están representados en el ala insignificante y violenta del movimiento a favor de la liberación de los animales (los que provocan incendios y los que lanzan bombas, los que pintan con aerosoles, los "liberadores" de los animales de laboratorio). También lo oímos en la voz de individuos como Jerry Vlasak, un médico responsable de prensa en el Frente de Liberación Animal de América del Norte. En 2004, Vlasak le dijo a un periodista de la televisión australiana:³⁵⁰ «¿Cree que yo estaría de acuerdo en quitar la vida a cinco culpables que se dedicaran a la vivisección para salvar cientos de millones de vidas de animales inocentes? Pues sí».

Entre 1993 y 2009 los extremistas del movimiento antiaborto de Estados Unidos asesinaron a ocho personas y casi mataron a otras diecisiete. Nadie ha muerto todavía en un ataque por los derechos de los animales, pero probablemente solo sea cosa de tiempo. En 2002 James Jarboe, jefe de la Sección de Terrorismo Nacional del FBI, declaró ante el Congreso que los extremistas de los derechos de los animales y del medo ambiente eran una de las amenazas más serias del terrorismo nacional. (Los activistas en la defensa de los animales sostienen que bajo la Administración Bush, el FBI minimizó las actividades terroristas³⁵¹ de derechas, como los ataques a clínicas donde se practicaban abortos, y amplificó la retórica sobre los movimientos por los derechos de los animales y el medio ambiente.) Según datos del FBI, los grupos militantes por los derechos de los animales y el medio ambiente han causado daños a las instalaciones de animales por valor de 110 millones de dólares. En 2009 se investigaron 170 casos de incidentes extremistas. En 2006 el Congreso aprobó la Ley de Terrorismo a Empresas Animales, que aumentó las multas por daños económicos o personales como resultado de actividades ilegales relacionadas con la defensa de los derechos de los animales. Y el 4 de abril de 2009, Daniel San Diego, activista por los derechos de los animales, fue añadido a la lista de los terroristas más buscados del FBI.

¿Por qué son los investigadores biomédicos y no los cazadores o los propietarios de mataderos los principales objetivos del ala terrorista del movimiento por la liberación de los animales? Al fin y al cabo, el número de animales utilizado en investigación es una minucia si lo comparamos con los diez mil millones de animales que se sacrifican en los mataderos o con el incalculable número de animales salvajes que los cazadores matan o hieren todos los años. La abrumadora mayoría de animales utilizados en investigación son ratas y ratones, seres que la mayoría de la gente no dudaría en matar personalmente solo con verlos (o como mínimo no vacilaría en pagar a otro para que lo hiciera). Y sin duda la investigación científica es más defendible que comer animales porque son sabrosos o cazarlos por placer.

El Frente de Liberación Animal de América del Norte (FLNAN) actúa como grupo de apoyo de la facción violenta del movimiento por los derechos de los animales. Emite comunicados de prensa en los que pone al corriente de las últimas actividades de los *mailers* violentos, de los que tiran bombas incendiarias y de los destructores de coches. Dan información sobre el tipo de investigaciones que sacan de quicio a los radicales. Basándome en los comunicados de prensa del Frente de Liberación Animal de América del Norte, me permito dar tres consejos a los jóvenes investigadores que no quieran encontrarse en su buzón cuchillas de afeitar rebozadas en veneno para ratas: evitad California, los primates y el cerebro.

Casi el 75 % de los comunicados de prensa del FLNAN describía ataques a investigadores en California. Puede ser que las estadísticas estén sesgadas ya que el portavoz del FLNAN, Vlasak, vive cerca de Los Ángeles. Sin embargo, la Fundación para la Investigación Biomédica, un grupo que controla los ataques relacionados con los derechos de animales en el territorio nacional, informa de que en California se producen el doble de ataques que en los demás estados.

Aparte de vivir en California, el otro factor que puede ser determinante para que un investigador sea víctima de un ataque de los activistas es la especie animal con la que investiga.[352] En la mayoría de los experimentos que lleva a cabo Jentsch se utilizan ratones y ratas. Pero lo que atrajo a los incendiarios a su casa fue que en determinados estudios a veces usa monos vervet. Los activistas por la defensa de los animales raramente molestan a los investigadores que experimentan con pollos, lagartos, polillas, gusanos del tabaco, truchas, arañas, loros, ratones y ratas. En cambio, el objetivo suelen ser los científicos que trabajan con monos o con especies de animales domésticos (generalmente, gatos). En términos del grado de sufrimiento asociado con la investigación con animales, es completamente absurdo. En la UCLA, por ejemplo, se utilizan unos setenta y cinco mil ratones para investigación cada año y solo unos doce monos. Tres cuartas partes de los ataques colgados en la web del FLNAN iban dirigidas a investigadores que trabajaban con monos, a pesar de que los monos y otros primates no llegan al 1 % de los animales utilizados en investigación. En cambio, solo el 9 % de los ataques descritos en los comunicados iba dirigido a científicos que experimentaban con ratas y ratones (los animales que se utilizan en la mayor parte de los estudios biomédicos).

Jentsch es neurobiólogo, Como la mayoría de investigadores de la Universidad de California que en los últimos años han sido víctimas de los ataques de los antiviviseccionistas. Investiga los mecanismos neurales subyacentes en la esquizofrenia y los efectos que tienen las drogas como el polvo de ángel, el éxtasis, la cocaína y la nicotina en las células cerebrales. ¿Por qué los terroristas por la liberación de los animales dirigen más su atención a los científicos que investigan tratamientos para las enfermedades mentales, las drogadicciones y la ceguera que hacia los que trabajan en enfermedades como el cáncer o en la investigación de virus como el de la inmunodeficiencia humana? La razón es que estos estudios a menudo se realizan con primates ya que sus cerebros se parecen más a los nuestros que los de los roedores. El objetivo último de los liberacionistas animales con tendencias violentas es la eliminación de toda experimentación con animales. (Un genetista que trabajaba con moscas de la fruta en la Universidad Santa Cruz de California fue objetivo de un ataque.) No obstante, los activistas que actúan a la sombra han tomado la estratégica decisión de concentrarse en investigadores que estudian un puñado de especies con las que las personas corrientes suelen sentir empatía. Se saca más partido de un folleto para recaudar fondos si presenta la imagen de un gracioso mono que si presenta ratas albinas de ojos saltones.

Teniendo en cuenta el precio que David Jentsch ha tenido que pagar en su vida por las amenazas, los correos electrónicos y el incendio de su coche, hay que decir que mantiene una actitud sorprendentemente positiva hacia los activistas por los derechos de los animales. Desde el ataque, Jentsch se ha reunido con proteccionistas de animales locales para tratar de entablar lo que él llama relaciones habladas, para intentar como mínimo mantener una conversación. La mayoría de los activistas que ha conocido son personas razonables que se oponen al acoso de los investigadores. No agradecen la atención que los medios prestan al Frente de Liberación Animal. Jentsch cree que la responsabilidad de todas las amenazas de muerte, correos obscenos e incendios con bombas recae en un reducido número de fanáticos. Este punto de vista cuenta con el apoyo de un informe del Departamento de Seguridad Nacional,[353] que en 2001 identificó a cien individuos como el núcleo duro del FLNAN.

«Pero solo hace falta una persona para tirar una bomba», me recuerda David Jentsch.

Coherencia moral
y filosofía de la liberación animal

Cuando una persona coloca una bomba incendiaria en el portal de una casa, es que se ha vuelto loca. Pero la mayoría de los defensores de los animales no son unos fanáticos agresivos. Entender los motivos fundamentales que dirigen la acción en defensa de los animales plantea el pensamiento moral humano y ayuda a enfocar las teorías éticas sobre las que se basa el actual movimiento a favor de la liberación de los animales.[354]

La ética, como gran parte del periodismo, consiste básicamente en preguntarse el quién, el qué y el por qué: quiénes tienen derecho a ser objeto de nuestra preocupación moral, qué obligaciones tenemos para con ellos, y por qué una línea de acción es mejor que otra. La literatura técnica sobre nuestras obligaciones para con las demás especies es muy abundante, complicada y, en su mayor parte, aburrida. Aristotélicos, feministas, darwinianos, conservadores cristianos y la izquierda postmoderna han emprendido la defensa filosófica de otorgar estatus moral a los animales. No obstante, las principales vías que conducen a la liberación de los animales son dos aproximaciones clásicas a la ética: el utilitarismo y la deontología. El utilitarismo cree que la moralidad de un acto depende de sus consecuencias. Por su parte, la deontología sostiene que un acto es bueno o malo independientemente de las consecuencias que tenga y que la ética se basa en obligaciones y principios universales (el término deontología proviene del griego *deon*, que significa "obligación"). Dicho de otra manera, si hemos dado nuestra palabra, debemos mantenerla no porque vayan a ocurrir cosas malas si no la cumplimos, sino porque la hemos dado.

Quien primero aplicó los principios del utilitarismo al trato dado a los animales fue Jeremy Bentham, filósofo del siglo XVIII, para quien los actos deberían juzgarse según el grado en el que aumentan el placer y disminuyen el dolor. La peculiaridad de Bentham fue su insistencia en la inclusión de otras especies en su cálculo. Bentham escribió: «La pregunta no es "¿Tienen la capacidad de razonar?", ni tampoco "¿Tienen la capacidad de hablar?", sino "¿Tienen la capacidad de sufrir?"». Peter Singer, de la Universidad de Princeton –seguramente el filósofo vivo de más influencia– utilizó esta línea de pensamiento como piedra angular para *Liberación animal*,[355] escrito en 1975, que dio el primer impulso al movimiento contemporáneo para la liberación de los animales.

Resulta una paradoja que, aunque a menudo este libro se considere biblia del movimiento a favor de los derechos de los animales, el argumento de Singer en defensa de la liberación de los animales no se apoye en la idea de que estos (o para el caso los propios seres humanos) tienen unos derechos inherentes. Singer expresa su posición en una sola frase: «El núcleo de este libro[356] es reivindicar que la discriminación de un ser solo por la especie a la que pertenece es una forma de prejuicio, tan inmoral e indefensable como la discriminación por motivos de raza». Utiliza el término "especismo" para designar la tendencia a favorecer los intereses de nuestra especie y a perjudicar los de las demás, y lo considera moralmente tan repugnante como el racismo y el sexismo. La teoría de Singer se basa en las nociones de que todas las criaturas sensibles (los organismos capaces de experimentar placer y dolor) tienen el mismo interés en su propia existencia y que el sufrimiento es el nivelador moral definitivo. «Desde un punto de vista ético –escribe–, todos nos apoyamos sobre unos mismos cimientos, andemos con dos pies, con cuatro o con ninguno.»

El arquitecto intelectual de la otra vía hacia la liberación de los animales –la vía deontológica– es Tom Regan, que en 1983 escribió una obra de gran importancia, *The Case for Animal Rights*. La primera idea de Regan es que los seres humanos y algunos animales se merecen consideración moral porque son los "sujetos de una vida" y por lo tanto tienen un valor inherente. Con ello quiere decir que estos seres poseen recuerdos, creencias, deseos, emociones, un sentido de futuro y un sentido de la identidad de su propia existencia a lo largo del tiempo. Regan cree que si un ser tiene un valor inherente, no es correcto tratarlo como un mero objeto que se utiliza o se desecha. Personalmente, a menudo me irrito con el rebelde ordenador que tengo sobre la mesa de mi despacho. Según Regan, sería moralmente permisible (y yo añado que psicológicamente saludable) tirarlo por la ventana del tercer piso. Pero, según Regan, no sería un acto ético que yo tirase por la ventana a un alumno molesto porque este quisiera discutir conmigo un examen. Regan tampoco aprobaría que yo tirara a mi gata por la ventana cuando estoy harto de que me pida con insistencia que le rasque la barriga mientras intento escribir un artículo sobre ética animal. Su razonamiento es que, en tanto que sujetos de una vida, tanto el alumno con ganas de discutir como *Tilly* tienen unos derechos fundamentales que mi ordenador no posee, y, lo más importante de todo, los tienen por igual. Entre esos derechos está el de ser tratado con respeto y el de no sufrir daño.

Regan y Singer difieren en algunos aspectos. Por ejemplo, no coinciden en el porqué sería un acto maligno por mi parte tirar a un alumno o a un gato por la ventana. Singer diría que es porque sufrirían, no porque tengan derechos inherentes. Y mientras que Singer no se opone, por lo menos en principio, a quitar sin dolor una vida humana o no humana en determinadas circunstancias, Regan sí se opone a ello. Sin embargo, ambos filósofos coinciden en lo fundamental. Los dos reconocen que existen importantes diferencias entre humanos y otros seres animales, pero creen que esas diferencias no son relevantes para que la criatura en cuestión merezca o no consideración moral. La consecuencia lógica tanto de la teoría de los derechos de Regan como del razonamiento utilitarista de Singer es que si podemos evitarlo no deberíamos comer, cazar o causar sufrimiento a los animales. Prácticas como la cría intensiva, el uso de animales en experimentación, la vida en cautividad en los zoológicos y la caza por la piel son inmorales para uno y otro.

Atrapados en una teoría:
ética animal y los límites de la lógica

La ética implica inevitablemente trazar líneas. Singer la trazó originalmente «en algún punto entre la gamba y la ostra», mientras que Regan puso el límite a partir de los mamíferos y aves de un año de edad como mínimo. (Forzó un poco las reglas al decir que los derechos básicos deberían extenderse a los bebés humanos.) Tanto Singer como Regan admiten que los humanos viven en el mundo real, no en un éter moral. Por consiguiente, ambos están dispuestos a transigir ocasionalmente para hacer un lugar al sentido común. Por ejemplo, los dos reconocen implícitamente que ciertas especies merecen más interés que otras. Singer ha invertido más energía en la promoción de una campaña para conseguir estatus legal para los grandes simios[357] que en la prohibición de las trampas para ratones. Y Regan dice que si cuatro personas normales y un perro cobrador dorado están en una barca de salvamento cuya capacidad es para cuatro personas, hay que echar el perro al mar.[358] Escribe: «La muerte del perro no es comparable al daño que ocasionaría la muerte a cualquiera de los humanos».

Pero ¿qué sucede cuando nos negamos a trazar líneas morales en la arena? Ralph Waldo Emerson escribió una célebre frase: «La coherencia absurda es la obsesión de una mente ruin». Joan Dunayer, autora de *Speciesism*,[359] nos provee de ejemplos de esa coherencia absurda en el ámbito de la ética animal. Joan construye una serie de estándares éticos imposibles a base de insistir en una combinación de literalidad sobre los derechos de los animales y adhesión incondicional a la coherencia moral. También veremos lo que ocurre si se lleva la lógica demasiado lejos.

Desde luego Dunayer me consideraría un especieísta porque como carne. Más sorprendentes son sus despiadados ataques a la élite intelectual del movimiento a favor de la liberación de los animales y los grupos radicales para la defensa de los animales que no dan la talla según su estándar de pureza ideológica. Por ejemplo, Dunayer se opone rotundamente a cualquier esfuerzo por reducir el sufrimiento de los animales sustituyendo una práctica cruel por una alternativa menos dolorosa. Denuncia a PETA porque presionó a la industria de comidas rápidas para que diera un mejor trato a los pollos en las plantas de cría intensiva. Las jaulas más amplias son inaceptables; para Dunayer, o se vacían las cajas o nada. Dirige su ira contra Tom Regan porque este sostiene que el perro es el que debería ser echado por la borda de una hipotética barca antes que cualquier ser humano. Peter Singer merece un lugar especial en su lista de evasores de responsabilidades en derechos de animales. Dunayer no aprueba el esfuerzo de Singer para que chimpancés y gorilas sean candidatos a obtener estatus legal. (Debo suponer que tampoco aprobaría la afirmación de Singer según la cual él no tendría demasiados remordimientos para aplastar una cucaracha de un palmetazo; según Singer, los insectos no sufren mucho.)[360] A Dunayer tampoco le gusta que Singer crea que una vida humana vale más que la de un pollo. Para Singer, por ejemplo, los tres mil muertos el 11 de septiembre de 2001 fueron una tragedia mucho mayor que los treinta y ocho millones de pollos sacrificados aquel mismo día en los mataderos americanos. Dunayer no está de acuerdo. Desde su punto de vista, los pollos merecen incluso más consideración moral que los seres humanos. Dice Dunayer: «La falta de respeto de Singer por los pollos[361] no es coherente con la filosofía que propugna, según la cual valora más a los individuos buenos que a aquellos que, en general, causan daño. Según esto, los pollos tienen más valor que la mayoría de seres humanos, ya que estos son causa de grandes sufrimientos y muerte innecesarios (por ejemplo, al vestir prendas para cuya fabricación se han utilizado animales)».

Los filósofos tienen una frase para referirse al hecho de llevar la lógica a extremos ridículos. Hablan de "ser presa de una teoría". Dunayer es esa presa cuando hace dos suposiciones que parecen razonables hasta que quieres ponerlas en práctica. La primera es que todos los seres que tienen capacidad para experimentar placer y dolor deben recibir el mismo trato.[362] La segunda es que para experimentar dolor basta el más simple de los sistemas nerviosos.

Tal como dice la propia Dunayer, estas son algunas de las consecuencias lógicas de esas suposiciones aparentemente inocuas tomadas de *Speciesism*:

- Puesto que todos los seres sensibles son iguales, tenemos perfecto derecho a salvar al perro antes que a cualquiera de los seres humanos.
- Las avispas necesitan un derecho legal a la vida.
- Entre nuestras obligaciones morales deben tener cabida los insectos y todos los otros seres que posean un sistema nervioso […], entre estos animales se incluyen los tenóforos y los cnidarios como medusas, hidras, anémonas marinas y corales.

Joan Dunayer vive en un universo moral que haría estremecer incluso a los defensores de animales más radicales. ¿Es posible que una persona razonable crea, como parece ser el caso de Dunayer, que la decisión de salvar a un cachorro o a un niño de un edificio en llamas deba tomarse tirando una moneda al aire, o que a los cazadores de patos se les imponga cadena perpetua?

El problema para los liberacionistas de animales es que Dunayer tiene razón. Si nos tomamos la defensa del especismo literalmente, si nos negamos a trazar una línea moral entre las especies, si creemos de verdad que el trato que demos a las especies no depende de la medida de su cerebro o de cuántas patas tienen, acabamos atrapados en un mundo en el que, tal como sugiere Dunayer, las termitas tienen todo el derecho a comerse nuestra casa.

¿Cómo debería actuar una persona buena?

No soporto al abogado que llevo en mi interior.[363] Suele asomarse cuando me estoy duchando por la mañana, o conduciendo distraídamente por alguna carretera de montaña oyendo la radio. Es mi Pepito Grillo, mi Obi-Wan Kenobi. Me plantea preguntas incómodas. El neurocientífico Joshua Greene[364] dice que habita en una pequeña región de mi cerebro detrás de las cejas llamada corteza prefrontal dorsolateral. Mediante una técnica de imagen cerebral llamada imagen por resonancia magnética, Greene ha descubierto que dicha región cerebral se ilumina cuando tratamos de pensaresacon lógica en aspectos morales complejos. Mi abogado interior apareció en escena hace un par de años mientras hacía senderismo por las montañas Smokies.

AI: Hal, soy yo..., tu abogado interior.
Hal: Lárgate.
AI: Escúchame solo un momento. Imagínate que estamos en 1939 y que vives en un pintoresco pueblecito de Dachau, en las afueras de Múnich. Todos los días ves el humo que sale de las chimeneas que hay detrás de la valla del nuevo "campo" y sabes que los sicarios de Hitler las hacen funcionar horas extras para exterminar a judíos, gitanos y homosexuales. Según dicen los rumores, los médicos nazis incluso llevan a cabo experimentos dolorosos con algunos de los prisioneros. Tu amigo Heinz te pide que le ayudes a poner una bomba debajo de los barracones de las SS. «Si les matamos salvaremos vidas», te susurra Heinz. «Mandaremos un mensaje al mundo». Hal, ¿crees que ayudarías a Heinz a volar los barracones y tal vez a salvar a miles de personas?
Hal: No tendría suficiente coraje.

AI: Ya lo sé. Pero imagínate que eres una persona valiente y buena.

Hal: (*Suspiro…*) De acuerdo, estaría justificado que una persona buena y valiente pasara a la acción directa para evitar el genocidio, incluso si para ello tuviera que volar barracones llenos de nazis.

AI: Sí, estoy de acuerdo. Ahora supón que has leído libros escritos por intelectuales partidarios del movimiento por los derechos de los animales. Te han convencido de que el especismo es el equivalente moral del racismo, de que el sufrimiento de un mono en el laboratorio no presenta ninguna diferencia moral respecto al sufrimiento de un bebé humano. También sabes que en los experimentos científicos que se hacen en Estados Unidos se utilizan sesenta mil monos al año. Y estás de acuerdo con Jerry Vlasak del Frente de Liberación Animal en que matando a uno o dos de esos investigadores que trabajan con primates se acabaría con todos esos estudios.

Hal: No, eso sería ilegal.

AI: Pero el asesinato también era ilegal en la Alemania nazi y tú has dicho que en ese caso estaba bien.

Hal: Eso era distinto.

AI: ¿Por qué?

Hal: Porque tener monos en un laboratorio e incluso llegar a matarlos con finalidades médicas no es lo mismo que matar judíos en un campo de concentración.

AI: Pero si eres de los que crees que no hay ninguna diferencia relevante entre una persona y un mono, ¿no crees que estaría justificado que causaras daño a los investigadores que utilizan primates?

Mmmm…, creo que mi abogado interior me tiene atado de pies y manos. Pero entonces me salva el difuso recuer-

do de una conferencia que oí hace años sobre la teoría ética de Kant.

Hal: Te tengo. Kant decía que uno debería actuar siempre como le gustaría que lo hicieran los demás en su misma situación. No me gustaría vivir en un mundo en el que cualquier cruzado moral fuera de sus casillas y armado con una pistola pudiera disparar contra personas que, según él, estuvieran perjudicando su causa particular, ya fuera la defensa de bosques primarios, fetos o ranas.

AI: Pero, Hal, has dicho que estaría justificado cargarse a los guardias de los campos de concentración nazis. ¿Cómo sabes cuándo es moral realizar una acción ilegal y cuándo no lo es?

Hal: Lo SABES. ¡Es de sentido común!

AI: O sea, que cuando se trata de matar a alguien, ¿uno tiene que fiarse de su propio sentido común, de su intuición moral personal? ¿Crees que Kant firmaría eso?

Hal: Sal de mi vida, gilipollas.

EN CUESTIONES MORALES, UNO NO SE PUEDE FIAR NI DE SU CABEZA... NI DE SU CORAZÓN

Mi abogado interior plantea una pregunta sobre el núcleo de toda la moralidad humana, no solo sobre ética animal: ¿cómo sabemos lo que está bien? Tenemos dos recursos cuando buscamos una guía moral: la razón y el corazón. El problema es que no son de fiar ni la una ni el otro.

Recurramos primero a la razón. Los psicólogos cognitivos han demostrado repetidamente que el pensamiento humano es, según palabras del economista conductual Dan Ariely, «predeciblemente irracional».[365] Los investigadores han identificado numerosos tipos de sesgo[366] que de un modo inconsciente tuercen nuestro modo de pensar. Tienen nombres célebres: efecto del Lago Woebegone, sesgo de mi propio punto de vista, falacia del jugador, efecto Barnum, realismo naif. La lista no se termina aquí.

La conclusión de Dunayer de que una araña y un bebé humano tienen el mismo estatus moral es lógica y a la vez absurda. Ilustra cómo la razón pura puede llevarnos a estándares éticos completamente distorsionados, que incluso cuando aplicamos las leyes de la lógica, las cosas pueden torcerse cuando tomamos decisiones de orden ético. Rob Bass, mi amigo filósofo, no está de acuerdo. Él cree que si aplicamos correctamente una lógica deductiva formal a premisas que son ciertas siempre llegaremos a una conclusión correcta. En teoría, puede que tenga razón. No obstante, los psicólogos están cansados de demostrar que la capacidad de los seres humanos para pensar racionalmente en cuestiones morales está sujeta a grandes variaciones. Es más, existen abundantes pruebas de que prácticamente no hay ninguna relación entre la sofisticación del pensamiento ético de una persona y su comportamiento real.

Incluso a Tom Regan y Peter Singer, ambos poseedores de un intelecto de primera categoría, les plantea dificultades el hecho de tomarse la coherencia moral demasiado en serio. Por ejemplo, en el escenario[367] del bote planteado por Regan, este llega a la conclusión de que el perro sería el primero que debería saltar por la borda. Después da un paso más y dice que habría que echar por la borda a un millón de perros si fuera necesario para salvar una sola vida humana. Pero al mismo tiempo, Regan sostiene que no está bien sacrificar un millón de ratones para la investigación biomédica, cuya consecuencia podría ser la salvación de millones de niños.

La lógica también lleva a Peter Singer a conclusiones que la mayoría de la gente calificaría de inquietantes. En *Ética práctica*, Singer demuestra que la conclusión lógica de su utilitarismo es que podría ser permisible practicar eutanasia[368] a un niño permanentemente discapacitado si la madre de ese niño pudiera, gracias a ello, dar a luz a un niño sano. Y Singer ha planteado la posibilidad de que la relación sexual entre humanos y animales[369] no tenga que ser necesariamente perjudicial para las personas o para los animales. Aunque sus observaciones se sacaron de contexto, sus comentarios se encontraron con gritos de protesta tanto de la prensa como de los defensores de los animales.

¿Y qué hay de nuestro corazón? ¿Es mejor la intuición moral que la lógica para resolver los enigmas morales que plantea nuestro trato con las demás especies?

Por desgracia, no. En todo caso, en cuestiones de moralidad, nuestro corazón tiene incluso más tendencia al error que nuestra razón. La intuición (y su ayuda de cámara, el sentido común) está expuesta a un montón de factores moralmente irrelevantes –el tamaño de los ojos de un animal, su medida, si era la mascota de nuestro equipo de fútbol en la escuela– y a la historia evolutiva de nuestra especie. La intuición moral le dijo a mi amigo Sammy Hensley que a sus perros no les importaba pasarse la vida atados a su perrera y les dice a los pescadores japoneses que no hay nada malo en descuartizar delfines porque son "peces". Mi intuición moral me dice que está bien comer carne (sobre todo si lleva la etiqueta de "sin tratos crueles", pero la intuición moral de mi abogado interior me dice que comer carne es asesinar. Durante miles de años se consideró de sentido común que los esclavos fueran de propiedad y que la homosexualidad fuera un delito contra la naturaleza. Y la intuición moral les dijo a los secuestradores de los aviones del 11 de septiembre y a los incendiarios que pusieron la bomba debajo del coche de David Jentsch que tenían toda la autoridad moral.

¿Quién tiene autoridad moral?

Estoy confuso y necesito otra opinión sobre los deberes de la ética y los animales, por lo que mando un correo a Gayle Dean, defensora de los animales que se toma la ética en serio:

> Gayle, desde la perspectiva de la liberación de los animales, ¿existe alguna diferencia entre los terroristas del 11 de septiembre y la "acción directa" propia del Frente de Liberación de los Animales que ataca a los científicos? Al fin y al cabo, ambos grupos están completamente convencidos de que tienen autoridad moral.

Ella me contesta.

> Existe una gran diferencia entre los grupos que están convencidos de que tienen autoridad moral y los que verdaderamente *tienen* autoridad moral. La diferencia radica en la verdad de la cuestión. Durante la esclavitud, muchas personas arriesgaron su vida para ayudar a esclavos porque estaban convencidas de que tenían autoridad moral para hacerlo. Lo cierto es que verdaderamente tenían autoridad moral. Lo mismo ocurre en el caso de las personas que ayudaron a escapar a los judío de los nazis.

Es más de medianoche. *Tilly* se ha quedado dormida en el balancín de mi despacho. Estoy cansado. Le contesto:

> Gayle, estoy de acuerdo contigo en lo de los nazis y la esclavitud. Pero mi pregunta es la siguiente: ¿cómo podemos estar seguros de cuál es la verdad moral en esos aspectos? ¿No crees que todo se reduce a una opinión personal, a nuestra propia intuición moral?

Al día siguiente por la mañana me llega su respuesta:

> Estoy de acuerdo en que es difícil saber la verdad de la cuestión. Pero lo que sí es seguro es que la verdad moral ¡NO se reduce a una opinión personal!

Me gusta pensar que Gayle tiene razón, pero cuanto más estudio las interacciones entre personas y animales, más dudas tengo.

El psicólogo moral Jonathan Haidt dice que, a la hora de la verdad, todos somos hipócritas. Después de estudiar durante veinte años nuestro modo de pensar en los animales he llegado a pensar que tiene razón. Desde luego encontramos excepciones. Lisa, por ejemplo, es una chica vegetariana que no toma antibióticos ni deja que su gata salga fuera porque podría divertirse cazando pájaros. Pero la mayoría de nosotros somos incoherentes, a veces hasta extremos insospechados, en nuestra actitud y en nuestro comportamiento hacia otras especies. ¿Qué podemos hacer?

En la década de 1950 el psicólogo social Leon Festinger propuso una de las teorías psicológicas que ha tenido más influencia: cuando nuestras creencias, comportamiento y actitud son contradictorios, experimentamos un estado al que llama disonancia cognitiva. Puesto que la disonancia es incómoda, la gente debería sentirse motivada para reducir estos conflictos psíquicos provocados por la incoherencia. Por ejemplo, podríamos cambiar nuestras creencias o nuestro comportamiento, o podríamos deformar o negar la evidencia.

El filósofo especialista en medio ambiente Chris Diehm (que es vegetariano) es optimista. Dice que cuando se sienta para discutir sobre las incoherencias de nuestro trato con los animales, a menudo sus interlocutores hacen un esfuerzo por cambiar, o por lo menos tratan de justificar su comportamiento. Escribe lo siguiente: «Reconocemos que nuestra relación con los animales toma caminos disparatados y aparentemente contradictorios: en casa tenemos gatos, pero en el plato tenemos ternera. Cuando destacas este tipo de incoherencias, la gente intenta explicarlo, o por lo menos llevar la cuestión hasta un punto en el que se sienten cómodos. El deseo de coherencia parece que es algo positivo, y el hecho de plantear incoherencias es un profundo estímulo para la reflexión moral y el desarrollo».[370]

Chris es filósofo. Le impresiona la necesidad de los humanos de alcanzar coherencia lógica en nuestras creencias y comportamientos. Yo soy psicólogo. A mí me impresiona más nuestra capacidad de ignorar hasta los ejemplos más flagrantes de incoherencia moral en nuestro modo de pensar en los animales y de comportarnos con ellos. Según mi experiencia, la mayoría de las personas –ya sean galleros, investigadores que utilizan animales o propietarios de animales domésticos– sigue en un estado de obstinada ignorancia (aparte de alguna incómoda risa ocasional) cuando les haces ver las paradojas y las incoherencias en el trato personal y cultural con los animales.

En el mundo real la coherencia moral es esquiva, cuando no imposible, y tanto la razón como el corazón pueden desviarnos de nuestro modo de pensar en el trato que damos a los animales. Para dar una buena orientación a nuestra vida en común con las demás especies, tal vez, como veremos en el capítulo siguiente, deberíamos fijarnos en la vida de personas virtuosas, en lugar de hacerlo en abstractos tratados filosóficos.

10. EL *YAHOO* CARNÍVORO QUE LLEVAMOS DENTRO

El conflicto de las contradicciones morales

El hecho de que no podamos hacer mucho no es excusa para no hacer nada.

JOHN LE CARRÉ[371]

El personaje protagonista de la novela *Elizabeth Costello* de J.M. Coetzee, ganador del Premio Nobel, es una profesora invitada que da una serie de conferencias sobre el estatus moral de los animales en una destacada universidad. Tras una de sus conferencias, un miembro del público levanta la mano: «¿No espera usted demasiado de la humanidad cuando nos pide que vivamos sin explotar a las especies, sin crueldad? ¿No cree que es más humano aceptar nuestra propia humanidad, incluso si ello significa abrazar al *yahoo* carnívoro que llevamos dentro?».

Buena pregunta. Hacer frente a los *yahoos* que llevamos dentro es un tema central de la ética, de la psicología y de la religión. El *yahoo* tiene diferentes nombres. Freud le llama "ello". George Lucas le llamó Darth Vader. Cuando Jesús advierte que el espíritu es fuerte pero la carne débil, hace una advertencia sobre el *yahoo*. George Jones canta sobre él en su canción "Almost persuaded". Según los psicólogos evolutivos, sus orígenes se remontan al Pleistoceno, y los neurocientíficos dicen que divide su tiempo entre los lóbulos frontales y el sistema límbico.

Jonathan Haidt, el psicólogo que más ha investigado sobre las ramificaciones morales del *yahoo*, lo compara con un elefante emocional montado por un jinete racional. El elefante es grande y suele llevar la voz cantante, aunque inconscientemente. El jinete no es tan fuerte como el elefante, pero es más listo. Con práctica, el jinete es capaz de ejercer cierto control sobre el elefante. En este libro he planteado que las paradojas que caracterizan nuestras relaciones con las otras especies son el inevitable resultado del eterno tira y afloja entre nuestra parte racional y el *yahoo* de nuestro interior. Pero ¿cuáles son las implicaciones de vivir en un mundo moralmente complejo, en el que la coherencia es escurridiza y a menudo imposible? ¿Tiramos la toalla desesperados? ¿Complejidad moral significa parálisis moral?

No. He conocido a muchas personas amantes de los animales que se han reconciliado con su *yahoo* carnívoro. Trabajan por los animales en diferentes aspectos y a diferentes escalas. La mayoría realiza pequeñas acciones que ayudan a los animales y a ellos mismos a sentirse mejor. Algunos reducen su consumo de carne o adoptan un perro abandonado. Otros hacen una donación económica a PETA o a la World Wildlife Foundation, o detienen su coche en el arcén y recogen una tortuga que ven en medio de la carretera para que no la atropellen.

También hay personas que hacen grandes cosas por los animales. Michael Mountain es una de ellas.

Ayudar a los animales a gran escala

Un hombre entra en un bar...

El bar estaba en el hotel Sheraton en Raleigh, Carolina del

Norte, donde yo participaba en un congreso sobre la relación entre humanos y animales. Aquel hombre debía tener unos sesenta años, era alto, enjuto, pelirrojo, con la barba pulcramente afeitada, aspecto deportivo, un Abraham Lincoln rubicundo. Miró a su alrededor y vio que el único asiento que quedaba libre estaba junto al mío.

–¿Le importa que me siente aquí?

Acento inglés. Oxbridge.

–No. Siéntese. Soy Hal Herzog.

–Michael Mountain, de la Sociedad de los Mejores Amigos de los Animales [Best Friends Animal Society en inglés].[372]

–Ah, sí me suena. Perdida en la inmensidad, ¿no? En el desierto.

–Sí. Kanab, Utah.

Pedimos un par de cervezas.

Le pregunto por su organización. Me dice que la fundó, hace veinticinco años, un grupo de amantes de los animales que soñaban con un lugar donde nunca se sacrificara a los perros ni a los gatos abandonados. Me dice que hoy el negocio supera los 35 millones de dólares (igual que PETA); que Best Friends rescató a seis mil animales durante el huracán Katrina; que ya no se llama Best Friends Animal Sanctuary porque se ha reorganizado y ahora el nombre es Best Friends Animal Society, una red de ámbito nacional formada por personas y organizaciones comunitarias de base, todas dedicadas a los animales.

Estoy impresionado. Pero todavía me impresiona más cuando la conversación gira en torno al modo en que los humanos pensamos en los animales. Michael lo sabe: las actitudes humanas hacia las otras especies son inevitablemente paradójicas e incoherentes. Me confiesa algunos de sus propios deslices morales. Es vegetariano y no come productos animales. Pero compra oreja de cerdo para que la mastiquen sus perros. A los perros les encanta, pero Michael dice que no puede dejar de pensar en los pobres cerdos.

Luego me explica las enrevesadas líneas del comportamiento ético que sigue con los tábanos que pululan por su casa en verano.

–La regla que sigo es esta –me dice–: si estoy fuera y un tábano me pica, me otorgo el derecho de matarlo, lo mismo que haría con un mosquito. Pero si el tábano entra en casa, lo que hago es rescatarlo y sacarlo al jardín –y añade sonriendo–: donde me picará la próxima vez que salga a pasear.

–¿Cómo? Lo que dice es completamente absurdo –le digo–. O sea, que para usted está bien matar un insecto que haya invadido su casa, su territorio, y en cambio no le parece correcto matarlo cuando es usted el invasor. ¿Tiene alguna lógica ese razonamiento?

Se ríe.

–Pues claro. Siempre hay una lógica. Lo que ocurre es que esa lógica no siempre es racional. Creo que mi regla se parece mucho a la filosofía en la que se basa Best Friends. No podemos salvar a todos los animales del mundo, pero sí somos responsables de los que se cruzan en nuestro camino. Por lo tanto, cuando el insecto entra en mi casa, mi responsabilidad es tratarlo bien.

Este hombre es un *rara avis*: una persona moralmente responsable capaz de reírse de sí misma.

Michael Fountain, que hace poco ha dimitido como presidente de Best Friends, director de recaudación de fondos y editor de la revista de esta institución, ha formado equipo con un joven empresario llamado Landon Pollack para llevar adelante dos nuevos proyectos. Uno de ellos es la rehabilitación de la imagen de los pitbulls en Estados Unidos. El otro es la organización de una comunidad global de gente preocupada por los animales y por el mundo natural a la que han llamado Zoe, el término griego que significa vida.

–Queremos llevar a cabo una revolución global de bondad que transforme la relación de las personas con los animales, con la naturaleza y con las demás personas.

¿Una revolución global de bondad? Suena muy espectacular, bordeando la locura. Pero lo de este hombre parece auténtico de verdad.

Miro la hora en mi reloj. Llevamos dos horas hablando. El bar cierra a las doce de la noche y ya solo quedamos nosotros. Cuando nos levantamos para irnos, Michael me dice que tengo que ir a Kanab, para seguir hablando y para conocer Best Friends de primera mano.

–Quizá te tome la palabra.

Vuelvo a mi hotel y llamo a Mary Jean desde la habitación.

–¿Qué te parece si el verano próximo nos vamos a Utah?

El santuario de animales en medio de la nada

Mary Jean y yo nos bajamos del avión en Las Vegas, entramos en un Hyundai negro alquilado a Avis y nos dirigimos hacia el norte por la I-15. Para llegar a Kanab, en Utah, hay que conducir un par de horas hasta Saint George, dejar la autopista y conducir otras dos horas por una carretera asfaltada de dos carriles que se adentra en Arizona pasando por Colorado City (a la que los medios de comunicación suelen referirse como "enclave de poligamia") y por la reserva india de Kaibab Paiute y que finalmente llega a Kanab, un pueblo con un solo semáforo y 3.769 habitantes (humanos) todo el año.

A la mañana siguiente nos dirigimos a Best Friends, que se encuentra a unos ocho kilómetros del pueblo por la carretera 89. Había imaginado que el santuario sería como un gran zoológico de animales domésticos. Nada de eso.

Acurrucado junto a la Gran Escalinata-Monumento Nacional Escalante, con una extensión similar a la del estado de Delaware, el santuario de animales, de mil quinientas hectáreas de extensión, se complementa con otras más de doce mil hectáreas que la organización tiene arrendada a la Oficina de Administración de Tierras. La vista desde el santuario tiene proporciones bíblicas: un cielo grandioso, montañas de piedra caliza que se extienden hasta donde alcanza la vista y mesetas cuyos colores me recuerdan las cajas de lápices de colores de Crayola, por los que me peleaba con mi hermana de pequeño: rojo ladrillo, siena, caoba, ocre oscuro, rosa carne, cobre, castaño. Siento como si ya hubiera visto este sitio. Después descubro que así es. Muchos de los programas favoritos de mi niñez se rodaron en el cañón Ángel o en sus alrededores: *El llanero solitario*, *Rin Tin Tin*, *Lassie*, *Have Gun Will Travel*, *Gunsmoke*, incluso *Death Valley Days*, con Ronald Reagan. Desde la década de 1920 aquí se han rodado casi cien largometrajes, entre los cuales *El planeta de los simios*, *La historia más grande jamás contada*, *El hombre que amó a Cat Dancing* y *El fuera de la ley*.

Best Friends ofrece visitas diarias a los treinta mil visitantes que recibe todos los años, pero Michael nos ha preparado una visita por detrás del telón. Nuestra guía se llama Faith Maloney, una alegre inglesa de unos sesenta y cinco años que parece que se sepa de memoria los nombres de cada uno de los mil setecientos animales rescatados que viven allí: perros, gatos, cerdos, caballos, conejos, asnos, pavos reales, conejillos de Indias y loros. Michael y Faith formaban parte de un pequeño grupo al que todos se refieren como "los fundadores". Best Friends nació a mediados de los años sesenta a partir de la idea de unos jóvenes idealistas cuyo deseo era hacer algo bueno para el mundo. («No éramos *hippies* –me advierte Michael–. Como mucho éramos *antihippies*.» Por ejemplo, una de nuestras normas era no tomar drogas.) Tras una misión en el Yucatán, el grupo participó en política, religión y servicios sociales antes de disgregarse, pero algunos de sus componentes volvieron a reunirse y descubrieron que compartían el interés común de salvar animales.

A principios de los años ochenta, el grupo dio con el cañón Kanab, al que rebautizaron como cañón Ángel. A pesar de ser un lugar remoto, decidieron que era el sitio ideal para fundar un hogar para aquellos animales a los que nadie quería. No previeron que su pequeño refugio en el sudoeste de Utah iba a convertirse en una de las organizaciones protectoras de animales más grandes de la nación; que un día un ejército de voluntarios sacarían a pasear a los perros, ducharían con mangueras a los cerdos vietnamitas y limpiarían con palas los excrementos de los caballos; que el santuario sería el tema de una serie televisiva de éxito (*Dogtown* de National Geographic Channel); y que Best Friends desempeñaría un papel principal en la campaña de más éxito en la historia del movimiento para la protección de los animales en América, mediante la que consiguieron crear los programas de esterilización y castración que han reducido el número de perros y gatos que se exterminan en los refugios de animales de diecisiete a cuatro millones.

Nos encontramos con Faith en el edificio para visitantes y desde allí nos acompañó al Paraíso de los Cerdos (en Best Friends suelen poner nombres geniales). Vimos cómo un voluntario de Virginia intentaba convencer a un cerdo vietnamita para que comiera palomitas, un alimento sin grasa. Conversamos con una mujer herradora que reconstruía la pezuña maltrecha de un enorme caballo de tiro que había sido abandonado en un vertedero. Luego nos subimos al coche de

Faith y nos dirigimos a la Casa del Calmar. Se trata de una casa –una casa de verdad (en Best Friends no hay ningún animal encerrado en jaulas)– para gatos que sufren enfermedades incurables como la leucemia felina. El lugar está inmaculado, ni el más mínimo olor de orina, a pesar de que hay gatos ronroneando escondidos por todas partes. Faith nos explica que Best Friends se centra en los animales con necesidades especiales: un gato con solo tres patas, un perro con un bulto en el cuello de la medida de una pelota de béisbol, un águila con un ala rota. La mayoría de estos animales llegan desde otros refugios donde no pueden prestarles los cuidados a largo plazo que necesitan. Es el último recurso para los animales ciegos, sordos y psicológicamente enfermos.

Después de breves pausas en la Casa de Conejos, el Puerto para Caballos, el Jardín de los Loros y Amigos Salvajes (un centro de rehabilitación para tortugas, búhos, halcones, linces rojos y pájaros cantores), nos encaminamos a Dogtown Heights, un recinto de treinta y seis mil hectáreas que da cobijo a unos cuatrocientos perros. En Viejos Amigos, una instalación para perros viejos, conozco a Ruby Benjamin, un animoso psicoterapeuta de setenta y ocho años de Manhattan que todos los años trabaja como voluntario durante un par de semanas en Best Friends. «Mi corazón está aquí, es como recibir un gran beso», nos dice.

En el edificio principal de Dogtown, nos presentan a *Cherry*, un pitbull blanco y negro más bien pequeño que yace plácidamente sobre un almohadón bajo la mesa de una joven que escribe frente a su ordenador. El pitbull de mirada tristona descansa tranquilamente: nadie podría sospechar que se trata de uno de los doce perros de lucha propiedad del *quarterback* Michael Vick que trasladaron a Best Friends como consecuencia de la redada de Bad Newz Kennels en Virginia.

Luego nos espera una breve visita a la clínica. Un interno

visitante de la escuela de veterinaria de California está esterilizando a una gata en la sala de cirugía bajo la supervisión de uno de los seis veterinarios de plantilla. Asomamos la cabeza a la sala de hidroterapia. Luego uno de los técnicos nos muestra con orgullo el moderno aparato de rayos equis. La clínica está mejor equipada que algunos de los hospitales en los que he estado.

Faith nos ha organizado una comida con Frank MacMillan. El doctor Frank, como le conocen en Best Friends, es veterinario y una autoridad en salud mental de animales de compañía. Es el encargado de rehabilitar a los pitbulls de Vick. Nos dice que esos animales sufren una versión animal de estrés postraumático. Debido a los maltratos sufridos mientras fueron perros de pelea a manos de sus entrenadores el primer síntoma que muestran es miedo más que agresividad. Frank y un equipo de especialistas en conducta animal llevan un año y medio trabajando con ellos. Al principio esperó lo peor, pero se ha llevado agradables sorpresas. Veintiuno de los veintidós perros, nos cuenta, están haciendo verdaderos progresos. Algunos han superado una de las pruebas caninas estándares de "buenos ciudadanos". Y hasta ahora dos ya han sido adoptados y uno está bajo cuidado tutelar.

A la mañana siguiente, vuelvo para pasar el día trabajando como voluntario. Trabajaré en Dogtown. Me da la bienvenida un hombre llamado Don Bain, un banquero retirado de Texas. Él y su esposa conocieron Best Friends por casualidad, se enamoraron del lugar y terminaron comprándose una casa en Kanab. Ahora Don trabaja en Dogtown como "coordinador de socialización de cachorros", que es, para mi gusto, el mejor título del mundo para una profesión. Me indica que voy a trabajar con uno de los miembros de la plantilla llamado Terry. Mi trabajo consistirá en ayudar a Terry a alimentar a una docena de perros. Uno de ellos es *Shadow*, uno de los pitbulls de Vick. *Shadow* me da un vistazo y lanza un gruñido. Terry me dice que a veces hace eso con las personas desconocidas.

Me parece bien. No es culpa suya. Es una víctima. En la mayoría de perreras, ya le hubieran liquidado hace tiempo. En Best Friends tendrá un hogar mientras viva, aunque nunca llegue a ser apto para que le adopten.

Llega el momento del paseo.

Terry me asigna una tarea en la que formo equipo con otra voluntaria, Dora, una mujer de Kansas City que trabaja en el almacén. De camino hacia su casa en San Francisco siempre se detiene un par de días en Best Friends para trabajar en la organización un día como voluntaria. Dora sujeta a *Cinderella* por la correa que lleva atada al cuello, es una perra que tiene algo de labrador. Yo me ocupo de *Lola*, una perra cruzada de la que me enamoro nada más verla cuando reconozco en ella a una gemela del perro que tuve de pequeño, *Frisky*. Tomamos el sendero que pasa entre pinos, cedros, *Chrysotamnus* y chumberas, con el telón de fondo de los despeñaderos del Grand Staircase. Los perros están felices, igual que nosotros, por lo menos hasta que Dora y yo, que charlamos animadamente sobre perros, nos damos cuenta de que nos hemos perdido. Terry viene en nuestra busca cuando empieza a soplar el viento y a caer las primeras gotas de lluvia.

Después de cenar, Mary Jean y yo le explicamos a Michael nuestra experiencia en el santuario. Tras pasar una semana en Kanab nos cuesta creer que un puñado de soñadores haya podido cumplir su sueño en el desierto de Utah. Es una operación de primera categoría. Los baños están limpios y el personal te devuelve las llamadas de móvil. Y lo que aún nos impresiona más, en Best Friends todos los animales son alguien. El personal no habla de "perros" o de "gatos" o de "caballos"; se refieren a *James*, *Minda* y *Moonshine* (un conejillo de Indias blanco y negro). Una misteriosa tranquilidad invade el lugar. Todo el mundo aquí es agradable. Todo tiene un aire un tanto fantasioso.

El filósofo Emmanuel Kant decía que los humanos no deben maltratar a los animales, pero solo porque pensaba que la crueldad con los animales crea personas más violentas con las demás. El sueño de los fundadores de Best Friends era justo lo contrario de lo que proclamaba Kant; estaban convencidos de que ser buenos con los animales nos hace ser más buenos con los demás.

Ahora Michael está decidido a llevar esta filosofía un paso adelante a través de Zoe, su nuevo proyecto y el objetivo de su revolución global de bondad. El proyecto está todavía en una fase incipiente, pero Michael ha reunido un equipo gestor con un consejo asesor integrado por los pesos pesados y expertos de diferentes ámbitos: protección de animales, ciencias y humanidades, comunicación, *marketing*, publicidad y redes sociales. Piensan en acciones de gran envergadura: una serie de libros, tal vez una revista y un canal televisivo, un sitio web tipo Huffington Post en el que todos los días habrá noticias sobre animales y medio ambiente. Zoe será un estilo de vida, un gran paraguas para todo tipo de personas que se preocupen por los animales y la naturaleza, por el reciclaje y el medio ambiente, para vegetalistas y "vegetarianos relajados", para los que toman café de comercio justo y para los que comen pollo que no ha sufrido malos tratos. En resumen, para las personas que desean un mundo mejor, que quieren volver a conectar con los animales y la naturaleza, pero que no saben muy bien cómo hacerlo.

La envergadura de su sueño me supera. Michael piensa de un modo diferente a mí. Él piensa en grandes proyectos. Demasiado grandes para mí.

Cambio de tema.

–¿Siempre te has portado bien con los animales?

Me sorprende su respuesta.

–Bueno, no creas que siempre me llevo bien con ellos. Soy mejor organizando, publicando y creando equipos que atendiendo a los animales.

Pero luego me habla de las hormigas que tiene en su cocina.

–Las hormigas son geniales. En realidad, son como un servicio de limpieza. Llegan a la cocina en patrullas. Si no encuentran nada, se marchan. Pero si *Miss Popsicle*, mi gata, se ha dejado un pedacito de comida en alguna parte, organizan una operación militar para sacarlo fuera. No deja de sorprenderme. Para llevarse un trocito de comida fuera hace falta una enorme cantidad de hormigas. Cuando las veo dedicando tantos esfuerzos a esa tarea, intento ayudarlas empujándolas a ellas y al trocito de comida sobre un papel para sacarlas al exterior.

Trato de imaginarme a este hombre capaz de convencer a un director general de una de las compañías incluidas en la lista Fortune 500, que se tutea con los principales actores de Hollywood, pero que no es especialmente bueno con los animales, arrodillado en el suelo de su cocina y barriendo suavemente diminutas hormigas para ponerlas sobre un papel y así poderlas transportar hasta su hormiguero, y todo para hacerles el día un poco más fácil.

La dama y las tortugas marinas

Michael Mountain es un soñador que trata de realizar una revolución global. Pero la mayoría de las personas amigas de los animales se parecen más a Judy Muzee. Judy es propietaria de Beach Combers Hairs y de Nail Studio, un salón de belleza en Edisto Island, en Carolina del Sur. Dedica su tiempo libre a salvar tortugas marinas en peligro.

El camino que lleva a ser un salvador de animales suele empezar cuando alguien se interesa por un animal concreto, ya sea un perro esquelético que deambula perdido o un gato que forma parte de la lista de animales que van a sacrificarse porque en su centro de acogida aplican la política de tres días y basta. Las personas que se interesan por las tortugas marinas son distintas. Lo que reciben a cambio no es mucho en forma de cariño y calidez. La verdad es que muchas de estas personas nunca verán a ninguno de los animales que tratan de salvar. Les basta con saber que cuando vigilan la playa a la puesta de sol, muy cerca de donde rompen las olas, una hembra de tortuga boba de más de ciento treinta kilos de peso puede que esté esperando a que se ponga el sol para llegar a la orilla, cavar un nido laboriosamente en la arena y poner en su interior un centenar de blandos huevos como pelotas de pingpong. Un par de meses más tarde los huevos eclosionarán y nacerán las crías, pero solo una de cada mil sobrevivirá, y repetirá el proceso al cabo de veinticinco años.

Edisto, como población de costa, es poca cosa. No hay motel, ni minigolf, ni McDonald's, ni parque acuático. Pero sí tiene un supermercado Piggly Wiggly y un Whaley's, un bar algo desastrado con billar, buena comida y buen ambiente a un par de manzanas de la calle principal y cerca del depósito de agua de la ciudad. Mary Jean y yo estábamos en el Whaley's un domingo por la noche frente a un vaso de cerveza mientras esperábamos unos bocadillos de gambas. Ella charlaba con la mujer que ocupaba el taburete junto al suyo. Mi atención se dividía entre la carrera NASCAR que en aquel momento ofrecía la pantalla del televisor colgado sobre la barra y un par de tipos sentados frente a mí que hablaban sobre pesca y bebían unos *oyster shooters* para cenar. (Se introduce una ostra cruda en una copa, y se le añade un chorro de vodka, un poco de tabasco y unas gotas de zumo de limón. Hay que tragarlo de un solo sorbo y rematarlo con una cerveza Bud Lite.)

Mientras observaba cómo engullían la doceava ostra, oí que Mary Jean le decía a su interlocutora:

–Oh, tienes que hablar con mi marido, estudia a las personas que aman a los animales.

Al parecer, Judy estaba perdidamente enamorada de las tortugas bobas, los reptiles gigantes que anidan en las playas que se extienden desde Texas hasta Carolina del Norte. Mary Jean y yo intercambiamos nuestros taburetes.

Judy me explicó que vivía en Wyoming cuando se separó de su marido y que fue entonces, hacía diez años, cuando se trasladó a Edisto. Tuvo un par de trabajos durante dos años y ahorró lo suficiente para poder abrir una peluquería. Cuando le pregunté por las tortugas marinas, se le iluminó la cara, sacó su móvil y empezó a enseñarme fotos de los surcos que dejan las tortugas en la playa, de las cavidades abiertas de los nidos y de preciosas crías recién nacidas de la medida de un botón. Judy es miembro de los equipos de voluntarios que patrullan por la playa durante la puesta de sol, registrando los surcos (caminos de casi un metro de ancho en la arena que dejan las hembras que van a cavar su nido) y los nidos, y trasladando los nidos más vulnerables a lugares más seguros. Cuando los huevos empiezan a eclosionar, dos meses más tarde, vuelve a la playa para tomar nota de cuál ha sido su destino: el número de crías que sobreviven y que mueren.

Judy me invitó a patrullar por la playa al día siguiente a la puesta de sol, pero aquel día nos marchábamos. Le prometí que volvería.

Al cabo de un año, estoy sentado en casa de Judy bebiendo té. Ha oscurecido y dentro hace fresco, lo cual es muy agradable puesto que la temperatura exterior es de treinta y siete grados con un 98 % de humedad. Me presenta a su labrador de color chocolate, que padece artritis (se llama *OB* porque solo tiene un testículo, *One Ball*), y también a Megan, su nieta de dieciocho años que la ayuda en el proyecto de salvamento de tortugas. Me dan la información básica sobre la biología reproductiva de las tortugas marinas. Las hembras se pasan toda la vida en el océano, y solo van a tierra firme cada dos o tres años para poner los huevos. (Los machos nunca salen del mar.) Los nidos son maravillas arquitectónicas. Tienen la forma de un matraz de laboratorio de unos sesenta centímetros de profundidad y la cavidad para los huevos se esconde en el fondo de un túnel estrecho. La hembra excava el nido con sus aletas posteriores. Una vez que ha depositado los huevos en él, tapa la cavidad con arena para esconderla de los depredadores.

Muchos huevos nunca llegan a eclosionar. Puede que un mapache excave en el nido o que un cangrejo fantasma se esconda en la cavidad y engulla las yemas y los embriones. Al cabo de unos cincuenta días, las crías empiezan a romper el cascarón, se quedan un par de días descansando en la cavidad y absorbiendo yema de huevo y después empiezan a excavar el camino de salida hacia el exterior. Casi siempre salen a la superficie de noche, e instintivamente emprenden el camino hacia la orilla, atraídas por el cielo que se extiende sobre el océano y por el reflejo de la luna sobre el agua.

Las tortugas bobas están en peligro. Incluso bajo circunstancias óptimas, solo una décima parte del 1 % de las crías alcanzará la edad reproductiva y volverá a esas playas para continuar el ciclo. Pero las tortugas bobas no están en peligro a causa de los mapaches, ni de los cangrejos fantasma, ni de los tiburones o los pájaros. No, a las tortugas bobas les puede esperar el mismo destino que a las palomas migratorias al tragarse una bolsa de plástico que confunden con una medusa, o al enredarse en una red de pesca comercial o al intoxicarse con productos químicos o con un vertido de petróleo. Otro obstáculo es la pérdida de hábitat donde anidar debido a desarrollos urbanísticos en la costa. En Edisto la contaminación lumínica constituye un gran problema. Las crías, en lugar de dirigirse hacia la orilla, se van tierra adentro atraídas por las luces de las casas habitadas por insomnes o por las de la gasolinera que está en la carretera de la playa.

El Departamento de Recursos Naturales de Carolina del Sur es el responsable del programa para la protección de las tortugas marinas, pero si ese programa se aplica es gracias a los ochocientos voluntarios que como Judy vigilan cada uno de los kilómetros de las playas del estado donde anidan las tortugas durante la temporada de cría. El programa tiene varios objetivos. Uno de ellos es científico: los datos que recogen los voluntarios son muy valiosos. Gracias al esfuerzo de las patrullas, los biólogos conocen con exactitud dónde se encuentran todos los nidos de tortugas en Carolina del Sur. Saben el número de surcos, el número de nidos, cuántos huevos se han puesto, la proporción de crías vivas y muertas y la causa de la mortalidad de todas y cada una de las playas. Por ejemplo, en 2009 se localizaron 2.184 nidos en las playas de Carolina del Sur, se pusieron 163.334 huevos y de estos fueron destruidos 10.503. El promedio del tiempo de incubación fue de 54 días y en cada cavidad se depositaron unos 116 huevos.

El segundo objetivo del programa para la protección de las tortugas bobas es aumentar el porcentaje de crías que sobreviven. A los voluntarios se les da una formación y se les expide un certificado. Cuando encuentran un nido demasiado cerca del agua o mal enterrado, tienen permiso para realojarlo en un lugar más seguro. Con sumo cuidado, sacando un puñado de arena cada vez, vacían la cavidad. Luego van retirando los huevos y los van poniendo alineados en un cubo, excavan un nuevo nido en un sitio mejor y vuelven a colocar los huevos en el mismo orden en que los han encontrado. En las playas donde los nidos están muy expuestos a los depredadores, los voluntarios levantan una valla protectora alrededor de ellos. Cuando los huevos han eclosionado, los voluntarios excavan uno de cada cuatro nidos y registran el número de huevos eclosionados y no eclosionados, así como la cantidad de huevos eclosionados pero cuyas crías han muerto. Realizar estas tareas durante la canícula significa pasar calor y ensuciarse, someterse a malos olores y quedar embadurnado de yema de huevo. Un día Judy abrió un nido y encontró veinte crías muertas. Se entristeció mucho.

Pero de vez en cuando, en el fondo de un nido, encuentra a una cría todavía viva, pero que por alguna razón no ha podido salir a la superficie por sus propios medios y ella la salva.

Lleva cinco años colaborando en el programa para la protección de tortugas marinas de Carolina del Sur. Le pregunto por qué lo hace.

–Mira, al principio era por la emoción de conducir un cuatro por cuatro por la playa al atardecer. Era muy emocionante encontrar los surcos que dejan las tortugas. Pero la primera vez que excavas un nido de donde ya han salido las crías para contar los huevos que contiene y descubres una cría diminuta que aún está viva pero que no ha podido salir a la superficie, te derrites.

–¿Cuántas tortugas crees que has salvado en los últimos cinco años?

–Uf, muchas, quizás cientos de ellas –y pensativamente añade–: aunque ya sé que la realidad es que solo sobrevivirá una entre mil.

Entonces se ríe.

–Pero para mí cada una de las crías de tortuga a las que he ayudado me compensa de todo. No sé qué les sucede a las otras. Pero sé que la mía lo ha conseguido.

Luego hacemos planes para patrullar por la playa al día siguiente al amanecer. Judy me recomienda que lleve agua y un aerosol antiinsectos.

Seis de la mañana. Un cielo azul y dorado de Maxwell Parrish. El equipo está formado por Judy, yo, una mujer llamada Sherri Johnson y April Fludd, un estudiante del último curso de secundaria que ya ha trabajado en el proyecto de tortugas marinas dos veranos. El tramo de playa que vamos a patrullar es la Botany Bay Plantation y consiste en algo más de dos mil quinientas hectáreas de playa, marjales salados, antiguos campos y bosques de encinas. Es una de las playas más vírgenes de toda la costa atlántica. Una joya.

Nos montamos en un par de *quads* en los que cargamos el equipo: varias sondas en forma de T de un metro y medio de largo para localizar los nidos, banderas para señalarlos, un par de jaulas de tela metálica enrolladas para mantener los mapaches a distancia, un GPS, un cubo por si tenemos que resituar un nido, señales de color naranja brillante para que los visitantes de la playa no estropeen ningún nido. Judy me dice que me monte con ella en la parte trasera del cuatro por cuatro verde, y April se sube con Sherri en el rojo. Nos ponemos en marcha. El sol está empezando a asomarse por los marjales. El aire es fresco y solo se oyen pájaros. Por el camino de casi un kilómetro que desciende hasta la playa por entre los marjales vemos a una garceta nívea caminando por el agua, ante nosotros pasa un águila voladora y una familia de cigüeñas se esconde en las aguas somas.

Judy se vuelve hacia mí y me dice entre el ruido atronador del ATV:

−¿Entiendes por qué vengo? Esto es mi iglesia.

Tiene razón. El amanecer en esta playa es tan trascendente como pueda serlo sentarse en la catedral de Chartres para contemplar los vitrales.

Tras cruzar una zona muy pantanosa, llegamos a la arena y empezamos nuestra tarea de búsqueda de surcos. Aparte de una barca de pesca que navega medio kilómetro mar adentro y de un grupo de pelícanos que vuela a poca altura en perfecta formación, la playa está desierta. El océano está sereno, como un estanque, y al otro lado del horizonte, la costa de África.

No tenemos suerte. Los vehículos nos llevan hasta donde el río North Edisto separa Botany Island de Seabrook Island, un complejo vallado con pistas de tenis y campo de golf para jubilados ricos, pero no vemos ni un solo surco. Damos media vuelta. Nada de nada. Volvemos con las manos vacías. Estoy decepcionado.

Pero llega la buena suerte. En el camino de vuelta nos encontramos con Chris Salmonsen, un biólogo especializado en fauna salvaje responsable del tramo de playa adyacente al de Judy. Empezamos a hablar y cuando le explico que a mí me interesan los voluntarios de las tortugas, las personas como Judy, Sherri y April, sonríe y me dice que no podría hacer su trabajo sin ellas. Quedamos en volver a vernos más tarde para que me dé una lección sobre la relación entre los humanos y las tortugas marinas.

Chris, de cuarenta y seis años, es experto en educación medioambiental y ha trabajado con voluntarios de tortugas en Texas, Florida y Carolina del Sur.

−Explícame cosas de los amantes de las tortugas.

Me cuenta que a algunas de estas personas, casi siempre hombres, les gusta patrullar con los ATV por la playa. Normalmente su interés no dura mucho. La mayoría de los voluntarios serios son mujeres.

–Muchos de los voluntarios son personas que tienen un espacio vacío en su vida y necesitan llenarlo, y las tortugas les ayudan a ello. Es como ir a la iglesia los domingos. Es su religión.

Le comento que Judy me ha dicho exactamente lo mismo.

Ella es diferente de algunos de los demás voluntarios, dice Chris. Tiene muchos intereses en su vida. Salvar tortugas es una entre muchas otras cosas. También lleva un negocio y es artista.

Chris sigue hablando.

–No es lo mismo en todos los voluntarios. Algunos tienen una verdadera obsesión. Siempre llevan la camiseta con logotipos de tortugas, y decoran su casa con elementos relacionados con las tortugas. Quieren que todo el mundo sepa que son amantes de las tortugas. Es su identidad.

Luego me cuenta que en una ocasión cenó con una mujer que se dedicaba a rescatar tortugas en Texas. Cuando él pidió un plato a base de gambas, la mujer se echó a llorar. Resultó que también luchaba contra los pescadores de gambas locales para que estos utilizasen unos adminículos para que las tortugas no se quedaran atrapadas en las redes para pescar gambas. A pesar de estos artefactos, para ella cada plato con gambas equivalía a una tortuga muerta.

Al día siguiente vuelvo a levantarme al amanecer, y esta vez voy a patrullar con Chris y sus voluntarios: una universitaria llamada Rosa, que sale a patrullar todos los días de la semana, y una fotógrafa que se llama Marie, que transporta una lente para su cámara tan larga como mi brazo. Me monto en el *quad* de Rosa y nos vamos hacia la zona pantanosa junto a los marjales. Hoy los insectos no dejan de molestarnos –como los de *La reina africana*–. Nos pican a través de la ropa; no paramos de golpearles con nuestras gorras de béisbol. A Rosa le sangra una picada en la pierna.

Bajamos hasta la playa y damos con el primer surco tras unos cientos de metros. Rosa es la primera en verlo, lo que significa que tiene que seguirlo hasta el agujero que contiene el nido. Agarra una de las sondas y se pone manos a la obra. La sonda se utiliza para localizar el estrecho túnel en cuyo final está la cavidad que aloja el nido. La arena del túnel no es tan densa como alrededor de este. El sondeo es un proceso delicado, que requiere ejercer la suficiente presión para hundir el extremo de la sonda en la arena. Pero si la presión es excesiva y la sonda llega hasta la arena más blanda del nido propiamente dicho, se hunde en la cavidad y estropea algunos huevos. Para utilizar la sonda hay que ser un experto; aproximadamente un 10 % de las pérdidas de huevos se deben a las sondas.

A Rosa le lleva quince minutos sondear cuidadosamente una zona de algo más de medio metro de diámetro para notar la arena que rodea el túnel. Me alcanza la sonda para que yo mismo note lo que está buscando. Primero la introduzco en la arena junto al túnel. No llega a ninguna parte. La muevo unos centímetros, vuelvo a hundirla y, bingo, la arena más blanda del túnel cede inmediatamente. Chris se arrodilla y empieza a retirar arena con la mano. Cuando llega a los huevos, tiene el brazo entero metido en la arena. Me dice que introduzca la mano en el agujero para palpar los huevos. Los palpo y tienen un tacto parecido al cuero, como los huevos de caimán, y de alguna manera los siento vivos. Volvemos a llenar el túnel de arena, y Chris planta una bandera junto al nido, anota las coordenadas que le da el GPS y escribe los datos en su libreta. Más tarde cuando llegue a la oficina introducirá esos datos en el ordenador, y doce horas después aparecerán colgados en internet. Nos montamos en nuestro vehículo de nuevo y Chris enseguida localiza otro surco. Agarra la sonda. Seguimos la línea y repetimos la operación. Emprendemos otra vez el camino. Me siento un poco mareado. Hemos encontrado dos nidos y creo que me ha entrado la fiebre de las tortugas marinas.

Al cabo de unas semanas, me encuentro con Meg Hoyle, encargada de coordinar el programa de voluntariado en Botany Island. Quiero que me hable de lo que impulsa a personas como Judy, Rosa, Sherri y April a levantarse de madrugada y excavar los nidos, a luchar contra insectos que no dejan de picar bajo una temperatura de cuarenta grados a la sombra y a volver a casa oliendo a huevos podridos, solo por ayudar a animales que casi nunca llegas a ver, a seres que lo más seguro es que sean exterminados por depredadores mucho antes de que puedan criar.

Me dice:

–A veces ni yo misma lo entiendo. Algunos voluntarios bajan a la playa un día y otro, y en todo un verano a lo mejor encuentran doce nidos. La mayoría de las veces ni siquiera encuentran un surco y la mayoría no verán una sola tortuga en todo el verano. Pero allí siguen. Buscan una conexión con el mundo natural del que nos hemos alejado. Todos necesitamos establecer una relación con los animales y con el exterior.

La antrozoología del día a día

Meg tiene razón. La mayoría de las personas siente la necesidad de establecer una relación con los animales y con la naturaleza. Pero esta necesidad puede sentirse en diferentes grados. No abundan los Michael Montains, personas que no matan a las hormigas que invaden su cocina. En cambio, sí existen muchas personas como Judy Muzzi, con trabajo y familia, que hacen lo que pueden, aunque sea a pequeña escala, para conectar con los animales y a las que no les molesta especialmente las incoherencias que pueda haber en su interacción con otras especies. No sufren porque alguien accione la palanca que desviará un hipotético tren y hará que embista a un viejo o a un grupo de chimpancés en peligro de extinción. No les importa si el camino correcto hacia la liberación de los animales pasa por Bentham o por Kent. Tampoco se sienten culpables por negarse a comer carne y a la vez calzar zapatos de piel.

Yo mismo, la mayoría de las veces, acepto mi propia hipocresía. El *yahoo* que llevo dentro me dice que es mejor que *Tilly* pase el día al aire libre que encerrada dentro de casa a pesar de saber que de vez en cuando se zampará un pajarillo o una ardilla listada. El *yahoo* que vive en mi interior me dice que el exquisito sabor de la carne asada sobre las brasas enterradas bajo el suelo justifica de algún modo la muerte del cerdo cuyo lomo voy a comerme cubierto por una capa de pimienta molida.

Sin embargo, las intuiciones morales cambian y a veces mi *yahoo* y yo llegamos a nuevos acuerdos. Dejo de pescar cuando ya no me satisface pescar una trucha en un riachuelo que discurre entre las montañas. He dejado de comer carne, ahora compramos huevos frescos, y estoy dispuesto a pagar un poco más por un "pollo" criado en libertad porque prefiero pensar que ha llevado una vida mejor que un pollo Cobb 500. Y cuando un gallero me invitó no hace mucho a acompañarle a un derbi de cinco gallos en Kentucky, le dije no, gracias.

Cuando empecé a estudiar la interacción entre seres humanos y animales me preocupaba las flagrantes incoherencias morales que he descrito en las páginas anteriores (personas vegetarianas que reconocían tímidamente que comían carne; galleros que proclamaban su amor por estos animales;

entusiastas de las razas caninas puras cuyo deseo por mejorar su raza ha creado generaciones de animales genéticamente anormales; acumuladores de animales que han causado indecibles sufrimientos a las criaturas que viven con ellos en unas pésimas condiciones y a las que creen haber rescatado). He llegado a la conclusión de que este tipo de contradicciones no son anomalías o hipocresías. Son más bien algo inevitable. Y demuestran que somos humanos.

A Kwame Anthony Appiah,[373] director del Centro de los Valores Humanos en Princeton, le preguntan a veces cómo se gana la vida. Cuando responde que es filósofo, la siguiente pregunta que le formulan suele ser: «¿Y cuál es su filosofía?». Siempre responde lo mismo: «Mi filosofía es que las cosas siempre son más complicadas de lo que nos imaginamos».

Lo que nos revela la nueva ciencia de la antrozoología es que nuestra actitud, nuestro comportamiento y nuestra relación con los animales que comparten la vida con nosotros (los animales a los que queremos, los animales a los que odiamos, los animales que nos comemos) son, también ellos, más complicados de lo que pensábamos.

AGRADECIMIENTOS

Quiero expresar mi más profundo agradecimiento a las muchas personas que quieren a los animales, que me han permitido asomarme a su mundo y que han respondido a mis ingenuas preguntas sobre su relación con las otras especies.

Entre las personas que me han dado su opinión sobre las diferentes partes de este libro, debo mencionar a: Jonathan Balcombe, Mihaly Bartalos, Marc Bekoff, Alex Bentley, Candace Boan-Lenzo, Leo Bobadilla, Larry Carbone, Merrit Clifton, Jane Coburn, Chris Coburn, Karen Davis, Judy DeLoache, Bev Dugan, Leah Gomez, John Goodwin, Sam Gosling, Che Green, Joshua Greene, Katherine Grier, Liz Hodge, Leslie Irvine, Wes Jamison, Rebecca Johnson, Sarah Knight, Kathy Kruger, Laura Maloney, Lori Marino, Ádám Miklósi, Michael Mountain, Jim Murray, David Nieman, Emily Patterson-Kane, Scott Plous, Andrew Rowan, Kathy Rudy, Boria Sax, Ken Shapiro, Michael Schafer, Harriet Schields, Jeff Spooner, Craig Stanford, Samantha Strazanac, Mickey Randolph, Lee Warren, Erin Williams, Richard Wrangham, Steve Wise, Clive Wynne y Steve Zawistowski. Gracias a Morgan Childers, Sue Grider y al personal de la Hunter Library de la Universidad de Carolina Occidental por venir a rescatarme de la bibliografía y la preparación del manuscrito.

Durante muchos años mi hogar académico ha sido la Sociedad Internacional de Antrozoología, un entusiasta grupo de investigadores que van más allá de los estancos compartimentos académicos. Estoy especialmente en deuda con Arnie Arluke, Alan Beck, Ben y Lynette Hart, Anthony Podbersceck y James Serpell por su ánimo y su contribución al estudio de las relaciones entre seres humanos y animales. Le debo mucho al etólogo Gordon Burghardt, mi mentor y amigo desde siempre. Los psicólogos Paul Rozin y Jon Haidt, para quienes pensar desde fuera de la burbuja parece una actividad fácil, han influido profundamente en mi visión sobre la psicología de la moralidad.

David Henderson y Chris Diehm me ayudaron a recorrer los intrincados vericuetos de la filosofía de los derechos de los animales. Rob Bass y Gail Dean leyeron la mayoría de los capítulos, y este libro es mucho mejor gracias a sus puntos de vista y a sus críticas. Joyce Moore, de City Lights Bookstore en Carolina del Norte, me convenció de que habría editores interesados en publicar un libro sobre por qué es tan difícil pensar con claridad sobre los animales. Cuando necesité inspiración literaria recurrí a Harry Greene, Robert Sapolsky, Elmore Leonard y Merle Haggard.

Este libro no se habría publicado si no hubiera sido por el esfuerzo de mis agentes Jennifer Gates y Rachel Sussman. Jennifer vio el potencial de mi idea incipiente (sobre la cual otro agente me dijo: «Nadie querrá leer sobre este tema»). Rachel trabajó incansablemente para dar forma a la propuesta que constituía el núcleo del libro, e insistió machacona pero amablemente en que un buen libro es algo más que una serie de anécdotas interesantes. El personal de la editorial Harper ha sido un equipo fabuloso. Su directora ejecutiva, Gail Winston, es una magnífica profesional. Tiró de mis riendas cuando lo creyó necesario y se convirtió en la voz interior que me susurraba: «Recuerda siempre que los lectores son inteligentes». Las frases son mejores gracias a la diestra mano de Amy Vreeland, que además me planteó preguntas pertinentes. Jason Sack fue el experto que acompañó el manuscrito a lo largo de todo el proceso de producción. El editor Jonathan Burnham entendió inmediatamente el mensaje del libro y opinó que necesitaba un capítulo más.

Es imposible contar con mejores colegas que los de la facultad de la Universidad de Carolina Occidental. Siguen siendo extraordinariamente comprensivos cuando irrumpo en su despacho con la foto de la última raza canina o despotricando contra un nuevo trabajo de investigación que acabo de leer. Hace veinte años que Bruce Henderson y David McCord leen los borradores de mis trabajos y me dicen si voy en una dirección equivocada. He llevado a cabo la mayor parte de mis investigaciones en colaboración con estudiantes y licenciados de la Universidad de Carolina Occidental. Espero que todos hayan disfrutado tanto como yo.

Escribir un libro es un trabajo de locos, y lo he conseguido con un poco de ayuda de mis amigos –a decir verdad mucha ayuda–. Mis compañeros de navegación con kayak me ayudaron a mantener la perspectiva recordándome cuándo tenía que dejarme llevar por la corriente. Desde hace casi quince años he recargado mis pilas todos los martes por la noche en el Restaurante Guadalupe y en el Café Spring, donde tocamos la típica música montañesa con un grupo de grandes músicos a cuyo frente tenemos al extraordinario violinista Ian Moore. Gracias a Jen y Faye por los tacos de cabra (sin trato cruel) y la cerveza. Un agradecimiento especial para Mac Davis, al que conocí cuando nos mudamos a una pequeña casa de campo en Sugar Creek. Mac estaba al otro lado de la carretera arando su campo de tabaco con la ayuda de una mula. Al cabo de treinta y cinco años todavía le explico mis ideas, muchas de las cuales están contenidas en este libro.

Durante todos los meses que me he pasado encerrado en mi caótico despacho del sótano de casa, entre montones de papeles y tazas de café olvidadas, he contado con el extraordinario apoyo de mi familia. Mi hermano, mi hermana y mi madre han sido una fuente de ánimo constante. Mi colaboradora de siempre y para siempre es mi esposa, Mary Jean. Al principio de nuestra relación mostró la madera de la que estaba hecha al ayudar a demostrar que las mamás caimanes enfadadas no dudan en atacar a un intruso humano para defender a sus crías. Más recientemente, leyó sin quejarse todas y cada una de las frases de este libro por lo menos media docena de veces, y en general gracias a ella mantengo la cordura. Es la mejor. Nuestros hijos, Adam, Katie y Betsie, los tres excelentes escritores, criticaron con entusiasmo los capítulos. Sé que siempre puedo confiar en ellos por sus sinceros comentarios, como por ejemplo: «Papá, esta frase chirría».

Por último, una buena lata de salmón para *Tilly*, que pasó más de una soñolienta tarde acurrucada en mi balancín, haciéndome compañía y mirando cómo escribía, maullando de vez en cuando para que le rascara la barriga y recordándome por qué compartimos nuestra vida con animales.

LECTURAS RECOMENDADAS

Antrozoología

Arluke, A.; Bogdan, R. (2010). *Beauty and the Beast: Human-Animals Relationships as Revealed in Real Post Cards.* Syracuse, Nueva York: Syracuse University Press.

Bekoff, M. (ed.) (2007). *Encyclopedia of Human-Animal Relationships.* Westport, Connecticut: Greenwood Press.

Kalof, L. (2007). *Looking at Animals in Human History.* Londres: Reaktion Books.

Ritvo, H. (1989). *The Animal Estate: The English and Other Creatures in the Victorian Age.* Cambridge, Massachusetts: Harvard University Press.

Serpell, J. (1996). *In the Company of Animals: A Study of Human-Animal Relationships.* Cambridge, Reino Unido: Cambridge University Press.

Psicología e interacciones entre seres humanos y animales

Bulliet, R.W. (2005). *Hunters, Herders, and Hamburgers: The Past and Future of Human-Animal Relationships.* Nueva York: Columbia University Press.

Haraway, D.J. (2008). *When Species Meet.* Minneápolis: University of Minnesota Press.

Melson, L.G. (2001). *Why the Wild Things Are: Animals in the Lives of Children.* Cambridge, Massachusetts: Harvard University Press.

Wilson, E.O. (1992). *Biophilia*: *The Human Bond with Other Species.* Cambridge, Massachusetts: Harvard University Press.

ANIMALES DOMÉSTICOS

Anderson, P.E. (2008). *The Powerful Bond between Pets and People*. Westport, Connecticut: Praeger.
Grier, K.C. (2006). *Pets in America: A History*. Chapel Hill: University of North Carolina Press.
Irvine, L. (2004). *If You Tame me: Understanding Our Connection with Animals*. Filadelfia, Pensilvania: Temple University Press.
Zawistowski, S. (2008). *Companion Animals in Society*. Clifton Park, Nueva York: Thompson Delmar Learning.

PERROS

Coppinger, R.; Coppinger, L. (2002). *Dogs: A New Understanding of Canine Origin, Behaviour, and Evolution*. Chicago: University of Chicago Press. [Versión en castellano: *Perros: una nueva interpretación sobre su origen, comportamiento y evolución*. Madrid y La Coruña: Ateles Editores y KNS Ediciones, 2004.]
Horowitz, A. (2009). *Inside of a Dog: What Dogs See, Smell, and Know*. Nueva York: Scribner. [Versión en castellano: *En la mente de un perro*. Barcelona: RBA Libros, 2011.]
McConnell, P.B. (2002). *The Other End of the Leash: Why We Do What We Do around Dogs*. Nueva York: Ballantine Books. [Versión en castellano: *Al otro extremo de la correa*. Barcelona: Viena Ediciones, 2006.]
Miklósi, A. (2007). *Dog Behaviour, Evolution, and Cognition*. Nueva York: Oxford University Press.
Sanders, C. (1999). *Understanding Dogs: Living and Working with Canine Companions*. Filadelfia, Pensilvania: Temple University Press.
Schaffer, M. (2006). *One nation under Dog*. Nueva York: Henry Holt.
Serpell, J. (1995). *The Domestic Dog: Its Evolution, Behaviour, and Interactions with People*. Cambridge, Reino Unido: Cambridge University Press.

GÉNERO

Baron-Cohen, S. (2003). *The Essential Difference: The Truth about the male and Female Brain*. Nueva York: Basic Books. [Versión en

castellano: *La gran diferencia: cómo son realmente los cerebros de hombres y mujeres*. Barcelona: Editorial Amat, 2005.]
Donovan, J.; Adams, C.J. (1996). *Beyond Animal Rights: A Feminist Caring Ethic for the Treatment of Animals*. Nueva York: Continuum.
Luke, B. (2007). *Brutal: Manhood and the Exploitation of Animals*. Chicago: University of Illinois Press.

CARNE

Adams, C.J. (2000). *The Sexual Politics of Meat: A Feminist-Vegetarian Critical Theory*. Nueva York: Continuum Publishing Group.
Eisnitz, G.A. (2007). *Slaughterhouse: The Shocking Story of Greed, Neglect, and Inhumane Treatment inside the U. S. Meat Industry*. Amherst, Nueva York: Prometheus Books.
Foer, J.S. (2009). *Eating Animals*. Nueva York: Little, Brown and Company.
Maurer, D. (2002). *Vegetarianism: Movement or Moment?* Filadelfia, Pensilvania: Temple University Press.
Pollan, M. (2006). *The Omnivore's Dilemma: A Natural History of Four Meals*. Nueva York: Penguin. [Versión en castellano: *El dilema del omnívoro*. San Sebastián: Hirukuna, 2011.]
Singer, P.; Mason, J. (2006). *The Ethics of What We Eat: Why Our Food Choices Matter*. Emmaus, Pensilvania: Rodale Press. [Versión en castellano: *Somos lo que comemos: la importancia de los alimentos que decidimos consumir*. Barcelona: Ediciones Paidós Ibérica, 2009.]

POLLOS

Davis, K. (2009). *Prisoned Chickens, Poisoned Eggs: An inside Look at the Modern Poultry Industry*. Summertown, Tennessee : Book Publishing Company.
Dundes, A. (1994). *The Cockfight: A Casebook*. Madison: University of Wisconsin Press.
Smith, P.; Daniel, C. (2000). *The Chicken Book*. Athens: University of Georgia Press.

Ratones y ciencia

Brike, L. Arluke, A; Michael, M. (2008). *The Sacrifice: How Scientific Experiments Transform Animals and People.* West Lafayette, Indiana: Purdue University Press.

Blum, D. (1995). *The Monkey Wars.* New York: Oxford University Press.

Morisson, A.R. (2009) *An Odyssey with Animals: A Veterinarian's Reflections on the Animal Rights and Welfare Debate.* Oxford, Reino Unido: Oxford University Press.

Rudacille, D. (2000). *The Scalpel and the Butterfly: The War between Animal Research and Animal Protection.* Nueva York: Farrar, Straus, and Giroux.

Coherencia y ética

Balcombe, J. (2010). *Second Nature: The Inner Lives of Animals.* Nueva York: Palgrave MacMillan.

Bekoff, M.; Pierce, J. (2009). *Wild Justice: The Moral Lives of Animals.* Chicago: University of Chicago Press. [Versión en castellano: *Justicia salvaje: la vida moral de los animales.* Madrid: Ediciones Turner, 2010.]

Hauser, M.D. (2006). *Moral Minds: How Nature Designed Our Universal Sense of Right and Wrong.* Nueva York: HarperCollins. [Versión en castellano: *La mente moral: cómo la naturaleza ha desarrollado nuestro sentido del bien y del mal.* Barcelona: Ediciones Paidós Ibérica, 2008.]

Kazez, J.K. (2010). *Animalkind: What We Owe to Animals.* Malden, Massachusetts: Wiley-Balckwell.

Singer, P. (1990). *Animal Liberation: A New Ethics for Our Treatment of Animals.* Nueva York: Avon. [Versión en castellano: *Liberación animal.* Madrid: Editorial Trotta, 1999.]

Wynne, C.D.L. (2004). *Do Animals Think?* Princepton, Nueva Jersey: Princeton University Press.

NOTAS

Introducción

1. Conferencia de Mark Bekoff en el Farm Sanctuary Hoe Down (www.farmsanctuary.org) en Orland, California, el 16 de mayo de 2009.
2. Los gatos, a diferencia de los perros, necesitan comer carne para estar sanos. Para una comparación entre las necesidades nutricionales de los perros y de los gatos, véase Legrand-Defretin, V. (1994). "Differences between cats and dogs: A nutritional view". *Proceedings of the Nutrition Society*, 53, 15-24.
3. Crook, K.R.; Soule, M.E. (1999). "Mesopredator release and avifaunal extinction in a fragmented system". *Nature*, 400, 563-566. Véase también Woods, M. MacDonald, R.A.; Harris, S. (2003). "Predation of wildlife by domestic cats (*Felis catus*) in Great Britain". *Mammal Review*, 33 (2), 174-188.
4. Stuchhury, B. (2007). *Silence of the songbirds: How we are losing the world's songbirds and what we can do to save them*. Toronto: HarperCollins.
5. El hueso del pene se llama *baculum* u *os penis*. Este hueso lo tienen muchas especies de mamíferos, incluidos los primates. Según los diferentes animales, dichos huesos varían enormemente de tamaño y forma. Sigue siendo un misterio de la evolución por qué algunas especies tienen un hueso del pene de gran tamaño, otras pequeño y algunas, por ejemplo, los humanos, carecen de él. Ramm, S.A. (2007). "Sexual selection and genital evolution in mammals: A phylogenetic analysis of baculum length". *American Naturalist*, 169, 360-369.
6. Sacks, J.J.; Kresnow, M.; Houston, B. (1996). "Dog bites: How big a problem?" *Injury Prevention*, 2 (1), 52-54. Sacks, J.J.; Sinclair, L.; Gilchrist, J.; Golab, G.C.; Lockwood, R. (2000). "Breeds of dogs involved in fatal human attacks in the United States between 1979 and 1998". *Journal of the American Veterinary Medical Association*, 217 (6), 836-840.

7. Serpell, J.A. (2003). "Anthropomorphism and anthropomorphic selection: Beyond the 'cute response'". *Society & Animals*, 11(1), 83-100.
8. Herzog, H.A.; Galvin, S.L. (1992). "Animals, archetypes, and popular culture: Tales from tabloid press". *Anthrozoös*, 5, 77-92.
9. Donnelley, S. (1989). "Speculative philosophy, the troubled middle, and the ethics of animal experimentation". *Hastings Center Report*, 19, 15-21.

1. Antrozoología

10. Flynn, C. (2008). *Social creatures: A human and animal studies reader*. Brooklyn, Nueva York: Lantern Books (p. xiv).
11. Las revistas más importantes sobre la relación entre seres humanos y animales son *Anthrozoös* y *Society and Animals*.
12. La web de esta organización es www.isaz.net.
13. Para una visión general de las investigaciones más recientes sobre terapias asistidas por animales, véase Fine, A.H. (ed.) (2008). *Handbook on animal assisted-therapy: Theroretical foundation and guidelines for practice*. Nueva York: Elsevier.
14. Nimer, J.; Lundahl, B. (2007). "Animal assisted therapy: a meta-analysis". *Anthrozoös*, 20 (3), 225-238.
15. Por ejemplo, véase Cochrane, A., Callen, K. (1992). *Dolphins and their power to heal*. Rochester, Vermont: Healing Arts Press.
16. Según Jim Goodwin, experto en historia de la psicología, se supo poco sobre las verdaderas intenciones de los estudios Hawthorne. Es posible que los verdaderos objetivos del estudio interesaran a la dirección, y fueran dar una imagen satisfecha de los empleados con sus puestos de trabajo para impedir así que se sindicaran. Goodwin, C.J. (2008). *A history of modern psychology* (3ª. ed.). Nueva York: J. Wiley.
17. Brensing, K., Lonke, K., Todt, D. (2003). "Can dolphins heal by ultrasound?" *Journal of Theoretical Biology*, 225 (1), 99-105.
18. Marino, L.; Lilienfield, S.O. (1998). "Dolphin-assisted therapy: Flawed data, flawed conclusions". *Anthrozoös*, 11(4), 194-200. Marino, L.; Lilienfield, S.O. (2007). "Dolphin assisted therapy: More flawed data and more flawed conclusions". *Anthrozoös*, 20, 239-249. Tracy Humphries llegó a una conclusión parecida. Humphries, T.L. (2003). "Effectiveness of dolphin-assisted therapy

as a behavioral intervention for young children with disabilities". *Bridges*, 1 (6), 1-9.
19. Mazet, J.A., Hunt, T.D., Zoccardi, M.H. (2004). *Assessment of the risk of zoomotic disease transmission to marine mammal workers and the public*. Final report. United States Marine Mammal Commission, RA, núm. K005486-01.
20. Smith, B.A. (2007). *Letter of DAT founder*. (Fecha de consulta: 28 de agosto de 2008). www.arubammf.com/truth_about_dolphin_assisted_therapy.
21. Véase un interesante punto de vista de las relaciones entre seres humanos y delfines en Kudzinski, K.M., Frohoff, T. (2008). *Dolphin mysteries: Unlocking the secrets of communication*. New Haven, Connecticut: Yale University Press.
22. Coren, S. (1999) "Do people look like their dogs?" *Anthrozoös*, 12, 111-114. Roy, M.M.; Christenfield, N.J. (2004). "Do dogs resemble their owners?" *Psychological Science*, 15 (5), 361-363. Payne, C.; Jaffe, K. (2005). "Self seeks like: Many humans choose their dog pets following rules used for assortative mating". *Journal of Ethology*, 23 (1), 15-18; Devlin, K. (3 de abril de 2009). "Dog owners do look like their pets, say psychologists". *Telegraph* (Londres); Nakajima, S., Yamamoto, M.; Yoshimoto, N. (2009). "Dogs look like their owners: Ratings of dogs with racially homogeneous owner portraits". *Anthrozoös*, 22 (2), 173-181.
23. El enfoque de Gosling sobre la investigación es una creativa mezcla de psicología evolutiva, teoría de la personalidad y comportamiento de los animales. Para estar al corriente de sus últimas investigaciones, puede visitarse la página web de Gozlab: homepage.psy.utexas.edu/homepage/faculty/gosling/index.htm.
24. Podberscek, A.L.; Gosling, S. D. (2005). "Personality research on pets and their owners: Conceptual issues and review". En: A. Podberscek, E.S. Paul y J.A. Serpell (eds.). *Companion animals and us: Exploring the relationships between people and pets* (págs. 143-167). Cambridge, Reino Unido: Cambridge University Press.
25. Gosling, S., Sandy, C.J.; Potter, J. (en prensa). "Personalities of self-identified 'dog people' and 'cat people'". *Anthrozoös*.
26. Según Victor Nell, por ejemplo, la crueldad es la extensión natural de los instintos depredadores humanos. Nell, V. (2006). "Cruelty rewards: The gratifications of perpetrators and spectators". *Behavioral and Brain Sciences*, 29, 211-224.

27. Esta cita se menciona en la página 80 de Lockwood, R.; Hodge, G.R. (1998). "The tangled web of animal abuse: The links between cruelty to animals and human violence". En: R. Lockwood y F.R. Ascione (eds.). *Cruelty to animals and interpersonal violence* (págs. 77-82). West Lafayette, Indiana: Purdue University Press.
28. Para una introducción a este tema, véanse los artículos en Lockwood, R.; Ascione, F.R. (1998). *Cruelty to animals and interpersonal violence: Readings in research and application*. West Lafayette, Indiana: Purdue University Press. Para una visión crítica de las investigaciones actuales en esta área, véase Ascione, F.R.; Shapiro, K. (2009). "People and animals, kindness and cruelty: Research directions and policy implications". *Journal of Social Issues*, 65, 569-587.
29. Felthous, A.R.; Kellert, S.R. (1986). "Violence against animals and people: Is aggression against living creatures generalized?" *The Bulletin of the American Academy of Psychiatry and the Law*, 14 (1), 55-69.
30. Esta cita se encuentra en Blakemore, C. (12 de febrero de 2009). "Darwin understood the need for animal tests". *Times* (Londres). (Artículo en línea). www.timesonline.co.uk/tol/comment/columnists/guest_contributors/article5711912.ece.
31. Véase, por ejemplo, Lockwood, R.; Hodge, G.R. (1998). "The tangled web of animal abuse: The links between cruelty to animals and human violence". En: R. Lockwood y F.R. Ascione (eds.). *Cruelty to animals and interpersonal violence* (págs. 77-82). West Lafayette, Indiana: Purdue University Press.
32. Los investigadores de este estudio descubrieron que el 21% de los 354 asesinos en serie tenía antecedentes de malos tratos a animales. La mayoría de los estudios realizados por estudiantes (chicos) universitarios también han demostrado que hubo malos tratos en un 20-30%. Los datos relativos al asesino en serie se encuentran en Wright, J.; Hensley, C. (2003). "From animal cruelty to serial murder: Applying the graduation hypothesis". *International Journal of Offender Therapy and Comparative Criminology*, 47, 71-88.
33. La National District Attorneys Association (communities. justicetalking.org/blogs/days17/archive/2007/08/14/animal-abuse-its-association-with-other-violent-crimes.aspx) es la que afirma que todas las personas que disparan en colegios tienen antecedentes de malos tratos a animales. Para un perfil real de los que disparan

en escuelas, véase Vossekuil, B.; Fein, R.; Reddy, M.; Borum, R.; Modzeleski, W. (2000). *The final report and findings of the Safe Initiative: Implications for the prevention of school attacks in the United States*. Washington, DC: United States Secret Service.
34. A veces se hace referencia a esta idea como tesis de progresión. Beirne, P. (2004). "From animal abuse to interhuman violence? A critical review of the progression thesis". *Society and Animals*, 12 (1), 39-65.
35. Arluke, A.; Levin, J.; Luke, C.; Ascione, F. (1999). "The relationship of animal abuse to violence and other forms of antisocial behavior". *Journal of Interpersonal Violence*, 14 (9), 963-975.
36. Patterson-Kane, E.G.; Piper, H. (2009). "Animal abuse as a sentinel for human violence: A critique". *Journal of Social Issues*. Lea, S.R.G. (2007). *Delinquency and animal cruelty: Myths and realities about social pathology*. Nueva York: LFB Scholarly Publishing, LLC.
37. Arluke, A. (2002). "Animal abuse as dirty play". *Symbolic Interaction*, 25 (4), 405-430.
38. Gupta, M.E. (2006). *Understanding the links between intimate partner violence and animal dissertation*. Universidad de Georgia, Athens, Georgia.
39. Véase, por ejemplo, Piper, H. (2003). "The linkage of animal abuse with interpersonal violence: A sheep in wolf's clothing?" *Journal of Social Work*, 3 (2), 161-176. Irvine, L. (2008). "Delinquency and animal cruelty: Myths and realities about social pathology". *Contemporary Sociology: A Journal of Reviews*, 37 (3), 267-268. Taylor, N.; Signal, T. (2008). "Throwing the baby out with the bathwater: Towards a sociology of the human-animal abuse 'Link'?". *Sociological Research Online*, 13 (1). www.socresonline.org.ok/13/1/2. html.
40. Levi-Strauss, C. (1966). *The savage mind*. Chicago: University of Chicago Press.

2. LA IMPORTANCIA DE SER UNA MONADA
41. Greene, E.S. (1995). "Ethnocategories, social intercourse, fear, and redemption: Comment on Laurent". *Society and Animals*, 3 (1), 79-88.
42. Cohen, R. (19 de julio de 2009). "The ethicist: Nesting blues". *New York Times*.

43. Edwards, S.C.; Pratt, S.C. (2009). "Rationality in collective decision making by ant colonies". *Proceedings of the Royal Society: B*, 276 (1673), 3655-3671.
44. Wilson, E.O. (1984). *Biophilia*. Cambridge, Massachusetts: Harvard University Press. El estudio de niños se encuentra en Deloache, J.S.; Pickard (en prensa). "How very young children think about animals". "The animate monitoring hypothesis" se encuentra en New, H., Cosmides, L.; Tooby, J. (2007). "Category-specific attention for animals reflects ancestral priorities, not experience". *PNAS*, 104 (42), 16598-16603.
45. Lutts, R.H. (1992). "The trouble with Bambi: Walt Disney's *Bambi* and the American vision of nature". *Forest and Conservation History*, 36, 160-171. Cartmill, M. (1993). *A view to death in the morning*. Cambridge, Massachusetts: Harvard University Press.
46. Gould, S.J. (1979). "Mickey Mouse meets Konrad Lorenz". *Natural History*, 88 (5), 30-36.
47. Gerkin, R.; Sergent, K.C.; Curry, S.C.; Vance, M.; Nielsen, D.R.; Kazan, A. (1987). "Life-threatening airway obstruction from rattlesnake bite to the tongue". *Annals of Emergency Medicine*, 16 (7), 813-816.
48. Sobre investigaciones del miedo a las serpientes, véase Öhman, A.; Mineka, S. (2003). "The malicious serpent: Snakes as a prototypical stimulus for an evolved module of fear". *Current Directions in Psychological Science*, 12 (1), 5-9. LoBue, V.; DeLoache, J.S. (2008). "Detecting the snake in the grass: Attention to fear-revelant stimuli by adults and young children". *Psychological Science*, 19 (3), 284-289. DeLoache, J.S.; LoBue, V. (2009). "The narrow fellow in the grass: Human infants associate snakes and fear". *Development Science*, 12 (1), 201-207. Diamond, J. (1993). "New Guineans and their natural world". En: Kelert & Wilson (eds.). *The biophilia hypothesis* (págs. 251-271). Washington, DC: Island Press. Burghardt, G.N.; Murphy, J.B.; Chiszar, D.; Hutchins, M. (2009). "Combating ophidophobia: Origins, treatment, education, and conservation tools". En: S.J. Mullin; R.A. Seigel (eds.). *Snakes: Ecology and conservations*. Ithaca, Nueva York: Comstock Publishing.
49. Wilson, E.O. (1993). "Biophilia and the conservation ethic". En: S.R. Kellert y E.O. Wilson (eds.) *The bioplhilia hypothesis* (págs. 31-41). Washington, DC: Island Press (pág. 31).
50. El ensayo clásico sobre la influencia de las palabras de animales

sobre el lenguaje es de Leach E.R. (1964). "Anthropological aspects of language: Animal categories and verbal abuse". En: E. Lenneberg (ed.). *New directions in the study of language* (págs. 23-63). Cambridge, Massachusetts: MIT Press.
51. Este caso está descrito en Herzog, H. (2002). "Ethical aspects of the relationship between humans and research animals". *ILAR Journal*, 43, 27-32. Todos los técnicos que trabajaban en laboratorios de animales a los que entrevisté para realizar esta investigación adoptaron animales que habían sido utilizados en experimentos.
52. Grief, M.L.; Nelson, D.G.K.; Keil, F.C.; Gutierrez, T. (2006). "What do children want to know about animals and artifacts?" *Psychological Science*, 17, 455-459.
53. Mahone, B.Z.; Anzelotti, S.; Schwarzbach, J.; Zampini, M.; Caramazza, A. (2009). "Category-specific organization of the human brain does not require visual experience". *Neron*, 63, 397-405.
54. El conocimiento de un dominio específico es una idea polémica entre los neurocientíficos. Para contrastar puntos de vista, véase Caramazza, A.; Shelton, J.R. (1998). "Domain-specific knowledge system in the brain: The animate-inanimate distinction". *Journal of Cognitive Neuroscience*, 10, 1-34, y Gerlach, C. (1998). "A review of functional imagins studies on category specificity". *Journal of Cognitive Neuroscience*, 19, 296-314.
55. Arluke, A.; Sanders, C. (1996). *Regarding animals*. Filadelfia, Pensilvania: Temple University Press.
56. Laurent, E.L. (2001). "Mushi: For youngsters in Japan, the study of insects has been both a fad and a tradition". *Natural History*, 110 (2), 70-75.
57. Serpell, J.A. (2004). "Factors influencing human attitudes to animals and their welfare". *Animal welfare*, 13, S145-151.
58. Jerolmack, C. (2008). "How pigeons became rats: The cultural-spatial logic of problem animals". *Social Problems*, 55, 72-151.
59. Sin autor (12 de setiembre de 1977). "Kill the crocodile". *New York Times* (pág. 32).
60. Para una excelente visión general de la psicología moral, véase Hauser, M.D. (2006). *Moral minds: How nature designed our universal sense of right and wrong*. Nueva York: HarperCollins.
61. Galvin, S.L.; Herzog, H.A. (1992). "The ethical judgement of animal research". *Ethics & Behavior*, 2 (4), 263-286.
62. Haidt, J. (2001). "The emotional dog and its rational tail: A social

intuitionist approach to moral judgement". *Psychological Review*, 108 (4), 814-834.
63. Rozin, P.; Haidt, J.; McCauley, C.R. (1999). "Disgust: The body and soul emotion". En: T. Dalgleish y M. Power (eds.). *Handbook of cognition and emotion* (págs. 429-445). Chichester, Reino Unido: Wiley.
64. Para ejemplos de la investigación de Greene sobre la neuroanatomía de la moralidad, véase Greene, J.; Haidt, J. (2002). "How (and where) does moral judgement work?" *Trends in Cognitive Sciences*, 6 (12), 517-523.
65. Petrinovich, L.; O'Neill, P.; Jorgenson, M. (1993). "An empirical study of moral intuitions: Toward an evolutionary ethics". *Journal of Personality and Social Psychology*, 64 (3), 467-478.
66. Hauser, M.D. (2006). *Moral minds: How nature designed our universal sense of right and wrong*. Nueva York: HarperCollins.
67. Bulliet, R.W. (2005). *Hunters, herders, and hamburgers: The past and future of human-animal relationships*. Nueva York: Columbia University Press.
68. La pregunta del bate y la pelota todavía me vuelve loco. Pensémoslo así: si el bate cuesta un dólar y la pelota cuesta diez céntimos, resulta que el bate cuesta noventa céntimos más que la pelota, no un dólar más. Sin embargo, si el bate cuesta 1,05 dólares y la pelota cuesta cinco céntimos, entonces el bate cuesta un dólar más que la pelota, y juntos alcanzan la suma de 1,10 dólares. Estos ejemplos son de Plous, S. (1993). *The psychology of judgmeent and decisions making*. Nueva York: McGraw-Hill.
69. Sunstein, C.R. (octubre de 2002). "Hazardous heuristics". *University of Chicago Law & Economics Olin Law and Economics Working Paper No 165* y *University of Chicago Public Law Research Paper No. 33*.
70. La literatura científica sobre heurística es extensa. Para ejemplos, véase Hallinam, J.T. (2009). *Why we make mistakes*. Nueva York: Broadway Books. Marcus, G. (2008). *Kluge: The haphazard construction of the human mind*. Nueva York: Houghton Mifflin. Kahneman, D.; Frederick, S. (2002). "Representativenesss revisited: Attribute substitution in intuitive judgement". En: T. Gilovick, D. Grifin y D. Kahneman (eds.). *Heuristics and biases: The psychology of intuitive judgement* (págs. 49-81). Cambridge, Reino Unido: Cambridge University Press.
71. Para una descripción excelente del movimiento nazi a favor de

la protección de los animales, véase Arluke, A.; Sax, B. (1992). "Understanding Nazi animal protection and the Holocaust". *Anthrozoös*, 5 (1) 6-31. Sax, B. (2000) *Animals in the Third Reich: Pets, scapegoats, and the Holocaust*. Nueva York: Continuum International Publishing Group.
72. Véase, por ejemplo, Berry, R. (2004). *Hitler: neither a vegetarian nor animal lover*. Brooklyn, Nueva York: Pythagorean Books.
73. Melson, G.F.; Kahn, P.; Beck, A.; Friedman, B.; Edwards, N. (2009). "Robotic pets in human lives: Implications for the human-animal bond and for human relationships with personified technologies". *Journal of Social Issues*, 65, 545-567.
74. Banks, M.R.; Willoughby, L.M.; Banks, W.A. (2008). "Animal-assisted therapy and loneliness in nursing homes: Use of robotic versus living dogs". *Journal of the American Medical Directors Association*, 9 (3), 173-177.
75. Serpell, J.A. (1996). *In the company of animals: A Study of human-animal relationships*. Cambridge, Reino Unido: Cambridge University Press (pág. 177).
76. Morris, P.H. (2008). "Secondary emotions in non-primate species? Behavioral reports and subjective claims by animal owners". *Cognitions and Emotion*, 22 (1), 3-20.
77. Nagel, T. (1974). "What is it like to be a bat?". *Philosophical Review*, 4, 435-450.
78. Burghardt, G.M. (1991). "Cognitive ethology and critical anthropomorphism: A snake with two heads and hognose snakes that play dead". En: C.A. Ristau (ed.). *Cognitive ethology: The minds of other animals* (págs. 53-90). Hillsdale, Nueva Jersey: Lawrence Erlbaum Associates. No a todos los behavioristas de los animales les gusta la emergencia del antropomorfismo como investigación etológica. Por ejemplo, véase Wynne, C.D.L. (2004). "The perils of anthropomorphism". *Nature*, 428, 606.

3. Mascotafilia
79. Holbrook, M.B. (2008). "Pets and People: Companions in commerce". *Journal of Business Research*, 61, 546-552.
80. Gueguen, N.; Ciccotti, S. (2008). "Domestic dogs as facilitators in social interaction: An evaluation of helping and courtship behaviors". *Anthrozoös*, 21, 339-349.

81. Thomas, K. (1983). *Man and the natural world. A history of modern sensibility*. Nueva York: Pantheon.
82. Serpell, J.A. "Petkeeping and animal domestication: A reappraisal". En: J. Clutton Brock (ed.) (1989). *The walking larder: Patterns of domestication, pastoralism and predation* (págs. 10-21). Londres: Unwin Hyman.
83. Grier, K.C. (2006). *Pets in America: A history*. Chapel Hill: University of North Carolina Press.
84. Irvine, L. (2004). "Pampered or enslaved? The moral dilemmas of pets". *International Journal of Sociology and Social Policy*, 24, 5-17.
85. American Pet Products Association (2009). *Industry trends and statistics*. Fecha de consulta: 30 de agosto de 2009 en americanpetproducts.org/press_industrytrends. asp. Brady, D.; Palmeri, C. (6 de agosto de 2007). "The pet economy". *Business Week*.
86. Kete, K. (1995). *The beast in the boudoir: Petkeeping in nineteenth century Paris*. Berkeley: University of California Press.
87. Silverstein, M.J.; Fiske, N. (2003). *Trading up: Why consumers want new luxury godos–and how companies create them*. Nueva York: Portfolio.
88. Algunos aspectos de la industria de las mascotas se han visto más afectados que otros por la crisis económica. Por ejemplo, según James Serpell, el Hospital Veterinario de la Universidad de Pensilvania ha experimentado un tremendo descenso en los tratamientos caros para perros y gatos durante los dos últimos años.
89. Holbrook, M.B. (2008). "Pets and people: Companions in commerce". *Journal of Business Research*, 61, 546-552.
90. Herzog, H.; Kowalski, R.; Burgner, M.; Dunegon, C. (mayo de 2003). "Are pets really friends? Perceived benefits of relationships with companion animals." Documento presentado en la reunion de la Sociedad Americana de Psicología, Atlanta, Georgia.
91. Serpell, J. (1989). "Humans, animals and the limits of friendship". En: Porter, R. y Tomaselli, S. (eds.), *The dialectics of friendship* (págs. 111-129). Londres: Routledge.
92. Johnson, T.P.; Garrity, T.F.; Stallones, L. (1992). "Psychometric evaluation of the Lexington Attachment to Pets Scale". *Anthrozoös*, 5, 160-175. Se han llevado a cabo muchas investigaciones sobre las personas que sienten un gran apego por sus mascotas. Sin embargo,

no tengo conocimiento de ninguna investigación sistemática acerca de los millones de personas que conviven con animales que no les gustan.
93. Poresky, R.H.; Daniels, A.M. (1998). "Demographics of pet presence and attachment". *Anthrozoös*, 11, 236-241.
94. Friedman, E.; Katcher, A.H.; Lynch, J.J.; Thomas, S.A. (1980). "Animal companions and one-year survival of patients after discharge from a coronary care unit". *Public Health Report*, 95(4), 307-312. Posteriormente, Erica reprodujo estos efectos con más individuos para poder evaluar de forma separada los efectos de poseer perros y gatos. Mientras que tener perro tenía un gran efecto en la supervivencia, tener gato no tenía ninguno. Véase Friedmann, E.; Thomas, S. (1995). "Pet ownership, social support, and one-year survival after acute myocardial in the cardiac arrhythmia suppression trial" (CAST). *American Journal of Cardiology*, 76, 1213-1217.
95. Para críticas sobre esta investigación, véase Friedmann, E.; Thomas, S.; Eddy, T. (2000). "Companion animals and human health: Physical and cardiovascular influences". En: A.L. Podberseck, E.S. Paul y J.A. Serpell (ed.), *Companion animals and us: Exploring the relationship between people and pets* (págs. 125-142). Cambridge, Reino Unido: Cambridge University Press. Wells, D.L. (2009). "The effects of animals on human health and well-being". *Journal of Social Issues*, 65, 523-543. Beck, A.M.; Katcher, A.H. (2003). "Future directions in human-animal bond research". *American Behavioral Scientist*, 47(1), 79-93. Barker, S.B.; Wolden, A.R. (2008). "The benefits of human-companion animal interaction: A review". *Journal of Veterinary Mediacal Education*, 35, 487-495. Headey, B.; Grabka, M.M. (2007). "Pets and human health in Germany and Australia: National longitudinal results". *Social Indicators Research*, 80(2), 297-311.
96. Allen, K. (2003). "Are pets a healthy pleasure? The influence of pets on blood pressure". *Current Directions in Psychological Science*, 12(6), 236-239.
97. Headey, B.; Na, F.; Zheng, R. (2008). "Pet dogs benefit owner's health". A 'natural experiment' in China". *Social Indicators Research*, 87(3), 481-493.
98. Clark, P. (2010). "Wagging tail, wet nose brighten hospital". *Ashecille Citizen-Times*. La referencia del estudio sobre terapia de radiación en Johnson, R.A.; Meadows, R.L.; Haubner, J.S.;

Sevedge, K. (2008). "Animal-assisted activity among patients with cáncer: Effects on mood, fatigue, self-perceived health, and sense of coherence". *Oncology Nursing Forum*, 35, 225-232.

99. Wells, D.L. (2009). "Association between pet ownership and self-reported health status in people suffering from chronic fatigue syndrome". *Journal of Alternative and Complementary Medicine*, 15, 407-413.

100. Cutt, H.E.; Knuiman, M.W.; Giles-Corti, B. (2008). "Does getting a dog increase recreational walking?" *International Journal of Behavioral Nutrition and Physical Activity*, 5(17).

101. Koivusilta, L.K.; Ojanlatva, A. (2006). "To have or not to have a pet for a better health? *PLoS ONE*, 1, 1-9.

102. Parslow, R.A.; Jorm, A.F.; Christensen, H.; Rodgers, B.; Jacomb, P. (2005). "Pet Ownership and health in older adults: Findings from a survey of 2,551 community-based Australians aged 60-64". *Gerontology*, 51(1), 40-47.

103. Gilbey, A.; McNicholas, J.; Collis, G.M. (2007). "A longitudinal test of the belief that companion animal ownership can help reduce loneliness". *Anthrozoös*, 20(4), 345-353.

104. Friedmann, E.; Son, H. (2009). "The human-companion animal bond: How humans benefit". *Veterinary Clinics of North America*, 39(2), 293-326.

105. En antrozoología, como en otros ámbitos científicos, los estudios que no demuestran efectos no suelen publicarse. Este "efecto de cajón de archivos" significa que las investigaciones publicadas probablemente exageran los efectos reales de los animales sobre la salud humana. En un estudio reciente sobre doce antidepresivos se demostró que treinta y tres de treinta y seis experimentos en los que se probaban dichos medicamentos no fueron publicados. Turner, E.H.; Matthews, A.M.; Linardatos, E.; Tell R.A.; Rosenthal, R. (2008). "Selective publications of antidepressant trials and its influence on apparent efficacy". *New England Journal of Medicine*, 358(3), 252-260.

106. McNicholas, J.; Gilbey, A.; Rennie, A.; Ahmedzai, S.; Dono, J.A.; Ormerod, E. (2005). "Pet ownership and human health: A brief review of evidence and issues". *British Medical Journal*, 331(7527), 1252-1254.

107. Allen, K.; Shykoff, B.E.; Izzo, J.L. (2001). "Pet ownership, but not ACE inhibitor therapy, blunts home blood pressure responses to mental stress". *Hypertension*, 38(4), 815-820.

108. Kurrle, S.E.; Day, R.; Cameron I.D. (2004). "The perils of pet ownership: A new fall-injury risk factor". *Medical Journal of Australia*, 181(11/12), 682-683.
109. Centers of Disease Control (2009). "Nonfatal fall-related injuries associated with dog and cats–United States, 2001-2006". *MMWR Weekly*, 58, 277-281.
110. Algunas formas en que las mascotas pueden ser perjudiciales son poco usuales. En un artículo publicado en el boletín de la Asociación Americana de Veterinarios de Reptiles se describían dieciocho casos de agresión sexual por parte de mascotas iguanas macho hacia sus propietarios. Frye, F.F.; Mader, D.R.; Centofanti, B.V. (1991). "Interspecific (lizard: Human) sexual agrression in captive iguanas (*Iguana iguana*). *American Association of Reptile Veterinarians*, (1), 4-6.
111. Pickering, L.K.; Marano, N.; Bocchini, J.A.; Angulo, F.J. (2008). "Exposure to nontraditional pets at home and to animals in public settings: Risks to children". *Pediatrics*, 122(4), 876-886.
112. Una visión general fascinante sobre las enfermedades que los animales pueden contagiar a los seres humanos se encuentra en Torrey, E.F.; Yolken, R.H. (2005). *Beasts of the earth: Animals, humans, and disease*. New Brunswick, Nueva Jersey: Rutgers University Press.
113. Centers of Disease Control (2003). "Reptile-Associated Salmonellosis–Selected States, 1998-2002". *MMWR*, 1206-1209.
114. Lefebvre, S.L.; Weese, J.S. (2009). "Contamination of pet therapy dogs with MRSA and *Clostridium difficile*. *Journal of Hospital Infection*, 72, 268-269. Enoch, D.; Kras, J.; Slater, J.; Emery, M.; Kearns, A.; Farrington, M. (2005). "MRSA carriage in a pet therapy dog". *Journal of Hospital Infection*, 60(2), 186-188.
115. Estas teorías se debaten en Tuan, Y. (1984). *Dominance affecion: The making of pets*. New Haven, Connecticut: Yale University Press. Grier, K.C. (2006). *Pets in America: A history*. Chapel Hill: University of North Carolina Press; Franklin, A. (1999). *Animals and modern cultures: A sociology of human-animal relations in modernity*. Londres: Sage; Serpell, J. (1996). *In the company of animals: A study of human-animal relationships*. Cambridge, Reino Unido: Cambridge University Press; Irvine, L. (2004). *If you tame me: Understanding our connection with animals*. Filadelfia, Pensilvania: Temple University Press; Olmert, M.D. (2009). *Made for each other. The biology of the human-animal bond*. Filadelfia, Pensilvania: Da Capo Press.

116. Gilbert, D. (2006). *Stumbling on happiness*. Nueva York: Alfred A. Knopf.
117. Una excelente visión general de los factores que hacen que nuestra especie sea única se encuentra en Gazzaniga, M. (2008). *Human: The science behind what makes us unique*. Nueva York: HarperCollins. Para la demostración de que los humanos son los únicos mamíferos capaces de disfrutar de los pimientos picantes, véase Rozin, P.; Gruss, L.; Berk, G. (1979). "Reversal of innate aversions: Attempts to induce a preference for chili peppers in rats". *Journal of Comparative and Physiological Psychology*, 93(6), 1001-1004. Puede que haya algunas excepciones interesantes. Rozin pudo enseñar a dos chimpancés en cautividad que les gustara el sabor de la comida picante. Además, halló algunos perros mexicanos que preferían los alimentos picantes. En todos los casos, estos animales se criaron como mascotas; Rozin cree que fue la naturaleza social de la situación de aprendizaje lo que permitió a los animales superar la aversión natural del gusto. Rozin, P.; Kenel, K. (1983). "Acquired preferences for piquant foods by chimpazes". *Appetite*, 4, 69-77.
118. Puede conocerse la historia de *Tarra* y *Bella* en www.elephants.com/tarra/TarraBella2.php.
119. Mason, W.A.; Kenney, M. (1974). "Redirection of filial attachments in rhesus monkeys: Dogs as mother surrogates". *Science*, 183(4130), 1209-1211.
120. Existe un incidente que se ha utilizado como prueba para demostrar que los chimpancés tienen mascotas. Esa supuesta mascota era un hiracoideo, un animal parecido a un conejillo de Indias pero algo más grande. En una escena que recuerda *King Kong*, un equipo de primatólogos que trabajaba en Guinea observó cómo un chimpancé encaramado a un árbol capturaba a un hiracoideo, lo bajaba cuidadosamente hasta el suelo y se lo mostraba a otra pareja de chimpancés. Hasta aquí parece el comienzo de una buena relación. Pero, igual que en *King Kong*, las cosas se torcieron. El chimpancé no tardó en golpear al hiracoideo contra el tronco de un árbol y sus compañeros le pegaron puñetazos hasta que el pequeño animal murió. Tras arrastrar el cadáver del hiracoideo un rato, los monos parece que se aburrieron y al final lo tiraron a la maleza. A la mañana siguiente, los investigadores observaron cómo un chimpancé hembra limpiaba el cuerpo del hiracoideo durante unos diez minutos. Puede que los chimpancés trataran al hiracoideo como

un juguete, pero sin duda no lo trataron como a una mascota. El incidente se narra en Hirata, S.; Yamakoshi, G.; Fujita, S.; Ohashi, G.; Matsuzawa, T. (2001). "Capturing and toying with hyraxes (*Dendrohyrax dorsalis*) by wild chimpanzees (*Pan troglodytes*) at Bossau, Guinea". *American Journal of Primatology*, 53(2), 93-97.

121. Se debate sobre si las formas modernas de pensamiento evolucionaron abruptamente debido a un cambio en un grupo de genes o bien si ocurrió de forma mucho más gradual. Balter, M. (2002). "What made humans modern?" *Science*, 295, 1219-1225; Wade, N. (25 de julio de 2006). "Nice rats, nasty rats: Maybe it's all in the genes". *New York Times*. Para debates sobre la evolución de la capacidad cognitiva de los seres humanos, véase Tomasello, M. (1999). *The cultural origins of human cognition*. Cambridge, Massachusetts: Harvard University Press; Mithen, S.J. (1996). *The prehistory of the mind: The cognitive origins of art, religion and science*. Londres: Thames and Hudson. La visión de Serpell está recogida en Serpell, J.A. (2003). "Anthropomorphism and anthropomorphic selection-beyond the 'cute response'". *Society & Animals*, 11(1), 83-100.

122. Lloyd, E.A. (2005). *The case of the female orgasm: Bias in the science of evolution*. Cambridge, Massachusetts: Harvard University Press.

123. Véase Serpell, J. (1996). *In the company of animals: A study of human-animal relationships*. Cambridge, Reino Unido: Cambridge University Press (pág. 148).

124. Brown, D.E. (1991). *Human universals*. Filadelfia, Pensilvania: Temple University Press; Pinker, S. (2002). *The blank slate: The modern denial of human nature*. Nueva York: Viking.

125. Dunn, K.M.; Cherkas, L.F.; Spector, T.D. (2005). "Genetic influences on variation in female orgasmic function: A twin study". *Bilogy Letters*, 1(3), 260-263; Silventoinen, K.; Sammalisto, S.; Perola, M.; Boomsma, D.I.; Cornes, B.K.; Davis, C. *et al.* (2003). "Heritability of adult body height: A comparative study of twin cohorts in eight countries". *Twin research and Human Genetics*, 6(5), 399-408; Lykken, D.; Tellegen, A. (1996). "Happiness is a stochastic phenomenon". *Psychological Science*, 7, 186-189.

126. Pinker, S. (1997). *How the mind works*. Nueva York: Norton.

127. La idea de que las mascotas son una especie de nido de parasitismo se debate en Serpell (1996) y Archer, J. (1997). "Why do people love their pets?" *Evolution and Human Behavior*, 18(4), 237-259.

128. Para profundizar más en la evolución cultural y los memes, véase Shennan, S. (2002). *Genes, memes and human history*. Londres: Thames Hudson; y Blackmore, S. (1999). *The meme machine*. Oxford, Reino Unido: Oxford University Press. El filósofo que verdaderamente ha tomado la idea de Darwin y la ha desarrollado es Daniel Dennett (1995). *Darwin's dangerous idea: Evolution and the meanings of life*. Nueva York: Simon & Schuster. Para un análisis crítico de la idea de meme, véase Richerson, P.J.; Boyd, R. (2005). *Not by genes alone: How culture transformed human evolution*. Chicago: University of Chicago Press.

129. Los antropólogos califican de "vertical" la transmisión de información de generación en generación en comparación con la "transmisión horizontal", que es la propagación de memes a través de la cultura.

130. Bulliet, R.W. (2005). *Hunters, herders, and hamburguers: The past and the future of human-animal relationships*. Nueva York: Columbia University Press.

4. Amigos, enemigos e imagen personal

131. Correo electrónico de Ruby Benjamin (10 de agosto de 2009).

132. Esta frase la pronunció Dylan durante su programa de radio vía satélite *Theme Time Radio Hour*. El tema del programa eran las canciones sobre perros.

133. En realidad, el "porcentaje de lobo" de los perros lobo casi nunca se confirma en las pruebas genéticas actuales.

134. Parker, H.G.; Ostrander, E.A. (2005). "Canine genomics and genetics: Running with the pack". *PLoS Genetics*, 1(5), e58.

135. Para una visión general de los hallazgos más recientes sobre la evolución de los perros, véase Miklósi, A. (2007). *Dog behavior, evolution, and cognition*. Oxford, Reino Unido: Oxford University Press.

136. Guthrie, R.D. (2005). *The nature of Paleolithic art*. Chicago: University of Chicago Press. Los primeros artistas solían centrarse en los grandes mamíferos, que eran sus presas de caza. Sin embargo, la ausencia de perros sugiere que no los tenían como animales domésticos. Bulliet, R.W. (2005). *Hunters, herders, and hamburguers: The past and future of human-animals relationships*. Nueva York: Columbia University Press.

137. Clutton-Brock, J. (1995). "Origins of the dog: Domestications and early history". En: J. Serpell (ed.). *The domestic dog: Its evolution, behavior, and interaction with people* (págs. 7-20). Cambridge, Reino Unido: Cambridge University Press.
138. El problema que plantean los huesos es que se descubren huesos nuevos constantemente, y algunos de ellos no encajan con los conocimientos previos. Por ejemplo, un grupo de arqueólogos descubrió recientemente en una cueva belga restos fósiles de cánidos que parecen proceder de pastores alemanes de hace 32.000 años. Germonpré, M.; Sablin, M.V.; Stevens, R.E.; Hedges, R.E.M.; Hofreiter, M.; Stiller, M. *et al.* (2009). "Fossil dogs and wolves from Paleolithic sites in Belgium, the Ukraine, and Russia: Osteometry, ancient DNA and stable isotopes". *Journal of Archaelogical Science* 36(2), 473-490. En cuanto a las primeras pruebas de vínculos entre humanos y perros, véase Morey, D.F. (1994). "The early evolution of the domestic dog". *American Scientist*, 82, 336-347.
139. Vila, C.; Savolainen, P.; Maldonado, J.E.; Amorim, I.R.; Rice, J.E.; Honeycutt, R.L. *et al.* (1997). "Multiple and ancient origins of the domestic dog". *Science*, 276, 1687-1689.
140. Coppinger, R.; Coppinger, L. (2002). *Dogs: A new understanding of canine origin, behavior and evolution*. Chicago: University of Chicago Press.
141. Topal, J. *et al.* (2010). "The dog as a model for understanding human social behavior". *Advances in the Study of Bahavior*.
142. Trut, L.N. (1999). "Early canid domestication: The farm-fox experiment". *American Scientist*, 87, 160-169.
143. Belyaev y su hermano apoyaron la teoría de Mendel sobre genética en un momento en el que la teoría hereditaria de Lysenko era parte de la política oficial soviética. Al hermano de Belyaev le mandaron a un campo de concentración, donde murió. Wade, N. (25 de julio de 2006). "Nice rats, nasty rats: Maybe it's all in the genes". *New York Times.*
144. Popova, N.K.; Voitenko, N.N.; Kulikov, A.V.; Avgustinovich, D.F. (1991). "Evidence for the involvement of central serotonin in mechanism of domestication of silver foxes". *Pharmacology, Biochemistry, and Behavior*, 40(4), 751-756. Lindberg, J.; Björnfeldt, S.; Saetre, P.; Svartberg, K.; Seehus, B.; Bakken, M. (2005). "Selection for tameness has changed brain gene expression in silver foxes". *Current Bilogy*, 15(22), 915-916. No es tan conocido el hecho

de que Belyaev, al empezar el estudio sobre zorros, también inició experimentos parecidos sobre los efectos de la selección dirigida a la domesticación en otros animales que incluían las ratas. Tras setenta generaciones de cría selectiva, a las ratas de la cadena de selección les gustaba que las acariciasen y que jugaran con ellas. Sus hermanas malas nos desgarrarían la cara aunque las crías de ratas malas hubieran sido criadas por mamás ratas buenas. Albert, F.W.; Shchepina, O.; Winter, C.; Römpler, H.; Teupser, D. ; Palme, R. (2008). "Phenotypic differences in behavior, physiology and neurochemistry between rats selected for tameness and for defensive aggression toward humans". *Hormones and Behavior*, 53(3), 413-421.

145. Oí por primera vez este término como título de un álbum de Ry Cooder de 1976.
146. Hare, B.; Tomasello, M. (2005). "Human-like social skills in dogs?" *Trends in Cognitive Sciences*, 9(9), 439-444.
147. Algunos primatólogos dirían que el bonobo, al que a veces se denomina chimpancé pigmeo, es igual o más inteligente.
148. Kruska, D.C.T. (2005). "On the evolutionary significance of encephalization in some mammals: Effects of adaptative radiation, domestication, and feralization". *Brain, Brahavior and Evolutions*, 65(2), 73-108.
149. Para una vision general objetiva sobre este argumento, véase Morrell, V. (2009). "Going to the dogs". *Science*, 325, 1062-1065.
150. Véase Miklósi, A. (2007) y Gácsi, M.; Györi, B.; Virányi, Z.; Kubinyi, E.; Range, F.; Belényi, B.; Miklósi, A. (2009). "Explaining dog wolf differences in utilizing pointing gestures". *PloS ONE*, 4(8), e6584.
151. Kaminski, J.; Call, J.; Fischer, J. (2004). "Word learning in a domestic dog: Evidence for 'fast mapping'". *Science*, 304(5677), 1682-1683. Rossi, A.P.; Ades, C. (2008). "A dog at the keyboard: Using arbitrary signs to communicate requests". *Animal Cognition*, 11(2), 329-338. Range, F.; Viranyi, Z.; Huber, L. (2007). "Selective imitation in domestic dogs". *Current Biology*, 17(10), 868-872. Schwab, C.; Huber, L. (2006). "Obey or not to obey? Dogs (*Canis familiaris*) behave differently in response to attentional states of their owners". *Journal of Comparative Psychology*, 120(3), 169-175. Joly-Mascheroni, R.; Senju, A.; Shepherd, A.J. (2008). "Dogs catch human yawns". *Biology Letters*, 4, 446-448.
152. Para una visión general de las múltiples formas en que actualmente

los perros ayudan a los humanos, véase Zawistowski, S. (2008). *Companion animals in society*. Clinton Park, Nueva York: Thompson.
153. Sheldrake, R.; Smart, P. (2000). "Testing the return-anticipating dog". *Anthrozoös*, 13(4), 203-212.
154. Macpherson, K.; Roberts, W.A. (2006). "Do dogs (*Canis familiaris*) seek help in an emergency?" *Journal of Comparative Psychology*, 120(2), 113-119.
155. Gácsi, M.; McGreevy, P.; Kara, E.; Miklósi, A. (2009). "Effects of selection for cooperation and attention in dogs. *Behavioral and Brain Function*, 5, 31.
156. Hsu, Y.; Serpell, J.A. (2003). "Development and validation of a questionnaire for measuring behavior and temperament traits in pet dogs". *Journal of the American Veterinary Medical Association*, 223(9), 1293-1300.
157. Serpell, J.A.; Hsu, Y. (2005). "Effects of brred. Sex, and neuter status on trainability in dogs". *Anthrozoös*, 18(3), 196-207.
158. Sacks, J.J.; Kresnow, M.; Houston, B. (1996). "Dogs bites: A big problem?" *Injury Prevention*, 2(1), 52-54.
159. Duffy, D.L.; Hsu, Y.; Serpell, J.A. (2008). "Breed differences in canine aggression. *Applied Animal Behaviour Science*, 114 (3-4), 441-460.
160. También han sido estigmatizadas otras razas en diferentes momentos, incluidos los bloodhound, pastores alemanes, newfoundlands y dóbermans. Delise, K. (2002). *Fatal dog attacks: The stories behind the statistic*. Manorville, Nueva York: Anubis Press.
161. Este relato del ataque está basado en una historia que se publicó el 10 de setiembre de 2008 en *Seattle Times*.
162. Respecto al argumento sobre perfiles raciales, véase Gladwell, M. (6 de febrero de 2006). "Troublemakers: What pit bulls can teach us about profiling". *The New Yorker*. La Sociedad de los Mejores Amigos de los Animales es una de las principales defensoras de la campaña para rebautizar a los pitbull como "perro de América".
163. Para una visión general sobre el tema de las razas agresivas, véase el intercambio contrastado entre Alan Beck y Ledy VanKakagage que se publicó en enero de 2007 en *Veterinary Forum*.
164. Además de apoyar la prohibición de los pitbulls, tanto PETA como la Sociedad Nacional Protectora de Animales de Estados Unidos se manifestaron partidarias de que los pitbull confiscados a Michael Vick en la operación contra la pelea de perros fueran sacrificados, ya

que consideraban que los animales implicados en peleas no podían rehabilitarse. No obstante, en abril de 2009, tras gran polémica, un grupo de organizaciones, entre las cuales estaban la Sociedad Americana para la Prevención de la Crueldad contra Animales y La Sociedad Protectora de Animales estadounidense, se pusieron de acuerdo para oponerse a la eutanasia generalizada de animales confiscados en redadas de peleas de perros.

165. Barnes, J.E.; Boat, B.W.; Putnam, F.W.; Dates, H.F.; Mahlmam, A.R. (2006). "Ownership of high-risk ('vicious') dogs as a marker for deviant behaviors: Implications for risk Assessment". *Journal of Intepersonal Violence*, 21(12), 1616-1634. Un estudio más reciente también demostró que los propietarios de "razas agresivas" tenían importantes antecedentes de comportamiento delincuente. Ragatz, L.; Fremouw, W.; Thomas, T.; McCoy, K. (2009). "Vicious dogs: The antisocial behaviors and psychological characteristics of owners". *Journal of Forensic Sciences*, 54(3), 699-703.
166. Sacks, J.J.; Kresnow, M.; Houston, B. (1996).
167. Herzog, H. (2002). "Darwinism and the study of human-animal interactions". *Society and Animals*, 10(4), 361-367.
168. Lamentablemente, la página web de AKC ya no incluye esta información. No obstante, las estadísticas anuales de registros se publican en la revista de la organización, *The AKC Gazette*.
169. Hahn, M.W.; Bentley, A.R. (2003). "Drift as a mechanism for cultural change: An example from baby names". *Proceedings of the Royal Society B: Biological Sciences*, 270, 120-123.
170. En la página web Baby Name Wizard, encontrará un fascinante gráfico interactivo en el que se muestran las subidas y bajadas de popularidad de los nombres de niños (www.babynamewizard.com/voyager#prefix=&ms=true&sw=m&exact=false).
171. Gladwell, M. (13 de febrero de 2006). "Million dollar Murray". *The New Yorker*, págs. 96-107.
172. Anderson, C. (2008). *The long tail: Why the future of business is selling less of more*. Nueva York: Hyperion.
173. La AKC suele admitir algunas razas nuevas todos los años. En 2009, se añadieron tres razas, que sumaron un total de 161.
174. Es posible que alcanzaran el punto de inflexión debido a que en aquel momento se estrenó una película de Disney titulada *El campeón* en la que el protagonista era un setter irlandés.
175. Ritvo, H. (1987). *The animal estate: The English and other creatures*

in the Victoriana ge. Cambridge, Massachusetts: Harvard University Press; Grier, K. C. (2006). *Pets in America: A history.* Chapel Hill: University of North Carolina Press.
176. Véase también Derr, M. (1990). "The politics of dogs". *Atlantic Monthly*, 265(3), 49, y Derr, M. (2004). *Dog's best friend: Animals of the doh-human relationship.* Chicago: University of Chicago Press.
177. Para una excelente visión general de las investigaciones actuales en las que se muestra cómo la genética canina ha sido útil para entender las enfermedades humanas, véase Ostrander, E.A.; Wayne, R.K. (2005). "The canine genome". *Genome Research*, 15(12), 1706-1716.
178. Chase, K.; Sargan, D.; Miller, K.; Ostrander, E.; Lark, K. (2006). "Understanding the genetics of auotimmune disease: Two loci that regulate late onset Addison's disease in Portuguese wáter dogs". *International Journal of Immunogenetics*, 33(3), 179-184.
179. Jonsson, P. (18 de junio de 2008). " 'Dixie dogs' head north". *Christian Science Monitor*. Herzog, H. (26 de enero de 2009). "A first dog from down South". *Washington Post*. Peters, S. L. (23 de abril de 2009). "Doomed dogs get on rescue wagon to other shelters. *USAToday*.

5. LA REINA DE LA PROMOCIÓN
180. Luke, B. (2007). *Brutal: Manhood and the exploitation of animals.* Urbana: University of Illinois Press (pág. 15).
181. Washburn, S.L.; Lancaster, C.S. (1968). "The evolution of hunting". En: R.B. Lee, I. DeVore (eds.). *Man the hunter*. Chicago: Aldine Publishing (pág. 299).
182. Este estudio se cita en Herzog, H.A.; Vore, T.L.; New, J.C. (1989). "Conversations with veterinary students: Attitudes, ethics and animals". *Anthrozoös*, 2, 181-188.
183. Véase Herzog, H.A. (2006). "Gender differences in human-animal interactions". *Anthrozoös*, 20(1), 7-21.
184. Pew Research Center (7 de marzo de 2006). "Gauguing family intimacy: Dogs edge cats (dads trail both)". *Pew Research Center: A Social Trends Report*. Este estudio, basado en una muestra aleatoria de tres mil personas adultas americanas, demostró que el 56% de hombres y el 57% de mujeres tenían una mascota. Es un dato interesante que una cantidad igual de hombres y de mujeres

tuvieran perros (40% y 39% respectivamente) y gatos (21% y 24% respectivamente). La tendencia de las mujeres a considerar a sus mascotas como miembros de la familia era algo más acusada que en los hombres. El estudio también demostró que los individuos estudiados se sentían más cerca de sus perros y gatos que de sus padres.

185. Wilson, C.; Netting, F.; Turner, D.; Roth, C.; Olsen (2009). "Companion animal obituaries: The 'hairy heirs'". Presentation to the International Society for Anthrozoology, Kansas City.

186. Estas afirmaciones proceden de Lexington Attachment to Pets Scale. Johnson, T.; Garrity, T.; Stallones, L. (1992). "Psychometric evaluation of the Lexington Attachment to Pets Scale (LAPS). *Anthrozoös*, 5(3), 160-175.

187. Puede que usted no quiera seguir nuestro ejemplo. Algunos expertos en comportamiento animal creen que jugar a luchar con perros les transmite el mensaje de que pueden ganar la partida, lo que a largo plazo crea relaciones de dominancia. Las pruebas que demuestran este punto de vista no están claras.

188. Prato-Previde, E.; Fallani, G.; Valsecchi, P. (2006). "Gender differences in owners interacting with pet dogs: An observational study". *Ethology*, 112(1), 64-73.

189. Mallon, G. (1993). "A study of the interactions between men, women, and dogs at the ASPCA in New York City". *Anthrozoös*, 6, 43-47.

190. Melson, G.F.; Fogel, A. (1996). "Parental perceptions of their children's involvement with house-hold pets". *Anthrozoös*, 9, 95-106. Para una excelente visión general de los roles que los animales desempeñan en el desarrollo de los niños, véase Melson, L.G. (2001). *Why the wild things are: Animals in the lives of children*. Cambridge, Massachusetts: Harvard University Press.

191. Sprengermeyer, R.; Perrett, D.; Fagan, E.; Cornwell, R.; Lobmaier, J.; Sprengelmeier, R. *et al.* (2009). "The cutest little baby face: A hormonal link to sensitivity to cuteness in ingant faces". *Psychological Science*, 20(2), 149-154. Fridlund, A. y MacDonald, M. (1998). "Approaches to Goldie: A field study of human approach responses to canine juvenescence". *Anthrozoös*, 11, 95-100.

192. Kellert, S.R. (1996). *The value of life: Biological diversity and human society*. Washington, DC: Island Press. Kellert, S.R.; Berry, J.K. (1987). "Attitudes, knowledge, and behaviours toward wildlife as affected by gender". *Wildlife Society Bulletin*, 15(3), 363-371.

193. Fredrikson, M.; Annas, P.; Fischer, H.A.; Wik, G. (1996). "Gender and age differences in the prevalence of specific fears and phobias". *Behavior Research and Therapy*, 34(1), 33-39.
194. Pifer, L.; Shimizu, K.; Pifer, R. (1994). "Public attitudes toward animal research: Some international comparisons". *Society and Animals*, 2(2), 95-113.
195. Hageling, J.; Carlsson, H.E.; Hau, J. (2003). "An overview of surveys on how people view animal experimentation: Some factors that may influence the outcome". *Public Understanding of Science*, 12(1), 67.
196. Este dato procede del General Social Survey de 1993.
197. French, R.D. (1975). *Antivivisection and medical science in Victorial society*, Princeton, Nueva Jersey: Princeton University Press.
198. Aunque la mayoría de los activistas a favor de los animales son mujeres, estas no son las que lideran el movimiento por los derechos de los animales. Por ejemplo, las mujeres están poco representadas en las citaciones e índices biográficos de quienes se han distinguido por su lucha a favor de la protección de los animales. Véase Herzog, H. (noviembre de 1999). "Power, money and gender: Status hierarchies and the animal protection movement in the United States". *International Society of Anthrozoology Newsletter*, 2-5.
199. Asciones, F. (1998). "Battered women's reports of their partners' and their children's cruelty to animals". *Journal of Emotional Abuse*, 1(1), 119-133. En un estudio sobre mujeres maltratadas en Carolina del Sur se mencionan unos resultados parecidos; véase Flynn, C.P. (2000). "Women's best friend: Pet abuse and the role of companion animals in the lives of battered women". *Violence against Women*, 6(2), 162-177. Para un estudio reciente, véase Asciones, F.R. *et al.* (2007). "Battered pets and domestic violence: Animal abuse reported by women experiencing intimate violence and by non-abused women". *Violence against Women*, 13, 354-373.
200. Kathy Gerbasi, psicóloga del desarrollo, es quien se dio cuenta de que Pet-abuse.com abría una ventana a la demografía de la crueldad con los animales; véase Gerbasi, K.C. (2004). "Gender and nonhuman animal cruelty convictions: Data from www.pet-abuse.com. *Society and Animals*, 12(4), 359-365. Estas estadísticas se descargaron de www.pet-abuse.com en enero de 2009.
201. Weise, E. (8 de agosto de 2006). "Rabbit rescue ends some bad hare days". *USAToday.*
202. Hoarding of Animals Research Consortium (2002). "Health

implications of animal hoarding". *Health & Social Work*, 27(2), 125-132.
203. Patronek, G.; Loar, L.; Nathanson, J.N. (2006). *Animal hoarding: Structuring interdisciplinary responses to help people, animals, and communities aat risk*. Boston: Hoarding of Animals Research Consortium.
204. Sklott, R. (9 de diciembre de 2007). "'Cat Lady' conundrum". *New York Times*.
205. Según la teoría más común, el síndrome de Diógenes con animales es un tipo de trastorno obsesivo compulsivo. Sin embargo, recientemente se ha puesto en tela de juicio la validez de este punto de vista; véase Patronek, G. (2007). "Animal hoarding: What caseworkers need to know". Documento presentado en la MassHousing Community Services Conference, Boston, Massachusetts:
206. Miller, S. (enero/febrero de 2008). "Objects of their affection: The hidden world of hoarders". *Best Friends Magazine*, 20-22, 57-61. La acumulación de otras cosas aparte de animales se ha relacionado con lesiones en el córtex prefrontal del cerebro; véase Anderson, S.W.; Damasio, H.; Damasio, A.R. (2005). "A neural basis for collecting behavior in humans". *Brain*, 128(1), 201-212. Nadie ha demostrado la posibilidad de que la acumulación de animales pueda estar causada por una lesión cerebral.
207. Para un estudio etnográfico sobre la paradoja a la que se enfrenta el personal de los centros de acogida de animales de quererlos y tener que matarlos, véase Arluke, A. (2006). *Just as a dog: Understanding animal cruelty and ourselves*. Filadelfia, Pensilvania: Temple University Press.
208. Véase, por ejemplo, Adams, C. (2002). *The sexual politics of meat: A feminist-vegetarian critical theory*. Nueva York: Continuum Publishing. Donovan, J. y Adams, C.J. (eds.) (2007). *The feminist care tradition in animal ethics*. Nueva York: Columbia University Press.
209. Los ejemplos de mujeres cazadoras en las sociedades tribales proceden de Estioko-Griffin, A. y Griffin, P.B. (1981). "Women the hunter: The Agta". En: F. Dahlbrg (ed.). *Women the gatherer* (págs. 121-140). New Haven, Connecticut: Yale University Press. Bailey, R.C.; Aunger, R. (1989). "Net hunters vs. archers: Variation in women's subsistence strategies in the Ituri forest". *Human Ecology*, 17(3), 273-297. Romanoff, S. (1983). "Women as hunters among the Maatses of the Peruvian amazon". *Human Ecology*, 11(3), 339-343. Goodman,

M.J.; Griffin, P.B.; Estioko-Griffin, A.A.; Grove, J. S. (1985). "The compatibility of hunting and mothering among the Agta hunter-gatherers of the Philippines. *Sex Roles*, 12(11), 1199-1209.
210. Wood, W.; Eagly, A.H. (2002). "A cross-cultural analysis of the behavior of women and men: Implications for the origins of sex differences". *Psychological Bulletin*, 128(5), 699-727.
211. Quinn, P.C.; Liben, L.S. (2008). "A sex difference in mental rotation in Young infants". *Psychological Science*, 19(11), 1607-1070. Moore, D.S.; Johnson, S.P. (2008). "Mental rotation in infants". *Psychological Science*, 19(11), 1063-1066. Williams, C.L.; Pleil, K.E. (2008). "Toy Story: Why do monkey and human males prefer trucks? Comment on 'Sex differences in rhesus monkey toy preferences parallel those of children'", de Hassett, Siebert y Wallen. *Hormones and behavior*, 54, 355-358. Rakison, D.H. (2009). "Does women's greater fear of snakes and spiders originate in infancy?" *Evolution and Human Behavior,* 30, 438-444.
212. Taylor, N.; Signal, T. (2005). "Empathy and attitudes to animals". *Anthrozoös*, 18(1), 18-27. Para una visión general de la literatura sobre la conexión entre amar a las mascotas y amar a las personas, véase Paul, E. S. (2000). "Love of pets and love of people". En: A. Podberscek, E.S. Paul y J.A. Serpell (eds.). *Companion animals and us: Exploring the relationship between people and animals* (págs. 168-186). Cambridge, Reino Unido: Cambridge University Press.
213. Domes, G.; Heinrichs, M.; Michel, A.; Berger, C.; Herpertz, S.C. (2007). "Oxytocin improves 'Mind-reading' in humans". *Biological Psuchiatry*, 61(6), 731-733. Zak, P.J.; Stanton, A.A.; Ahmadi, S. (2007). "Oxytocin increases generosity in humans". *PLoS ONE*, 2(11), e1128.
214. Odendaal, J.S.J.; Meintjes, R. (2003). "Neurophysiologycal correlates of affiliative behavior between humans and dogs". *The Veterinary Jornal*, 165(3), 296-301. Miller, S.C.; Kennedy, C.; DeVoe, D.; Hickey, M.; Nelson, T.; Kogan, L. (2009). "An examination of changes in oxytocin levels in men and women before and after interaction with a bonded dog". *Anthrozoös*, 22(1), 31-42. Nagasawa, M.; Kikusui, T.; Onaka, T.; Ohta, M. (2009). "Dog's gaze at its owner increases owner's urinary oxytocin during social interaction". *Hormones and Behavior,* 55(3), 434-441. Como suele ocurrir cuando los resultados son negativos, el estudio que no demostró ningún resultado con la oxitocina no se publicó a pesar de que en el experimento participaron

muchos individuos y su director era un antrozoólogo muy conocido. (Comunicación personal, Rebbecca Johnson, 3 de enero de 2010).
215. Harris, J.A.; Rushton, J.P.; Hampson, E.; Jackson, D.N. (1996). "Salivary testosterone and self-report aggressive and pro-social personality characteristics in men and women". *Aggressive Behavior*, 22(5), 321-331.
216. La primera vez que fui consciente de las implicaciones que tenían las matemáticas de las curvas acampanadas solapadas fue después de leer el artículo de Gladwell en el *New Yorker*. No obstante, el ejemplo en el que se utiliza la altura está tomado de la excelente reflexión de Steven Pinker sobre la curva acampanada en *The Blank Slate*.
217. Hoek, H.W.; Van Hoeken, D. (2003). "Review of the prevalence and incidence of eating disorders". *International Journal of Eating Disorders*, 34(4), 383-396.

6. Según el color del cristal con que se mire

218. En: Dundes, A. (1994). *The cockfight: A casebook*. Madison: University of Wisconsin Press (pág. 71).
219. Fitz-Barnard, L. (1921). *Fighting sports*. Londres: Oldam Press (pág. 12).
220. A finales de la década de 1970, en el condado de Madison las peleas de gallos probablemente eran la actividad nocturna de los sábados con más integración racial. Aunque la mayoría de espectadores y participantes eran blancos, Doc era árbitro de la categoría superior y no era extraño encontrar a algunas personas negras mezcladas entre los espectadores animando a los gallos por los que habían apostado. En el transcurso de mi investigación, un par de responsables del Ku Klux Klan que no eran del Madison intentaron organizar un mitin en el condado. Primero acudieron al presidente del consejo escolar para pedirle que les dejara organizar su mitin en el instituto local, pero el presidente les denegó la solicitud. El propietario del reñidero donde tenían lugar las peleas de gallos se mostró más servicial. Los forasteros se vistieron con su absurda ropa de color blanco y la reunión tuvo lugar en el reñidero. Casi no hubo asistentes, a excepción del fotógrafo Rob Amberg, y al día siguiente los racistas se marcharon sin haber conseguido nada. Pero nadie se molestó en quitar los carteles del mitin del KKK colgados alrededor

del ruedo. Cuando unas semanas más tarde acudí al reñidero para presenciar un concurso, Doc seguía siendo árbitro y los negros de Asheville hacían sus apuestas como todo el mundo. Nadie salvo yo mismo parecía darse cuenta de los carteles del KKK. Esta mezcla de razas sin conflicto era también característica de las peleas de gallos celebradas en Luisiana. Véase Maunula, M. (2007. "Of chickens and men: Cockfights in the South". *Southern Cultures*, 13(4), 76-85.
221. Para un compendio de trabajos históricos y antropológicos sobre el significado de las peleas de gallos en diferentes culturas, véase Dundee, A. (1994). *The cockfight: A casebook*. Madison: University of Wisconsin Press. Además existen varios relatos de ficción sobre peleas de gallos y su cultura, entre las que cabe mencionar West, N. (1995). *Day of the locust*. Nueva York: Bantam Books. Willeford, C.E. (1987). *Cockfighter*. Nueva York: Creative Arts Books. Manley, F. (1998). *The cockfighter*. Mineápolis: Coffee House Press. Para ensayos sobre peleas de gallos como fenómeno cultural, véase Bilger, B. (2000). *Noodling for flatheads: Moonshine, monster catfish, and other Southern conforts*. Nueva York: Touchstone; y Crews, H. (1977). "Cockfighting: An unfashionable view". *Esquire*, 87, 8, 12, 14.
222. Dundes, A. (1994). "The gallus as phallus". En: A . Dundes, *The cockfight: A casebook* (págs. 241-281). Madison: University of Wisconsin Press (pág. 262).
223. Para la historia de las peleas de gallos, véase Smith, P.; Daniel C. (2000). *The chicken book*. Athens: University of Georgia Press.
224. Las reglas de Wortham atañen a las peleas con espolones propias de los Apalaches. La tradición hispánica utiliza otro tipo de reglas.
225. Geerts. C. (1994). "Deep play: Notes on the Balinese cockfight". En: A. Dundes (ed.). *The cockfight: A casebook* (pág. 103). Madison: University of Wisconsin Press.
226. Bryant, C. (1991) "Deviant leisure and clandestine lifestyle: Cockfighting as a socially disvalued sport". *World Leisure and Recreation*, 33(2), 17-21.
227. Fitz-Barnard, L. (1921). *Fighting sports*. Londres: Oldam Press (pág. 12).
228. Klem, D. (1991). "Glass and bird kills. An overview and suggested planning and design methods for preventing a fatal hazard". En: L.W. Adams y D.L. Leedy (eds.). *Wildlife conservation in metropolitan environments* (págs. 99-103). Columbia, MD: National Institute for Urban Wildlife.

229. Suzie, la activista a favor de los animales de Luisiana, coincide con la esposa de Eddy en que la cultura de las peleas de gallos y de las peleas de perros son distintas. Según su experiencia, es mucho más habitual encontrar pornografía, drogas y grandes sumas de dinero en las casas de los aficionados urbanos a las peleas de perros que en las de los aficionados a las de gallos en entornos rurales.
230. www.hsus.org/acf/fighting/cockfight/cockfighting_and_related_ crimes.html. Algunas de estas acusaciones son ciertas. El juego ilegal (y por ende la evasión de impuestos) forma parte de casi todas las peleas de gallos. Estoy seguro de que actualmente, como ocurrió en la década de 1970, existen funcionarios locales a quienes los propietarios de los reñideros les pagan para que hagan la vista gorda, y de que la influencia de los galleros de tradición hispánica ha comportado una mayor participación de emigrantes ilegales en las peleas de gallos.
231. La cita es de Bobby Keener de Greenboro, Carolina del Norte. Procede del DVD *Cockfighters*, una serie de ocho horas de duración de entrevistas con aficionados a las peleas de gallos producida por Olena Media (www.olenamedia.com/).
232. Grit y Steel McCaghy, C.H.; Neal, A.G. (1974). "The fraternity of cockfighters: Ethical embellishments of an illegal sport". *Journal of Popular Culture*, 8(3), 557-569 (pág. 74).
233. Los gallos más jóvenes a veces participan en peleas llamadas *stag fights*.
234. En relación con la perspectiva de Karen sobre el trato que se da a los pollos, véase Davis, K. (2009). *Prisoned chickens, poisoned eggs: An inside look at the modern poultry industry*. Summertown, Tennessee : Book Publishing Company.
235. En 1994 Tyson compró el 100% de las existencias de Upjohn.
236. En relación con el trato que se da a los pollos y a otros animales en los mataderos americanos, véase Eisnitz, G.A. (2007). *Slaughterhouse: The shocking story of greed, neglect, and inhumane treatment inside the U. S. meat industry*. Amherst, Nueva York: Prometheus Books.
237. El sacrificio mediante atmósfera controlada (CAK, *controlled atmosphere killing*) es una alternativa al procedimiento mediante aturdimiento eléctrico y corte de cuello. Se trata básicamente de una cámara de gas en la que se administra a las aves una dosis de dióxido de carbono para aturdirlas o sacrificarlas, o bien de gas inerte como argón o nitrógeno. La Sociedad Nacional Protectora de

Animales de Estados Unidos recomienda utilizar este procedimiento por considerarlo una alternativa más humana que el aturdimiento eléctrico. El National Chicken Council no está de acuerdo con esta práctica. Véase Shields, S.; Raj, M. (sin fecha). *An HSUS report. The welfare of birds at slaughter*. The Humane Society of the United States. Véase también Savage, C. (17 de febrero de 2009). "No advantage to gas-based stunning for chicken". *Meat & Poultry*.

238. Bell. D.D.; Weaver, W.D. (2001). *Commercial chicken meat and egg production*. Nueva York: Springer (pág. 903). Incluso cuando las aves se sacrifican manualmente, como ocurre en los sacrificios para comida *kosher*, el índice de producción es asombroso. Wabeck indica que un trabajador tiene que cortar el cuello de cuatro mil pollos por hora, en: Bell, D.D.; Weaver, W.D. (2001).

239. Karen Davis de la United Poultry International sostiene que el procedimiento de aturdimiento no es efectivo y que no se desarrolló para disminuir el sufrimiento. En el correo electrónico que me mandó, decía: «Cuando se administra electricidad a los cuerpos de las aves en los mataderos, la finalidad no es electrocutarlos –es decir, matarlos directamente– sino solamente causarles una parálisis muscular que facilita el desplume y la inmovilidad de las aves en el recorrido por la cinta transportadora. El aturdimiento nunca se diseñó como un método "humano". Se diseñó en la década de 1930 con un propósito meramente comercial –una mejora "tecnológica" que superaba la paralización de las aves desde el paladar hasta el cerebro mediante un cuchillo u otro objeto punzante». El punto de vista de Davis cuenta con el apoyo de Charles Wabeck, autor del capítulo sobre el proceso al que son sometidos los pollos de Bell, D.D.; Weaver, W.D. (2001). *Commercial chicken meat and egg production*. Nueva York: Springer. Wabeck escribe lo siguiente: «El aturdimiento es fundamental para facilitar el sangrado y el desplume» (pág. 904). En su capítulo sobre el sacrificio no se hace ninguna referencia al bienestar de los animales.

240. No obstante, las peleas de gallos siguen siendo legales en los territorios americanos de Puerto Rico, Guam, Samoa y las Islas Vírgenes.

241. Véase Thomas, K. (1983). *Man and the natural world: A history of the modern sensibility*. Nueva York: Pantheon.

242. Rudy, K. (6 de septiembre de 2007). "Dog-fighting and Michael Vick". *Atlanta Journal Constitution*.

243. McMurray, J. (14 de junio de 2008). "AP finds 5K horse deaths since '03. Washingtonpost.com.

7. Exquisita, peligrosa, repugnante y cadavérica

244. Coetzee, J.M. (2003). *Elizabeth Costello*. Nueva York: Penguin Books.
245. Halweil, B.; Nieremberg, D. (2008). "Meat and seafood: The global diet's most costly ingredients". En: Worldwatch Institue (ed.). *2008 State of the World: Innovation for a sustanaible economy* (págs. 61-74). Washington, DC: *New Tork Times.*
246. Bruni, F. (20 de mayo de 2009). "Beef and décor, aged to perfection". *New York Times.*
247. Para más información sobre los chimpancés carnívoros, véase Stanford, C.B. (1999). *The hunting ape: Meat eating and the origins of human behavior*. Princeton, Nueva Jersey: Princeton University Press. Stanford, C. (2002). *Significant others: The ape-human continuum and the quest for human nature*. Nueva York: Basic Books. Boesch, C. (1994). "Hunting strategies of Gombe and Taï chimpanzees". En: R.W. Wrangham, W.C., McGrew, F.B.M. de Waal y P.G. Heltne (eds.). *Cimpanzee cultures* (págs. 76-92). Cambridge, Massachusetts: Harvard University Press. Foley, R. (2001). The evolutionary consequences of increased carnivory". En: C.B. Stanford y H.T. Bunn (eds.). *Meat-eating and human evolution* (págs. 305-331). Nueva York: Oxford University Press. El intercambio de carne está descrito en Gomes, C.M.; Boesch, C. (2009). "Wild chimpanzees exchnge meat for sex on a long-term basis". PLoS ONE, 4, e5116.
248. Stanford, C.B. (1999). *The hunting ape: Meat eating and the origins of human behavior*. Princeton, Nueva Jersey: Princeton University Press (pág. 107).
249. Cordain, L.; Eaton, S.; Brand Miller, J.; Mann, N.; Hill, K. (2002). "The paradoxical nature of hunter-gatherer diets: Meat based, yet non-atherogenic". *European Journal of Clinical Nutrition*, 56(1), 42-52. Gadsby, P. (1 de octubre de 2004). "The Inuit paradox". *Discover magazine.*
250. Cordain, L.; Eaton, S.B.; Sebastian, A.; Mann, N.; Lindeberg, S.; Watkins, B.A. et al. (2005). "Origins and evolution of the Western diet: Health implications for the 21st century". *American Journal of Clinical Nutrition*, 81(2), 341-354.

251. Torrey, E.F. (2005). *NEasts of the earth: Animals, humans, and disease*. New Brunswick, Nueva Jersey: Rutgers University Press. Finch, C.E.; Stanford, C.B. (2004). "Meat-adaptative genes and the evolution of slower aging in humans". *Quarterly Review of Biology*, 79(1), 3-50. Chitnis, A.; Rauls, D.; Moore, J. (2000). "Origin of HIC Type I in colonial French Equatorial Africa? *AIDS Research and Human Retroviruses*, 16(1), 5-8.

252. Las guindillas también repugnan a los niños. Los estudios de Paul Rozin han demostrado que las personas humanas tienen que aprender a que les guste el sabor picante de las guindillas. Rozin, P.; Schiller, D. (1980). "The nature and acquisition of a preference for chilli pepper by humans". *Motivation and Emotion*, 4(1), 77-101.

253. Fessler, D.M.T. (2002). "Reproductive immunosuppression and diet". *Current Anthropology*, 43(1), 19-61. Flaxman, S.M.; Sherman, P.W. (2000). "Morning sickness: A mechanism for protecting mother and embryo". *Quarterly Review of Biology*, 75(2) 113-148.

254. Midkiff, E.E.; Bernstein I.L. (1985). "Targets of learned food aversions in humans". *Physiology & Behavior*, 34(5), 389-841.

255. Fessler, D.; Navarrete, C. (2003). "Meat is good to taboo: Dietary proscriptions as a product of the interaction of psychological mechanisms and social processes". *Journal of Cognition and Culture*, 3(1), 1-40.

256. Lo describe McDonaugh, C. (1997). "Breaking the rules: Changes in food acceptability among the Tharu of Nepal". En: H. Macbeth 8ed.). *Food preferences and taste: Continuity and change*. Oxford, Reino Unido: Berghan Books.

257. La carne de perro no da asco a todos los americanos. Para los filipinos de California, la carne de perro es un alimento tradicional que se sirve en las ceremonias importantes como las bodas. La práctica de comer carne de perro ha creado conflictos entre la población filipina y los blancos de California. Como respuesta a un incidente ocurrido en 1989 en que un grupo de refugiados camboyanos mataron y despellejaron a un cachorro de pastor alemán para comérselo, la legislación californiana promulgó la sección 598b del Código Penal, en la cual se prohíbe poseer, vender, importar o regalar el cadáver de «cualquier animal que tradicionalmente o generalmente se tenga como mascota» para utilizarlo como alimento. Véase Griffith, M.; Wolch, J.; Lassiter, U. (2002). "Animal practices and the racialization of Filipinas in Los Angeles". *Society & Animals*, 10(3), 221-248.

258. En relación con debates de variaciones históricas y culturales en la actitud ante la práctica de comer carne de perro, véase McHugh, S. (2004). *Dog*. Londres: Reaktion Books. Serpell, J. (1995). "The hair of the dog". En: J. Serpell (ed.). *The domestic dog: Its evolution, behavior and interactions with people* (págs. 257-262). Cambridge, Reino Unido: Cambridge University Press. Simoons, F.J. (1994).
259. Para tener una visión general de cómo se considera la ingestión de perro en Asia, véase Podberscek, A. (2009). "Good to pet and eat: The keeping and consuming of dogs and cats in South Korea". *Journal of Social Issues*, 65, 615-632. Walraven, B. (2002). "Bardot soup and Confucians' meat: Food and Korean identity in global context". En: K. Cwiertka y B. Walraven (eds.). *Asian food: The global and the local* (págs. 95-115). Honolulu: University of Hawaii Press.
260. Nelson, L. (2006). "Cows, elephants, dogs, and other lesser embodiments of Atman: Reflections of Hindu Attitudes toward nonhuman animals". En: P. Waldau y K. Patton. *A communion of subjects: animals in religion, science, and ethics* (págs. 179-193). Nueva York: Columbia University Press.
261. Foltz, R. (2006). "'This she-camel of God is a sign to you': Dimensions of animals in Islamic tradition and Muslim culture". En: P. Waldau y K. Patton (eds.), *A communion of subjects: animals in religion, science, and ethics* (págs. 149-150). Nueva York: Columbia University Press.
262. Powers, W.; Powers, M. (1986). "Putting on the dog". *Natural History*, 2, 6-16.
263. Serpell, J. (1996). *In the company of animals: A study of human-animal relationships*. Cambridge, Reino Unido: Cambridge University Press.
264. Singer, P.; Mason, J. (2006). *The ethics of what we eat: Why our food choices matter*. Emmaus, Pensilvania: Rodale Press.
265. Herzog, H.; McGee, S. (1983). "Psychological aspects of slaughter: Readtions of college students of killing and butchering cattle and hogs". *International Journal for the Study of Animal Problems*, 4(2), 124-132.
266. Rozin, P.; Haidt, J.; McCauley, C.R. (2000). "Disgust". En: M. Lewis y M. Haviland-Jones (eds.). *Handbook of emotions* (2ª edición) (pág. 642). Nueva York: Guilford Press.
267. Kubberod, E.; Ueland, O.; Dingstad, G.I.; Risvik, E.; Henjesand, I.J.

(2008). "The effect of animality in the consumption experience: A potential for disgust". *Journal of Food Products Marketing*, 14(3), 103-124. Kubberod, E.; Ueland, O.; Rodbotten, M.; Westad, F.; Risvik, E. (2002). "Gender specific preferences and attitudes toward meat". *Food Quality and Preference*, 13(5), 285-294.
268. Rozin, P.; Markwith, M.; Stoess, C. (1997). "Moralization and becoming a vegetarian: The transformation of preferences into values and the recruitment of disgust", *Psychological Science*, 8, 67-73.
269. La literatura sobre la oposición a la carne por razones éticas, ecológicas, de salud y feministas es amplia. Para empezar, sugiero la lectura de Singer, P.; Mason, J. (2006). *The ethics of what we eat: Why our food choices matter*. Emmaus, Pensilvania: Rodale Press; Einstz, G.A. (2007). *Slaughterhouse: The shocking story of greed, neglect, and inhumane treatment inside the U. S. meat industry*. Amherst, Nueva York: Prometheus Books; y Adams, C.J. (2000). *The sexual politis of meat: A feminist-vegetarian critical theory*. Londres: Continuum International Publishing Group. La película de 2009 *Food Inc.* ofrece una gráfica descripción del trato que reciben tanto los animales como los empleados en las granjas de cría intensiva.
270. Los resultados de los trabajos del Vegetarian Resource Group pueden consultarse en www.vrg.org/nutshell/faq.htm#poll.
271. La historia del crecimiento del "nutricionismo" en Estados Unidos está descrito en Pollan, M. (2008). *In defense of food: An eater's manifesto*. Nueva York: Prenguin Press.
272. Boyd, W.; Watts, M. (1997). "Agro-industrial just-in-time: The chicken industry and postwar American capitalism". En: D. Goodman y M. Watts (eds.), *Globalization food: Agrarian questions and global restructuring* (págs. 192-225). Nueva York: Routledge.
273. Pollan, M. (2008).
274. Sinha, R.; Cross, A.J.; Graubard, B.I.; Leitzman, M.F.; Schatzkin, A. (2009). "Meat intake and mortality: A prospective study of over half a million people". *Archives of Internal Medicine*, 169, 562-571.
275. Ingrid Newkirk (correo electrónico), 24 de junio de 2009.
276. El Consejo de Investigación para la Protección de Animales también actúa como centro de distribución de información sobre la interacción entre personas y animales. Su web es una de las mejores fuentes de información sobre los últimos estudios antrozoológicos: www.humaneresearch.org/.

277. Corliss, R. (15 de julio de 2002). "Should we all be vegetarians?" *Times* magazine.
278. Los resultados del Departamento de Agricultura de Estados Unidos se encuentran en Fields, C.; Dourson, M.; Borak, J. (2005). "Lodine-deficient vegetarians: A hypothetical perchlorate-susceptible population?" *Regulatory Toxicology and Pharmacology*, 42:37-46.
279. Los vegetarianos obtuvieron una puntuación superior a los no vegetarianos en dos de los factores de los Cinco Grandes: abertura ante la experiencia y neurosis (yo también puntúo muy alto en ambos). Golden, L.; Herzog, H. (2008). "Presentation to the meeting of the Southeastern Psychological Association, New Orleans. Para una descripción del modelo de personalidad le los cinco factores, véase Gozling, S. (2008). *Snoop: What your stuff says about you*. Nueva York: Basic Books.
280. Según los resultados de la encuesta Harris de 2007 , el 10% de las chicas, entre trece y dieciocho años dijeron que nunca comían carne ni pescado. Moskin, J. (24 de enero de 2007). "Strict vegan ethics, frosted with hedonism". *New York Times*.
281. Con referencia a las investigaciones que relacionan el vegetarianismo con los trastornos de la alimentación, véanse las siguientes obras: Klopp, S.A.; Heiss, C.J.; Smith, H. S. (2003). "Self-reported vegetarianism may be a marker for college women at risk for disordered eating". *Journal of the American Dietetic Association*, 103(6), 745-747. Neumark-Sztainer, D., Story, M., Resnick, M.; Blum, R. (1997). "Adolescent vegetarians. A behavioral profile of a school-based population in Minnesota". *Archives of Pediatrics and Adolescent Medicine*, 151(8), 833-838. O'Connor, M.A.; Touyz, S.W.; Dunn, S.M.; Beumont, P.J. (1987). "Vegetarianism in anorexia nervosa? A review of 116 consecutive cases". *The Medical Journal of Australia*, 147(11-12), 540-542. Robinson O'Brian, R.; Perry, C.L.; Wall, M.M.; Story, M.; Neumark-Sztainer, D. (2009). "Adolescent and young adult vegetarianism: Better dietary intake and weight outcomes but increased risk of disordered eating behaviors. *Journal of the Amercian Dietetic Association*, 109, 648-655. Worsley, A.; Skrypiec, G. (1997). "Teenage vegetarianism: Beauty or the beast? *Nutrition Research*, 17(3), 391-404. Lindeman, M.; Stark, K.; Latvala, K. (2000). "Vegetarianism and eating-disordered thinking. *Eating Disorders*, 8(2), 157-165. Lindeman, M. (2002). "The state of mind of vegetarians: Psychological well-being or distress. *Ecology of Food and Nutrition*, 41, 75-86. Bas, M.; Karabudak, E.;

Kiziltan, G. (2005). "Vegetarianism and eating disorders: Association between eating attitudes and other psychological factors among Turkish adolescents". *Appetite*, 44(3), 309-315. Hormes, J.M.; Catanese, D.; Bauer, R.; Roin, P. (2006). "Links between meat avoidance, negative eating attitudes, and disordered eating behaviors." Asamblea de la Ascociación Estadounidense de Psicología.
282. Jeffrey Masson ha escrito una serie de libros de entretenimiento y divulgativos sobre la relación entre personas y animales, incluido el superventas *When elephants weep: The emotional lives of animals*. Esta cita está tomada de Masson, J.M. (2009). *The face on your plate: The truth about food*. Nueva York: W.W. Norton (pág. 168).
283. Steiner, G. (22 de noviembre de 2009). "Animal, vegetable, and erable". *New York Times*.
284. Haidt, J. (2006). *The happiness hypothesis*. Nueva York: Basic Books (pág. 165).
285. Esta frase procede de la película *El abogado del diablo* de 1997.
286. Citado en Balter, M. (2008). "How human intelligence evolved –Is it science or 'paleofantasy'?" *Science*, 310, 1028. Para una perspectiva diferente sobre las habilidades mentales de los animales, véase Hauser, M. (2000). *Wild animals: What animals really think*. Nueva York: Henry Holt. Wynne, C.D.L. (2004). *Do animals think?*, Princeton, Nueva Jersey: Princeton University Press. Bekoff, M. (2007). *The emotional lives of animals*. Noato, California: New World Library.

8. ES ESTATUS MORAL DE LOS RATONES

287. Cohen, C. (1987). "The case for the use of animals in biomedical research". *New Engalnd Journal of Medicine*, 315, 865-870 (pág. 867).
288. Goodman, A. (2006). *Intuition: A novel*. Nueva York: Dial Press.
289. Nótese el evidente parecido de pensamiento entre los científicos que matan a los animales a los que han dedicado toda su vida de estudio y los galleros descritos en un capítulo anterior que son responsables de las muertes de los gallos que ellos mismos han criado desde el huevo y a los que dicen querer y respetar.
290. En Preece, R. (2005). *Brute souls, happy beasts, and evolution: The historical status of animals*. Vancouver, Columbia Británica: University of British Columbia Press (pág. 347).
291. Browne, J. (2002). *Charles Darwin: The power of place*. Princeton, Nueva Jersey: Princeton University Press (pág. 421).

292. Ambas versiones citadas en Burghardt, G. M. y Herzog, H. A. (1980). Beyond conspecifics: Is Brer Rabbit our brother?" *Bioscience*, 30, 763-768.
293. Rudacille, D. (2000). *The scalpel and the butterfly: The war between animal research and animal protection*. Nueva York: Farrar, Straus, and Giroux (pág. 36).
294. Sin embargo, varios expertos en comportamiento animal han sugerido recientemente que muchas semejanzas entre el comportamiento de los humanos y de los animales (por ejemplo, el uso de herramientas, el sentido de un juego limpio) son superficiales y no son el resultado de la continuidad evolutiva. Véase, por ejemplo, Bolhius, J.J.; Wynne, C.D.L. (2009). "Can evolution explain how the mind works?" *Nature*, 458, 832-833.
295. Herzog, H. (1991). "Animal consciousness and human conscience". *Contemporary Psychology*, 36, 7-8. La socióloga Mary Phillips obtuvo los mismos resultados en un estudio etnográfico sobre varios centros de investigación animal. Phillips, M.T. (1993). "Savages, drunks, and lab animals: The researcher's perception of pain". *Society and Animals*, 1(1), 61-81. Para tener una perspectiva de los puntos de vista matizados que los científicos tienen respecto al uso de animales en investigación, véase Marris, E. (2006). "Animal research: Grey matters". *Nature*, 444(7121), 808-810.
296. Knight, S.; Brij, A., Bard, K., Brandon, D. (2009). "Science vesus human welfare: Understanding attitudes toward animal use". *Journal of Social Issues*, 65, 463-483.
297. Los actuales procedimientos utilizados en los experimentos con animales a menudo son poco comprensibles debido al críptico lenguaje empleado en los estudios científicos. He leído varios de los artículos sobre estos experimentos publicados en revistas científicas. En ningún caso se explicaban con claridad los detalles de cómo se llevaba a cabo la prueba de nadar. Para un excelente debate sobre el uso de la lengua en ciencia, véase Birke, L., Arluke, A., Michael, M. (2007). *The sacrifice: How scientific experiments transform animals and people*. West Lafayette, Indiana: Purdue University Press.
298. Para conocer una opinión alternativa sobre las actitudes de los científicos respecto a los ratones, véase "World's Scientist Admit They Just Don't Like Mice", que se publicó en *The Onion*, una revista humorística en la cual aparece un científico pronunciando las siguientes palabras: «Solo con verlos en la jaula ya me siento bien por dentro [...]. Odio a esos pequeños hijos de puta». (www.theonion. com/content/node/30800).

299. Existe un macabro debate entre los neurocientíficos sobre cuánto tiempo siguen conscientes los roedores después de haber sido decapitados. Los cálculos oscilan entre tres y treinta segundos. Este aspecto se debate ampliamente en Carbone, L. (2004). *What animals want: Expertise and advocacy in laboratory animal welfare policy*. Nueva York: Oxford University Press.
300. El filósofo Michael Allen Fox desarrolló un experimento de pensamiento parecido utilizando la película *El planeta de los simios*. Fox, M.A. (1986). *The case of animal experimentation*. Berkeley: University of California Press. Fox escribió el libro en defensa de la investigación con animales. Sin embargo, por un extraño cambio en su rumbo, inmediatamente después de haber sido publicado el libro, Fox cambió su modo de pensar sobre la moralidad de la investigación con animales y se pronunció en contra de su propio razonamiento.
301. Para tener una visión general sucinta y accesible del razonamiento acerca de los casos marginales y otras perspectivas filosóficas sobre el estatus de los animales, véase Singer, P. (2003). "Animal liberation at 30". *The New York Review of Books*, 50(8), 23-26. El razonamiento del caso marginal se trata ampliamente en Dombrowski, D.A. (1997). *Babies and beasts: The argument from marginal cases*. Chicago: University of Illinois Press.
302. Véase, por ejemplo, Roberts, R.B., Threadgill, D.W. (2005). "The mouse in biomedical research". En: E.J. Eisen (ed.), *Themouse in animal genetics and breeding* (310-140). Londres: Imperial College Press.
303. Noddings, N. (2003). *Caring: A feminine approach to ethics*. Berkeley: University of California Press (pág. 156).
304. La encuesta Zogby, encargada por la Foundation for Biomedical Research, se realizó en febrero de 2009.
305. Para una excelente historia del papel de los ratones en la investigación biomédica americana, véase Rader, K.A. (2004). *Making mice: Standardizing animals for American biomedical research, 1990-1995*, Princeton, Nueva Jersey: Princeton University Press.
306. Una de las razones por las que Little optó por los ratones como animal ideal para la investigación fue darse cuenta de que son animales que no importan a los humanos. Critser, G. (diciembre de 2007). "Of mice and men: How a twenty-gram rodent conquered the world of science", *Harper's Magazine*, 65-76.

307. Waltz, E. (2005). "Price of mice to plummet under NIH's new scheme". *Nature Medicine*, 11, 1261.
308. Paigen, K. (2003). "One hundred years of mouse genetics: An intellectual history. II. The molecular revolution (1981-2002)". *Genetics*, 163(4), 1227-1235.
309. Esta cita está tomada de un vídeo promocional de Jackson Laboratory (www.jax.org/).
310. Cohen, C. (1987). "The case for the use of animals in biomedical research". *New England Journal of Medicine*, 315, 865-870 (pág. 868). Para una amplia defensa de la investigación con animales cuyo autor es un importante neurocientífico, véase Morrison, A.R. (2009). *An odyssey with animals: A veterinarian's reflections on the animal rights and welfare debate*. Oxford, Reino Unido: Oxford University Press.
311. El hecho es que las grandes compañías farmacéuticas se gastan mucho menos dinero en la investigación de nuevos medicamentos del que se gastan en el *marketing* y ajuste de la estructura molecular de medicamentos de éxito que están a punto de entrar en la categoría de genéricos. Véase Angel, M. (2005). *The truth about drug companies: How they deceive us and what to do about it*. Nueva York: Random House.
312. Para conocer un ejemplo de este punto de vista, véase Greek, R., Greek, J. (2000). *Sacred cows and golden geese: The human cost of experiments on animals*. Nueva York: Continuum. Barnard, N.D., Kaufman, S. (febrero de 1997). "Animal research is wasteful and misleading". *Scientific American*, 80-82; y LaFollete, H., Shanks, N. (1996). *Brute science: Dilemmas of animal experimentation*. Londres: Routledge.
313. Originalmente se hizo referencia a esta investigación en Crabbe, J.C., Wahlsten, D., Dudek, B.C (1999). "Genetics on mouse behavior: Interactions with laboratory environment". *Science*, 284, 1670-1672. Para conocer un debate fascinante de posibles explicaciones de estos descubrimientos, véase Sapolsky, R.M. (2006). *Monkeyluv: And other essays on our lives as* animals. Nueva York: Scribner.
314. Para conocer más artículos publicados en revistas prestigiosas sobre planteamientos de los modelos de roedores, véase Giles, J. (2006). "Animal experiments under fire for poor design". *Nature*, 444(7122), 981. Pound, P., Ebrahim, S., Sandercock, P., Bracken, M.B., Roberts, I. (2004). "Where is the evidence that animal research benefits humans?" *British Medical* Journal, 328(7438), 514-517.

315. Davis, M.M. (2008). "A prescription for human immunology". *Immunology*, 29(6), 835-838.
316. Schnabel, J. (2008). "Neuroscience: Standard model". *Nature*, 454(7205), 682-685.
317. Aldhous, P., Coghlan, A., Copley, J. (1999). "Animal experiments–where do you draw the line? Let people speak". *New Scientist*, 162(2187), 26-31.
318. Véase Critser, G. (diciembre de 2007). "Of mice and men". *Harper's Magazine*, 65-76. Ormandy, E., Schuppli, C.A., Weary, D.M. (2009). "Worldwide trends in the use of animals in research: The contribution of genetically-modified animal models". *ATLA*, 37, 63-68. Rowan, A. (2007). "A brief history of the animal research debate and the place of alternatives". *AATEX*, 12(3), 203-211.
319. La Ley para el Bienestar de los Animales excluye a ratones, ratas y pájaros que se hayan criado específicamente para ser utilizados en investigación. Sin embargo, esta ley protege a ratones, ratas y pájaros salvajes que no se hayan criado con esta finalidad. Así, los ratones y pájaros cazados en la naturaleza y llevados a un laboratorio estarían amparados por la mencionada ley. Pero si esos mismos animales atrapados en la naturaleza se utilizaran para iniciar una colonia de cría, sus descendientes quedarían fuera de los efectos de la ley.
320. En su origen, la exclusión de ratones, ratas y pájaros fue el resultado de un vacío legal que dejaba a la consideración del responsable de Agricultura la decisión sobre de qué tipo de animal se trataba. En 1993, el juez Ritchie decretó que la exclusión era arbitraria y caprichosa. Sin embargo, un tribunal superior anuló la decisión. A petición de intereses biotecnológicos, el senador Jesse Helms añadió un párrafo a la Ley Agrícola de 2002 por el cual dicha exclusión se introducía de forma permanente en la ley. Para conocer la historia de dicha legislación, véase Carbone, L. (2004). *What animals want: Expertise and advocacy in laboratory animal welfare policy*. Nueva York: Oxford University Press.
321. Obsérvese que los pájaros, las ratas y los ratones destinados a investigaciones en instituciones que reciben fondos de los institutos nacionales de salud están amparados por la *Guide for the Care and Use of Laboratory Animals* del Servicio Público de Salud, una serie de reglamentaciones gubernamentales separadas relativas a la atención a los animales. No obstante, se calcula que los ratones de unos ochocientos centros de investigación no están amparados por ningún tipo de normativa federal.

322. También los primates reciben un trato especial. La Ley para el Bienestar de los Animales especifica que los centros de investigación deben cuidar el "bienestar psicológico" de los monos y primates.
323. Véase Carbone, L. (2004). *What animals want: Expertise and advocacy in laboratory animal welfare policy*. Nueva York: Oxford University Press. Taylor, K., Gordon, N., Langley, G., Higgins, W. (2008). "Estimates of worldwide laboratory animal use in 2005". *ATLA*, 36, 327-342. El cálculo de cien millones de ratones procede de Larry Carbone, que calcula que hoy se utilizan entre cien y doscientas veces más ratones que ratas en investigación.
324. Estos resultados se mencionan en Plous, S., Herzog, H. (2001). "Reliability of protocol reviews for animal research". *Science*, 293(5530), 608-609. Véanse las respuestas al artículo y nuestra réplica en *Science* (2001), 294, 1831-1832.
325. Pirsig, R. (1974). *Zen and the art of motorcycle maintenance*. Nueva York: William Morrow (pág. 157).
326. Wise, S.M. (2002). *Drawing the line: Science and the case of animal rights*. Cambridge, Massachusetts: Perseus Books (pág. 157).
327. Langford, D.J., Crager, S.E., Shehzad, Z., Smith, S.B., Sotocinal, S.G., Levenstadt, J.S. *et al.* (2006). "Social modulation of pain as evidence for empathy in mice". *Science*, 312 (5782), 1967-1970.
328. Es difícil decir hoy cuántos animales en total se utilizaron en los experimentos a partir de los informes sobre investigaciones de *Science*. Además del artículo publicado en esta revista, se publicaron en línea treinta páginas más de materiales suplementarios con la descripción de los detalles del experimento.
329. Marc hizo esta declaración en un discurso para el Farm Sanctuary Hoe Down (www.farmsanctuary.org) en Orland, California, el 16 de mayo de 2009. La conferencia se puede consultar en www.youtube.com/watch?v=bZ9lq97RQ6U.
330. En lo relativo a la ética del uso de datos médicos de los nazis, véase Moe, K. (diciembre de 1984). "Should the Nazi research data be cited?" *Hastings Centr Report*, 5-7; y Cohen, B. (1990). "The ethics of using medical data from Nazi experiments". *Journal of Halacha and Contemporary Society*, 19, 103-126.
331. Véase, por ejemplo, Regan, T. (1993). "Ill gotten gains". En: P. Cavalieri y P. Singer (eds.), *The great ape Project*. (págs. 194-205). Nueva York: St. Martin's Press.

9. EL GATO EN CASA, LA TERNERA EN EL PLATO
332. Nunayer, J. (2004). *Speciesism*. Derwood, MD: Ryce Publishing (pág. 134).
333. Haidt, J. (2006). *The happiness hypothesis: Finding modern truth in ancient wisdom*. Nueva York: Basic Books.
334. La cita de Byrne's aparece en Murphy, K. (13 de junio de 2009). "Seattle's Pike Place fishmongers under fire". *Los Angeles Times*.
335. Anderson, P.E. (2008). *The powerful bond between people and pets: Our boundless connections to companion animals*. Westport, Connecticut: Praeger (pág. 214).
336. Plous, S. (1991). "An attitude survey of animal rights activists". *Psychological Science*, 2(3), 194-196.
337. Engel, M. (2000). "The immorality of eating meat". En: L.P. Pojman (ed.), *The moral life: An introductory reader in ethics and literatura* (págs. 856-889). Nueva York: Oxford University Press.
338. Para más información sobre la opinión pública y las actitudes respecto al uso de los animales, véase Herzog, H., Rowan, A., Kossow, D. (2001). "Social attitudes and animals". En: A.N. Rowan, y D.J. Salem (eds.). *The state of the animals* (págs. 55-69). Washington, DC: Humane Society Press.
339. Los datos de este párrafo proceden de un informe del Consejo de Investigación para la Protección de Animales (marzo de 2004), *Understanding the public image of the U. S. animal protection movement*.
340. Slovic, P. (2007). "'If I look at the mass I will never act': Psychic numbing and genocide." *Judgement and Decision Making*, 2(2), 79-95.
341. Kristof, N. (10 de mayo de 2007). "Save the Darfur puppy". *New York Times*.
342. Los resultados de este estudio sobre activistas a favor de los animales se mencionan en Herzog, H.A. (1993). "'The movement is my life': The psychology of animal rights activism." *Journal of Social Issues*, 49, 103-119. Para otras investigaciones sociológicas y psicológicas sobre el movimiento por los derechos de los animales, véase Herzog, H.A. (1998). "Understanding animal activism". En: L. Hart (ed.), *Responsible conduct with animals in research*. Nueva York: Oxford University Press. Groves, J.M. (1997). *Hearts and minds: The controversy of laboratory animals*. Filadelfia, Pensilvania: Temple University Press. Jamison, W.V.; Luch, W.M. (1992). "Rights of animals, perceptions of science, and political activism: Profile of American animal rights activist". *Science,*

Technology & Human Values. 17(4), 438-458. Plous, S. (1991). "An attitude survey of animal rights activists". *Psychological Science*, 2(3), 194-196. Lowe, B.M. (2006). *Emerging moral vocabularies: The creation and establishment of new forms of moral and ethical meanings*. Oxford, Reino Unido: Lexington Books.

343. Los primeros en desarrollar la conexión entre el trauma moral y el activismo social fueron Jasper, J.M.; Poulsen, J.D. (1995). "Recruiting strangers and friends: moral shocks and social networks in animal rights and antinuclear protests". *Social Problems*, 42(4), 493-512.

344. Herzog, H. (1998). Para más información sobre los paralelismos entre el movimiento por los derechos de los animales y la religión, véase Herzog, H.A. (1993). "'The movement is my life': The psychology of animal rights activism". *Journal of Social Issues*, 49, 103-119. Jamison, W.V.; Wenk, C.; Parker, J.V. (2000). "Every sparrow that falls: Understanding animal rights activism as functional religion". *Society and Animals*, 8(3), 305-330. Lowe, B.M. (2006). *Emerging moral vocabularies: The creation and establishment of new forms of moral and ethical meanings*. Oxford, Reino Unido: Lexington Books.

345. Galvin, S.L.; Herzog, H.A. (1992). "Ethical ideology, animal rights activism, and attitudes toward the treatment of animals". *Ethics & Behavior*, 2(3), 141-149.

346. En la tienda en línea Vegan Store (veganstore.com) pueden comprarse condones para vegetarianos estrictos así como otros "productos íntimos" cuya fabricación está exenta de crueldad.

347. Para la lógica moral que hay detrás de la "acción directa" desde el punto de vista extremista, véanse los ensayos en Best, S.; Nocella, A.J. (eds.) (2004). *Terrorists or freedom fighters: Reflections on the liberation of animals*. Nueva York: Lantern Books.

348. Véase Ringach, D.R.; Jenstch, J.D. (2009). "We must face the threats". *Journal of Neuroscience*, 29, 11417-11418.

349. Para conocer debates sobre la psicología de los cruzados morales y terrorismo, véase Jasper, J.M. (1998). "The emotions of protest: Affective and reactive emotions in and around social movements". *Sociological Forum*, 13(3), 397-424. Baumeister, R.F. (1999). *Evil: Inside human violence and cruelty*. Nueva York: Henry Holt and Company, LLC. Saucier, G.; Akers, L.G.; Shem-Miller, S.; Knezevic, G.; Stankov, L. (2009). "Patterns of thinking in militant extremism". *Perspectives on Psychological Science*, 4(3), 256-271.

350. Best, S. (3 de mayo de 2009). *Who's afraid of Jerry Vlasak?*. Consultado en civillibertarian.blogspot.com/2009/05/photo-and-caption-courtesy-of-guardian.html.
351. Véase, por ejemplo, Dean G. (31 de agosto de 2006). "A terrorist under Bush? *American Chronicle*. Consultado en www.americanchronicle.com/artocles/view/13047.
352. Durante décadas los viviseccionistas han centrado su esfuerzo en las mascotas y los primates. La imagen de un perro utilizado en investigación publicada en un número de la revista *Life* en 1966 fue la que dio lugar a las primeras reglamentaciones federales sobre la investigación con animales, y el acoso de los investigadores por los actuales activistas a favor de los derechos de los animales empezó de verdad en 1976 y se dirigió hacia un investigador llamado Lester Aronson que llevaba a cabo experimentos con gatos. PETA surgió precisamente a partir de una campaña en los años ochenta para cerrar el laboratorio de Edward Taub, un psicólogo que experimentaba con monos. Véase Morrison, A. R. (2009). *An odyssey with animals: A veterinarian's reflections on the animal rights and welfare debate*. Nueva York. Oxford University Press; Guillermo, G.S. (1993). *Monkey business*. Washington, DC: National Press Books; y Blum, D. (1995). *The monkey wars*. Nueva York: Oxford University Press.
353. Department of Homeland Security (2009). *Ecoterrorism: Environmental and animal rights militants in the United States*.
354. Para una breve introducción al razonamiento que otorga derechos a los animales, véase Sunstein, C. (2002). *The rights of animals: A very short primer*. John M. Olin Law & Economics Working Paper, núm. 157. Consultado en papers.ssrn.com/sol3/papers.cfm?abstract_id=323661
355. Si le interesa leer un libro para entender el caso por la liberación de los animales, es este. Sin embargo, para una explicación más matizada de los puntos de vista de Singer, véase Singer, P. (1993). *Practical ethics*. Cambridge, Reino Unido: Cambridge University Press.
356. Singer, P. (1975). *Animal liberation*. Nueva York: Avon Books.
357. Véase Cavalieri, P.; Singer P. (1993). *The great ape Project: Equality beyond humanity*. Nueva York: St. Martin's Griffin.
358. El caso del bote salvavidas está descrito en Regan, T. (1983). *The case for animal rights*. Berkeley: University of California Press (pág. 324).

359. Dunayer, J. (2004). *Speciesism*, Derwood, MD: Ryce Publishing.
360. Singer se refirió a sus puntos de vista sobre el estatus moral de los insectos en una conversación con el columnista del *New York Times* Nicholas Kristof. Kristof, N. (9 de abril de 2009). "Humanity even for non-humans". *New York Times*.
361. Dunayer, J. (marzo-mayo de 2002). "Letter to the editor". *Vegan Voice* (págs. 16-17).
362. Singer sostiene que todas las criaturas sensibles se merecen la misma consideración moral, no el mismo trato. Por ejemplo, Singer no cree que los chimpancés o los perros deban tener derecho a votar o a conducir.
363. La idea de que todos llevamos dentro a nuestro abogado interior procede de Jonathan Haidt (2007).
364. Greene, J.D.; Nystrom, L.E.; Engell, A.D.; Darley, J.M.; Cohen J.D. (2004). "The neural bases of cognitive conflict and control in moral judgement". *Neuron*,44(2), 389-400.
365. Para una excelente introducción a la economía del comportamiento, véase Ariely, D. (2008). *Predictably irrational: The hidden forces that shape our decisions*. Nueva York: Harpert Press.
366. Véase, por ejemplo, Lilienfield, S.O.; Ammirati, R.; Landfield, K. (2009). "Giving debiasing away: Can psychological research on correcting cognitive errors promote human welfare? *Perspectives on Psychological Science*, 4(4), 390-398.
367. Para un debate más amplio sobre "cuatro personas y un perro en un bote salvavidas", véase Franklin, J.H. (2006). *Animal rights and moral philosophy*. Nueva York: Columbia University Press.
368. Este razonamiento aparece en la página 186 de Singer, P. (1993). *Practical ethics*, Cambridge, Reino Unido: Cambridge University Press. Para un perfil fascinante pero anticuado de Singer, véase Specter, M. (6 de setiembre de 1999). "The dangerous philosopher". *The New Yorker*.
369. El ensayo de Singer sobre la bestialidad se encuentra en Singer, P. (2001). "Heavy petting". *Nerve.com*. Consultado en www.nerve.com/Opinions/Singer/heavyPetting/. Singer fue uno de los invitados en el programa televisivo *The Colbert Report* de Comedy Central en diciembre de 2006. Al final de una entrevista centrada en el estatus moral de los monos, Stephen Colbert lanzó una pregunta imprevista: «¿Qué me dice del sexo con animales? ¿Le parece bien?». Singer no pestañeó. Fiel a sus creencias de que la moralidad de un acto debería

decidirse dependiendo de si aumenta el placer o disminuye el dolor, Singer respondió: «No estoy a favor de que las personas practiquen sexo con los animales. Creo que es mucho más divertido practicarlo con otras personas».

370. Esta cita procede de un correo electrónico que me mandó Chris Diehm.
371. Le Carré, J. (2008). *A most wanted man*. Nueva York: Scribner (pág. 121).
372. Para la historia de Best Friends, véase Glen, S. (2001). *Best Friends: The true story of the world's most beloved animal sanctuary*. Nueva York: Kensington Books.
373. Appiah, K.A. (2008). *Experiments in ethics*. Cambridge, Massachusetts: Harvard University Press (pág. 199).

editorial **K**airós

Puede recibir información sobre nuestros
libros y colecciones o hacer comentarios
acerca de nuestras temáticas en:

www.editorialkairos.com

Numancia, 117-121 • 08029 Barcelona • España
tel +34 934 949 490 • info@editorialkairos.com